EL CAMINO
DE LA
FELICIDAD

PLANETA+TESTIMONIO

Santiago Martín

EL CAMINO DE LA FELICIDAD

El agradecimiento como terapia cristiana
de sanación espiritual

Colección PLANETA † TESTIMONIO
Dirección: José Pedro Manglano

© Santiago Martín Rodríguez, 2007
© Editorial Planeta, S. A., 2007
   Diagonal, 662-664, 08034 Barcelona
   (España)
Primera edición: marzo de 2007
Depósito Legal: M. 6.504-2007
ISBN 978-84-08-07106-8
Composición: Víctor Igual, S. L.
Impresión y encuadernación: Brosmac, S. L.
Printed in Spain - Impreso en España

Este libro no podrá ser reproducido, ni total
ni parcialmente, sin el previo permiso escrito
del editor. Todos los derechos reservados

ÍNDICE

Para todos	9
1. AGRADECIMIENTO Y CRISTIANISMO	15
La novedad del cristianismo	15
Una historia con claroscuros	20
2. DIOS, EL MAYOR DON	31
3. DIOS PADRE	33
Dios es el Todopoderoso	33
Dios es el Creador	35
Dios es Juez	40
Dios es misericordia	43
Dios es Padre	48
4. DIOS HIJO	53
La encarnación del Hijo de Dios, nacimiento y etapa de Nazaret	55
La vida pública. El comportamiento de Cristo	71
La vida pública. El mensaje de Cristo	140
Pasión, muerte y resurrección de Jesucristo	246
La Ascensión del Señor y la misión evangelizadora	314

5. Dios Espíritu Santo ... 317
   ¿Quién es? ... 317
   ¿Qué hace? ... 318
   ¿Cómo lo hace? ... 319

6. La Virgen María ... 329
   María a la luz de los dogmas ... 330
   María en la tradición viva de la Iglesia ... 336
   Las apariciones de María ... 350

7. Los santos ... 361
   San Juan Evangelista ... 364
   San Pablo ... 366
   San Agustín ... 370
   San Francisco de Asís y santa Clara de Asís ... 374
   Santa Teresa de Jesús y san Juan de la Cruz ... 379
   Santa Teresa de Lisieux ... 384
   Beata Teresa de Calcuta ... 387
   Siervo de Dios Juan Pablo II ... 390
   Chiara Lubich ... 393
   José Luis Martín Descalzo ... 396

*A los franciscanos de María
y a todos los que se han dado cuenta
de que sin agradecimiento
no es posible la felicidad*

PARA TODOS

«Desgraciado» significa no sólo «sin suerte» o «cargado de calamidades», sino también «sin gracia», sin unión con Dios. Quizá por eso se aplica el término a las personas malvadas, a las cuales se les tilda así como un insulto. Pero «desgraciado» es muy parecido a «desagradecido» y ambas tienen raíces comunes. He hecho este ejercicio filológico tan rudimentario porque estoy convencido de que las palabras fueron creadas para expresar convicciones profundas que, con el paso del tiempo, hemos olvidado, pero que siguen siendo reales. Estoy seguro, porque he tenido ocasión de comprobarlo en un sinfín de ocasiones, de que las personas que no saben agradecer son muy desgraciadas. Lo son porque no se dan cuenta de que hay muchas cosas que les están yendo bien en la vida; lo son también porque, al no agradecer, cansan a los que les rodean, por lo cual reciben mucho menos amor del que podrían recibir, con lo cual aumentan su desgracia, su infelicidad.

El desagradecido es una especie de «maldito» que se autodestruye, alguien que estropea todo lo que toca, aunque esto no ocurra inmediatamente. Está condenado a llorar sin descanso, a vivir amargado y a amargar a los que están a su lado. No sabe disfrutar de lo que tiene, porque no se percata de que lo tiene; sólo lo valora cuando lo ha perdido y, entonces, se convierte en otro motivo más para quejarse y para aumentar la autoconciencia de su desdicha. A la vez, como he dicho, cansa a todos, pues por mucho que le quieran, resulta agotador amar a quien no sabe agradecer y sólo unos pocos —quizá exclusivamente los padres— son capaces de permanecer junto a alguien así.

Es frecuente, en los libros llamados de «autoayuda», incluir un capítulo dedicado al agradecimiento, puesto que psicólogos y terapeutas son conscientes del efecto sanador de la gratitud. Una gratitud que es valorada por todos como una de las principales virtudes humanas, por más que sea de las que menos practican los humanos. Sin embargo, se suele olvidar no sólo el papel central del agradecimiento en la búsqueda de la felicidad, sino también su origen religioso. Al olvidarlo, se cercena la raíz de la gratitud y se hace mucho más difícil su práctica, por más que se siga insistiendo en lo útil y conveniente de la misma. Además, y precisamente por ese olvido de la raíz religiosa de la acción de gracias, cuando se invita a quien está sufriendo a que rememore las cosas que le van bien en la vida para, al dar gracias por ellas, hacerse consciente de que existen, se tienen en cuenta sólo las de orden material, incluyendo entre éstas el afecto que se recibe de amigos y familiares. Pero todas estas cosas (salud, edad, dinero, cariño), son frágiles y pasajeras. Por tener su origen en el ser humano, están llamadas a dejar de existir en algún momento, o al menos a cambiar la forma de su existencia. Por el contrario, las de orden estrictamente espiritual no pasan nunca, no se deterioran, y debido a eso son las que deberían ser consideradas en primer lugar para que pudieran convertirse en un punto de apoyo firme e indestructible. Precisamente porque sólo nos fijamos en las cosas materiales, es por lo que con frecuencia nos sentimos desgraciados, pues o bien esas cosas no las hemos tenido nunca o las hemos perdido. En cambio, si además de éstas e incluso antes que éstas, pusiéramos nuestra atención en las espirituales, tendríamos los elementos necesarios para sentirnos afortunados más allá de las contingencias de la vida. De ahí la importancia, incluso desde una perspectiva de autoayuda, de centrar el agradecimiento en lo que no pasa nunca, en lo que ningún avatar, ninguna desgracia, puede destruir. Y eso sólo es Dios.

Jesucristo habló en una ocasión de la sagacidad de aquellos que construían su casa sobre la roca. Pues bien, la roca firme sobre la que colocar los cimientos de nuestra vida, de nuestra felicidad, es Dios. Dios, el inmutable, el que existía, existe y existirá, el que ha creado todo, el que se ha hecho hombre por amor al hombre, el que ha muerto y resucitado para salvar al pecador y darnos la esperanza de la vida eterna, ese Dios es la roca firme sobre la que construir nuestra casa. Y el material de construcción es el agradecimiento. Con muros de gratitud, firmemente arraigados en la certeza de la existencia de Dios y de su amor, se puede construir un hogar habitable, que desafíe las tormentas de la vida y que proporcione a quien viva allí un ambiente acogedor y humano, incluso en los peores y terribles momentos que, sin duda, acaban siempre por venir. Después, asentada la casa en el agradecimiento a Dios, ésta se refuerza con la gratitud debida a tantas cosas y a tantos: la familia, la salud, el dinero, los amigos, la Iglesia, la patria e, incluso, la empresa. Se consigue así una persona agradecida, sorprendida al descubrir lo afortunada que es, feliz porque se sabe amada y, por si fuera poco, capaz de hacer felices a los otros porque devuelve el amor recibido a través de obras de agradecimiento. Por eso, enseñar a agradecer es enseñar a vivir de forma plenamente humana. Enseñar el abecedario de la gratitud es posibilitar a cualquiera que se introduzca en el camino de la verdadera felicidad; es darle las pistas para que circule por un mundo difícil, agresivo, que continuamente hiere, siendo capaz de ver lo positivo que, a pesar de todo, existe, logrando también que las heridas cicatricen sin dejar eternas huellas de amargura en el alma. Sólo la gratitud nos va a permitir poner una sonrisa en el lugar de un rictus de amargura. Sólo ella nos hará capaces de enjugar nuestras lágrimas y de hacer lo mismo con el que llora a nuestro lado. El agradecimiento es la salud del alma, la fuente de la paz y, también, el fundamento de la justicia. Porque, en el fondo de toda injusticia, en su raíz, está el pecado y no hay mayor pecado que no haber sabido agradecerle a Dios todo lo que ha hecho por nosotros.

Pero, repito, para ser agradecido, para poner los cimientos más sólidos de la virtud del agradecimiento en el corazón del hombre, hay que ir al principio, a lo que no pasa nunca sea lo que sea lo que nos suceda en la vida: a los motivos de gratitud que tenemos para con Dios. Ése es el objetivo de este libro. Convencido como estoy de que enseñar a agradecer es enseñar a ser cristiano y, a la vez, enseñar a ser feliz, enseñar y practicar la terapia de la verdadera sanación interior, considero esta labor como la más importante a que se pueda dedicar un ser humano, un cristiano, un sacerdote. Quizá si la obra evangelizadora hubiera insistido más en dotar a los creyentes de motivos para el agradecimiento, en lugar de poner el acento en los motivos para el interés o el miedo, algunos de los problemas del presente —tanto de la Iglesia como de la sociedad— no existirían. Pero nunca debe considerarse tarde para emprender una tarea tan importante, tan urgente. Me propongo, pues, ofrecer un resumen de los motivos religiosos, espirituales, teológicos, que tenemos para darle gracias a Dios, porque si esto se consigue, tendremos construidos los cimientos de la casa y luego será fácil seguir añadiendo plantas: el agradecimiento para con la familia, con los amigos, con la patria... Una vez que se aprende a agradecer, se es agradecido con todos y para siempre. Comenzar con el agradecimiento debido a Dios es ir al verdadero principio de las cosas.

Es posible que algún lector se cuestione, en este momento, si a él le puede servir este libro para algo, debido a que no tiene fe o no tiene la fe cristiana. Estoy seguro de que, en cualquier caso, le atraerá el tema y comprenderá la utilidad terapéutica del agradecimiento. Leer lo que viene a continuación le puede resultar interesante para ver cómo se construye el edificio de la gratitud en el cristiano, cómo se estructura interiormente su alma, su relación con Dios, sus motivaciones vitales. Además, allá donde el cristiano introduce la fe en un Dios creador, en un Dios que se hace hombre, en un Dios que muere por el hombre, él puede intentar introducir sus propias motivaciones, sus propios personajes, sus nombres propios: padres, amigos, cualquier persona, en definitiva, que haya hecho algo por uno mismo. Es probable que, al leer estas páginas, un no creyente experimente aquello que en una ocasión me dijo el humorista Tip: «Daría mi mano derecha por tener fe», debido a que experimente la nostalgia de este plus de apoyo, de motivación para luchar, para amar, para agradecer. Si así fuera, me permito dar un consejo, el que Manuel de Falla daba a sus amigos ateos: «Comienza a practicar, comienza a rezar y a ir a misa.» Y cuando éstos le replicaban: «Pero, Manolo, ¿cómo voy a ir a misa si no tengo fe?», él les decía, recordando su experiencia de músico: «Es la práctica la que hace maestros.» En el fondo, en muchos casos, en la mayoría de los casos, lo primero que se perdió no fue la fe, sino la práctica. Quizá sea la hora de volver a la práctica, atraído por esta nueva visión del cristianismo: la religión del agradecimiento. Nueva visión, digo, y me equivoco, porque es la más antigua, la primitiva, la que nos presentó san Juan: «Dios nos amó primero y por eso nosotros debemos amarle a Él y a los hermanos.»

Capítulo 1

AGRADECIMIENTO Y CRISTIANISMO

La pretensión de Cristo de presentarse ante los hombres como verdadero Dios a la par que como verdadero hombre, no sólo era inaudita y provocativa por eso. Ni tan siquiera la novedad de su pretensión residía en afirmar que Él era la plenitud de la revelación, de la verdad, y que sólo Él era el verdadero camino, la verdadera vida y el único Salvador de todos los hombres. Además de esto, y precisamente porque Él es la plenitud de la verdad, lo que hace totalmente original y provocador el mensaje de Cristo es que Él tiene la pretensión de revelar al hombre el verdadero rostro de Dios. La suya es una revelación definitiva, que descorre totalmente el velo que hasta entonces había ocultado o semiocultado la verdad sobre Dios. Dios es Padre, dice Jesús, y, al enseñarnos eso, corona así la sucesiva serie de revelaciones que el propio Dios había ido haciendo sobre sí mismo a través de lo que hoy llamamos «Antiguo Testamento».

La novedad del cristianismo

Ya sabíamos que Dios es amor y que, porque es amor, crea. Sabíamos que ese Dios-Amor-Creador es también el único Señor, que no comparte su poder con ninguna fuerza oscura con la cual está empatado en autoridad. Sabíamos que ese poder lo utiliza para intervenir en la historia humana en defensa de los débiles y que todo aquel que provoca el llanto de los inocentes se las tendrá que ver con Él en un inevitable juicio. Sabíamos que su amor está teñido de la misericordia, como nos lo enseñaron Oseas, Isaías y los demás profetas. Pero no sabíamos que era Padre. Ni que era uno y trino a la vez. No sabíamos que su amor por nosotros llegaba hasta el extremo de entregar a su propio Hijo para salvar a los que le habíamos ofendido. Todo esto nos lo enseñó Jesucristo y constituye el núcleo central de su mensaje, aquello que le convierte en un polo de atracción para la inteligencia y para el corazón humano, a la vez que en un modelo para nuestro comportamiento.

Sin embargo, las cosas no sólo hay que decirlas, sino que hay que demostrarlas. Porque si el amor de Dios es un amor de Padre, entonces se multiplican los interrogantes. ¿Cómo es posible —se preguntan los hombres— que si Dios es Padre a la vez que Todopoderoso, permita el dolor en el mundo, permita la injusticia, la guerra, el hambre, el sufrimiento de los inocentes? Antes, con el concepto antiguo de Dios, también los hombres se hacían esas preguntas, pero sin la fuerza que implica el concepto de paternidad. El libro de Job, y en general toda la corriente de la Sabiduría veterotestamentaria, son intentos de contestar a esta cuestión clave. La diferencia está en que es más fácil aceptar que no se puede entender a un Dios que es infinito y de alguna manera ajeno a la experiencia humana que a otro que te dice que, además de tener el poder supremo, es tu padre.

Por eso, el gran reto de Jesucristo era no sólo presentar el mensaje de la paternidad de Dios, sino hacerlo creíble. No sólo tenía que demostrar que Él era el verdadero Dios, el único Dios, el Hijo de Dios, sino que debía hacer creíble que Él, tanto como el Padre y como el Espíritu eran amor, eran el Amor. ¿Y cómo podía acercarse Jesús de Nazaret, el Dios hecho hombre, a una madre que llora por la muerte de su hijito para decirle que Dios la quería? ¿Cómo podían aceptar su consoladora enseñanza aquellos que no han conocido más que la tristeza desde que abrieron los ojos a la vida? Es verdad que los milagros fueron una respuesta, porque significaban que el poder de Dios estaba con Cristo y que el Señor no se desentendía de las tragedias humanas. Pero ¿cuántos milagros hizo Cristo? ¿A cuántos resucitó? ¿Cuánta hambre sació? ¿Cuántas piernas secas o cuantas llagas de lepra curó? ¿Fueron cien, mil, diez mil los milagros que salieron de sus manos y de su Sagrado Corazón? ¿Y por qué no un millón, mil millones? ¿Por qué no instalar un hospital milagroso donde todo se curase, una tienda donde se regalase la comida a todos los que la necesitaran? Si los hombres consideran que sólo los milagros que les quitan el sufrimiento prueban el amor divino, Cristo sólo tenía un camino posible para convencerles de ese amor: hacer que todas las piedras se convirtieran en panes. Y ésa, no hay que olvidarlo, fue una de las tentaciones de Satanás en el desierto, justo cuando el Señor comenzaba su vida pública. No cabe duda de que, si el Señor se hubiera dejado seducir y conducir por ese camino, hoy el cristianismo no existiría, entre otras cosas porque «no sólo de pan vive el hombre», porque la felicidad no se alcanza únicamente con tener buena salud, dinero en el bolsillo y la nevera llena.

Por eso Dios tenía que hacer otra cosa. No bastaba con anunciar el amor divino. No eran suficientes tampoco un nutrido puñado de milagros. Era necesaria la Encarnación, la Muerte y la Resurrección del Hijo de Dios. O eso, o el hombre jamás creería en el amor de Dios. Y si no creía en ese amor, el hombre nunca sería capaz de amar a Dios. Y si no amaba a Dios, ¿a quién iba a amar de una forma tan pura y plena que superara el límite de los instintos? Y si no llegaba a amar nunca de esa manera, ¿cómo iba a encontrar la felicidad, pues sólo el amor conduce a ella? ¿Podía Dios estar tranquilo viendo como su obra predilecta, aquella que hizo a su imagen y semejanza, el hombre, no alcanzaba nunca la felicidad? El relato bíblico de la creación nos enseña que, inmediatamente después del primer pecado, Dios empezó a trabajar en la obra de la redención. Dios, el uno y trino, empezó a preparar el momento, la hora, en que habría una mujer dispuesta y preparada para ser la Madre del Redentor, del Libertador, del Salvador. Era necesario que Dios se hiciera hombre si quería salvar al hombre. Porque ése era el único camino posible para demostrarle al hombre lo infinito de su amor y para, enamorándole, salvarle. Porque sólo cuando se ama a un Dios que nos ama se participa de manera plena en la salvación, se recibe el don de la redención.

Cristo, por lo tanto, se hizo hombre para revelarle al hombre que Dios es Amor y para demostrárselo con obras, que es la única manera creíble de hacerlo. La fe en el amor de Dios es la base de la salvación, la puerta de entrada. Pero esta fe es posible gracias a la experiencia de Cristo. El Resucitado que le dice al incrédulo Tomás que introduzca sus dedos en el agujero que han dejado los clavos, es el mismo que nos dice a nosotros, cuando lloramos, cuando desesperamos, que a pesar de las apariencias no debemos dudar de que Dios existe y nos quiere. Y podemos creerle no porque, a continuación, haga un maravilloso milagro, sino porque le vemos a Él crucificado y resucitado. Entonces, y sólo entonces, podemos aceptar el misterio de que Dios sea Padre Todopoderoso y a la vez existan el hambre, la injusticia y la guerra. Gracias a Cristo, a su muerte y resurrección, podemos creer en el amor de Dios, en un amor que fue el propio Cristo quien nos lo reveló. Así, de este modo, se cierra el círculo de la revelación: Cristo nos enseña algo hermoso pero difícil de aceptar porque contrasta con la realidad dolorosa del hombre, y a la vez nos hace posible creer en lo que nos enseña porque su amor por nosotros nos lo demuestra con hechos y no sólo con palabras. Permanece, ciertamente, el misterio; sigue siendo necesaria la fe; pero ya no es la fe de la noche oscura, sino la de la claridad del alba, la que tiene la luz primera que guió a Magdalena hacia el sepulcro vacío al amanecer el domingo de resurrección.

Si Cristo no se hubiera hecho hombre, si no hubiera muerto y resucitado por nosotros, nadie nos habría hablado del amor paterno de Dios. Pero si alguien —sin haber hecho lo que hizo Cristo— nos hubiera dicho que Dios es Amor y que es Padre, no le habríamos creído, e incluso habríamos considerado de mal gusto para con Dios y para con el hombre semejante afirmación. Al fin y al cabo, la humanidad siempre ha creído en Dios, porque es posible y muy razonable creer en un Dios que lo ha hecho todo, pero que, en su grandeza infinita, está también un poco alejado de su obra. Los creyentes en ese tipo de Dios, curiosa y lógicamente, no tienen crisis de fe cuando sufren, como tienen los cristianos. Ahora bien, creer en un Dios que tiene el poder de evitar el dolor y que dice que nos quiere mientras permite que ese dolor subsista, eso no sólo era increíble antes de la llegada de Cristo, sino que era blasfemo para con Dios e insultante para la inteligencia humana. Sólo Cristo crucificado y resucitado hace creíble el amor de Dios para los hombres que sufren. Sólo Él nos puede ayudar a aceptar el misterio, a creer en lo que no logramos entender, porque Él experimentó en grado sumo lo que nosotros probamos. Desde su agonía de la cruz, nos enseñó a fiarnos de un amor que, en ese momento, Él no experimentaba y nos mostró cómo esa fe produce el fruto de la resurrección, porque es una apuesta hecha en el camino correcto.

Así es como Cristo se convierte en nuestro Redentor, en nuestro Salvador. No sólo nos redime y salva pagando con su sangre la deuda histórica del pecado del hombre. La plenitud de la salvación que nos regala consiste en hacernos posible la fe en el amor divino y, desde esa fe, nos hace posible enamorarnos de Dios, amar a Dios. Una vez abierta la puerta del amor, ya estamos en el camino de la salvación. La nueva religión, la nueva alianza, el nuevo testamento, no será ya, pues, una relación del hombre con Dios basada en el interés por ir al cielo o en el miedo a ir al infierno —lo cual, con distintos nombres, ha estado siempre en todas las religiones y no era ninguna novedad—, sino una relación basada en el amor a un Dios que sabemos que nos ama. Si en la antigua religión la clave ética es la de los mínimos, expresados en unos mandamientos que te indican lo que no debes hacer, en la nueva alianza la moral estará basada en el deseo de darle al Dios al que se ama no lo menos posible sino lo más posible. Cristo, haciendo creíble el amor de Dios, consigue suscitar en el hombre el amor a Dios. Crea así una nueva relación con Dios, una nueva religión. Una religión-relación que supera el interés y el miedo y que se manifiesta en el amor. En un amor que tendrá como sinónimo el concepto de «agradecimiento».

Conviene insistir en este punto porque me parece fundamental. El cristianismo fue fundado deliberadamente por Cristo como una nueva religión, es decir, como una nueva relación entre la orilla divina y la humana. Esta nueva «religatio» (religación, en el sentido que Zubiri da al término) va a ser posible, según el plan divino, una vez que el hombre haya creído y experimentado el amor de Dios por él. Dios se revela como amor («Dios nos amó primero», dirá san Juan); demuestra con la encarnación, muerte y resurrección de la segunda persona de la Trinidad ese amor, y espera que el hombre circule hacia Dios por la nueva religión, la del agradecimiento; religión que es como un nuevo puente que separa el abismo que hay entre la divinidad y la humanidad. Esa circulación se producirá cuando el hombre empiece a amar al Dios que le ama. Y cuando esto se produzca, ese hombre estará en el camino de la salvación y podrá recibir el regalo de la redención otorgado por Cristo. Dicho esto, ¿qué papel desempeñan el cielo y el infierno en la economía de la salvación?

Una historia con claroscuros

Los antropólogos coinciden en constatar que desde sus orígenes el *homo sapiens* ha sido siempre religioso. Los enterramientos rituales son una prueba irrefutable de la fe en una vida ultraterrena y, por lo tanto, en la existencia de la divinidad. Esa fe, lógicamente, se ha manifestado a través de múltiples religiones, algunas de las cuales han llegado hasta nuestros días. En todas ellas hay «semillas de verdad», en mayor o menor cantidad, mezcladas con errores e incluso con elementos altamente nocivos, como es el caso de las prácticas rituales de sacrificios humanos. Pero se puede decir, generalizando, que el núcleo motivador de las religiones precristianas y también de las poscristianas es el interés y el miedo. El hombre, desde sus orígenes, ha sido siempre religioso en el sentido de que ha creído no sólo en la existencia de la divinidad y de la vida eterna, sino también en la posibilidad de congraciarse con esa divinidad, bien para que le fuera propicia a la hora de la muerte o bien para que interviniera en su favor en los avatares de la vida. En las grandes religiones han existido personajes ilustres que han intuido, vivido y recomendado el «amor a Dios», pero en general eso no sólo no ha sido así, sino que esas religiones, en cuanto formas institucionalizadas de relacionar al hombre con Dios y a Dios con el hombre, lo que han buscado es que el poder divino fuera favorable al hombre. En algunos casos eso se pretendía conseguir a través del culto, de los ritos, y en otros se introducían elementos morales, vinculando el cumplimiento de unas normas éticas con el agrado a Dios y, como consecuencia, con la protección que Dios iba a dar a la persona o al pueblo que así se comportara. Este último caso es, con todas las matizaciones que se quieran hacer, la esencia de la antigua Alianza, del Antiguo Testamento. El «Tú serás mi pueblo y yo seré tu Dios» lleva implícito un intercambio de intereses: tú no adorarás a ningún otro Dios y yo te protegeré de tus enemigos; si tu fallas, yo te castigaré y te retiraré mi protección hasta que vuelvas al buen camino.

La política del palo y la zanahoria, del castigo y del premio, sirvió históricamente, desde el origen de la humanidad, para conducir al hombre por la vía no sólo del culto, sino también del bien. La ética se abrió camino en el corazón y en el comportamiento humanos de la mano del interés y del miedo. Probablemente no sólo por esa vía, pues en todas las religiones —y muy especialmente en la judía— han existido hombres santos que han intuido y practicado de alguna manera el amor a Dios. Pero, para la mayoría, Dios no era un ser al que había que amar, o al que en primer lugar había que amar; era alguien a quien temer y con el cual congraciarse para que no descargara sobre los humanos su ira, fruto a veces de su capricho, sino para que, al contrario, beneficiara a sus seguidores con su protección. Hay que reconocerle a esta pedagogía su mérito; gracias a ella, durante milenios la humanidad, en general, fue siendo introducida por el camino del rechazo al mal e incluso de la búsqueda del bien. Incluso en religiones en las que el infierno es visto como una reencarnación en un tipo de vida inferior o más desdichado, el miedo a eso y el deseo de alcanzar por fin la paz definitiva con la unión plena con la divinidad incitaban a los fieles de esas creencias a hacer el bien y a evitar el mal. Se podrá objetar que el motivo era egoísta, pues no había otro amor que el propio; en todo caso, era un egoísmo legítimo, pues a nadie se le puede reprochar que busque el bien para sí mismo, sobre todo si al hacerlo, intenta buscar el bien también para el prójimo. Es como si un hijo atiende a su padre anciano por miedo a perder la herencia; la intención es egoísta y en ella no hay amor, pero lo que hace está bien hecho y, sea por el motivo que sea, está actuando correctamente. Sin embargo, vista la cuestión desde la perspectiva del padre, aunque recibe las atenciones que le dispensa el hijo, no puede dejar de sufrir al comprobar que no le ama y que sólo está a su lado por interés. Ésta es, justamente, la perspectiva de Dios.

En este contexto histórico-religioso, se enmarca el nacimiento de Cristo y la creación, por Él, de una nueva religión. Ésta, como ya se ha dicho, no sólo aporta una revelación definitiva sobre la naturaleza divina, completando lo que ya estaba iniciado en el Antiguo Testamento, sino que busca establecer un nuevo tipo de religión, de relación, entre humanidad y divinidad, llevando a su plenitud lo que también en este sentido se había iniciado en el judaísmo. Advertido el hombre de que Dios le ama, de que es mucho más que un policía del orden moral y un dispensador de favores, el ser humano es invitado a amar a Dios, es solicitado por Cristo para que dé una respuesta agradecida al amor que ha recibido. Cuando Jesús de Nazaret, verdadero Dios y verdadero hombre, pronunció aquello de que «cuando sea levantado en alto atraeré a todos hacia mí», no sólo estaba aludiendo al episodio del ataque de las serpientes al pueblo de Israel durante la travesía del desierto, sino que estaba profetizando que sería desde la cruz cuando Él atraería el corazón de la humanidad. En la cruz, el pecado es perdonado y el hombre redimido, pero la redención no consiste sólo en que se paga la antigua deuda con el precio de la sangre del Cordero, sino también en que el amor manifestado por Cristo en la Cruz es tan fuerte que logra, por fin, conmover el corazón del hombre. Cristo crucificado consigue quebrar la dura coraza del egoísmo humano y permite que nazca una nueva vida y un nuevo camino religioso, el de la gratitud hacia aquel que tanto le ha amado, Dios. De este modo, el cristianismo será esencialmente una religión del amor. Un amor que nace de Dios, que es Amor y que ama al hombre sin que éste lo merezca (movimiento de ida) y un amor que vuelve a Dios procedente de un hombre agradecido (movimiento de vuelta). En el cristianismo el amor lo es todo. Es amor Dios, es amor la relación de Dios con el hombre y debería ser amor la relación del hombre con Dios.

Si esto es así, ¿qué puesto ocupan en el cristianismo el miedo y el interés, la amenaza del infierno y la promesa del premio?

No cabe duda de que ambas cosas, cielo e infierno, están presentes de forma reiterada en el mensaje de Cristo. No se trata, pues, de algo añadido posteriormente o meramente periférico y accidental. El Señor intenta motivar a sus seguidores en numerosas ocasiones con alusiones al premio o al castigo que tendrá que afrontar el hombre cuando, tras su muerte, se enfrente a la justicia de Dios. Aunque esta motivación no sea la fundamental, aquella por la que Cristo ha venido, puesto que ya existía antes de su nacimiento, se trata de una motivación verdadera y que hay que tener en cuenta. Volviendo al ejemplo anterior, al del hijo que cuida a su padre, aquél puede atender a éste por amor o por interés. Lo mejor, indudablemente, es que cuide de su progenitor por gratitud pero, en todo caso, que al menos lo haga por miedo a perder la herencia. El padre va a estar más satisfecho si se siente amado que si se sabe auxiliado sólo por egoísmo, pero aun así se ve socorrido en sus necesidades. Por otro lado, un hijo que no ama a su padre y que sólo teme perder la herencia, hará el mínimo, mientras que uno que le ama y para el cual la herencia es importante pero no es lo primero y aunque no hubiera dinero por medio haría lo mismo, buscará darle a su padre todo lo que pueda y con el mayor cariño posible.

Así las cosas, podría parecer que en una religión de amor, comparada con una religión en que lo esencial es el interés, el que sale beneficiado es Dios. En realidad, salen beneficiados ambos. El que hace las cosas sólo por interés o por miedo, no disfruta al hacerlas y está siempre renegando de ellas; busca dar lo mínimo y siempre intenta rebajar esto, pareciéndole que, por poco que dé, da demasiado; termina por odiar a aquel al que ayuda, pues tiene la impresión de que su vida sería más dichosa si no existiera; al final, llega incluso a desear la muerte del padre para poder heredar lo antes posible. En cambio, al que ama, si bien es verdad que ese amor le lleva a hacer muchísimo más, a buscar lo máximo, lo que hace le sabe a poco; no experimenta el amor que da como una carga, sino como una bendición; disfruta no sólo con lo que hace, sino con la alegría que ve que está procurando al ser amado. Por eso, el que no ama no es feliz a pesar de lo poco que da, pues siente que eso se lo arrebatan a la fuerza y en contra de su voluntad; en cambio, el que ama disfruta de hacer lo que hace e incluso se siente agradecido por poder ser útil al ser amado. De ahí que una religión en la que el amor es lo esencial es mucho más salvadora (en el sentido de dar felicidad a los que la practican) que aquella otra en la que sus seguidores se relacionan con la divinidad por miedo al castigo o buscando la protección celestial. Cuando Cristo dijo que Él es el camino, la verdad y la vida, no lo decía porque sí; efectivamente, Él es el único camino que lleva a la plenitud de la verdad y que nos conduce a la plenitud de la vida, de la felicidad. Y lo hace por el único camino posible: el de enamorarnos.

Pero, si esto es así, si el cristianismo, como nueva vía de comunicación entre Dios y el hombre basada en el amor, tiene la osadía de reclamar un puesto único y superior en el concierto de las religiones, si tiene la pretensión de poseer la plenitud de la verdad y de la vida, ¿qué ha hecho con su principal tesoro a lo largo de su bimilenaria historia? Dos mil años después, y mirando hacia atrás con objetividad, ¿podemos afirmar que la mayoría o al menos una buena parte de los cristianos se ha relacionado con Dios por amor y no por miedo, aunque el legítimo interés de ir al cielo estuviera lógicamente presente? ¿Podemos decir, al menos, que la predicación y la catequesis, junto con la argumentación moral, ha estado dirigida a educar a los fieles cristianos en el amor a Dios más que en el temor al infierno? No quisiera contestar a estas preguntas con una opinión personal, siempre discutible. Prefiero contar una historia.

San Francisco de Asís, el «alter Christus» de la Edad Media, ha sido sin duda una de las grandes luminarias de la Iglesia y de la humanidad. En una ocasión, al final ya de su vida (1182-1226), mientras estaba rezando en la pequeña iglesia de la Porciúncula, en la falda umbrosa de la ciudad de Asís, tuvo una visión. Salió de la ermita llorando y muy angustiado. A las preguntas de sus compañeros sólo contestaba con una frase: «El Amor no es amado.» Cuando logró tranquilizarse les explicó que había tenido una visión en la que había contemplado las iglesias llenas de fieles que rezaban piadosamente. Ante la sorpresa de sus amigos, que no entendían por qué ver a la gente en los templos le hacía llorar, san Francisco les explicó que había escuchado sus oraciones y que todas eran iguales.

Un «dame, dame, dame...», salía de la boca de los hombres. Una eterna súplica se elevaba hacia el cielo, pidiendo las más de las veces cosas buenas y necesarias, pero casi siempre materiales. No había oído el santo de Asís oraciones de acción de gracias. No había escuchado ofrecimientos para servir al Señor, para ayudar al prójimo, por agradecimiento a Dios. Y por eso, porque Dios, que es el Amor, no es amado sino utilizado, es por lo que él, un verdadero enamorado, rompió a llorar. Había intuido y gustado un poco del amargo dolor que habitaba en el Corazón de Jesús, en el corazón del Amor, al comprobar que sus hijos, aquellos por los que había dado la vida, no le querían y sólo se acercaban a él por interés o por miedo.

No creo que la experiencia de san Francisco sea única. En el fondo, son manifestaciones del dolor divino todas aquellas con las que irrumpe en la historia de la espiritualidad la expresión del amor no correspondido de Dios. ¿No hay algo parecido en las revelaciones a santa Margarita María de Alacocque sobre el Corazón de Jesús? ¿Y no está diciendo lo mismo la frase «tengo sed» que la Madre Teresa de Calcuta quiso que presidiera las capillas de sus asilos, junto al Crucificado? A través de los santos y, sobre todo, de los místicos, Dios está continuamente llamando a su pueblo para que circule por la vía del amor, la específicamente cristiana. Y lo hace, como ya se ha dicho, no sólo por Él, sino para que, amando, el hombre encuentre la plenitud de la felicidad.

¿Qué hemos hecho en estos dos mil años con nuestro pueblo? ¿En qué puntos hemos puesto el acento en las predicaciones? ¿No hemos convertido nuestra moral muchas veces en una casuística que buscaba tranquilizar las conciencias de aquellos que querían comprar el producto —el cielo— al precio más barato posible? Y, por eso, pasado este tiempo, ¿en qué nos diferenciamos de aquellos otros que no recibieron ni la revelación de Cristo, ni conocieron su amor, ni se estremecieron al recibir su sangre derramada? Tenemos derecho a seguir planteando con osadía nuestra pretensión, la de que en Cristo está la plenitud de la verdad y de la vida, pero deberíamos preguntarnos si nuestro comportamiento colectivo es coherente con la respuesta que Dios tiene derecho a encontrar en aquellos que saben que Él les ama.

Es cierto que en nuestra historia ha habido muchas luces. Ahí están la Virgen María, los mártires y la pléyade de los santos, tanto los canonizados como los anónimos. Ellos son el orgullo de nuestra estirpe, los que han salvado la cara del resto. Ellos han amado y en ellos ha hallado Dios el amor que tenía derecho a encontrar. Pero ¿pueden ellos justificarnos a todos? ¿No es hora ya de que alentemos y practiquemos con todas nuestras fuerzas un cristianismo cristiano?

El tiempo se nos ha echado encima, como si la tarde estuviera cayendo y no tuviéramos lo suficientemente avanzada la tarea. Porque, por desgracia, son cada vez más los bautizados que ya no creen en el cielo ni en el infierno. Esta pérdida de fe en las realidades ultraterrenas, incluso en la propia existencia de la vida eterna, quizá sea una consecuencia más del secularismo, o quizá tenga algo que ver con la banalización hecha por algunos moralistas sobre la primacía de la conciencia. Esto ha llevado a muchos a considerar que lo que a ellos les parece bueno es bueno y, por lo tanto, a creer que todo el mundo se salva porque a nadie le recrimina casi nada su conciencia y porque, dicen, Dios es tan bueno que no puede castigar eternamente a sus hijos por malos que sean. Sea por lo que sea, la clásica motivación que han usado las religiones y también la Iglesia para instar a los hombres a hacer el bien o por lo menos a evitar el mal, pierde fuerza de día en día. Amenazar con castigos eternos o intentar alentar comportamientos positivos con la promesa del cielo, tiene cada vez menos eficacia. De este modo, el punto de apoyo utilizado mayoritariamente hasta ahora para mover las conciencias está desapareciendo, y ésa es una de las causas de la espantosa crisis de valores que padece la sociedad, sobre todo la occidental. Éste es un problema que aqueja no sólo a la Iglesia católica o al conjunto de las iglesias cristianas, sino a todas las religiones, con tanta mayor fuerza cuanto más insertos estén sus seguidores en el mundo secularizado. Pero, para nosotros los cristianos y muy en particular para los católicos, el problema, siendo grave, debería serlo menos. Si durante los dos mil años precedentes hubiéramos educado al pueblo preferentemente en la vía recorrida por los santos, la del agradecimiento a un Dios que nos ama, la genuina y específicamente cristiana, hoy no estaríamos soportando la crisis con la virulencia que lo estamos haciendo. Como en una explotación minera, se siguió una veta fácil que daba buenos resultados, la del interés y el miedo; hoy ésta se encuentra casi agotada y necesitamos urgentemente explorar la otra, la del amor. Porque esa vía, instaurada deliberadamente por Cristo, ha sido tan poco promovida es por lo que ahora nos encontramos con la dificultad de motivar a los fieles que aún quedan para que, an sabiendo que existen el premio y el castigo eternos, hagan las cosas por amor, por agradecimiento. Quizá si la renovación posconciliar hubiera puesto el acento en la vuelta espiritual a los orígenes y no sólo en las reformas litúrgicas y estructurales, ahora no tendríamos este problema. El tiempo es, pues, urgente, pues cada día que pasa se alejan nuevas personas, sobre todo jóvenes, de una Iglesia que no consigue mostrar de manera atractiva el mensaje de Cristo. Creo que la impronta que el papa Benedicto XVI quiere dar a la pastoral va por este camino, como se desprende de que su primera encíclica haya estado dedicada a hablar a los hombres del amor de Dios.

Cuando el cristianismo nació, pronto surgieron dos comunidades diferentes, una de raíz judía y otra de raíz pagana o gentil. El enfrentamiento entre ambas no tardó en estallar, por muchos motivos, y no quedó zanjado de forma definitiva ni siquiera tras el Concilio de Jerusalén. Después de la destrucción de esa ciudad en el año 70, aparentemente los «judeo-cristianos» desaparecieron. En realidad, y sin haberlo previsto ni buscado, desde el punto de vista moral y espiritual fueron los que prevalecieron. Es verdad que se suprimieron en casi toda la Iglesia las normas relativas a la prohibición de comer cerdo o que obligaban a la circuncisión. Pero en cambio el esquema moral predominante fue el de los diez mandamientos, que se limita a marcar mínimos. Y la espiritualidad de la mayoría discurrió por la vía del intercambio comercial con Dios: cuál es el mínimo que tengo que pagar para ir al cielo y evitar el infierno. Esto queda perfectamente de manifiesto en el diálogo de Jesús con un maestro de la Ley, narrado en Lc. 10, 25-37. Al rabino judío lo que le interesaba era saber lo que había que hacer para heredar la vida eterna. No quería conocer lo que había que hacer para agradar a Dios, para hacerle feliz. Jesús, percibiendo la raíz del problema, le contestó con la hermosa parábola del buen samaritano, que en pocas palabras define perfectamente los dos tipos de moral y de espiritualidad: la de aquellos que buscan lo mínimo, porque sólo piensan en ellos mismos, y que se contentan con cumplir los mandamientos, es decir, con no hacer el mal; y la de aquellos que quieren amar al Dios que les ama, que buscan dar lo máximo y que quieren hacer el bien además de no obrar mal. ¿Le entendió el rabino judío? ¿Le han entendido la mayoría de los cristianos? ¿A quién le importa Dios? ¿Quién ama a Dios? De vez en cuando, en estos dos mil años, una minoría —los herederos de aquel «resto de Israel» que ya existía en el antiguo pueblo elegido— ha sacado la cabeza y ha producido un santo, que brillaba en su generación como una luz en la oscuridad, pero que era rápidamente utilizado por el resto para convertirlo en conseguidor de milagros, en lugar de intentar ser como él. De poco servía que se dijera que los santos no estaban sólo para admirarlos o para pedirles protección, sino para imitarlos; lo que le importaba a la mayoría era su capacidad taumatúrgica, quedándose así con lo que les interesaba y olvidando lo verdaderamente importante: el ejemplo dado por alguien que había vivido el cristianismo a la manera genuinamente cristiana: amando al Dios que nos ama. Pues bien, es este «judeo-cristianismo» el que está en crisis debido al secularismo, pues lo que buscaba y ofrecía (la vida eterna) o ya no interesa o muchos piensan que se la van a dar a todos, hagan lo que hagan.

Se trata, pues, de llevar adelante una evangelización que tenga en la espiritualidad del agradecimiento —entendida ésta como motivación religiosa para obrar— su principal objetivo. Y para ello es imprescindible darle al cristiano los argumentos necesarios para que se convenza de que Dios existe y le ama, a fin de poder pedirle después que dé una respuesta honesta al amor recibido de Dios. Respuesta que tiene que traducirse en obras de amor al Señor y al prójimo, en la búsqueda de los máximos —es decir, de la santidad— y no en el regateo a que acostumbran tantos para darle a Dios lo mínimo posible, con el cual poder acceder o incluso comprar la vida eterna. Es necesario motivar, es imprescindible que el creyente sepa darse razones a él mismo y a los demás de por qué afirma que Dios **es** amor. Esto es algo tan básico que, sin ello, la mayoría estará condenada a moverse en los esquemas espirituales de la antigua alianza, e incluso de las religiones no cristianas. Y para motivar hay que volver a lo esencial, a Dios, a Cristo. Dar a conocer el amor de Dios manifestado en Jesús de Nazaret, en la segunda persona de la Santísima Trinidad, encarnado en el seno de la Virgen María, es el paso fundamental para que el hombre y la mujer de hoy que viven en este mundo tan superficial tengan raíces profundas que les sostengan en las luchas de la vida.

Capítulo 2

DIOS, EL MAYOR DON

La primera fuente de motivación para amar-agradecer a Dios es el propio Dios. Él es el mayor de los dones que recibe el hombre del mismo Dios, porque Dios se nos da a sí mismo, porque Dios nos amó primero. En este don habría que distinguir dos facetas: Dios en cuanto tal y Dios que se autoentrega. Dios es el regalo y, además, el regalo tiene voluntad propia y decide donarse al receptor que es el hombre. Dios, que es amor, que es el Amor, es en sí mismo el mayor de los tesoros, de los dones. Pero, por si fuera poco, este Amor se mueve hacia nosotros y en su movimiento se comunica con nosotros obsequiándonos con su conocimiento (revelación doctrinal y ética), con su perdón (redención) y con la posibilidad de imitarle (gracia). Si Dios existe y es Amor, el don de conocerle y beneficiarse de todo lo que él es, es otro don que complementa el primero y que también tiene su origen en el amor divino. Así nos encontramos con tres manifestaciones del único Dios, que han sido vistas siempre como las funciones de las tres personas divinas, aunque, como dice el Catecismo (números 258, 259 y 267) no hay un Dios que crea, otro que redime y otro que santifica, sino que hay un solo Dios que crea, viene al mundo para salvar al hombre y nos da la posibilidad de ser santos. Ese único Dios es el que crea a través del Padre, se encarna y redime a través del Hijo y nos llena de gracia y nos posibilita la santidad a través del Espíritu. «Las personas divinas, inseparables en su ser, son también inseparables en su obrar. Pero en la única operación divina cada una manifiesta lo que le es propio en la Trinidad, sobre todo en las misiones divinas de la Encarnación del Hijo y del don del Espíritu Santo» (Catecismo, n.º 267).

Desde esta perspectiva de Dios, unitaria y trinitaria a la vez, podemos entender mejor la afirmación de que Dios es el principal de los tesoros otorgados al hombre, el más importante de los motivos de agradecimiento que el ser humano tiene para con Él. El Dios que es, que crea y que sostiene en la existencia todo lo creado, es un don. El Dios que se nos comunica, que nos da a conocer su existencia y su amor, que nos redime, es otro don. El Dios que nos santifica y que nos llena de esperanza ante la perspectiva de alcanzar la misericordia divina y, con ella, la vida eterna, es el tercero de los dones. Pero no son tres dioses los que nos otorgan esos dones, sino uno solo, aunque sí son tres personas distintas, Padre, Hijo y Espíritu, que comparten la única naturaleza divina y que son iguales en dignidad. «La Trinidad es una. No confesamos tres dioses sino un solo Dios en tres personas: "La Trinidad consubstancial" (Cc. Constantinopla II, año 553: DS 421). Las personas divinas no se reparten la única divinidad, sino que cada una de ellas es enteramente Dios» (Catecismo, n.º 253).

Capítulo 3

DIOS PADRE

El amor de Dios manifestado a través del Padre tiene una serie de características, algunas de las cuales fueron intuidas por los hombres de todos los tiempos, otras fueron reveladas en el Antiguo Testamento al pueblo judío y otras, por último y de forma definitiva, fueron enseñadas por Jesucristo, el Dios hecho hombre. Vamos a ver a continuación cuáles son los dones ligados a la figura de la primera persona de la Santísima Trinidad, Dios Padre, a través de sus atributos. Vuelvo a insistir en que al afirmar, por ejemplo, que el Padre es Todopoderoso o que es Creador no significa que el Hijo no lo sea. En la medida en que hay un único Dios, ese Dios es todo lo que se dice él y hace todo lo que se dice que hace. Cada una de las tres personas divinas participa en esa naturaleza y en esa actividad y, por lo tanto, también el Hijo crea y el Espíritu redime. Sin embargo, atribuimos a cada una de las tres personas el ejercicio de una u otra misión, que en la unidad de la naturaleza divina son compartidas por el resto.

Dios es el Todopoderoso

La primera característica del amor de Dios manifestado a través del Padre es la omnipotencia. El Catecismo reconoce que «confesarla tiene un gran alcance para nuestra vida» (n.º 268). El Antiguo Testamento alude muchas veces a este poder, que avala el señorío de Dios sobre todo lo que existe, incluido el hombre. En Gn. 49, 24 Dios es llamado «el poderoso», lo mismo que en Isaías 1,24. En el Salmo 24 se le llama «el Señor de los ejércitos» y «el fuerte, el valeroso». Este poder se basa en que Dios lo ha hecho todo y por tanto nada le es imposible (cfr. Jr. 32,17). Así lo confiesa el libro de la sabiduría (Sb. 11,21): «El actuar con inmenso poder siempre está en tu mano. ¿Quién podrá resistir la firmeza de tu brazo?» El mismo Job, modelo de hombre que no entiende los planes divinos, afirma: «Sé que eres Todopoderoso: lo que piensas, lo puedes realizar» (Job. 42,2).

Pero ¿qué tiene que ver el poder de Dios con su amor? ¿Por qué debemos sentir como un don, como un regalo para nosotros, el hecho de que Dios sea el único que es de verdad Todopoderoso y el hecho de saberlo nosotros?

Primero, porque nos libra del miedo y la servidumbre a otros poderes. Al de los hombres, cuando éstos quieren emplear su riqueza o su poder para oprimir a sus hermanos. «El estricto monoteísmo de la revelación judeo-cristiana quiere decir, ante todo, que sólo de Dios podemos esperar ser salvados; no por el hombre y sus revoluciones, no por la conjunción y benevolencia de los astros, ni por las promesas de la naturaleza y sus dioses, o por sus ritos y sus misterios —dice Jiménez Lozano en *La ronquera de fray Luis y otras inquisiciones*, para añadir—: Lo mejor del cristianismo como fenómeno cultural es que su mismo estricto monoteísmo le relativiza todo lo demás: categorías y existencias, y ya no le quedan al cristiano tragaderas para pasar ruedas de molino.» Es cierto que nos arrodillamos ante Dios, pero precisamente porque lo hacemos ante Él, al que consideramos nuestro único Señor, no lo hacemos ante los hombres —los políticos, por ejemplo— o ante los dioses de los hombres: el dinero, la fama, la política, el éxito, el poder. Ni les adoramos, ni les tememos. Ahí están los mártires para demostrarlo.

La fe en la omnipotencia divina también impide la adoración o sometimiento a otros poderes no humanos, como el del demonio, que es visto por muchos como una especie de «otro dios» o «dios malo», igual o incluso superior en poder al que según ellos sería el «dios bueno». No existe una fuerza maligna de ningún tipo superior a Dios y ni siquiera igual a Él, como creen otras religiones. Incluso la existencia del demonio —que forma parte del conjunto dogmático cristiano— no es equiparable a la del «dios malo», pues el maligno es también una criatura de Dios, siempre por debajo del Señor en todo.

Por eso es consustancial a la fe cristiana, a la experiencia cristiana, no tener miedo. Así lo enseñó Jesús y así lo recordó Juan Pablo II en aquella memorable primera aparición suya en el balcón de la basílica de San Pedro, recién elegido papa. La frase «no tengas miedo» resuena permanentemente en el corazón del cristiano, que sabe que lo más que pueden quitarle es la vida y que eso, al tener la certeza de la vida eterna, ya no es más que un adelanto para gozar de la presencia divina. Démosle gracias, por lo tanto, al Señor por esta verdad revelada por Él, que nos libera del miedo, de las esclavitudes a señores que nos harían alejarnos de nuestra vocación a la santidad, a la felicidad.

Dios es el Creador

Siguiendo el orden de la revelación, tras manifestarse como el Omnipotente, Dios se nos muestra como el Creador de todo cuanto existe. «Más allá —dice el Catecismo— del conocimiento natural que todo hombre puede tener del Creador (cfr. Hch. 17, 24-29; Rm. 1, 19-20), Dios reveló progresivamente a Israel el misterio de la creación» (n.º 287). El Credo lo confiesa así al afirmar que Él es «el creador del cielo y de la tierra, de todo lo visible y lo invisible». Una creación que no utiliza nada preexistente, sino que crea a partir de cero, a partir de la nada. Una creación, además, que implica la aparición del orden, de unas reglas que van a regir todo lo creado. Ambas cosas —la creación y las reglas que la gobiernan— proceden de Dios y son una muestra tanto de su poder infinito como de su sabiduría y de su amor. «Creemos que Dios creó el mundo —dice también el Catecismo— según su sabiduría (cfr. Sb. 9, 9). Éste no es producto de una necesidad cualquiera, de un destino ciego o del azar. Creemos que procede de la voluntad libre de Dios que ha querido hacer participar a las criaturas de su ser, de su sabiduría y de su bondad: "Porque tú has creado todas las cosas; por tu voluntad lo que no existía fue creado" (Ap. 4, 11)» (n.º 295).

Dios es amor y porque es amor crea; a la vez, Dios es amor porque crea. Pero también, Dios es amor no sólo porque crea, sino porque sostiene la creación y la hace posible en el tiempo. «Realizada la creación —afirma el Catecismo—, Dios no abandona su criatura a ella misma. No sólo le da el ser y el existir, sino que la mantiene a cada instante en el ser, le da el obrar y la lleva a su término. Reconocer esta dependencia completa con respecto al Creador es fuente de sabiduría y de libertad, de gozo y de confianza» (n.º 301). Por lo tanto, las normas que rigen la naturaleza también son amor de Dios, pues han sido creadas por Él en orden a la persistencia de la propia creación. Criaturas y normas proceden por igual del amor de Dios y son expresión de ese amor.

Una vez conocida esta característica divina, debemos preguntarnos —a la búsqueda de motivaciones para amar a Dios— qué beneficio representa para el hombre la capacidad creadora y organizadora de Dios, así como el hecho de saberlo.

De la creación procede la vida, incluida nuestra vida. Es cierto que para algunos la vida es una maldición, una desgracia. Pero, afortunadamente, no es así para la mayoría y ni siquiera lo sería para los que dicen desear la muerte si tuvieran o hubieran tenido el amor necesario. La vida es un don y ese don hay que agradecérselo al que nos lo ha dado: Dios. Y ligados a la vida, son dones la salud —la que tenemos o la que hemos tenido—, la familia —pues a pesar de las limitaciones incluso graves de algunas de ellas, allí hemos recibido la vida y en la mayoría de los casos muchísimo más que eso—, la situación económica —tanto mayor debería ser el agradecimiento cuanto mejor fuera ésta—, la educación, la estabilidad social del país en el que vivimos, el afecto que recibimos, la naturaleza que nos rodea e incluso el trabajo.

Al enumerar estos dones, no se puede evitar constatar que no todos los hombres los disfrutan con la misma medida. ¿Pueden agradecer a Dios la salud los que están enfermos o los que, ancianos, experimentan los achaques de la vejez? ¿Pueden dar gracias a Dios aquellos que han nacido en una familia dividida o que han sido maltratados y vejados por uno de sus progenitores? ¿Y los pobres? ¿Y los ignorantes, los que nunca han tenido la oportunidad de ir a una escuela? ¿Y los que han nacido y vivido bajo un régimen dictatorial, tiránico y cruel? ¿Y los que no logran encontrar el amor humano o, habiéndolo hallado, lo pierden con o sin culpa de su parte? Y si debemos dar gracias por las maravillas de la creación, ¿qué hacer cuando vemos a la naturaleza torturada, amenazada, destruida? Éstas y otras preguntas nos remiten a otra cuestión, ya tratada al principio del libro: la de cómo compaginar la fe en el amor de Dios —y nada menos que de un Dios todopoderoso— con la existencia del pecado y del dolor. Aunque los hombres han intentado resolver esta decisiva cuestión, la respuesta no se encontrará hasta la llegada de Cristo, pero ése es un punto que se verá más adelante. Por ahora, conformémonos con dos ideas:

> Primera. Siguiendo el orden de la revelación bíblica, descubramos en el pecado el origen del sufrimiento, pero también el principio de la salvación. «Los ángeles y los hombres, criaturas inteligentes y libres, deben caminar hacia su destino último por elección libre y amor de preferencia. Por ello pueden desviarse. De hecho pecaron. Y fue así como el mal moral entró en el mundo, incomparablemente más grave que el mal físico. Dios no es de ninguna manera, ni directa ni indirectamente, la causa del mal moral (cfr. S.Agustín, lib. 1,1,1; S.Tomás de A., S.Th. 1-2, 79,1). Sin embargo, lo permite, respetando la libertad de su criatura, y, misteriosamente, sabe sacar de él el bien» (Catecismo, n.º 311). «Así, con el tiempo, se puede descubrir que Dios, en su providencia todopoderosa, puede sacar un bien de las consecuencias de un mal, incluso moral, causado por sus criaturas: "No fuisteis vosotros —dice José a sus hermanos— los que me enviasteis acá, sino Dios... aunque vosotros pensasteis hacerme daño, Dios lo pensó para bien, para hacer sobrevivir... un pueblo numeroso" (Gn. 45, 8; 50, 20; cfr. Tb. 2, 12-18 Vg.). Del mayor mal moral que ha sido cometido jamás, el rechazo y la muerte del Hijo de Dios, causado por los pecados de todos los hombres, Dios, por la superabundancia de su gracia (cfr. Rm. 5, 20), sacó

el mayor de los bienes: la glorificación de Cristo y nuestra redención. Sin embargo, no por esto el mal se convierte en un bien» (Catecismo, n.º 312).

Segunda. Esforcémonos en ver la parte positiva de las cosas y démosle gracias a Dios por lo que hay o por lo que en otro momento tuvimos. Agradezcámosle la salud que tenemos, la familia que tenemos, el trabajo que tenemos y el afecto que recibimos. Agradezcamos también lo que tuvimos aunque ahora no lo tengamos. Todo eso —lo que tenemos y lo que tuvimos— es un regalo que no merecíamos y ésta es la perspectiva justa con la que debemos afrontar las alegrías y las tristezas. ¿De dónde hemos sacado la idea de que tenemos derecho a ser siempre jóvenes, ricos, poderosos, sanos, bellos? Si pensamos que tenemos derecho a eso, entonces nos sentiremos cargados de motivos para protestar contra Dios cuando hemos perdido algo de lo que considerábamos legítimamente nuestro. En cambio, si nos hacemos conscientes de que todo es un don, de que todo es gracia, entonces no nos quejaremos cuando lo hemos perdido y sí lo agradeceremos cuando lo tenemos. Probablemente todo es limitado y nos resulta insuficiente, pero si no somos capaces de dar gracias por esa porción de vida y de felicidad que tenemos nos estaremos descalificando a nosotros mismos ante los ojos del Creador; sería como si le estuviéramos diciendo que no merecemos más porque no sabemos valorar ni agradecer lo que poseemos. Además, la realidad nos demuestra que no se es más religioso —en el sentido de cercano a Dios— cuando se tiene más, sino cuando se necesita más. Las iglesias no están llenas en los países ricos, sino en los pobres; no son los jóvenes los que más van a misa, sino los mayores; no son los sanos los que acuden a los templos a dar gracias por su situación, sino los enfermos. Es decir, si creemos que sólo cuando todo vaya bien daremos gracias, eso no ocurrirá nunca, como prueba el hecho de que cuando todo funciona el hombre se relaciona menos con Dios que cuando tiene problemas. Sólo el que aprende a agradecer por lo que tiene será capaz de dar gracias también cuando, si es que ocurre, algún día posea más de lo que en ese momento tiene.

Por otro lado, ¿de qué nos sirve saber que la creación y la vida tienen un Hacedor? ¿Nos beneficia, nos enriquece creer en la existencia de un Creador? ¿Tenemos alguna ventaja sobre aquellos que todo lo achacan a la casualidad?

Hay que reconocer que los que no creen en Dios, o no creen en que Dios sea el creador del mundo o, al menos, no creen en que ese Dios siga sosteniendo al universo en su existencia, tienen la ventaja de no tener el problema de compaginar la fe en Dios con la existencia del mal y del dolor. También hay que admitir que tampoco se suelen hacer esa pregunta los que sí creen en la omnipotencia de Dios y le confiesan como creador, pero no le identifican con el amor. Para nosotros los cristianos, en cambio, la cuestión, como se ha dicho ya, es muy incisiva y es la fuente de nuestros mayores interrogantes. Sin embargo, también tiene sus ventajas creer, y por lo tanto saber, que todo lo que existe tiene un origen y que en ese origen está una persona, Dios, y está también un acto de amor de esa persona hacia todo lo que después fue creado por ella. Recuerdo una conversación que mantuve hace años con un ateo; me decía algo así: «Ustedes, los creyentes, piensan que nosotros echamos en falta a Dios cuando lo estamos pasando mal y no podemos pedir ayuda a ningún ser superior. Yo —añadía mi interlocutor—, cuando más echo en falta la fe es cuando me gustaría dar gracias por algo y no tengo a nadie a quien hacerlo, pues sólo creo en la casualidad.» Efectivamente, creer en la existencia del Dios Todopoderoso que crea el mundo por amor, es una suerte porque nos da la posibilidad de agradecer a alguien por todas esas cosas maravillosas que existen y nos rodean. Nosotros sabemos que no es fruto del azar ni la sonrisa de un niño ni una puesta de sol; no es casualidad que la célula tenga una estructura tan compleja y perfecta, lo mismo que no lo es la existencia del equilibrio atmosférico que permite la vida en la Tierra. Además, saber que existe un creador que, por amor, ha hecho todo lo que existe y que ha hecho también las leyes que rigen cuanto existe, nos hace conscientes de la obligación de respetar la obra de Dios. Nosotros no sacralizamos la naturaleza; no creemos que sean divinas las plantas, ni los ríos, ni las rocas, ni los hombres; pero creemos que, como obras procedentes del amor de Dios, tienen derecho a ser respetadas, a no ser destruidas; de ahí nuestro respeto por las leyes de la naturaleza y nuestro rechazo a la manipulación que con tanta frecuencia protagoniza el hombre, desde los desastres ecológicos hasta la perversión de la genética en experimentos como la clonación humana. Saber que Dios ha hecho todo cuanto existe nos beneficia porque podemos darle gracias a alguien cuando sentimos la necesidad de hacerlo y porque sabemos que no podemos destruir la obra de Dios sin ofenderle a Él, que la ha creado. Además, nuestra fe en la Providencia divina nos da una enorme paz y es el fundamento de nuestra esperanza. En medio de las circunstancias adversas, tanto de las personales como de las colectivas, el cristiano sabe que nada escapa al designio amoroso de Dios y que Él, como ha hecho siempre, sabrá sacar bien del mal, escribir derecho con renglones torcidos. «Creemos firmemente que Dios es el Señor del mundo y de la historia. Pero los caminos de su providencia nos son con frecuencia desconocidos. Sólo al final, cuando tenga fin nuestro conocimiento parcial, cuando veamos a Dios "cara a cara" (1 Co. 13, 12), nos serán plenamente conocidos los caminos por los cuales, incluso a través de los dramas del mal y del pecado, Dios habrá conducido a su creación hasta el reposo de ese Sabbat (cfr. Gn. 2, 2) definitivo, en vista del cual creó el cielo y la tierra» (Catecismo, n.º 314). En definitiva, la fe en el poder de Dios, en su creación y en su asistencia permanente a la obra creada, sostiene al creyente en medio de las luchas. Con san Pablo, decimos siempre, en cualquier circunstancia: «Todo coopera al bien de los que aman a Dios» (Rm. 8, 28).

Dios es Juez

Probablemente, de todos los atributos de Dios revelados en el Antiguo Testamento, éste sea el menos popular. Seguramente es, incluso, abiertamente impopular. Y no es justo ni lógico que sea así. Primero, porque la profesión de juez no es en sí misma mala, sino que, por el contrario, es imprescindible y beneficiosa para el orden social. Segundo, porque los jueces no sólo condenan, sino que en muchas ocasiones absuelven y, sobre todo, cuando actúan con equidad, son los que defienden los derechos de los débiles y de los inocentes.

Ésta es precisamente la función de Dios como juez, la de defender los derechos de los débiles. Dios manifiesta su poder y su amor no sólo mediante la creación y mediante el sostenimiento de esa creación en el tiempo, sino también a través de su permanente intervención en la historia del hombre para ayudar a ese hombre, su criatura predilecta, cuando es oprimido. ¿Cómo lo hace? A veces Dios actúa de forma extraordinaria, haciendo uso de su omnipotencia, y saltándose las leyes que Él mismo ha creado: son los milagros. En otras ocasiones, el Señor suscita personas que, movidas por Él, se comprometen activamente en la defensa de la causa de la justicia; Moisés fue un claro ejemplo, y no hay que olvidar que Yahvé se le manifestó diciéndole que el grito de su pueblo oprimido había llegado a sus oídos y que por eso Él iba a intervenir para acabar con la esclavitud que padecían los israelitas en Egipto (cfr. Ex. 3, 7-8). Por último, la certeza de que al final de la vida de cada ser humano vamos a pasar un juicio ante Dios, y que nuestro comportamiento será determinante para recibir el premio o el castigo, es un argumento decisivo para hacer el bien y evitar el mal; lo mismo que, si en la sociedad no existiera la justicia humana, habría más delitos, también se cometerían más abusos contra los inocentes si no se creyera en la justicia divina. Precisamente por eso, urge no sólo reforzar la fe en el Dios justo, sino también en que ese Dios que juzga es amor, para que, fallando como está fallando el temor al juicio de Dios, se mantenga la motivación del amor al Dios-Amor y sea esa motivación la que mueva al hombre a hacer el bien y evitar el mal.

Volviendo al tema de la justicia de Dios o, lo que es lo mismo, del Dios justo, conviene tener en cuenta que va a ser precisamente Cristo, la segunda persona de la Santísima Trinidad, que es la manifestación plena del amor de Dios, quien se encargue de aplicar el juicio (cfr. Mt. 25, 31, 32, 46). Y que ese juicio tiene como objetivo no sólo hacer justicia sino también evitar el mal, pues al saber que se va a producir, al menos algunos controlarán sus instintos. El juicio de Dios tiene, pues, una dimensión de justicia y otra de advertencia y ahí reside, en la advertencia, el acto de amor de Dios para con aquellos que, como nosotros, sabemos que ese juicio tendrá lugar. Un profesor que advierte que va a haber examen final actúa con un amor mayor hacia sus alumnos que otro que no dice nada y luego lo pone; si, para colmo, dice cuáles van a ser las preguntas del examen, lo que resultará extraño es que algún estudiante suspenda. Dios nos ha dicho no sólo que el examen tendrá lugar, sino que el contenido del mismo va a ser la caridad. «Tenía hambre, ¿me habéis dado de comer? Estaba desnudo, ¿me habéis vestido?», éstas serán las preguntas y ningún cristiano podrá decir que, porque las ignoraba, no ha preparado las respuestas.

Así lo entendió san Agustín, quien afirmó en uno de sus sermones: «Todo el mal que hacen los malos se registra —y ellos no lo saben—. El día en que "Dios no se callará" (Sal. 50, 3)... se volverá hacia los malos: "Yo había colocado sobre la Tierra", dirá Él, "a mis pobrecitos para vosotros. Yo, su cabeza, gobernaba en el cielo a la derecha de mi Padre, pero en la tierra mis miembros tenían hambre. Si hubierais dado a mis miembros algo, eso habría subido hasta la cabeza. Cuando coloqué a mis pequeñuelos en la tierra, los constituí comisionados vuestros para llevar vuestras buenas obras a mi tesoro: como no habéis depositado nada en sus manos, no poseéis nada en Mí"» (Sermón. 18, 4,4).

También el Catecismo lo ve así. El número 1040 dice: «El Juicio Final revelará que la justicia de Dios triunfa de todas las injusticias cometidas por sus criaturas y que su amor es más fuerte que la muerte.» Y en el 1041: «El mensaje del Juicio Final llama a la conversión mientras Dios da a los hombres todavía "el tiempo favorable, el tiempo de salvación" (2 Co. 6, 2). Inspira el santo temor de Dios. Compromete para la justicia del Reino de Dios. Anuncia la "bienaventurada esperanza" (Tt. 2, 13) de la vuelta del Señor que "vendrá para ser glorificado en sus santos y admirado en todos los que hayan creído"» (2 Ts. 1, 10).

En definitiva, si Dios no fuera justo y no hiciera justicia, si el que hace el mal lograra no sólo eludir la justicia humana, sino también la inexistente justicia divina, las víctimas no sólo no recibirían la reparación a la que tienen derecho, sino que, sobre todo, verían agravados sus oprobios. Si no hubiera justicia humana, si no existiera policía, ni leyes, ni juzgados ni —aunque a nadie le gusten— cárceles, se cometerían más delitos y serían más los inocentes que sufrirían. Del mismo modo, la justicia divina tiene como objetivo último evitar el mal y promover el bien, advertir a aquellos que no temen a nada en la Tierra que existe alguien que tiene todo el poder y que no va a permanecer impasible ante sus fechorías. Por lo tanto, estamos ante una manifestación del amor de Dios. Doble amor, como en los casos anteriores, primero porque existe y segundo porque sabemos que existe y esto nos da la oportunidad de prepararnos para el momento en que actúe la justicia divina. Que piensen en esto los que, en sus cátedras de Teología o en sus púlpitos parroquiales, dicen que el infierno no existe o que, si existe, está vacío. Probablemente, sin quererlo, se han convertido en los mayores aliados de los corruptos y en los peores enemigos de los débiles, dejando a éstos aún más indefensos de lo que ya están, pues no sólo no pueden confiar en la frágil justicia humana sino que les dicen que no existe la divina.

Dios es misericordia

El amor de Dios se manifiesta a través del juicio con el que dará, a los que han hecho llorar a los inocentes, aquello que merecen. Pero ese juicio, aun dentro de su justicia, estará impregnado de misericordia. Misericordia y juicio, por lo tanto, son complementarias. Ambas son manifestaciones del amor de Dios y, quizá, la diferencia está en el momento de aplicación de la una y de la otra. Hay un tiempo para la misericordia, que es el que dura nuestra vida (cfr. 2 Co. 6, 2), en el cual Dios nos solicita de mil maneras para que le sigamos, para que abandonemos la vida de pecado y secundemos la llamada de la gracia. Y habrá un tiempo de justicia, en el cual se le dará a cada uno lo que él mismo ha elegido: «Morir en pecado mortal sin estar arrepentido ni acoger el amor misericordioso de Dios, significa permanecer separados de Él para siempre por nuestra propia y libre elección. Este estado de autoexclusión definitiva de la comunión con Dios y con los bienaventurados es lo que se designa con la palabra "infierno"» (Catecismo, n.º 1033). No faltan quienes contraponen la misericordia de Dios con su justicia, como si la primera fuera una manifestación de su amor y la segunda no; incluso llegan a decir que la justicia pertenece a la revelación del Antiguo Testamento y que está superada y anulada por la revelación del Nuevo, que muestra a Dios como Padre y, por lo tanto, como incapaz de castigar a sus hijos para siempre. Incluso citan una frase de Cristo que, aludiendo al profeta Oseas, podría interpretarse en ese sentido: «Misericordia quiero y no sacrificios» (Mt. 9, 13). En realidad, tal y como interpreta el Catecismo (n.º 2100), en esa ocasión Jesús se está enfrentando con los que le reprochan haber ido a comer a casa del mismo Mateo que recogerá después la frase citada y que, por ser un publicano, estaba considerado como impuro. Cristo, al hablar así, no estaba diciendo en absoluto que no fuera a tener lugar el juicio de Dios, sino que Él había venido para salvar a todos y, por lo tanto, para dar a todos la oportunidad de afrontar ese juicio con posibilidades de salvarse. Y esto mismo estaba ya contenido en el Antiguo Testamento y por eso Jesús cita al profeta Oseas para dar mayor peso a su afirmación. La misericordia, según esto, radica precisamente en la oportunidad que todos tienen de salvarse si acogen la oferta redentora de Dios y se arrepienten del mal cometido.

La misericordia de Dios actúa, pues, a lo largo de nuestra vida, dándonos la oportunidad del arrepentimiento y regalándonos, cuando lo hacemos, el perdón por los pecados. Sin duda que estará presente también en el momento del juicio, pues sin ella ¿quién podría salvarse? Pero no en el sentido de que esa misericordia se ría del juicio y dé la absolución a todos, hayan hecho lo que hayan hecho y al margen de su arrepentimiento. Dios es misericordioso porque «no predestina a nadie a ir al infierno» (DS. 397; 1567) y lo es porque «quiere que nadie perezca, sino que todos lleguen a la conversión» (2 P. 3, 9).

Aunque la misericordia de Dios se ha manifestado de modo especial en Cristo (cfr. Ga. 4, 4-5), desde el principio el Señor regaló al hombre su misericordia y lo hizo precisamente cuando éste menos lo merecía: inmediatamente después del primer pecado. Toda la revelación contenida en el Antiguo Testamento está impregnada de estos conceptos que se repiten una y otra vez: Dios es el Todopoderoso que ha creado al mundo y al hombre, pero por desgracia el hombre ha pecado y con ello no sólo ha ofendido a Dios sino que ha atraído sobre sí el dolor. Ahora bien, Dios no se ha dejado vencer y ha respondido al mal del hombre con la justicia, por un lado, y con la misericordia por otro. La justicia sirve no sólo para dar a cada uno lo suyo sino para intentar evitar que se cometan más pecados ante el miedo a un juicio ineludible, mientras que la misericordia tiene como objetivo luchar hasta el final de la vida del hombre por salvar al propio hombre. «Tras la caída —dice el Catecismo—, el hombre no fue abandonado por Dios. Al contrario, Dios lo llama (cfr. Gn. 3, 9) y le anuncia de modo misterioso la victoria sobre el mal y el levantamiento de su caída (cfr. Gn. 3, 15)» (n.º 410).

Sabemos, pues, que Dios es amor porque es misericordioso y sabemos cuándo y cómo actúa la misericordia divina. Pero ¿de qué nos sirve saberlo? ¿Cómo podemos afirmar que el hecho de saberlo es también un don para nosotros? La respuesta a esta pregunta es clara en lo concerniente al juicio, pues, como ya se ha dicho, el saber que vas a ser juzgado te da la oportunidad de prepararte, preparación tanto más fácil cuanto que el Señor nos ha dicho por anticipado las preguntas del examen final. Pero, justo por esto, ¿no será el conocimiento de la misericordia divina un inconveniente más que una ayuda? A primera vista, así podría parecer. De hecho, en el propio Antiguo Testamento se recogen las quejas de Dios contra el pueblo de Israel, en las que el Señor se lamenta de que ningún otro pueblo tiene a sus dioses tan cercanos como lo está Él de su pueblo y, sin embargo, esos dioses reciben más fidelidad que la que Yahvé recibe de los judíos. ¿Podemos decir nosotros lo mismo, con respecto al Dios de los cristianos y al pueblo que le adora? Como digo, la respuesta a esta cuestión sería claramente afirmativa en una primera ojeada. Es como si la revelación de la misericordia divina —esto se acentuará con el concepto de la paternidad de Dios— fuera contraproducente para Dios e, indirectamente, para el propio hombre. Poniendo un ejemplo, es como si el profesor severo obtuviese siempre mejores resultados de sus alumnos que el profesor comprensivo. De hecho, mientras el mundo occidental, mayoritariamente cristiano, se debate en una profunda crisis espiritual y social, el Islam —que significa «obediencia», «sumisión»— muestra una firmeza admirable en la práctica de sus creencias. Y cuando se comparan ambos conceptos de Dios, el de Cristo y el de Mahoma, se ve que el primero es mucho más rico en ternura y en perdón que el segundo, sin que eso signifique que los musulmanes nieguen la misericordia divina, pues ese título, el misericordioso, es uno de los que más les suele gustar aplicar a Alá.

La dificultad no está, creo, en que el concepto de misericordia sea nocivo para el creyente, pues de ser así hubiera sido más útil ignorarlo. El problema reside en que hemos olvidado el otro concepto, el de la justicia divina, y al hacerlo se ha producido un desequilibrio, como si la falta de un ingrediente hiciera indigesto un plato que, con él, resultaría comestible y muy apetitoso. Sin duda que, cuando el Señor nos ha revelado este aspecto de su amor, el de la misericordia, es porque era bueno para nosotros saberlo y hemos sido nosotros los que hemos abusado de la bondad de Dios, volviendo contra Él, y contra nosotros mismos, su amor infinito. Si no hubiéramos perdido de vista la justicia divina, la fe en la misericordia de Dios nos habría aportado confianza y esperanza. Éstos son los frutos del conocimiento de este atributo de Dios. El saber que el Señor siempre está dispuesto a darnos la mano para levantarnos y a perdonarnos después de nuestras caídas, nos llena de esperanza sobre nuestro propio fin y sobre el de los nuestros. Cuántas veces he visto sufrir a padres que han perdido a sus hijos no sólo por la muerte de éstos, sino también por las dudas acerca de la salvación de su alma, debido al tipo de vida que llevaban; sólo la fe en la misericordia de Dios, que admite un arrepentimiento en el último instante porque su deseo no es castigar sino salvar, les ha ayudado a sobrellevar las dudas. La esperanza es, pues, el fruto del conocimiento de la misericordia. Esta esperanza alcanza su plenitud a través de Cristo y del conocimiento de su obra redentora. Precisamente el nombre de Jesús (Dios salva) indica ya cuál va a ser su misión: salvar al hombre de sus pecados y darle la oportunidad de disfrutar de la vida eterna en compañía de Dios. Porque creemos en Cristo y sabemos que Él es nuestro salvador, podemos tener esperanza en que Dios se apiadará de nosotros y en el juicio seremos tratados con misericordia.

Por último, la fe en la misericordia divina no sólo nos proporciona esperanza con respecto a las realidades últimas —el juicio y la vida eterna—, sino también con respecto a las vicisitudes que sufrimos en la Tierra. Como ya se ha dicho, un punto esencial de nuestra fe es aquel por el que confesamos a Dios como Señor de la historia y como activo oyente de los gritos doloridos de su pueblo; Él no permanece indiferente ante las injusticias —fe en la justicia de Dios— y por ello interviene en la historia para socorrer al que sufre y le pide ayuda. La misericordia de Dios se manifiesta, pues, en los milagros y en esas otras intervenciones suyas, tan frecuentes como cotidianas, cuyos benéficos resultados experimentamos continuamente los creyentes y que, si otros consideran fruto de la casualidad, nosotros sabemos que se deben exclusivamente a su providencia amorosa (cfr. Mt. 6, 31-33). Una providencia, una misericordia, que suele utilizar lo que llamamos «causas segundas», es decir, criaturas que intervienen, consciente o inconscientemente, en nuestra vida y que nos ayudan. «Dios —dice el Catecismo— es el Señor soberano de su designio. Pero para su realización se sirve también del concurso de las criaturas. Esto no es un signo de debilidad, sino de la grandeza y bondad de Dios Todopoderoso... Los hombres, cooperadores a menudo inconscientes de la voluntad divina, pueden entrar libremente en el plan divino no sólo por sus acciones y sus oraciones, sino también por sus sufrimientos (cfr. Col. 1, 24). Entonces llegan a ser plenamente "colaboradores de Dios" (1 Co. 3, 9; 1 Ts. 3, 2) y de su Reino (cfr. Col. 4, 11)... Es una verdad inseparable de la fe en Dios Creador: Dios actúa en las obras de sus criaturas. Es la causa primera que opera en y por las causas segundas» (números 306, 307 y 308).

Recapitulando, podemos concluir que el amor de Dios se manifiesta a través de su misericordia de una manera complementaria a como lo hacía a través de su justicia. Y podemos afirmar también que, del mismo modo que era un don saber la existencia de la justicia de Dios, es una manifestación más del amor divino el conocimiento de su misericordia, pues nos ayuda a vivir en la esperanza y a alejar de nosotros todo temor. Siempre, como se ha dicho, que no la desliguemos de la justicia.

Dios es Padre

Imaginemos un niño que es hijo de un poderoso rey, lo cual él ignora. Ha vivido apartado de la casa paterna y ha sido educado con esmero por un equipo de preparados preceptores. Éstos le han ido enseñando no sólo los conocimientos matemáticos o lingüísticos, sino también los que conciernen al comportamiento social, entre los cuales figuran con preeminencia los que hacen referencia al respeto debido al que detenta el poder absoluto: el monarca. El niño ha aprendido que el rey es todopoderoso, pero que ese poder no lo utiliza de forma caprichosa, sino que actúa con arreglo a la justicia. Sabe que todo procede de su sabiduría y que eso es ya motivo más que suficiente para respetarle. Sabe también que todo aquel que se atreva a hacer daño a otro habitante del reino tendrá que vérselas con el rey, el cual no consiente que en su reino se haga el mal impunemente. Pero también le han hablado de que a este poderoso señor le basta un sincero arrepentimiento para darle al criminal más empedernido la oportunidad de que cambie de vida. Pues bien, tras esta educación, un día los preceptores del muchacho deciden darle la noticia: ese rey al que todos temen y respetan, ese rey omnipotente, ese señor de vidas y haciendas, es su padre. «Tú eres el hijo del rey», le dicen. ¿Qué hará el niño? ¿Brincará de gozo y pedirá ser conducido a la presencia del que hasta entonces veía como alguien lejano e imponente para darle un tierno abrazo? O, por el contrario, ¿se envanecerá y empezará a comportarse caprichosa y malévolamente, pensando que puede hacer lo que quiera en la creencia de que el rey, su padre, no se atreverá a castigarle porque es su hijo, aunque sí castigue a los demás?

La historia de este niño es, de alguna manera, la historia del cristianismo y de muchos cristianos. Preparado durante cientos de años a través de la revelación contenida en el Antiguo

Testamento, el hombre creyente en el verdadero Dios —en ese instante, todavía exclusivamente miembro del pueblo judío— veía a Yahvé con respeto y en no pocos casos con amor. Le habían enseñado que era Todopoderoso y que era el Creador, que era Juez y a la vez Misericordioso. Creía en eso y su fe le llevaba a respetarle y, al menos en los más selectos hijos de Israel, también a amarle. Un día extraordinario, el propio Dios decidió completar la revelación sobre quién era Él y sobre cuál era el designio amoroso que tenía para con su pueblo, para con todos los hombres y no sólo para con el pueblo judío. No utilizó ya preceptores —los profetas— para transmitir este nuevo y último conocimiento, sino que mandó a su propio Hijo, con quien compartía la única naturaleza divina. La misión del Hijo consistía no sólo en revelar los arcanos secretos, sino en purificar al hombre de sus pecados pagando con su sangre el precio del rescate; más aún, Dios, a través del Hijo, quería otorgar a los hombres que creyeran en Cristo y se bautizaran el extraordinario e inmerecido regalo de la adopción. Esta cascada de dones debería bastar, por pura lógica, para asombrar al hombre y hacerle caer rendido ante el Señor, potenciando en él el amor y dedicándose a hacer su voluntad. A la vista de lo ocurrido en el ya largo período de dos mil años de historia cristiana, tenemos que preguntarnos si se ha cumplido el plan divino o si, por el contrario, el hombre —el cristiano— se está comportando mayoritariamente como un niño malcriado que abusa de las riquezas y de la bondad paternas pensando que, por muy mal que se porte, su padre nunca le castigará. Pero, antes de sacar una u otra conclusión, hay que exponer los fundamentos de nuestra fe en la paternidad divina. Una paternidad que tiene que ser vista desde la doble perspectiva enunciada: es inmerecida, puesto que es una paternidad adoptiva y nosotros los hombres somos criaturas de Dios por naturaleza, pero no sus hijos; es un regalo extraordinario, pues nos introduce en la familia de Dios, en la mismísima Trinidad, aunque sea a través de la adopción y sin compartir la naturaleza divina.

«La invocación de Dios como "Padre" es conocida en muchas religiones —dice el Catecismo en los números 238, 239 y 240—. La divinidad es con frecuencia considerada como "padre de los dioses y de los hombres". En Israel, Dios es llamado

Padre en cuanto Creador del mundo (cfr. Dt. 32, 6; Ml. 2, 10). Aún más, es Padre en razón de la alianza y del don de la Ley a Israel, su "primogénito" (Éx. 4, 22). Es llamado también "Padre del rey de Israel" (cfr. 2S. 7, 14). Es muy especialmente "el Padre de los pobres", del huérfano y de la viuda, que están bajo su protección amorosa (cfr. Sal. 68, 6). Al designar a Dios con el nombre de "Padre", el lenguaje de la fe indica principalmente dos aspectos: que Dios es origen primero de todo y autoridad trascendente y que es al mismo tiempo bondad y solicitud amorosa para todos sus hijos. Esta ternura paternal de Dios puede ser expresada también mediante la imagen de la maternidad (cfr. Is. 66, 13; Sal. 131, 2) que indica más expresivamente la inmanencia de Dios, la intimidad entre Dios y su criatura. El lenguaje de la fe se sirve así de la experiencia humana de los padres que son de cierta manera los primeros representantes de Dios para el hombre. Pero esta experiencia dice también que los padres humanos son falibles y que pueden desfigurar la imagen de la paternidad y de la maternidad. Conviene recordar, entonces, que Dios trasciende la distinción humana de los sexos. No es hombre ni mujer, es Dios. Trasciende también la paternidad y la maternidad humanas (cfr. Sal. 27, 10), aunque sea su origen y medida (cfr. Ef. 3, 14; Is. 49, 15): Nadie es padre como lo es Dios. Jesús ha revelado que Dios es "Padre" en un sentido nuevo: no lo es sólo en cuanto Creador, es eternamente Padre en relación a su Hijo Único, que recíprocamente sólo es Hijo en relación a su Padre: "Nadie conoce al Hijo sino el Padre, ni al Padre le conoce nadie sino el Hijo y aquel a quien el Hijo se lo quiera revelar"» (Mt. 11, 27).

Por lo tanto, aunque la paternidad divina fue ya intuida en otras religiones y fue ganando terreno en el propio judaísmo, sobre todo desde la perspectiva del cuidado amoroso que Dios tiene hacia su pueblo («El amor de Dios a Israel es comparado al amor de un padre a su hijo [cfr. Os. 11, 1]. Este amor es más fuerte que el amor de una madre a sus hijos [cfr. Is. 49, 14-15]» [Catecismo, n.º 219]), es Cristo quien manifiesta el sentido profundo y verdadero de la paternidad divina. Dios es Padre en sentido estricto sólo de Él, del Hijo, y lo es en el sentido adoptivo de todos aquellos que reciben el regalo de la adopción a través del bautismo. Cristo es el Hijo único de Dios y sólo por Él, por su encarnación, muerte y resurrección, hemos recibido el extraordinario don de ingresar en la familia divina como hijos adoptivos, hijos en el Hijo, del cual somos hermanos. Lo que Cristo nos enseña es que el concepto de Dios como Padre no es sólo una imagen simbólica que se aplica a la relación bondadosa que el Creador tiene con sus criaturas, en el sentido de que las ama «como si fuera su Padre». Se trata de una auténtica filiación: Dios es de verdad nuestro Padre. El hecho de que esta filiación se haya producido a través de la adopción tiene como consecuencia que no compartimos la naturaleza divina —en ese sentido, Cristo es y seguirá siendo el Hijo único—, pero no disminuye en nada el hecho de la relación paterno-filial, del mismo modo que ante la ley de los hombres un hijo adoptado tiene los mismos derechos que un hijo biológico. La paternidad divina, entendida en este sentido pleno y maravilloso, es, por lo tanto, la manifestación suprema del amor de Dios por sus criaturas humanas. Un amor tan grande e inmerecido que debería bastar para caer arrodillados ante Él y darle las gracias por toda la eternidad. No olvidemos que ni siquiera los ángeles son hijos de Dios, a pesar de ser espíritus puros y no haber conocido nunca el pecado.

El amor de Dios manifestado a través de la adopción filial que concede al hombre por el bautismo debería servir, pues, para motivar nuestro agradecimiento. De ahí el contrasentido que supone el que tantos cristianos concluyan lo contrario: «Como Dios es mi Padre no me va a castigar haga lo que haga y, por lo tanto, puedo comportarme todo lo mal que quiera, hacia Él y hacia el prójimo, pues su amor por mí le hace incapaz de condenarme con un castigo eterno como son las penas del infierno.» Se olvidan de que el amor de Dios tiene no sólo la característica de la paternidad, sino también la de la justicia, especialmente, como se ha visto, cuando esa justicia es imprescindible para poner freno a las ofensas que sufren los débiles y los inocentes. «Efectivamente —hay que decirles a éstos—, Dios es tu Padre y lo es y lo seguirá siendo aunque tú no te lo merezcas; pero también es el Padre de esos otros hombres a los que tú estás ofendiendo o a los que te niegas a ayudar pudiendo hacerlo. No abuses, pues, de la bondad divina, porque esa bondad no se derrama sólo sobre ti. Que el amor de Dios, que te ha hecho hijo suyo, te mueva al agradecimiento y no al abuso. Que el saber que Dios te quiere hasta el extremo de haberte hecho hijo suyo te lleve a tratarle con el amor debido a un Padre. No vuelvas contra Dios y contra tu hermano el amor de Dios, pues así lo único que conseguirás es cansar a Dios y, de ninguna manera, conseguirás la impunidad que crees que vas a obtener.»

La paternidad de Dios, tal y como la reveló y la consiguió para nosotros Cristo, es, por lo tanto, la plenitud de la revelación concerniente a Dios en cuanto primera persona de la Santísima Trinidad, el Yahvé judío, el Creador del mundo. Al conocer que Dios es nuestro Padre se culmina el conocimiento sobre Dios y se llega al máximo de motivaciones posibles para suscitar en el corazón del creyente el agradecimiento hacia el Señor, siempre desde la perspectiva de la primera persona de la Santísima Trinidad. Porque, no hay que olvidarlo, nos quedan aún infinitos motivos de agradecimiento, empezando por la existencia del Hijo y la del Espíritu Santo, pero éstos merecen capítulos aparte. También sobre el concepto de Dios como Padre y sobre la Santísima Trinidad, así como sobre el Espíritu Santo, volveremos a insistir más adelante, enfocándolos desde otras perspectivas.

Capítulo 4

DIOS HIJO

El hombre que cree en la existencia de un Dios que es creador, en un Dios que interviene en la historia para defender la verdad y la justicia, y que es rico en misericordia, tiene motivos sobrados para amar a ese Dios. Si, además, a ese hombre se le enseña que el Dios en el que cree es también su Padre, debería, una vez repuesto de la sorpresa, caer de rodillas como expresión tanto de adoración como de gratitud. Y, sin embargo, llegados a este punto, tendríamos que decir que los motivos de agradecimiento no han hecho más que empezar. Porque Dios no sólo ha expresado su amor al hombre creándole o protegiéndole, cubriéndole con su misericordia o admitiéndole en la intimidad de su familia mediante la adopción. Por si eso fuera poco, Dios se ha entregado a sí mismo para salvar a aquel que, siendo sólo una criatura, se había atrevido a ofender a Dios. El hombre, por el pecado original y por sus pecados personales, se había encaminado hacia la autodestrucción al romper su relación de amistad con el Señor. Para evitarlo, para salvarle, para darle la felicidad aquí en la tierra y la vida eterna en el cielo, Dios se hizo hombre y dio la vida por el hombre. Fue la segunda persona de la Santísima Trinidad, Jesucristo, hijo de Dios vivo e hijo de María Virgen, quien lo hizo. Él es el redentor del hombre y, si no hubiera otros motivos para darle gracias a Dios y para postrarse rendidos de amor a sus pies, bastaría éste para hacerlo.

Que Cristo es la prueba definitiva del amor de Dios lo expresó perfectamente san Pablo, en Ga. 4, 4-5: «Al llegar la plenitud de los tiempos, envió Dios a su Hijo, nacido de mujer, nacido bajo la ley, para rescatar a los que se hallaban bajo la ley, y para que recibiéramos la filiación adoptiva.» También lo dice san Juan, que insiste en que la encarnación del Hijo de Dios es una muestra del amor divino: «En esto se manifestó el amor que Dios nos tiene: en que envió al mundo a su Hijo único para que vivamos por medio de él» (1 Jn. 4, 9). «En esto consiste el amor: no en que nosotros hayamos amado a Dios, sino en que Él nos amó y nos envió a su Hijo como propiciación por nuestros pecados» (1 Jn. 4, 10). Algo parecido escribe en su evangelio: «Porque tanto amó Dios al mundo que dio a su Hijo único, para que todo el que crea en él no perezca, sino que tenga vida eterna» (Jn. 3, 16). Un amor, el de Dios, el de la Trinidad, que se dirige al hombre sin mérito del hombre, como muy bien afirma san Pablo en su carta a los Romanos: «La prueba de que Dios nos ama es que Cristo, siendo nosotros todavía pecadores, murió por nosotros» (Rm. 5, 8).

Dios, la Trinidad, es amor y, porque es amor no sólo es Padre y actúa como Creador, Señor y Juez, sino que es Hijo y actúa como Redentor y, como veremos más adelante, es Espíritu y actúa como Santificador. El Hijo hecho hombre, Cristo, Jesús de Nazaret, es, por lo tanto, la manifestación suprema del amor de Dios al hombre. Un amor, hay que insistir en ello, que el hombre no se merecía, puesto que voluntariamente se había separado de Dios mediante el pecado. Pero va a ser ese mismo pecado el que haga posible la encarnación del Hijo de Dios para salvar al hombre. Por eso san Agustín exclama: «¡Oh, feliz culpa, pues gracias a ti merecimos tal redentor!» Y san Gregorio de Nisa, en una de sus oraciones catequéticas (n.º 15) dice: «Nuestra naturaleza enferma exigía ser sanada; desgarrada, ser restablecida; muerta, ser resucitada. Habíamos perdido la posesión del bien, era necesario que se nos devolviera. Encerrados en las tinieblas, hacía falta que nos llegara la luz; estando cautivos, esperábamos un salvador; prisioneros, un socorro; esclavos, un libertador. ¿No tenían importancia estos razonamientos? ¿No merecían conmover a Dios hasta el punto de hacerle bajar hasta nuestra naturaleza humana para visitarla, ya que la humanidad se encontraba en un estado tan miserable y desgraciado?»

La encarnación del Hijo de Dios, nacimiento y etapa de Nazaret

Significado teológico

Al confesar nuestra fe en Jesucristo, lo reconocemos como verdadero Dios y como verdadero hombre, como la segunda persona de la Santísima Trinidad que ha asumido la naturaleza humana manteniendo la naturaleza divina y uniendo ambas naturalezas en una única persona, la divina. El Credo de Nicea-Constantinopla dice esto de Él: «Creo en un solo Señor, Jesucristo, Hijo único de Dios, nacido del Padre antes de todos los siglos: Dios de Dios, luz de luz, Dios verdadero de Dios verdadero, engendrado, no creado, de la misma naturaleza que el Padre, por quien todo fue hecho; que por nosotros, los hombres, y por nuestra salvación bajó del cielo, y por obra del Espíritu Santo se encarnó de María, la Virgen, y se hizo hombre; y por nuestra causa fue crucificado en tiempos de Poncio Pilato; padeció y fue sepultado, y resucitó al tercer día, según las Escrituras, y subió al cielo, y está sentado a la derecha del Padre; y de nuevo vendrá con gloria para juzgar a vivos y muertos, y su reino no tendrá fin.» De esta forma se define nuestra fe en Él, en su divinidad y en su humanidad, así como en su misión redentora con respecto a los hombres, tarea que llevó a cabo naciendo, muriendo y resucitando por nosotros.

Sin embargo, si bien la fe nos hace mirar toda la vida de Jesucristo, desde antes de su nacimiento como hombre hasta su segunda venida en majestad, desde el punto de vista desde el que estamos afrontando este libro, el de las motivaciones para el agradecimiento, al contemplar la figura de Cristo la mirada se nos va hacia los momentos finales de su vida en la tierra: su pasión, muerte y resurrección. La grandiosidad de esas setenta y dos horas, las que van desde la tarde del jueves hasta el alba del domingo, hace que casi no podamos fijarnos en otra cosa. Es como si Cristo no hubiera hecho nada más que eso o como si sólo muriendo y resucitando por nosotros nos hubiera demostrado su amor. Esto es un error, entre otras cosas porque para poder morir tuvo primero que nacer y porque, como veremos en los siguientes capítulos, Cristo no sólo nos ama cuando da la vida en el Gólgota para que se nos perdonen los pecados, sino que nos ama, y mucho, cuando nos enseña la nueva moral, la que se desprende del mandamiento del amor, la que nos lleva no sólo a no hacer el mal sino a estar obligados a hacer el bien.

Por eso, es necesario hacer un esfuerzo para recorrer con calma la vida del Señor, desde el instante mismo de su concepción, a fin de ver en toda ella las huellas del amor de Dios y encontrar motivos de agradecimiento hacia Él. Eso es lo que hace el Catecismo que, en el número 457, afirma: «El Verbo se encarnó para salvarnos reconciliándonos con Dios», y en el siguiente número, el 458: «El Verbo se encarnó para que nosotros conociésemos así el amor de Dios.» La encarnación es, pues, el principio de todo y también, por lo tanto, el principio de la sorpresa con que debemos acoger que Dios decidiera hacerse hombre para salvar al hombre de las consecuencias del pecado del hombre. El primer motivo de agradecimiento está, por lo tanto, en la propia encarnación, en el hecho de que, siendo Dios, decidiera hacerse hombre y compartir la suerte de los hombres. San Pablo lo reconoce así al afirmar, refiriéndose a Cristo, que «siendo de condición divina, no retuvo ávidamente el ser igual a Dios, sino que se despojó de sí mismo tomando condición de siervo, haciéndose semejante a los hombres y apareciendo en su porte como hombre» (Flp. 2, 5-8). Otras traducciones de este mismo texto son aún más radicales y en vez de «siervo» emplean la palabra «esclavo», por lo que el versículo 7 diría así: «Tomó la condición de esclavo.» Podemos pasar sobre estas afirmaciones con la ligereza que nos da el hecho de haberlo entendido así desde que tenemos uso de razón. Sin embargo, si empleáramos la mirada con que lo veían los primeros cristianos, aquellos judíos devotos que no se atrevían ni a pronunciar el nombre de Dios, caeríamos de rodillas asombrados de que tan alta Majestad se haya, voluntariamente, introducido en la mayor fragilidad y pequeñez. ¿Por qué el Creador se hizo criatura? ¿Por qué el Omnipotente decidió someterse a las necesidades de los hombres? ¿Por qué el Juez supremo aceptó las sentencias injustas de los hombres? ¿Por qué el Señor de la misericordia corrió el riesgo de sufrir el odio y la venganza? Sólo hay una respuesta a estas preguntas: Por amor.

El segundo motivo de agradecimiento, siempre contemplando la encarnación del Hijo de Dios, está en el ver a Cristo sometido a las leyes de la vida humana. Cuando nosotros sufrimos los avatares normales de la vida: el frío del invierno, el calor del verano, el hambre, el miedo, la enfermedad, la incertidumbre, las decepciones, el fracaso, la angustia, la soledad, el cansancio del trabajo, la frustración por no tener trabajo, los problemas que no podemos resolver porque pertenecen a otros, y toda esa variadísima gama de sinsabores que tiñen de dolor la vida cotidiana de todos los seres humanos, debemos pensar que todo eso lo pasó Cristo y que lo pasó por amor a nosotros. Si pudiéramos, nos desprenderíamos de ésos y de otros sufrimientos. En cambio, Él, que podía ahorrárselos, se sometió a ellos voluntariamente al hacerse hombre, los conoció en abundancia durante su vida y terminó de beber el cáliz de la amargura —haciéndose definitivamente en todo igual a nosotros excepto en el pecado— en la hora final de su muerte en la cruz. Pensemos en esto, pues, cuando sufrimos, tanto si es poco como si es mucho lo que nos está tocando pasar. Pensemos: «Cristo pasó por esto por mí. Sufrió cosas aún peores, por amor a mí.» Y de ahí, si somos normales, surgirá inevitablemente la palabra que Él ha venido a escuchar, la que marca el inicio de nuestra salvación. «Gracias, Señor, por tu amor.» Se lo diremos cuando tengamos frío: «Gracias, Señor, por tener tú también frío por mí.» O cuando tengamos calor. O cuando tengamos miedo. O cuando alguien nos haya decepcionado. O cuando nos sintamos tratados injustamente. O cuando la enfermedad haga aparecer ante nuestros ojos un futuro incierto y doloroso. O cuando la muerte se lleve a un ser querido. O cuando tengamos la sensación de que no hemos logrado nuestros objetivos en la vida. En fin, en cada momento y pase lo que nos pase, podremos aumentar nuestra gratitud hacia Dios al considerar que Él, voluntariamente y por amor a nosotros, pasó por lo mismo que nosotros estamos pasando.

Esta consideración del amor de Dios nos plantea inmediatamente una cuestión decisiva: ¿De qué nos sirve que Cristo quisiera compartir nuestra vida humana, nuestros sufrimientos? ¿De qué le sirve al pobre que Cristo se hiciera pobre? ¿De qué le sirve al enfermo? ¿De qué al que ha perdido un hijo? ¿O al que no tiene trabajo? ¿O al que sufre por haber sido engañado? A simple vista, lo que de verdad les sería útil, lo que se convertiría en motivo de agradecimiento, es que Dios diera pan al hambriento, curara al enfermo, resucitara a los muertos, resolviera el problema del paro e impidiera al hombre hacer daño a los otros hombres. Es decir, el hombre sólo tendría que agradecer a Dios los milagros y si el Señor se hubiera dedicado a dar pan gratis, salud para todos y amor a los amantes, podría haberse ahorrado la encarnación y por supuesto la muerte y la resurrección. Este planteamiento es muy parecido al que hacen algunos niños cuando el papá llega a casa después de un largo viaje; lo primero que le preguntan al verle es: ¿qué me traes? No parece importarles la presencia del papá y no consideran esa presencia como el principal regalo, sino que buscan el juguete que quizá ha comprado en el aeropuerto a última hora y, si no lo encuentran, se enfurruñan y acusan al papá de no quererles.

¿Qué me traes?, le preguntamos también nosotros a Cristo cuando estamos enfermos, nos sentimos solos o pasamos alguno de los miles de problemas de la vida cotidiana. El Señor, en cambio, se nos presenta como un pobre que no tiene otra cosa que darnos más que su amor. «No te voy a curar —nos dice—. No voy a resucitar a tu hijo —añade—. No voy a darte trabajo. Vengo únicamente a estar contigo para que no estés solo en este sufrimiento, para que tengas la fuerza para afrontarlo. Y si no quieres mi compañía, si eso no significa nada para ti, me iré y te dejaré a solas con tus problemas.» Muchos hombres, ante esta perspectiva, ante esta respuesta divina, se rebelan y maldicen a Dios. Niegan su existencia, incluso, y concluyen que si Dios existiera, o por lo menos si existiendo, fuese amor, no consentiría el sufrimiento, ni el pecado, ni la muerte, y que estaría continuamente haciendo milagros para que el dolor estuviera plenamente erradicado del mundo. Como he dicho en la introducción y en el primer capítulo, es el gran motivo de crisis para la fe: la existencia del mal y del sufrimiento. Y, en el fondo, es un motivo de crisis porque el Dios en el que creen los que entran en crisis no es el Dios de

Jesucristo, no es el Dios que nació pobre y humilde en la cueva de Belén, o que murió abandonado en el Gólgota. Ellos quieren creer sólo en el Señor de los milagros. O ése o nada. Y desprecian y rechazan al Dios encarnado, al Dios que se hizo hombre y asumió la condición de esclavo, pasando por uno de tantos, como dijo San Pablo. En cambio, los otros, ojalá que nosotros, ante este Dios que se hace hombre y conoce el sufrimiento del hombre y está a tu lado para consolarte y fortalecerte cuando sufres sin por ello quitarte el sufrimiento, exultamos de gratitud y nos parece que con eso, con su compañía, ya tenemos bastante. Éstos creen, creemos, en los milagros, pero no condicionamos nuestra fe ni nuestro agradecimiento a que éstos ocurran. Con la encarnación, con el gesto increíble de haber asumido la condición humana, nos parece tener ya más que de sobra para amar al Dios que nos ha amado de esa manera.

La encarnación del Hijo de Dios tiene también otro significado, complementario del anterior, por el que debemos dar gracias. Es equivalente, sólo que más profundo, a aquella intervención de Dios en la historia de Israel que tuvo como objetivo liberar al pueblo de la persecución en Egipto. En aquella ocasión, Dios escuchó el clamor de su pueblo que gritaba pidiendo ayuda y se hizo presente a Moisés en el episodio de la zarza ardiente para enviarle como libertador de Israel. En este caso, el Señor no envía a ningún emisario, sino que Él mismo se hace hombre para auxiliar a los hombres. Dios se implica en nuestra historia para ayudarnos y se complica la vida al hacerlo; ésta es la lección de la encarnación. Claro que de nuevo vuelve a surgir la cuestión anterior: ¿cómo nos ayuda? Si Moisés sacó al pueblo de Egipto y le condujo hacia una tierra de promisión, ésas eran cosas materiales que los israelitas podían sopesar. En cambio, la ayuda de Jesús no parece aportar en muchos casos ningún beneficio material a los que le siguen. La respuesta a esta cuestión ya está dicha: Cristo se hace uno con nosotros para acompañarnos y fortalecernos mientras sufrimos y, no hay que olvidarlo aunque estemos meditando sobre la primera etapa de la vida de Cristo, para salvarnos de las consecuencias del pecado y abrirnos la puerta de la vida eterna, la verdadera tierra prometida. Por lo tanto, la ayuda que este nuevo Moisés da a su pueblo es la del consuelo y la fortaleza mientras peregrinamos por este desierto que es la vida en la tierra, y la promesa de la eternidad cuando nos llegue la hora de la muerte. Para conseguir ambas cosas es para lo que Cristo se hizo hombre y por eso no dudó en invitar a los que están cansados y agobiados a seguirle cargando con su yugo, para hallar así no la desaparición de los problemas sino un «alivio» y una fuerza que les permita seguir adelante.

La encarnación del Hijo de Dios tiene también otro objetivo, y por él debemos dar gracias. Se trata de mostrarnos cómo hay que actuar para ser de verdad seres humanos, para agradar a Dios, para encontrar la felicidad. Ya no es una enseñanza dictada desde lo alto, sino que ahora tenemos ante nuestros ojos el ejemplo de uno de los nuestros, hombre como nosotros, por más que sea a la vez verdadero Dios. «El Verbo se encarnó para ser nuestro modelo de santidad», dice el Catecismo (n.º 459). El propio Cristo lo dijo en varias ocasiones, poniéndose a sí mismo como ejemplo de comportamiento: «Amaos los unos a los otros como yo os he amado» (Jn. 15, 12). Aunque de este tema se hablará más adelante, al meditar sobre los motivos de agradecimiento que se desprenden de la vida pública de Jesús, ya desde ahora podemos decir que Él se hizo hombre para ofrecer a los hombres un modelo de vida auténticamente humano. Y dentro de este modelo de vida, es necesario destacar el que va implícito en los largos años transcurridos en Nazaret, como miembro de una familia y como trabajador. Lo primero ha podido pasar desapercibido, quizá, durante muchos años, pues los hombres han apreciado siempre a la familia y han tenido una visión común sobre ella: unión de un hombre y una mujer, abierta a la vida y legalizada. Ahora, en cambio, ante la confusión provocada por el intento de equiparar otro tipo de uniones con la familia, nos viene bien recordar que Dios para hacerse hombre quiso nacer de una mujer y vivir en un hogar donde, junto a la madre, había un padre, por más que éste fuese adoptivo. En cuanto al trabajo, el hecho de que el propio Hijo de Dios lo haya practicado significa ya una dignificación del mismo, extraerlo de la categoría de castigo bíblico para colocarlo en la de camino de santificación y forma eficacísima de amar al prójimo. El Cristo de Nazaret no es un Dios inútil ni un hombre en paro. Las enseñanzas que se desprenden de aquellos largos años son muy importantes para iluminar nuestra vida cotidiana, en la cual la familia y el trabajo ocupan la mayor parte de nuestro tiempo, de nuestros intereses y también son la causa de la mayoría de nuestras alegrías y de nuestros sufrimientos. Los años de estancia de Jesús en Nazaret no fueron, en el plan de Dios, una especie de «aparcamiento» a la espera de que llegaran momentos propicios para comenzar la vida pública. No era una «hibernación» o un «letargo», una especie de dejar pasar el tiempo hasta que el niño se hiciera hombre y pudiera empezar a predicar. Tampoco era un simple tiempo dedicado al aprendizaje, necesario para poder realizar después su misión. Era un acto de amor de Dios tan cargado de sentido como los milagros. Por lo general, tendemos a creer en el amor de Dios cuando las cosas nos van bien, cuando algún milagro nos soluciona un grave problema o cuando los mimos de Dios llenan nuestra alma de agradables sensaciones. Y es cierto que en esos momentos se manifiesta el amor de Dios. Pero ¿sólo en ésos? ¿Cómo podríamos sentirnos cercanos a Dios, imitadores de Cristo, si identificamos la acción de Dios y su intervención a favor nuestro sólo con hechos maravillosos? Cristo, que conoce todas las tentaciones que nos asaltan, quiso darnos una lección esencial y quiso hacerlo no con palabras sino con el ejemplo. Esa lección fue la de Nazaret. Y duró nada menos que treinta años, si incluimos el tiempo que pasó en Belén y en Egipto. Es decir, casi toda la vida de Cristo estuvo marcada por el anonimato, por la normalidad. Y esa etapa fue tan divina, tan importante, tan beneficiosa para el hombre como los tres intensos y espectaculares años últimos. Cristo nos amó siempre y, por lo tanto, se puede amar e imitar al Señor siendo una persona normal, desde el trabajo cotidiano y la vida en familia. María, no lo olvidemos, era, ni más ni menos, una ama de casa. Démosle gracias a Dios porque, haciéndose uno de nosotros hasta el fondo, ha valorado nuestra vida, la vida de los hombres y mujeres normales. Podemos ser santos en nuestro trabajo y nuestra familia. Hasta lo más pequeño se convierte en grande cuando lo hacemos por amor a Dios y al prójimo.

Por último, le agradecemos al Hijo de Dios que se haya hecho hombre porque gracias a eso nos ha hecho a nosotros hijos de Dios, mediante el vínculo de la adopción por el bautismo. Así lo expresa, con contundencia, el Catecismo, haciéndose eco de la opinión de varios grandes santos y teólogos de la Iglesia: «El Verbo se encarnó para hacernos "partícipes de la naturaleza divina" (2 P. 1, 4): "Porque tal es la razón por la que el Verbo se hizo hombre, y el Hijo de Dios, hijo del hombre: para que el hombre al entrar en comunión con el Verbo y al recibir así la filiación divina, se convirtiera en hijo de Dios" (S. Ireneo, haer., 3, 19, 1). "Porque el Hijo de Dios se hizo hombre para hacernos Dios" (S. Atanasio, inc., 54, 3). "El Hijo Unigénito de Dios, queriendo hacernos partícipes de su divinidad, asumió nuestra naturaleza, para que, habiéndose hecho hombre, hiciera dioses a los hombres" (Santo Tomás de Aquino, opúsc. 57 in festo Corp. Chr., 1)» (n.° 460).

Análisis de los textos

Los llamados «Evangelios de la Infancia», que narran desde la encarnación del Señor hasta el comienzo de su vida pública, sólo aparecen en Mateo y Lucas, y es sobre todo este último el que más detalles nos cuenta de los primeros pasos de la vida de Jesús. Mateo, que escribe para judíos interesados en la nueva religión, da mucha importancia a los ascendientes de Cristo, con el fin de entroncarlo con el cumplimiento de las profecías que hablaban del Mesías como descendiente de David. Por eso coloca al principio de su evangelio la genealogía del Señor (Mt. 1, 1-17). Lucas hará lo mismo (Lc. 3, 23-38), pero después de haber hablado de la concepción y nacimiento del precursor, el Bautista (1, 5-25), y de la concepción del Señor y su nacimiento.

A continuación viene el relato de la concepción virginal —en lo cual insisten ambos evangelistas— y del nacimiento. Mateo despacha en pocos versículos estos acontecimientos (Mt. 1, 18-24), pero nos deja detalles tan interesantes como éstos: «Antes de vivir juntos, se encontró encinta por virtud del Espíritu Santo» (1, 18). Jesús no fue concebido mediante la intervención de ningún hombre. «José, su marido, que era un hombre justo y no quería denunciarla, decidió dejarla en secreto» (1, 19). De aquí podemos deducir que: o a José no le dijeron nada de cómo había tenido lugar la encarnación del Señor, o no lo creyó, pero en todo caso actuó del mejor modo posible habida cuenta de la mentalidad de la época y procuró no causar daño a la que ya legalmente era su esposa, aunque no hubiera convivido aún con ella. Mateo nos informa también de los dos nombres de Cristo y de su significado; el ángel le llama «Jesús», que significa «Dios salva», mientras que las profecías que se cumplían en él lo denominan «Emmanuel», que quiere decir «Dios con nosotros». Más adelante, Mateo vuelve al tema de la concepción virginal de Cristo: «Y sin haber tenido relaciones, María dio a luz a un hijo, al que puso por nombre Jesús» (1, 25).

En cuanto a Lucas, empieza por hablar de la anunciación a María, que tiene lugar en Nazaret (1, 26-38). Presenta a María como «una joven virgen, prometida de un hombre descendiente de David, llamado José» (1, 27), coincide con Mateo en la afirmación de que María no había tenido relaciones con nadie, ni siquiera con el que legalmente era ya su esposo pues había tenido lugar la primera parte del matrimonio judío, pero aún no la segunda, tras la cual ambos cónyuges iban a vivir juntos. Las primeras palabras del ángel anunciador, Gabriel, son las propias del que comunica una buena noticia: «¡Alégrate!» (1, 28). Éste llama a María «Inmaculada», al afirmar que es «llena de gracia» (1, 28), y al decirle que el Señor está con ella. María «se turbó» (1, 29) y se extrañó ante lo que empezaba a suceder, y entonces Gabriel la tranquiliza y explica su propósito: «No tengas miedo, María, porque has encontrado gracia ante Dios» (1, 30); «concebirás y darás a luz un hijo, al que pondrás por nombre Jesús. Será grande y se le llamará Hijo del Altísimo; el Señor le dará el trono de David, su padre; reinará sobre la casa de Jacob para siempre y su reino no tendrá fin» (1, 31-33). Sorprendentemente, y dando un giro a toda una concepción de relación con Dios y de valoración ética, María se muestra interesada por la forma en que va a ocurrir lo que se le anuncia; no muestra dudas sobre la capacidad de Dios para hacerlo, pero quiere saber el cómo va a ocurrir, pues el fin no justifica los medios; la pregunta que hace María nos confirma, a la vez, su virginidad: «¿Cómo será eso, pues no conozco varón?» (1, 34). Entonces el ángel vuelve a dar explicaciones y habla por primera vez del Espíritu Santo, que será quien lleve a cabo la concepción. Como una prueba, que María no había pedido, le informa de lo sucedido a su prima Isabel, «porque no hay nada imposible para Dios» (1, 37). Tranquilizada sobre los fines tanto como sobre los medios, María acepta y, al hacerlo, se presenta a sí misma ante la historia —el ángel la había presentado ya como Inmaculada—: «Aquí está la esclava del Señor; hágase en mí según tu palabra» (1, 38).

Si la Encarnación produce asombro y el asombro conduce al agradecimiento, nuestra mirada debe dirigirse ahora a contemplar el siguiente paso en la vida de Jesús. Llevado por su Madre aún en el vientre, Nuestro Señor fue a hacer una obra de caridad. Jesús y María empiezan enseguida a trabajar juntos. Lo harán más tarde, públicamente, en Caná. Lo hacen desde el primer momento acudiendo al lado de la anciana Isabel, necesitada en el delicado momento de su embarazo. Es Lucas el que nos cuenta este acontecimiento. En aquella visita, nuestra Madre pronunció el Magníficat (1, 46-55), que es un himno a la humildad, pues deja bien claro que todo el bien que hacemos procede de Dios, y es a la vez una presentación de Dios en continuidad con el que ha sido revelado en el Antiguo Testamento, como el que interviene en la historia del hombre a favor de los pobres y los inocentes. Pero antes de esto, Isabel, al ver llegar a María, inspirada por el Espíritu Santo, reconoce no sólo la santidad de su prima, sino la naturaleza del que lleva en sus entrañas: «¿Y cómo es que la madre de mi Señor viene a mí?» (1, 43). Inmediatamente saluda a María llamándola dichosa porque ha sabido tener fe: «¡Dichosa tú que has creído que se cumplirán las cosas que te ha dicho el Señor!» (1, 45). Otra versión de este mismo versículo lo traduce así: «¡Dichosa tú que has creído, porque lo que te ha dicho el Señor se cumplirá!» Es significativo que Isabel utilice el mismo término («Señor») para referirse a Jesús, en el vientre de su madre («la madre de mi Señor») que a Dios (lo que te ha dicho el Señor). Como hemos visto, María contesta a todo esto con el Magníficat. Desde el punto de vista del agradecimiento, que es el objetivo de este libro, este hermoso pasaje nos invita a contemplar el amor de Dios que le lleva a arriesgar algo tan valioso como su propia vida por ayudar a una persona en necesidad. Aquel viaje de Nazaret a Ain Karen tenía sus peligros, tanto por el estado de embarazo de la Virgen como por los inherentes a un recorrido por tierras relativamente inseguras. A pesar de eso, a pesar de que Nuestra Madre custodiaba el mayor de los tesoros, inspirada por su divino Hijo, corrió el riesgo. El amor es eso: arriesgar. No insensatamente, pero tampoco tan prudentemente que al final no hagamos nada y caigamos en el peor de los pecados, la indiferencia.

Tras la visita a Isabel viene el relato del nacimiento de Jesús. Si Mateo lo había narrado en muy pocas palabras, como hemos visto «dio a luz un hijo, al que puso por nombre Jesús» (1, 25), afortunadamente Lucas es más explícito. Nos cuenta por qué Jesús nació en Belén (el edicto de Augusto obligando al empadronamiento, y de paso vuelve a presentar a Jesús, como hijo adoptivo de José, entroncado con la estirpe de David, tal y como habían predicho las profecías). Nos dice también el motivo por el que nació en una cueva de ganado: «porque no encontraron sitio en la posada» (2, 7). El ángel, cuando anuncia el hecho a los pastores, emplea la misma palabra que Gabriel había utilizado con María, la de alegría (2, 10), y esa alegría consiste en que «os ha nacido un salvador, el Mesías, el Señor» (2, 11). No se trata, pues, de algo material —una magnífica cosecha o una subida del precio de la lana o de los corderos—, sino de la llegada de alguien que les va a dar el don más preciado, la salvación. Podría pensarse que ese don también tenía consecuencias materiales, de tipo político, por ejemplo, como la liberación de Israel; por eso, para no dejar lugar a dudas sobre el tipo de Mesías anunciado, el ángel dice que la prueba de que eso que anuncia ha sucedido es que iban a ver un niño nacido en una cueva, lo cual está en franca contradicción con un concepto de Mesías político y victorioso. Más ángeles aparecen para proclamar que lo ocurrido representaba la gloria de Dios y la paz a los hombres (2, 14). Los pastores se dirigen a Belén y comprueban la exactitud de lo anunciado y, a la vez, dan cuenta a los sorprendidos María y

José de las apariciones angélicas. La Virgen, dice Lucas, «guardaba todas estas cosas, meditándolas en su corazón» (2, 19).

Al contemplar a Jesús en la humildad de la cueva de Belén, como ya se ha dicho, no podemos hacer otra cosas, no debemos hacer otra cosa, que caer de rodillas en una actitud de eterno y total agradecimiento. Lo mismo que hicieron aquellos pastores, contemplamos sorprendidos, exultantes y agradecidos el amor de Dios manifestado en su Hijo hecho hombre, nacido de una virgen en la pobreza de un establo. El marco en que ocurre el acontecimiento nos debería servir para purificarnos de todo interés. A Belén hay que ir a dar y no a pedir, pues el que encontramos allí es más pobre que nosotros. Esto es una revolución total en el orden de las relaciones entre Dios y los hombres, pues hasta ese momento, el hombre se acercaba a Dios como el pobre que se acerca al rico: para pedir, para buscar ayuda. Desde ahora, y sin que ese objetivo quede descartado, el hombre debe acercarse a Dios a amar, a agradecer, a ofrecer, pues Dios se le muestra —en Belén y en la cruz— como alguien más pobre, más necesitado, que él mismo. Démosle gracias, incansablemente, por esto, por la purificación de la religión, de las relaciones con Dios, que significa e implica esto.

Probablemente, lo que sucedió a continuación fue la presentación de Jesús en el Templo —antes que la adoración de los Magos, en la cual ya vemos a la Sagrada Familia fuera de la cueva e instalada en una casa—. Este acontecimiento nos lo cuenta también Lucas (2, 22-40). Con él, vemos a José y a María cumpliendo fielmente la ley, lo cual es un dato que hay que tener en cuenta, pues el Hijo de Dios estaba por encima de una ley que obligaba a rescatar a los primogénitos del servicio a Dios, mientras que su Madre no tenía por qué purificarse, pues ningún pecado había cometido. Con todo, lo más significativo es la profecía de Simeón (2, 29-35). Representa la bienvenida del antiguo Israel al Mesías, que llega a cumplir las promesas y a instaurar una nueva y definitiva etapa en la historia de la relación entre el hombre y Dios. Dentro de esta profecía están las tremendas palabras dirigidas a María: «Y a ti, una espada te atravesará el corazón» (2, 35). Muy duro tuvo que ser para la Virgen este anuncio de calamidades que, era evidente, implicaban a su Hijo. Así, ella va enterándose poco a poco tanto de la gloria que tendrá Jesús como del sufrimiento que padecerá, el cual le afectará también a ella. Su carácter corredentor es mostrado, de este modo, desde el principio.

A continuación, pero pasado ya un tiempo, debió de tener lugar la visita y adoración de los Magos. De ella nos habla sólo Mateo (2, 1-12), el cual, de paso, nos da algún dato más sobre el nacimiento de Jesús: «En Belén de Judea, en tiempos del rey Herodes» (2, 1). Los Magos van a Jerusalén porque buscan al «rey de los judíos» (2, 2) y lo lógico es que hubiera nacido en el palacio real. Pero lo buscan no por motivos políticos —para rendirle pleitesía—, sino por motivos religiosos: «para adorarlo» (2, 2). Herodes intenta engañar a los Magos, con el fin de obtener a través de ellos información del lugar donde está el recién nacido, al cual considera un peligroso rival que le puede disputar el trono. Los Magos creen en la buena voluntad del rey y parten para Belén, como él les había indicado, con la intención de regresar para informarle, tras haber cumplido el objetivo de su viaje, cosa que no hacen porque un ángel les advierte de la trampa. Siguiendo la estrella, logran dar con el lugar exacto del nacimiento y se sienten recompensados con creces de las fatigas y gastos del viaje: «Al ver la estrella experimentaron una grandísima alegría» (2, 10). Mateo dice que Jesús estaba en una casa y que José no se encontraba en ella cuando entraron los Magos, pues posiblemente se hallaba trabajando, lo cual indica que se habían instalado ya en Belén, a la espera de que el niño creciera y fuera menos peligroso el viaje a su lugar de origen: Nazaret; en la casa se encontraban sólo María y Jesús: «vieron al niño, con María, su madre» (2, 11). Los Magos cumplen el objetivo de su viaje: la adoración y el agradecimiento, simbolizados con los gestos de arrodillarse y de ofrecer regalos, algunos de éstos propios sólo de Dios y de los reyes: «se pusieron de rodillas y lo adoraron; abrieron sus tesoros y le ofrecieron regalos: oro, incienso y mirra» (2, 11). La escena nos invita a hacer nosotros lo mismo: porque adoramos, agradecemos; porque creemos que el niño de Belén es el Hijo de Dios, caemos de rodillas y damos gracias; porque agradecemos, ofrecemos nuestros dones, que son nuestras oraciones y nuestras buenas obras, y al hacerlo nos sentimos —como los Magos— muy dichosos, pues poder ayudar a Dios es un honor y una auténtica buenaventura.

Pero la visita de los Magos trajo consigo una consecuencia muy dolorosa. Al darse cuenta Herodes de que había sido burlado, ordena la matanza de los niños de Belén, «de dos años para abajo, según el tiempo que había calculado por los magos» (Mt. 2, 16), lo cual nos indica que, efectivamente, la Sagrada Familia llevaba ya un tiempo instalada en Belén, a la espera del momento oportuno para regresar a su tierra, en Galilea. El relato de la matanza de los inocentes y de la huida a Egipto de la Sagrada Familia (Mt. 2, 13-23) tiene la fuerza y el dramatismo de una de las historias del Antiguo Testamento. De hecho, el Dios que huye para salvar su vida porque aún no le ha llegado la hora de dar la vida por su pueblo, es lo de antes, mientras que el Dios que no huye y que afronta la muerte en la cruz, es lo nuevo, lo que nos introduce definitivamente en la nueva alianza. En todo caso, lo ocurrido en Belén tras la precipitada huida de la Sagrada Familia nos sitúa ante una realidad que más pronto o más tarde se hace presente en la relación del hombre con Dios: su «silencio», la aparente pasividad con que tolera que algunos hagan el mal. ¿Si Dios es amor, por qué permitió que Herodes asesinara a los niños inocentes de Belén? ¿Por qué tuvo que huir la Sagrada Familia a Egipto en busca de refugio? Son preguntas aparentemente sin respuesta, que se desglosan de la gran cuestión con que somos interpelados y nos interpelamos a nosotros mismos los que creemos en el amor de Dios. El propio Cristo, años más tarde, en el Gólgota, hará la misma pregunta: ¿Dios mío, por qué me has abandonado? En realidad la respuesta no es una idea, más o menos luminosa o consoladora, sino una persona. La respuesta es Él, es Jesús. Y lo es en la medida en que Él es más que un hombre, es el mismísimo Hijo de Dios hecho hombre. Cristo ha venido a la tierra para darnos otro tipo de respuestas a nuestras preguntas existenciales. No unas contestaciones que calmen nuestro intelecto, sino las que nacen de contemplarle a Él pasando los mismos problemas que nosotros y a pesar de eso manteniendo la fe en Dios y en el amor de Dios. Esto es lo que tenemos que meditar y agradecer: que se hiciera hombre y sufriera como un hombre para demostrarnos con obras y no con argumentos su amor, el amor de Dios. Y que siguiera creyendo en el amor del Padre. Pongámonos, para valorar y agradecer, en el lugar de María y de José, con el pequeño Jesús en brazos y huyendo para que no le asesinaran. Comprendamos que si bien no podemos entender del todo a Dios, sí podemos agradecerle que quisiera sufrir lo que sufrimos nosotros, incluso nuestras dudas.

La última escena de esta etapa de la vida de Jesús tuvo lugar años más tarde, cuando, después de haber regresado de Egipto tras la muerte de Herodes e instalado definitivamente en Nazaret, vuelven a Jerusalén en una de las peregrinaciones al Templo que llevaban a cabo los judíos practicantes. En ese contexto tiene lugar la pérdida del adolescente Jesús, que ya tenía doce años, al cual encuentran sus angustiados padres discutiendo con los doctores de la Ley (Lc. 2, 41-50). Es significativo lo que tiene el hecho de rebeldía de adolescente, pero sobre todo que Jesús es mostrado enseñando a los sabios de Israel, como signo de que la sabiduría del Nuevo Testamento es superior a la del Antiguo. También es muy importante este pasaje porque nos ofrece la primera muestra de la conciencia de divinidad que Jesús tenía de sí mismo: «¿No sabíais que debo ocuparme en los asuntos de mi Padre?» (2, 49). Es obvio que se refería a Dios, al cual llama ya «Padre», pues se lo estaba diciendo, entre otros, al sorprendido José. Además de estas enseñanzas, el hecho de que Jesús se «pierda» y sea «encontrado» en el Templo está lleno de simbolismo. A veces, para algunos, la estructura de la Iglesia puede ser un obstáculo para hallar a Dios. Pero, con paciencia y siempre con un sentido honesto de la justicia que nos haga ver con objetividad las cosas, esa misma Iglesia se convierte en un lugar de encuentro, en el sitio mejor para estar con Dios, conocerle y amarle. Cuentan del filósofo Maritain que, cuando descubrió quién era Jesucristo, se enamoró de él y decidió ser cristiano. Pero dicen, también, que le repugnaba enormemente la estructura de la Iglesia y que eso le impedía dar el paso. Así estuvo hasta que un amigo suyo, católico practicante, le hizo ver que si hubiera hallado una preciosa perla y ésta estuviera en un estercolero, seguro que no dudaría en meterse en él para cogerla. Este argumento ayudó a Maritain, que después se convirtió en uno de los grandes defensores de la Iglesia y que, también más tarde, comprendió que en el fondo él tenía más pecados que esa Iglesia que, antes de su conversión, tanto le horrorizaba. Por eso no sólo se enamoró de Cristo, sino también de la Iglesia. Demos gracias a Dios por la Iglesia, la cual, a pesar de sus defectos —que son nuestros defectos—, es el lugar querido por Cristo y fundado por Él para encontrarnos con Él. Sin la Iglesia, no podríamos conocer al Señor, tantos años después de su venida. Sin ella, no tendríamos acceso a los sacramentos. Sin ella, no podríamos disfrutar de su presencia en medio de los discípulos, ni de la luz de la autoridad. Agradezcámosle, pues, a Dios la Iglesia, que actualiza el mensaje de Cristo iluminando los nuevos problemas. Demos gracias porque, siendo nosotros pecadores, podemos estar en ella.

Después de este suceso, el Evangelio dice que Jesús volvió con sus padres a Nazaret y allí siguió su vida normal, hasta que llegó la hora de comenzar a predicar la buena noticia del Evangelio. Pero esa vida normal no era otra cosa que una vida de trabajo y de familia, los dos grandes valores que Nuestro Señor practicó y cuidó durante la mayor parte de su vida, mostrando así su enorme importancia. Por eso, al contemplar a Jesús en Nazaret durante los años de su vida oculta no debemos olvidar que no estuvo solo. Dios quiso que su Hijo naciera, creciera y se educara en una familia. En el hogar de Nazaret había una madre y un padre, María y José. Ambos, cada uno a su manera, hicieron posible que el Señor, como dice el Evangelio, fuera creciendo en edad, sabiduría y gracia. ¿Qué habría sido de Cristo si no hubiera nacido y crecido en el seno de un hogar? No nos lo podemos imaginar, entre otras cosas porque no ocurrió así. Dios, en su infinita sabiduría, quiso para su Hijo una auténtica vida humana, es decir, una vida de familia. La familia, pues, es algo querido por Dios y que se convierte en el segundo de los dones que de Él recibimos, inmediatamente después del de la vida. María y José hicieron de aquella familia una antesala del paraíso definitivo, el del cielo. Y lo lograron porque eran santos, porque tenían a Dios en el primer lugar de su corazón y porque no deseaban otra cosa más que proporcionar felicidad a los que vivían con ellos. Amaban, eso era todo. Amaban a Dios y amaban al prójimo, empezando por el más próximo. El ejemplo que nos dieron consiste en eso sobre todo: en amar a través de los mil actos pequeños de la vida cotidiana y también en permanecer fieles al amor cuando llegan las dificultades y los sinsabores. Si Jesús un día dijo que no se podía ser fiel en lo grande sin haberlo sido en lo pequeño, eso lo debió de aprender de su padre y de su madre en el hogar de Nazaret. Démosle gracias a Dios porque nos ha regalado el modelo de María y José como el de dos santos extraordinarios que, a través de una vida normal, alcanzaron la plenitud del amor. Debemos aprender de ellos a resistir en las pruebas pequeñas para conseguirlo también en las grandes. Démosle gracias porque nos ha enseñado en qué consiste una familia —la unión estable y pública de un hombre y una mujer— y en que sólo se puede madurar como auténtico ser humano en el ambiente de una familia. Démosle gracias porque nos ha enseñado que el trabajo es bueno y que es un magnífico instrumento para nuestra santidad, para el amor al prójimo y para la construcción de una sociedad mejor. Y quizá la mejor manera de darle gracias por todo esto es cuidar de nuestra familia y hacer nuestro trabajo del mejor modo posible y con el mayor amor posible.

La vida pública. El comportamiento de Cristo

Si Cristo hubiera pasado por la tierra sin abrir la boca, sin pronunciar ningún discurso, sin dejar una sola enseñanza, pero alguien se hubiera encargado de anotar sus principales acciones, su manera de comportarse, quizá nos habría costado un poco más extraer las mismas conclusiones acerca del mensaje del Señor, pero sin duda que lo habríamos conseguido. Porque su doctrina no está contenida sólo en sus palabras, en las maravillosas parábolas con las que enseñaba a aquellos campesinos y pescadores, o en las frases llenas de sabiduría con las que resumía profundos preceptos morales. Su principal magisterio estuvo contenido en su vida, de tal forma que si merece nuestro crédito es precisamente porque en él no había diferencia entre lo que decía y lo que hacía. Predicaba lo que vivía y vivía lo que predicaba. Y por esto precisamente debemos darle gracias a Dios, pues su ejemplo nos enseña que lo que él enseñó es posible vivirlo. Si él no hubiera sido hombre o si, siéndolo, no hubiera puesto en práctica sus mismas enseñanzas, siempre nos quedaría la sospecha de que la moral cristiana, de tan elevada y sublime como es, está hecha para ángeles, pero no para hombres. Pero gracias a su vida y a su ejemplo podemos comprobar que es posible llegar al extremo de amar incluso a los enemigos, pues le vemos a Él en la cruz convirtiéndose en abogado defensor de sus asesinos. Y así con todo lo demás.

Sin el ánimo de ser exhaustivos y con el objetivo de conocer más para agradecer mejor, me referiré a continuación a algunos momentos claves en la vida de Cristo durante su vida pública, dejando aparte la última etapa de su vida, la de la pasión, que merece un capítulo especial. Podemos destacar los siguientes:

El bautismo de Cristo

El primer «hecho» significativo de Cristo, aquel con el que se puede decir que comienza su «vida pública», fue el bautismo en el Jordán, de manos de su pariente, Juan, apodado el Bautista, el hijo de Isabel. Los cuatro evangelistas se hacen eco de este momento, lo cual es una prueba de lo significativo que fue, tanto para el propio Jesús como para los que después fueron sus discípulos. Mateo lo narra en el capítulo 3, versículos 13 al 17. Marcos en 1, 9-11. Lucas en 3, 21-23 y Juan, que es quien le dedica más espacio, lo trata en 1, 29-34.

No pretendo hacer un análisis sobre el significado teológico del bautismo del Señor. Recomiendo para ello la lectura de los números 535 a 537 del Catecismo. Como en el resto de este libro, también sobre este punto me interesa destacar aquello que debe servirnos para despertar nuestro agradecimiento a Dios, pues ése es el objetivo de esta obra: conocer para agradecer, ser conscientes de lo mucho que hemos recibido de Dios para devolverle con amor el amor que nos ha sido regalado. ¿Y qué podemos destacar en el bautismo del Señor en el Jordán que nos lleve al agradecimiento? Como siempre, tenemos que hacer un esfuerzo para separar nuestra mirada del fulgor supremo que representa la muerte de Cristo en la Cruz. Es como cuando contemplamos abiertamente el Sol; después de hacerlo, nuestros ojos apenas pueden ver ninguna otra cosa, hasta que no se adaptan a luminosidades menos intensas. Nada, es cierto, puede ser comparado con la Cruz, pero eso no significa que el resto no valga nada. La Cruz fue necesaria para nuestra salvación, pero sin ella también hubiéramos tenido motivos para vivir agradecidos a un Dios que se había hecho hombre, como hemos visto al contemplar la primera etapa de su vida, y como veremos al analizar los años de su vida pública, empezando por el bautismo.

Los motivos de agradecimiento por el bautismo de Cristo son, al menos, tres: El hecho del bautismo en sí, por lo que reflejaba de la humildad del Maestro; el sacramento del bautismo, que se nos regala con él; la figura del Bautista, al que el propio Cristo va a calificar como «uno de los más grandes nacidos de mujer».

El que Jesús, siendo Hijo de Dios, acudiera a participar en un ritual de penitencia era sorprendente e incluso, hasta cierto punto, escandaloso. Los personajes que, según los evangelistas, acudían a postrarse ante Juan eran poco recomendables: publicanos, fariseos, saduceos, prostitutas. ¿Significaba que Cristo tenía pecados? Y si eso era así, ¿cómo podía ser Dios? El mismo Juan se quedó sorprendido —aunque no escandalizado— cuando le vio acercarse, humildemente situado en la fila de los penitentes. Intentó, incluso, negarse a realizar aquel gesto sobre alguien del que se sabía inferior, y sólo la insistencia de Cristo le llevó a consumarlo. De todas formas, y por si acaso les quedaba alguna duda tanto a los presentes como a los que se enteraran de aquel hecho por su testimonio, el propio Padre se encargó de dejar constancia de que el bautismo de Jesús era de otro tipo y que no podía interpretarse como una señal de que quien lo recibía no compartía la naturaleza divina. Las palabras que los testigos oyeron, procedentes de lo alto, dejaban bien clara la relación entre Cristo y aquel al cual él había empezado ya a llamar Padre, «su» Padre, mientras que los demás seguían utilizando para dirigirse a él el viejo nombre de Yahvé. De hecho, esta manifestación divina de apoyo a Cristo en un momento tan importante —es el inicio de su vida pública— y tan delicado —corre el riesgo de que le confundan con los pecadores que le rodeaban y que habían acudido en busca de perdón—, es una revelación de lo más profundo e íntimo del dogma cristiano: el misterio de la Santísima Trinidad. En efecto, si el Cristo que recibe el bautismo es llamado «Hijo», es porque hay un «Padre»; pero es que, además, quien se deja ver es el Espíritu Santo en forma de paloma. La humildad de Jesús ha hecho posible e incluso necesaria la manifestación («epifanía») no sólo de él como Mesías redentor, sino de la existencia de la Santísima Trinidad.

Sólo desde esta perspectiva cobra su verdadera dimensión el gesto del bautismo del Señor. Si por la encarnación no perdió su naturaleza divina, tampoco renunció a ella por ponerse en la cola de los pecadores arrepentidos. Por el contrario, el hecho de no serlo nos habla, en primer lugar, de su humildad y de su deseo de, como dirá san Pablo, hacerse en todo igual a nosotros menos en el pecado. Además, nos está mostrando un camino por donde seguir. No hay que olvidar que el bautismo de Cristo no fue casual ni estuvo dirigido exclusivamente a hacer una especie de presentación en sociedad; él quería, con aquel gesto, instituir un sacramento e invitarnos a practicarlo. Si él, que era inocente y no tenía nada de que arrepentirse; si él, que era el único Hijo de Dios y no tenía necesidad de ser adoptado como tal, se bautizó, lo mismo debemos hacer nosotros, tanto por recibir el perdón de nuestros pecados como por ser admitidos en la filiación divina y, como consecuencia, en la familia de la Iglesia.

Por último, y siempre sobre este primer punto del bautismo del Señor, debemos fijarnos en un hecho anterior, que de algún modo se le asemeja. Me refiero a la presentación del Niño Jesús en el Templo y a la purificación de María, de los que ya hemos hablado. Ni Jesús tenía necesidad de ser presentado y mucho menos rescatado del servicio a Dios con el pago de aquellas tórtolas, ni la Virgen tenía nada de qué purificarse. Sin embargo, ella —consciente o no de su condición de Inmaculada— llevó a su niño al Templo para cumplir una prescripción religiosa que ambos se podían haber ahorrado. Aquél fue el ejemplo de la humildad de la Madre, que enseñaba así el camino a su Hijo. En el bautismo, Cristo llevó a cabo por decisión propia un acto que de alguna manera era semejante al que había protagonizado su Madre con él en brazos. Era también un gesto de humildad, que, en este caso, servía además para mostrarnos a nosotros un camino por donde seguir: el de recibir los sacramentos, empezando por el bautismo, el de no dudar a la hora de confesar nuestros pecados —nosotros, que sí los tenemos— y hacer penitencia por ellos, y el de no dejar pasar la oportunidad de ser admitidos en la familia de los hijos de Dios y miembros de la Iglesia. La humildad de Cristo —lo mismo que antes la humildad de María— nos ha abierto el camino de la humildad, el camino de la santificación; en él recibimos el perdón de los pecados y el resto de las gracias que necesitamos —a través de los demás sacramentos— para ser santos; en él, encontramos la disposición que no nos debe faltar para perseverar como miembros de la Iglesia, pues no en vano casi todos los que han roto con ella lo han hecho tras pecar de soberbia y considerarse superiores a ella y a los que la regían, a los cuales calificaban de pecadores, mientras que ellos se consideraban del grupo de los perfectos. La imitación de la humildad de Cristo, que participó en un rito público de penitencia, nos ayudará a recibir a nosotros la penitencia y el perdón de nuestros pecados y a perseverar dentro de la Iglesia a pesar de los defectos que podamos ver en ella.

Agradecimiento, por lo tanto, al Señor, que con su bautismo nos ha dejado bien marcado el camino que tenemos que seguir, camino de humildad y por eso de santidad, y que ha aceptado ser contado entre los pecadores sin que hubiera motivo para ello, para que nosotros no tengamos reparo en confesar nuestros pecados y recibir así el regalo de la misericordia divina.

El segundo motivo de agradecimiento, derivado del bautismo de Cristo, está en lo que supuso para los seguidores del Maestro, para los cristianos. Me refiero a la institucionalización del sacramento del bautismo y, como consecuencia, a la posibilidad de participar y recibir los demás sacramentos. Sin el bautismo no tenemos acceso a la Eucaristía, a la Confesión, ni tampoco al resto de esas «autopistas» de gracia especializada que son el resto de los sacramentos. El bautismo, además de ser la puerta que abre y da paso al jardín de los sacramentos, es en sí mismo un don extraordinario. Nos hace cristianos y nos da la gracia de Dios que vamos a necesitar para vivir como tales. Nos perdona el pecado original y, en caso de recibir el bautismo con el alma manchada por algún pecado personal, perdona también éste («En el bautismo, "se abrieron los cielos" (Mt. 3, 16) que el pecado de Adán había cerrado» (Catecismo, n.º 536). Por último, aunque no menos importante, nos hace hijos adoptivos del Padre, introduciéndonos en la familia de Dios por la vía de la adopción y, como dijo san Pablo, permitiéndonos pasar de la categoría de esclavos a la de hijos. Todo esto convierte al sacramento del bautismo en un don extraordinario, al que accedemos porque Cristo lo creó con su propio bautismo y porque encargó encarecidamente a los apóstoles que, junto con la predicación del mensaje, bautizaran a todos aquellos que, movidos por el Espíritu Santo, habían decidido seguirle.

Sucede, sin embargo, que el bautismo resulta menos valorado que otros sacramentos por dos motivos, al menos. El primero de ellos es que, recibiéndolo sólo una vez en la vida —pertenece al grupo de sacramentos que imprime carácter y que no se pueden repetir—, y además recibiéndolo en la mayor parte de los casos de niños, no estamos acostumbrados a meditar sobre él y sobre su importancia, no tenemos la práctica repetitiva que sí adquirimos con sacramentos como la confesión o la eucaristía y que nos permite ser conscientes de los extraordinarios efectos que producen. En segundo lugar, en sociedades antaño católicas, como la española, ocurre que prácticamente todo el mundo está bautizado y eso nos lleva a no valorar lo suficiente aquello que todos tienen; en otros países y otras culturas, en las que los cristianos son una minoría e incluso están perseguidos, recibir el bautismo supone no sólo una originalidad extraña, sino también un acto de extraordinario valor que hace peligrar la vida; en estos casos se valora mucho mejor lo que el sacramento del bautismo significa. Aquellos que, de adultos, se acercan a él son conscientes del extraordinario don que reciben, por el cual merece la pena correr toda clase de riesgos.

Por último, y volviendo a uno de los tres aspectos señalados que forman parte de los dones que otorga el bautismo, nunca podremos agradecer a Dios lo suficiente el que nos haya hecho hijos suyos. Si ya es extraordinario que perdone nuestros pecados, empezando por el pecado original, es aún, si cabe, de mayor importancia que nos haya hecho miembros de su familia mediante el vínculo de la adopción. En un mundo como el nuestro, que vive bajo el síndrome de la soberbia y que considera que Dios ha muerto y que el hombre ha ocupado su lugar, la filiación divina no es apenas valorada. Para aquellos primeros cristianos, que tenían en su memoria y en su psicología la experiencia del poder de Dios, del cual ni se atrevían a mencionar el nombre, el hecho de que pudieran empezar a llamarle «Padre» les parecía extraordinario y, ciertamente, un regalo de valor incalculable. Pero si lo era entonces no deja de serlo hoy. Si algún día el hombre vuelve a verse a sí mismo tal y como es, una maravillosa criatura de Dios, pero a la vez imperfecta y manchada por el pecado, entonces volverá a valorar en lo que vale el don extraordinario que Cristo ha hecho a los que le siguen.

Por todo ello, porque nos abre el camino a los demás sacramentos, porque nos perdona los pecados, porque nos hace hijos de Dios y miembros de la Iglesia, es por lo que debemos darle gracias al Señor, que nos ha otorgado todos esos dones de manera inmerecida mediante el sacramento del bautismo. Un agradecimiento que se tiene que transformar en obras coherentes con ese sentimiento. «El cristiano —dice el Catecismo— debe entrar en este misterio de rebajamiento humilde y de arrepentimiento, descender al agua con Jesús, para subir con él, renacer del agua y del Espíritu para convertirse, en el Hijo, en hijo amado del Padre y "vivir una vida nueva" (Rm. 6, 4)» (n.º 537).

Por último, y como tercer motivo de agradecimiento que surge al contemplar el bautismo de Jesús en el Jordán, está la figura del propio Bautista. Como a otros santos, también a este gran personaje le ha afectado profundamente la secularización en que vivimos. De ser un santo con lugar propio y doble en el calendario, cuyo nombre ha sido puesto a miles de hombres y mujeres a lo largo de los siglos, ha pasado a ser, para muchos, al menos en el ambiente cultural del Mediterráneo, un motivo de diversión e incluso de pecado, pues su fiesta coincide con el solsticio de verano y, por ello, da pie a todo tipo de animadas celebraciones. En todo caso, se puede afirmar que san Juan Bautista es un santo en gran medida desconocido.

El Bautista, pariente del Señor, su precursor, el que le proporcionó los primeros discípulos de entre los mejores hijos de Israel que buscaban una vía espiritual para alcanzar la tierra prometida, el que aceptó disminuir para que Cristo creciera, el que dio la vida por ser fiel a lo que Dios le pedía, es un personaje de tal categoría que el propio Cristo dijo de él que no había otro mayor nacido de mujer. Su grandeza se convierte en un ejemplo que hay que seguir. Como modelo de comportamiento, tiene, ante todo, la virtud mariana de la humildad, así como aquella otra en la que también destacó la Santísima Virgen: la de ser en todo dócil a lo que el Señor le pidiera. Además, fue un intrépido, un profeta que no tuvo miedo a las consecuencias y que no dejó nunca que la necesaria virtud de la prudencia diera paso al vicio de la cobardía. Su humildad, al declararse públicamente inferior a un, entonces, todavía desconocido Jesucristo; su valor, al defender los derechos de Dios ante los abusos de los poderosos, le convierten en un ejemplo que debería iluminar nuestra vida, tanto para reconocer que todo lo bueno que hacemos viene de Dios, como para no callar cuando vemos la verdad y la justicia oprimidas y pisoteadas. Por último, no hay que olvidar que los santos son también nuestros intercesores, así que podemos acudir a san Juan, sobre todo, en momentos de persecución más o menos larvada como es el nuestro, para pedirle su intercesión a fin de que se nos concedan las virtudes en que él destacó. Démosle gracias, pues, a Dios por habernos dejado, con este santo, un ejemplo tan ilustre y un intercesor tan poderoso.

La elección de los apóstoles

La elección de los apóstoles podría parecer, quizá, un asunto de menor importancia y que no debería figurar entre aquellos hechos de Cristo que merecen ser destacados como motivo de agradecimiento. Sin embargo, por la trascendencia que tuvo y por la forma en que se produjo, tiene derecho a ocupar un lugar propio en este elenco.

Los tres sinópticos hacen referencia a esta elección (Mt. 4, 18-22; Mc. 1, 16-20; Lc. 5, 1-11), aunque en estos versículos no se recoge la historia de la elección de los doce apóstoles, sino sólo la de algunos de ellos. Llama la atención, por ejemplo, que Cristo, antes de llevar a cabo una decisión de tanta relevancia para el futuro de la Iglesia naciente, se retirara a orar y así se pasara toda la noche. También merece la pena destacar que el Señor eligiera a hombres y no a mujeres para esta tarea, aunque no faltaban las mujeres entre sus seguidores, e incluso algunas de ellas iban siempre con él y le ayudaban con sus bienes. Otra característica es la de que fue Cristo quien llamó, con una elección que nacía de él y que, por lo tanto, no podía invocarse como un derecho, como algo que se podía reclamar en función de méritos adquiridos en el servicio a la causa del Evangelio o basándose en la santidad de la persona; nadie como la Santísima Virgen podía haber reclamado, en este caso, el ser incluida entre los apóstoles y, sin embargo, ni Cristo la llamó para eso ni ella se lo exigió. Por último, Jesús escoge a doce hombres muy diferentes entre sí; si el número era una clara alusión a las doce tribus de Israel y, con ello, al deseo de Cristo de instaurar un nuevo pueblo elegido, una nueva religión que viniera a llevar a su plenitud la anterior, el tipo de personaje seleccionado puede resultar sorprendente. Entre los apóstoles hay de todo; no falta, ni siquiera, lo que hoy llamaríamos un «ex guerrillero» o incluso un «ex terrorista», pues estaba Simón el Celote, que había pertenecido a ese grupo de rebeldes contra Roma, que tenía a gala organizar acciones violentas dirigidas a expulsar a los romanos del país; naturalmente que, antes de ingresar en el grupo de los apóstoles, el Celote tuvo que convertirse y dejar su antigua vida de violencia, pero el hecho de que el Señor lo eligiera para ser uno de sus colaboradores más próximos nos da una idea de la confianza que tenía el Señor en la capacidad de regeneración del ser humano cuando éste decide secundar la gracia de Dios. Esta elección, o la de Mateo el publicano, que llegó a ser nada menos que un apóstol evangelista, son aplicaciones concretas de lo que el Maestro dijo varias veces durante los tres años de su vida pública: que no había venido a sanar a los sanos, sino a los enfermos.

Agradezcámosle, pues, a Dios que no dudara en llamar a su lado a gente que, aparentemente, no tenía ningún mérito para ello. Esto nos ayuda a no perder la esperanza en que la acción de la gracia puede lograr en nosotros la santidad completa. Agradezcámosle que pidió ayuda a hombres, y no a ángeles, con lo cual nos está diciendo que también nosotros podemos hacer algo por él y por su causa. Y, por lo demás, aceptemos el misterio de la elección: ¿Por qué a uno y no a otro? ¿Por qué llamó a personas que son peores que otros? ¿Por qué sólo a hombres y no también a mujeres? Éste es uno de esos puntos en los cuales el misterio emerge con toda su fuerza de las páginas del Evangelio y traspasa las barreras de la historia para resonar con más vigor que nunca en nuestros días. Pero, precisamente por eso, debemos afrontarlo como lo que es: un misterio que reclama la aceptación gozosa en función de la fe que Cristo nos merece, sin pretender convertirnos en maestros del Maestro, en personas que enmiendan la plana no sólo al fundador de la religión a la que pertenecemos sino al mismísimo Hijo de Dios. Por último, que nuestro agradecimiento se dirija a Dios por la existencia de los sucesores de los apóstoles, los obispos, y muy en particular por la existencia del obispo de Roma, el papa, que es el vicario de Cristo en la tierra y que gobierna a todas las Iglesias como pastor universal. Al margen de las cualidades humanas, e incluso de la santidad de nuestros pastores —el papa, los obispos, los sacerdotes y diáconos—, ellos son un don para todos nosotros y, como tal don, debemos aceptarlos y darle gracias a Dios por su existencia. Si, además, y como sucede con frecuencia, son un modelo de santidad y sabiduría, nuestro agradecimiento debe ser aún mayor; pero éste no debe cesar por el hecho de que los veamos revestidos de defectos y carentes de elocuencia; en el peor de los casos, pensemos en aquellas palabras de Cristo referidas a los maestros de la ley de su época, con las que el Señor nos aconseja hacer lo que dicen pero no lo que hacen. Y pensemos que sólo Cristo es el maestro y el modelo definitivo, y que él ni nos defrauda ni nos engaña nunca.

La boda de Caná

El primer milagro que hizo públicamente Jesús tuvo lugar, como es sabido, en el marco de una fiesta de bodas, para ayudar a los jóvenes esposos y evitarles la vergüenza de confesar a sus invitados que habían calculado mal la cantidad de vino necesaria. San Juan, posiblemente porque sólo él de entre los evangelistas estaba allí, es el único que nos cuenta este hecho (Jn. 2, 1-11), y lo sitúa al principio de la vida pública de Jesús. Nos dice también que el Señor llegó a la fiesta acompañado de sus discípulos y, por supuesto, de la otra gran protagonista de lo que ocurrió más tarde: su Madre, la Virgen María. San Juan completa la información añadiendo que, tras el milagro, creció la fe de sus discípulos en él.

Los motivos de agradecimiento hacia Dios por este acontecimiento son, como en el caso de su Bautismo en el Jordán, varios y de signo muy distinto. En primer lugar, igual que entonces, hay que agradecerle a Cristo su humildad. Pero en este caso, esa humildad se pone de manifiesto de una forma diferente: a través del «sometimiento» a su Madre, que le había mostrado el problema con la seguridad de que él podía resolverlo mediante un milagro, y ante el cual la primera reacción del Señor había sido la de no inmiscuirse, alegando que «aún no había llegado su hora». Sin esa humildad, el Señor se habría mantenido en su postura inicial, con lo que no sólo aquellos jóvenes esposos habrían pasado un mal rato, sino que nos habríamos perdido, al menos en ese instante, lo que vino después y que constituye el resto de los motivos de agradecimiento ligados a este milagro.

Me refiero, por un lado, a la institución del sacramento del matrimonio y, por otro, a la presentación de la Virgen María como mediadora ante su divino Hijo para conseguir los favores que necesitamos los hombres. Ambos puntos son fundamentales en la teología católica y, sin lo ocurrido en Caná, podríamos haberlos perdido o, lo que seguramente habría ocurrido, tendrían que haber sido enseñados por Cristo más adelante, bien mediante una lección oral explícita o a través de otro milagro equivalente.

El sacramento del matrimonio —del que volveré a hablar brevemente al referirme al Espíritu Santo, al final de este libro— es, como todo sacramento, una gracia que Dios da, en este caso a los que mediante él se constituyen en esposos, para que lleven adelante la hermosa y difícil misión de formar una familia cristiana. También como en el resto de los sacramentos, es necesario que exista un signo visible, que en este caso es la manifestación pública y explícita por parte de la pareja del amor que se tienen, de la fidelidad que están dispuestos a mantener durante toda la vida y de la apertura a los hijos, así como de la disposición a educarlos como cristianos. Quizá, para darnos cuenta del don que supone lo que Cristo hizo, y sentir la necesidad de agradecérselo, debemos partir del hecho de que Jesús no inventó el matrimonio. En todas las culturas y religiones ha existido siempre algún rito de formalización del amor entre el hombre y la mujer, que deciden unirse para formar una familia. El instinto actúa, tal y como ha sido previsto por Dios, para perpetuar la especie y, para conseguirlo, es necesario, en el caso del hombre, que la prole tenga una estabilidad durante los primeros años de su vida, dado que nace en condiciones de gran indefensión y debilidad. Sin la protección que representa la familia, los niños no sólo no podrían sobrevivir físicamente, sino que tampoco habría progreso cultural. Sin embargo, si la formalización de la relación hombre-mujer a través del matrimonio ha estado siempre presente en cualquier cultura y religión, no ha ocurrido lo mismo con el sacramento del matrimonio. El hombre, para llevar adelante con éxito la supervivencia de la familia contaba sólo con sus propias fuerzas, con el amor que sentía hacia el cónyuge, y con la presión social a favor de la estabilidad matrimonial, que ha sido hasta el momento muy fuerte y que aún sigue siéndolo en muchas culturas no infectadas del virus del hedonismo que ataca a Occidente. Lo que Cristo va a aportar en Caná, y desde entonces a todas las parejas cristianas que deciden casarse «por la Iglesia», no es, pues, el matrimonio, sino el sacramento del matrimonio. Es decir, lo que Cristo ofrece y da a quien lo quiere recibir es la fuerza necesaria —la gracia específica del sacramento— para que la familia pueda tener éxito y se logren los resultados buscados, tanto en el orden de la felicidad de los esposos como en el de la educación de los hijos. Con el sacramento, el hombre deja de estar solo ante una cuestión decisiva para su felicidad y para el bien de la sociedad. Ahora tiene a Dios a su lado, ayudándole para que pueda cumplir lo que ha prometido, lo que, al menos el día de su boda, deseaba cumplir. ¿Por qué, entonces, fracasan las parejas de esposos cristianos? Ésta es una pregunta que merece una contestación que excede el objetivo de este libro, pero a la que se puede responder, al menos parcialmente, diciendo que si la gracia no actuó no es porque no existiera o porque no tuviera la fuerza para hacerlo, sino porque no la dejaron, porque el hombre no secundó sus indicaciones y, por lo tanto, sin su colaboración, no pudo conseguirse el objetivo deseado: la supervivencia feliz del matrimonio y de la familia.

¿Qué es lo que suelen hacer las parejas casadas por la Iglesia para no dejar actuar a la gracia de Dios que han recibido en el sacramento? Varias cosas. Una de ellas es intentar vivir el sacramento del matrimonio al margen de la propia Iglesia, es decir, al margen de los otros sacramentos; es absurdo casarse por la Iglesia y luego no ir a misa habitualmente, no confesarse, con comulgar con frecuencia; es como si compráramos un magnífico y carísimo automóvil y nunca lo lleváramos a la revisión y, pasado el tiempo, el automóvil se estropeara y quisiéramos echar la culpa a la casa vendedora. Otro de los errores que cometen con frecuencia las parejas y que impide la actuación plena de la gracia sacramental en ellos es el de considerar al cónyuge como si fuera Dios, en el sentido de que se le pide lo que sólo se puede pedir a Dios: que te dé la felicidad; sólo Dios puede hacer feliz al hombre de una manera plena y el prójimo, como mucho, puede colaborar en tu felicidad; esto no tienen por qué saberlo los no cristianos, pero sí los que se casan por la Iglesia; con frecuencia se ponen en el matrimonio unas expectativas tan elevadas que para cumplirlas el cónyuge tendría que ser más que perfecto, tendría que ser divino; si a esto se le añade que cada vez se está menos dispuesto al sacrificio, a la generosidad, a la renuncia, tenemos una mezcla explosiva que conduce al fracaso: mientras se pide al otro lo que no puede dar, no se le da lo que sí se puede ofrecer; se pide mucho y se da poco y así no se tarda en experimentar la decepción y sobreviene la ruptura.

El milagro de Caná simboliza, con la conversión del agua en vino a mitad de la fiesta de bodas, que el amor humano con frecuencia se acaba antes de que termine de forma natural —mediante la muerte— la relación de amor matrimonial que han comenzado los nuevos esposos. Es necesaria la intervención de Dios para que ese amor no se acabe. La gracia va a servir precisamente para eso, para que el amor humano no se deteriore. Dios, que es amor, una vez más se presenta como el mejor amigo del amor, dándoles a los esposos cristianos motivos suplementarios para ser fieles, para perdonar, para pedir perdón, para ponerse en el lugar del otro, para sacrificarse por el cónyuge y por los hijos... ¡Cuántos cristianos —hombres y mujeres— han dicho al Señor «por ti» y han seguido adelante con su relación matrimonial, que habrían roto si no hubieran contado con la ayuda y el consuelo de Dios! Alguno podrá pensar que es mejor romper que aguantar. No cabe duda de que hay casos extremos en que la separación está justificada, como ha aceptado siempre la Iglesia, pero ¿podemos decir que la plaga del divorcio, con sus cifras disparadas, es buena para el individuo, para la familia y para la sociedad? Sin Cristo, ciertamente, es dificilísimo, en el contexto actual, vivir en familia. Pero los que se casan por la Iglesia cuentan con la ayuda de Dios y lo más inteligente que deberían hacer es dejarse ayudar por Él, dejar que el vino de su amor se convierta en un vino mejor antes de que se transforme en agua y ya sólo quede la solución del milagro.

Démosle gracias, pues a Dios, que ha querido dejarnos un sacramento que ayuda a los hombres en una cuestión tan importante, tan decisiva, y hagamos todo lo posible para que esa gracia no haya sido derramada sobre nosotros en vano. Vivamos este sacramento en un contexto sacramental, unido a la confesión y la eucaristía, con una vida de oración frecuente. Así todo será muchísimo más sencillo.

El otro motivo de agradecimiento, como se ha dicho, es la presentación pública de la Virgen María como mediadora ante Dios. Esto no excluye ni oscurece la afirmación de san Pablo de que Cristo es el «único mediador entre Dios y los hombres» (1 Tm. 2,5). Porque, como dice el Catecismo, «Él quiere en efecto asociar a su sacrificio redentor a aquellos mismos que son sus primeros beneficiarios (cfr. Mc. 10, 39; Jn. 21, 18-19; Col. 1, 24). Eso lo realiza en forma excelsa en su Madre, asociada más íntimamente que nadie al misterio de su sufrimiento redentor (cfr. Lc. 2, 35)» (n.º 618). Más adelante, el mismo Catecismo afirma de la Virgen que «con su asunción a los cielos, no abandonó su misión salvadora, sino que continúa procurándonos con su múltiple intercesión los dones de la salvación eterna... Por eso la Santísima Virgen es invocada en la Iglesia con los títulos de "Abogada, Auxiliadora, Socorro, Mediadora" (Lg. 62)» (n.º 969).

María, por lo tanto, desde el momento en que actuó en Caná para conseguir de su divino Hijo un milagro para el que se mostraba remiso, se nos ha presentado públicamente como aquella a la que podemos acudir para que interceda por nosotros, y Cristo, al ceder a la petición de su Madre, ha avalado esa presentación. Naturalmente que ésta no es la única función de María, ni agota ahí su misión maternal; sería, sobre todo, una muestra de enorme egoísmo tener con la Virgen una relación basada sólo en el interés y acudir a ella en busca de favores. Pero, hay que decirlo claramente, nuestra Madre tiene el privilegio, otorgado por Cristo, de ser nuestra abogada, nuestra intercesora, nuestra auxiliadora, nuestro socorro, tal y como reconoce el Catecismo, y tal y como lo han venido experimentando durante dos mil años los cristianos de cualquier raza, época y condición. Por eso, por habernos dejado a la Virgen María no sólo como modelo —de lo cual hablaremos más adelante—, sino como nuestra mediadora ante el trono de Dios, debemos darle gracias a Dios sin cesar un momento. ¿Cabe imaginarse un cristianismo sin la Virgen? Por desgracia, sí, pues existe en muchas de las comunidades eclesiales que se han separado de la única y verdadera Iglesia de Cristo. Pero para nosotros, los católicos, igual que para los hermanos ortodoxos, resulta inconcebible un cristianismo sin María, sin la que es «consuelo de afligidos», «auxilio de cristianos», «refugio de pecadores» y mil cosas más de ese mismo estilo con que la piedad popular ha expresado a lo largo de los siglos su experiencia y su amor hacia aquella a la que tanto debemos.

Al contemplar, pues, lo que ocurrió en Caná, debemos concluir dándole gracias a Cristo por su humildad —al secundar la petición de su Madre—, por haber creado un sacramento que ayude a los esposos a formar una familia, y por habernos dejado a su Madre como mediadora, abogada y auxilio seguro de todos los que, como dice la Salve, gemimos y lloramos en este «valle de lágrimas».

Las tentaciones de Jesús

Los tres evangelistas sinópticos coinciden en contarnos que, tras su Bautismo, Jesús se dejó tentar por el demonio, pasando una etapa de soledad en el desierto (Mt. 4, 1-11; Mc. 1, 12-13; Lc. 4, 1-13). Lo mismo que antes, en el bautismo, el Señor no fue al desierto para purificarse de ningún pecado. Fue allí «impulsado por el Espíritu» para realizar un acto que tenía en sí mismo un carácter salvífico. Este carácter, que es precisamente lo que debemos agradecerle, le viene tanto del elemento simbólico que tenía, como del hecho de demostrar una vez más su humildad al hacerse en todo como nosotros y demostrarnos, desde dentro, que era posible vencer las tentaciones.

El carácter simbólico de las tentaciones —lo cual no significa que fueran meros símbolos, sino que fueron reales—, le viene de algunos elementos del relato altamente significativos. El primero de ellos es que el Señor pasó cuarenta días de penitencia en el desierto, recordando así los cuarenta años que peregrinó también por el desierto el pueblo de Israel; la suya —la de Jesús— es una peregrinación que conduce a una nueva tierra prometida, aquella que él nos abrirá de manera definitiva con su muerte y su resurrección. El segundo de los elementos simbólicos está en el número y naturaleza de las tentaciones; éstas resumen tanto las tentaciones de Adán en el Paraíso como las de Israel en el desierto; de alguna manera, las tres tentaciones son una recapitulación de las que padecemos los seres humanos: querer que sea Dios quien resuelva los problemas a golpe de milagro («haz que estas piedras se conviertan en panes»), chantajear a Dios diciéndole que creeremos en Él si hace milagros («si eres Hijo de Dios tírate de aquí abajo que él mandará a sus ángeles que te protejan»), vender el alma al diablo para conseguir a cualquier precio los bienes de la tierra («todo esto te daré —dice el demonio— si te postras y me adoras»). Por último, el hecho de que el que va a empezar su vida pública y, por lo tanto, su presentación ante el mundo como Mesías haya querido mostrarse como tentado, nos indica qué tipo de mesianismo es el de Jesús; un mesianismo que no es el del éxito, el de la búsqueda del poder —ni siquiera para ponerlo al final al servicio del bien—, sino el mesianismo que habían anunciado los profetas cuando hablaban del «siervo de Yahvé», obediente a la voluntad de Dios y que venía a cargar sobre su espalda con el pecado de todos los hombres, dejando que la sangre derramada por sus heridas justificara a los que creyeran en él.

Por otro lado, Jesús, al dejarse tentar, está demostrando una vez más su humildad y su deseo de asumir hasta el límite de lo posible la condición humana, para dejarnos un ejemplo para seguir y una muestra de su amor. Es en la carta a los Hebreos donde se recoge el famoso texto que refleja muy bien esta actitud del Señor: «Pues no tenemos un Sumo Sacerdote que no pueda compadecerse de nuestras flaquezas, sino probado en todo igual que nosotros, excepto en el pecado» (Hb. 4, 15). Cristo ha pasado por el mal trago de las tentaciones —lo mismo que después pasará por la angustia de la pasión— para demostrarnos, por un lado, lo mucho que nos quiere y, por otro, para hacernos comprender que si él venció las tentaciones, también nosotros podemos lograrlo. Su victoria es una prenda de esperanza para nosotros, pues nos dice claramente que, con la gracia de Dios, el enemigo puede ser derrotado. No hay, pues, un Dios bueno y un dios malo, un *yin* y un *yang* iguales en poder y dignidad, como creen otras religiones; existe un único Dios, del cual procede todo bien, y que es capaz, si colaboramos con él, de vencer en nosotros la semilla del mal y derrotar al maligno que pugna por apartarnos de su lado. La victoria de Cristo en el desierto, anticipo de la victoria de la cruz, que fue posible por su humildad y por su obediencia al Padre, es un motivo de agradecimiento, pues es también nuestra victoria. Si Cristo derrotó al enemigo, también nosotros, con su ayuda, podemos conseguirlo.

En cuanto al significado de las tentaciones que Cristo experimentó, la primera, como se ha dicho, es la de pedirle a

Dios que resuelva los problemas a golpe de milagro. Esta tentación tiene un alto poder seductor, pues al constatar que los problemas siguen ahí, el enemigo nos susurra al oído que, o bien Dios no existe o, si existe, no tiene ningún interés en ayudarnos. ¿No es acaso la persistencia del mal y del dolor lo que lleva a muchos a alejarse de la fe? En lugar de preguntarse el porqué de lo que sucede y por la parte de responsabilidad personal —activa o pasiva— que se tiene en ello, se echa la culpa a Dios y se niega su existencia. La consecuencia, naturalmente, no es que se vuelven más solidarios, sino que se hacen más egoístas. ¿No es nuestro mundo más rico que nunca y a la vez, hay más diferencias que nunca entre ricos y pobres? La respuesta de Cristo a Satanás en esta tentación nos da la pista de la solución: «No sólo de pan vive el hombre, sino de toda palabra que sale de la boca de Dios.» Es decir: no pienses que Dios te ama sólo por las cosas materiales que puedas tener; fíjate en mi cruz —nos dice Jesús— para medir la grandeza de su amor; fíjate en mi cruz —añade— y haz como yo: aceptar el misterio de lo que no se entiende, iluminando la oscuridad del presente, la oscuridad de la hora de la prueba, con la luz del pasado —con el recuerdo de esos otros momentos en que has experimentado a Dios cerca y has estado seguro de su amor— y con la luz portentosa que sale de mi propia cruz. No seas hipócrita ni demagogo y deja de preguntarte por qué Dios permite o no resuelve los problemas y empieza a preguntarte qué estás haciendo tú para resolverlos.

La segunda tentación es la que nos lleva a tentar a Dios, exigiéndole, por un lado, que haga milagros para creer en Él y, por otro, haciéndole responsable incluso de las desgracias que nos suceden como consecuencia de los pecados que hemos cometido. Caen en esta tentación especialmente aquellos que consideran que, como Dios es tan bueno, no va a castigar nunca a sus hijos, los hombres. Piensan que se pueden tirar de forma suicida por el abismo del pecado y que nunca les va a pasar nada, ni en la tierra ni en el cielo. Como es inevitable y lógico, sí les sucede: sus matrimonios se rompen, sus hijos están llenos de problemas, su hígado está destrozado por el alcohol, sus pulmones debilitados por el tabaco o sus neuronas aniquiladas por las drogas. Y, encima, muchos de ellos se preguntan el porqué de lo que les pasa, por qué tienen que sufrir, por qué Dios no ha evitado sus males o incluso por qué no les ha creado sin libertad para no poder hacer el mal. Con frecuencia, su patología se expresa a través de ese ejercicio futbolístico de «tirar balones fuera»: los culpables de todo lo que les sucede son siempre los otros: la mujer, el marido, los padres, los hijos, los jefes, los empleados, el Gobierno, la Iglesia o en último extremo Dios. Cuando les oyes hablar y quejarse de sus desgracias, no percibes nunca un examen de conciencia, un reconocimiento de la parte de culpa que pudieran haber tenido. Y así van, como aquel tonto del pueblo, de aldea en aldea —de matrimonio en matrimonio—, fracasando una y otra vez, porque el problema lo llevan con ellos, e incapaces de solucionarlo porque no lo reconocen.

En cuanto a la tercera tentación, la de vender el alma al demonio para conseguir los bienes de la tierra, se cae en ella hoy sin ningún pudor, con ostentación incluso. Hay muchas formas de hacerlo. Una de ellas es la «adoración» al trabajo, dedicándole todo el tiempo disponible, con olvido de otros deberes, como es el cuidado de la familia o de la salud. Otra manera de caer en esta tentación es la idolatría que se hace del sexo, de la diversión o del «tiempo libre», esperando encontrar en ellos la fuente de la felicidad. No hay que olvidar la adoración de la política, que lleva a muchos católicos —algunos incluso practicantes— a defender las consignas de su partido aunque sean contrarias a la doctrina de la Iglesia o, al menos, a seguir votándoles aunque sea manifiesto que son muchas las cosas en que disienten de la moral católica y aun de la misma ley natural. Hay que recordar las palabras de Cristo a Satanás tras esta tentación, palabras que pusieron fin a las pruebas: «Al Señor, tu Dios, adorarás y a Él sólo darás culto.» El hecho de hincar la rodilla sólo ante Dios nos libera de adorar a falsos dioses: el dinero, el poder, el placer y toda esa retahíla de «señores» que dominan al hombre contemporáneo. Porque, y ahí está la diferencia, la adoración al Dios verdadero enriquece y humaniza, mientras que la adoración a ídolos esclaviza y destruye tanto el alma como el cuerpo.

Por eso debemos darle gracias a Jesús, tras analizar este episodio de las tentaciones. No sólo por su humildad y porque nos enseña, con su ejemplo, que con la ayuda de Dios podemos ser santos. Sino también porque nos muestra un camino de auténtica liberación, un camino que nos lleva a creer en el amor de Dios incluso cuando los milagros no se producen, a no responsabilizar a otros por nuestras culpas y a no poner en el primer lugar de nuestra vida afectos o cosas que nos esclavicen.

Los milagros

No se puede contemplar la vida pública de Jesús, desde cualquier punto de vista que se mire, sin detenerse en una de sus características más llamativas: los milagros que llevó a cabo. Si, además, el ángulo desde el que se contempla esta etapa de la vida de Cristo es el del agradecimiento, estudiar los milagros realizados por el Señor se convierte en obligatorio.

Antes de entrar a analizar algunos de los muchos milagros llevados a cabo por Cristo conviene responder a tres preguntas: ¿Hizo milagros o son una invención de la comunidad cristiana posterior para ensalzar el poder del Maestro y presentarlo como Dios?, ¿por qué hacía milagros, qué quería decir con ellos?, ¿por qué no hizo más milagros, con el fin de resolver todos los problemas de los hombres, al menos los de su época?

La crítica racionalista del siglo XIX, desde su posición de rechazo previo a todo lo que fuera sobrenatural, se negó a considerar históricos los milagros de Cristo. Como mucho, aceptaban que eran curaciones fruto de la sugestión; aquellas en las que eso es imposible (la resurrección de un muerto, por ejemplo), las catalogaban dentro del capítulo de lo inventado. Hoy no hay duda en aceptar el hecho milagroso procedente de Cristo. Algunos teólogos discuten si tal o cual milagro es histórico, o si es meramente un símbolo que encierra una lección moral (por ejemplo, para algunos, la multiplicación de los panes no habría sido otra cosa más que el resultado de poner en común lo que todos tenían, habiendo bastante para todos debido al «milagro» de compartir). En todo caso, hoy ya no se cuestiona por la inmensa mayoría de los biblistas serios que el Señor hizo milagros e incluso que hizo muchos milagros. Para nosotros, los católicos, en comunión con la Iglesia, esto no ha estado en duda nunca, entre otras cosas porque nuestra fe no está basada en el milagro, sino que, por el contrario, el milagro sirve para apoyar y fortalecer una fe que ya existe. Como dijera Martín Descalzo: «El milagro no produce la fe, sino que es la fe la que produce el milagro.» Así lo reconoce la Iglesia: «Los milagros de Cristo y de los santos (cfr. Mc. 16, 20; Hch. 2, 4), las profecías, la propagación y santidad de la Iglesia, su fecundidad y su estabilidad, son (...) motivos de credibilidad que muestran que el asentimiento de la fe no es en modo alguno un movimiento ciego del espíritu» (Catecismo, n.º 156).

Cristo hizo milagros, pero ¿por qué los hizo? Esta pregunta tiene dos respuestas. La primera es ésta: ante todo movido por el amor a la persona o a las personas concretas que se beneficiarían de aquel gesto extraordinario que modificaba las leyes de la naturaleza; el amor, la compasión que es una forma de amor, es lo que llevó al Maestro a resucitar al hijo de la viuda de Naín, a dar de comer a la multitud o a devolver la vista a los ciegos. En segundo lugar, el milagro es un signo del poder de Dios que actúa en Cristo, de su divinidad, a la par que una lección moral; así, por ejemplo, curar a un paralítico significaría que, gracias a la fe, recuperamos la movilidad para hacer el bien y para salir de la parálisis con que nos tenía atenazados el pecado; la curación de un leproso sería una señal de que el hombre nuevo, que ha surgido del bautismo y que está lleno de gracia, es apto para vivir en comunidad, mientras que el que está manchado por el pecado es peligroso y tiene que vivir solo y alejado para no hacer daño a nadie. Naturalmente, esta interpretación simbólica o moral de los milagros es legítima, siempre y cuando no oculte o invalide lo que hay de fondo: el hecho histórico. Los milagros existieron —y aún, afortunadamente, existen— y con ellos, como se ha dicho, se demostraba el apoyo de Dios a las pretensiones divinas de Cristo, además de ser utilizados por el Señor como lecciones de teología moral.

Es muy esclarecedor lo que dice sobre esto el Catecismo. Después de afirmar que los milagros realizados por Cristo fueron «numerosos» (n.º 547), afirma: «Los signos que lleva a cabo Jesús testimonian que el Padre le ha enviado (cfr. Jn. 5, 36; 10, 25). Invitan a creer en Jesús (cfr. Jn. 10, 38). Concede lo que le piden a los que acuden a él con fe (cfr. Mc. 5, 25-34; 10, 52). Por tanto, los milagros fortalecen la fe en Aquel que hace las obras de su Padre: éstas testimonian que él es el Hijo de Dios (cfr. Jn. 10, 31-38). Pero también pueden ser "ocasión de escándalo" (Mt. 11, 6). No pretenden satisfacer la curiosidad ni los deseos mágicos» (n.º 548).

Nos falta contestar a la tercera pregunta: ¿Por qué Jesús no hizo más milagros, por qué no acabó ni acaba, a golpe de milagro, con el sufrimiento de los hombres?

Esta pregunta, posiblemente, tiene varias respuestas. Primero, porque Cristo no vino a terminar con los problemas materiales de los seres humanos, sino a redimirnos. «Al liberar a algunos hombres de los males terrenos del hambre (cfr. Jn. 6, 5-15), de la injusticia (cfr. Lc. 19, 8), de la enfermedad y de la muerte (cfr. Mt. 11, 5), Jesús realizó unos signos mesiánicos; no obstante, no vino para abolir todos los males aquí abajo (cfr. Lc. 12, 13, 14; Jn. 18, 36), sino a liberar a los hombres de la esclavitud más grave, la del pecado (cfr. Jn. 8, 34-36), que es el obstáculo en su vocación de hijos de Dios y causa de todas sus servidumbres humanas» (Catecismo n.º 549).

Segundo, porque el propio Cristo exige una condición para que se produzca el milagro: la fe. Y por fe hay que entender, quizá, algo más que el mero reconocimiento de que el Señor puede, por ser Dios, modificar las leyes de la naturaleza que él mismo ha creado. Hay que incluir en ese concepto, además, el agradecimiento y, sobre todo, rechazar del todo la exigencia y el chantaje hacia Dios. Con frecuencia, nosotros no pedimos, sino que exigimos, y por eso nos enfadamos con Dios cuando no nos concede lo que hemos pedido. Ese enfado, seguido muchas veces por una crisis de fe, pone de manifiesto que esa fe no era auténtica y que teníamos un concepto equivocado de Dios, al que tratábamos como a un criado o a un esclavo, al cual cuando no hace lo que el amo le pide se le despide o se le regaña. Además, la falta de agradecimiento, que el mismo Jesús probó en vida (curación de los diez leprosos), puede estar cerrando los oídos de Dios a nuevas peticiones; ¿cómo nos atrevemos a pedir cuando no hemos dado gracias por lo que nos han dado y por lo que nos concedieron antes? Nuestro propio egoísmo es nuestro principal acusador ante Dios.

Por último, si nos fijamos en cómo se desarrolló la vida pública de Jesús, vemos que el Señor va disminuyendo paulatinamente la intensidad de los milagros. Hay un momento, incluso, en que él se queja de que le sigan no por el mensaje que oyen, sino porque han comido pan «hasta saciarse». Es posible que el Señor disminuyera los milagros al final de su vida pública, después de haber hecho más que suficientes como para que no se dudase de que Dios estaba con él, a fin de que sus seguidores estuvieran a su lado por él mismo y no por el negocio que podían hacer. De hecho, si cuando Dios no te concede el favor que le has pedido, te alejas de su lado, estás demostrando que no estabas con él por amor a él o a su mensaje, sino por interés, y es justamente ese egoísmo el que impide el milagro. Así, el aparente «silencio de Dios» ante las súplicas que le dirigimos, puede estar encaminado a probar la fidelidad del que suplica, el grado de amor que tiene, pues sólo cuando no hay ningún motivo material para estar con Dios y se permanece a su lado, es cuando se puede asegurar que el amor es puro y verdadero. Santa Teresa, con una frase que le atribuyen, lo expresaba así: «No hay que buscar los caramelos de Dios, sino al Dios de los caramelos.» La Santísima Virgen María, inmaculada en lo concerniente al pecado original tanto como a la carencia de todo tipo de pecado y egoísmo en su relación con Dios, se nos muestra como un modelo de amor puro y perfecto; por eso Cristo no le puede negar nada, pues en ella no hay otro motivo para pedir que no sea la mayor gloria y felicidad de Dios.

Antes de entrar a analizar algunos de los milagros llevados a cabo por Cristo, tal y como nos los cuentan los evangelios, y desde la perspectiva del agradecimiento, creo que conviene dividirlos en tres grupos, división totalmente subjetiva y que no tiene otro motivo más que estudiarlos de forma agrupada y resumida. Una categoría estaría reservada a aquellos milagros en los que lo importante es el milagro en sí: lo que se hace. La segunda categoría sería la de aquellos en los que merece la pena destacar la personalidad de quien recibe el milagro: a quién se le hace. La tercera es para aquellos milagros donde el acento se pone en el momento en que se llevan a cabo: cuándo se hacen. Dentro del primer grupo, a su vez, habría que distinguir entre el numerosísimo grupo de las curaciones y el de aquellos otros signos que, siendo históricos como los demás, tienen un especial contenido simbólico: cuando anda sobre las aguas o domina a los vientos, cuando multiplica los panes, cuando expulsa a los demonios o cuando resucita a los muertos.

Las curaciones milagrosas

Los milagros llevados a cabo por Cristo que tuvieron como consecuencia la curación de una enfermedad o la recuperación de la utilidad de un miembro dañado (curación de la parálisis), son numerosísimos y constituyen el conjunto mayor de todos los que llevó a cabo nuestro Señor. Algunos de ellos, debido a la división artificial aquí introducida, los veremos al estudiar los otros apartados (por ejemplo, una curación llevada a cabo en sábado). De entre los demás, que son la mayoría, podemos seleccionar algunos especialmente significativos.

Curación de leprosos: Mt. 8, 1-2; Mc. 1, 40-45; Lc. 5, 12-16; Lc. 17, 11-19

La lepra era considerada como una enfermedad especialmente maligna, por la creencia que se tenía de que su contagio era fácil. Se la consideraba, más que a otras enfermedades, como un castigo divino y, en parte por esto y en parte para evitar el contagio, los leprosos debían vivir fuera de los lugares habitados y advertir de su llegada con algún sonido. El carácter «religioso» o de maldición divina de la lepra quedaba acentuado por el hecho de que las escasas curaciones que se producían debían ser constatadas por un sacerdote, que daba el reconocimiento y el permiso para volver a integrarse en la sociedad. Por lo tanto, la curación de los leprosos significaba, por un lado, la sanación física y, por otro, la liberación de la soledad y el perdón por la supuesta ofensa infligida a Dios por la cual se había recibido la lepra. Cristo, cuando cura a los leprosos, se presenta ante el pueblo de Israel —y ante nosotros— no sólo como alguien con poderes sobrenaturales, sino como un enviado del propio Dios o incluso como Dios mismo, que es capaz de modificar una decisión divina. Además, estos milagros tenían una profunda lección social: el hombre redimido por Cristo era capaz de vivir en sociedad, mientras que el que vivía sometido al pecado era incapaz de ello y para que no hiciera daño a sus congéneres había que apartarlo y condenarlo a la soledad.

En los dos milagros sobre leprosos que he seleccionado hay, además, detalles propios. El que cuentan los tres sinópticos incluye la frase del enfermo: «Señor, si quieres puedes limpiarme.» Se trata de un acto de fe en el poder de Cristo para llevar a cabo algo tan imposible de conseguir en aquel momento como la curación de la lepra y, a la vez, la manifestación de la petición con una gran humildad. No es una orden dada a un servidor: «¡Límpiame!»; ni un chantaje: «Si me limpias, creeré en ti y en tu palabra.» Es una presentación perfecta de cómo tiene que ser nuestra oración de petición: creyendo que Dios puede hacerlo y solicitándolo con humildad, de forma que si, por los motivos que sean, Dios no nos lo concede, no dejaremos de creer en su poder ni en su amor, por lo que no nos separaremos de su lado.

La otra curación, la que narra en exclusiva san Lucas en el capítulo 17, es la de los diez leprosos, de los cuales sólo uno volvió para dar las gracias. Tiene dos elementos nuevos y significativos: el de la ingratitud de la inmensa mayoría (un noventa por ciento) y el de la identificación de la fe con el agradecimiento. El porcentaje de «agradecidos» probablemente no habrá variado mucho desde entonces y el Señor ha tenido que sufrir todo este tiempo la falta de gratitud de sus hijos, en la que penetró san Francisco en aquella visión de la que salió llorando y diciendo: «El Amor no es amado.» Se trata, pues, de que cada cristiano se coloque con sinceridad en el grupo al que pertenece: el del diez por ciento de agradecidos, de aquellos que quieren amar al Amor, o en el noventa por ciento de desagradecidos, de aquellos que sólo se acercan a Dios para ver qué pueden sacar de Él. Y si se está en este segundo grupo, hay que esforzarse por pasar al primero. No sólo eso, hay que convertirse en «misioneros del agradecimiento», para conseguir que el Amor sea amado y que a Dios se le haga la justicia debida, origen y fundamento de toda justicia posterior.

La otra característica de este milagro procede de las palabras de Cristo ante el ex leproso agradecido. Tras constatar con dolor que sólo ha vuelto él, le despide con cariño deseándole la paz y diciéndole que su fe le había salvado. Teóricamente, esto de que la fe le salva debía aplicarse a la curación de la enfermedad, de la lepra. Es la fe en el poder de Cristo lo que el Señor exige para llevar a cabo el milagro. Pero ese tipo de fe habían demostrado tenerla todos los leprosos, pues de lo contrario no habrían recibido la curación. En cambio, había algo que sólo tenía uno de ellos: la gratitud. El Señor identifica, pues, la fe con el agradecimiento y dice que es éste el que da la salvación a quien lo posee. No se trata, obviamente, de la curación física, sino de la sanación moral, espiritual. Sólo el que agradece está de verdad salvado, mientras que el otro, aunque haya quedado liberado de su problema, sigue con el alma enferma y será esa enfermedad la que le producirá nuevos males y la que, en último extremo, quizá le cierre las puertas del cielo. La gratitud, como una extensión o manifestación de la fe, es la que nos salva. Porque, en realidad, agradecer es una forma de amar y sólo será posible vivir en la tierra como un auténtico ser humano cuando seamos imagen de Dios, que es el Amor; a la vez, sólo podremos entrar en el cielo cuando nos hayamos purificado de todo egoísmo y el amor a Dios sea el sentimiento que se haya adueñado de nuestro corazón.

Concluyamos este apartado dándole gracias a Dios por habernos curado de la lepra de la insolidaridad y del egoísmo, que nos hacía incapaces de vivir en sociedad y que nos mantenía apartados de la familia humana, haciéndonos daño y haciendo daño. El pecado, como lepra del alma, del que nos ha liberado Cristo es la fuente de toda división, de toda injusticia, de toda violencia.

Curación de paralíticos, ciegos, sordos, mudos:
Mt. 9, 1-8; Mc. 2, 2-12; Lc. 5, 17-26; Mt. 9, 27-31;
Mt. 20, 29-34; Mc. 10, 46-52; Lc. 18, 35-43; Mt. 21,
14-15; Mt. 7, 31-37; Mc. 8, 22-26; Jn. 9, 1-7

Cada uno de estos milagros encierra en sí mismo un simbolismo, una lección. El ciego —en aquel momento— era prototipo del que, por no poder ver la luz, avanza por la vida dándose golpes. Su curación significa que Cristo, como «luz del mundo», le da al hombre la oportunidad de ver cuál es el camino de la salvación. Cuando nos aporta su enseñanza moral y nos ayuda a salir de las tinieblas del error y a llamar mal a lo que es mal y bien a lo que es bien, aunque pueda costar trabajo poner en práctica esas enseñanzas éticas, en realidad nos está haciendo un regalo pues esas enseñanzas nos impiden cometer errores que nos harían daño y harían daño a otros.

La curación de la parálisis encierra el simbolismo de liberar al hombre de la esclavitud del pecado y permitirle moverse libremente, sin estar sometido a las ataduras de sus pasiones, de sus vicios. La curación de la sordera representa que, tras conocer a Cristo, estamos capacitados para escuchar a Dios y al prójimo, para entender que Dios existe y que merece ser amado, y para comprender que aquel que vive a nuestro lado es un ser humano y no un objeto que podemos usar y tirar. La curación de la mudez devuelve al hombre la capacidad de expresarse, de poder ser entendido por sus semejantes, de vivir en sociedad de una manera más plena, mientras que el pecado nos mantenía apartados de los demás, que no entendían nuestros signos porque procedían del egoísmo.

La curación de estas enfermedades, en su conjunto, equivale no sólo a mostrar el poder de Cristo, el apoyo que recibía de Dios como señal de que el resto de su obra, la predicación de su mensaje y aún la misma identificación con el Todopoderoso, contaba con el beneplácito divino. Con estos milagros, además, Cristo quería decirnos que sólo Él tenía el poder de devolver al hombre al estado de humanidad perfecta en el que había sido creado. Si el pecado nos había hecho ciegos para no distinguir el bien del mal, sordos a las llamadas de auxilio de nuestros hermanos, mudos para no poder comunicarnos y recibir ayuda, y paralíticos al quedar esclavizados por nuestras pasiones, la gracia de Dios en Cristo nos devolvía la oportunidad de ser, al menos en parte, como aquel primer hombre creado por el Todopoderoso y que no padecía aún las consecuencias del pecado original. Era una nueva creación del hombre, a través del sacrificio redentor del Hijo de Dios hecho hombre. No es de extrañar que el evangelista recoja, tras una de estas curaciones (la de un sordo tartamudo) la exclamación asombrada de los espectadores: «Todo lo ha hecho bien» (Mt. 7, 37). Tan parecida a aquel estribillo que se repite, tras la creación de cada día, en el relato del Génesis: «Y vio Dios que era bueno.» Esto, como se comprenderá, es suficiente para caer ante el Señor rendidos de agradecimiento, pues cada uno de nosotros ha sido beneficiado por ese tipo de milagros de Cristo, que nos da la oportunidad en una época tan oscura como la nuestra de no dejar a nuestros ojos cegarse con la confusión moral, que nos desata de nuestros vicios, que nos permite oír y atender las súplicas de los que sufren y que nos da la capacidad, por último, de hacernos entender por ellos.

Otras curaciones

Jesús llevó a cabo algunas curaciones que, por su singularidad, merecen un tratamiento aparte. Como con el resto de los milagros, el profundo sentido teológico que encierran no debe hacernos olvidar su autenticidad, así como que fueron llevadas a cabo por el Señor como un acto de amor hacia personas concretas para ayudarlas en sus problemas.

La curación de la suegra de Simón Pedro, contada por los tres evangelistas sinópticos (Mt. 8, 14-15; Mc. 1, 29-34; Lc. 4, 38-41) es, en sí misma, un pequeño milagro que bien podría pasar desapercibido a no ser por dos detalles. El primero es el de indicarnos que Pedro estaba casado —no sabemos si era viudo en el momento de conocer a Jesús y si tenía o no hijos—. El segundo detalle procede de la respuesta de la persona ayudada: la suegra, cuyo nombre ignoramos; apenas repuesta de la fiebre que la tenía postrada en cama —no sabemos cuál era su origen, pero en aquella época la fiebre solía ser la tarjeta de visita de una enfermedad mortal—, se levantó y se puso a servir a Jesús y al resto de los discípulos que le acompañaban. Ciertamente que ésa es una actitud muy típica de las amas de casa cuando tienen un invitado y más si es ilustre; se olvidan de sí mismas y no tienen en cuenta sus propios problemas para desvivirse por el huésped. Eso no quita mérito a lo que hizo la suegra de Pedro, ni por eso deja de ser un modelo que hay que seguir. Cuando hemos recibido un don de Dios, sin necesidad de que sea un milagro, la forma de manifestar nuestro agradecimiento es, además de con palabras, con obras; las palabras sin obras son pura retórica y pueden ser incluso ofensivas, a pesar de su aparente amabilidad. El agradecimiento se demuestra a través del comportamiento, llevando a cabo aquellas acciones que sabemos agradan a aquel que se ha portado bien con nosotros.

La curación de la hemorroisa nos es narrada por los sinópticos en el contexto de otro relato de milagros; el de la resurrección de la hija de Jairo, que veremos en otro apartado (Mt. 9, 18-26; Mc. 5, 21-43; Lc. 8, 40-56). Es un milagro distinto, «arrancado» a Jesús no contra su voluntad pero sí sin que Él se diera cuenta. Implica una gran fe por parte de la persona enferma, pues esa mujer creía que con sólo tocar el manto de Cristo se iba a curar; e implica también una gran decisión, la de acercarse a Jesús a toda costa, en un momento en que los apóstoles tenían que estar separando a la gente de su lado debido a la gran popularidad del Maestro. Lo significativo de este milagro, además de lo reseñado, está en que la mujer —que padecía flujos de sangre desde hacía muchos años— había intentado ya curarse y había gastado en ello toda su fortuna. Es el contacto con Cristo, ni siquiera su palabra, lo que la cura. La lección es evidente: sólo el Señor puede darte la felicidad, en cuya búsqueda has empleado tanto tiempo, tanto esfuerzo y también tantos de tus bienes, con el único resultado de haber ido de mal en peor. En un mundo que busca la felicidad a través del placer y que invierte en ello todos sus recursos, lo ocurrido con la hemorroisa nos enseña que, si de verdad se quiere la felicidad, no queda más remedio que acercarse a Cristo, que estar a su lado, que «tocarle» y dejarse «tocar» por Él a través de los sacramentos y muy en particular de la penitencia y la eucaristía. Y cuando comprobamos que esto es así, que es Él quien nos salva y corta en nosotros de raíz el flujo de sangre, el flujo de vida, por el cual estamos muriendo día a día a pesar de que busquemos lo contrario, entonces hay que hacer como aquella mujer, como ya hemos visto que hizo la suegra de Pedro: caer de rodillas ante el Señor llenos de gratitud y no separarnos nunca de su lado.

Curaciones conflictivas

Algunos de los milagros de curaciones llevados a cabo por Jesús provocaron un verdadero revuelo en la sociedad judía. No sólo por lo extraordinario de las mismas, sino por el momento en que se hacían (cuándo se hacen) o por las personas que las recibían (a quién se le hacen).

Curaciones en sábado: Mt. 12, 1-14; Mc. 3, 1-6; Lc. 13, 10-17

Es sabido la gran importancia que daban los judíos al respeto del sábado. Era un día sagrado, en el cual los hombres piadosos no debían trabajar e incluso debían limitar al máximo sus movimientos. Todo estaba calculado, hasta los pasos que se podían dar. Naturalmente que había mucha gente que no lo respetaba o que, al menos, no lo hacía al pie de la letra. Pero no se podía pretender lograr una autoridad moral sobre el pueblo y mucho menos presentarse como un representante de Dios e infligir deliberadamente este precepto. Cristo, sin embargo, lo hizo, lo hizo en muchas ocasiones y lo hizo de manera consciente, hasta el punto de que él mismo se encarga de sacar las conclusiones que quería extraer de su comportamiento: «No se hizo el hombre para el sábado, sino el sábado para el hombre.» En pocas ocasiones como en ésta, el Señor se manifiesta abiertamente en contra de una norma tenida por sagrada por sus contemporáneos, adoptando una actitud de claro enfrentamiento con la religión de su pueblo, religión que, no hay que olvidarlo, había sido revelada por el mismo Dios. Por eso, en el relato de Mt. 12, 1-14, en el que se narra una curación en sábado, Cristo se hace a sí mismo superior al Templo de Jerusalén, que era lo máximo en el culto judío. Y en el de Mc. 3, 1-6, se nos cuenta que fue una curación hecha en sábado lo que terminó de decidir a sus enemigos para acabar con Él.

Las curaciones en sábado, además del don que representan por ver a Cristo arriesgando incluso su vida con tal de ayudar a alguien, tienen una lección que ha sido fundamental para la concepción cristiana del hombre. El que la ley humana no sea más importante que la persona, sitúa al ser humano, al bien del ser humano, en la cima de la valoración. Nada más importante que el hombre y el bien del hombre. ¿Qué hacer entonces con la ley, sobre todo cuando las interpretaciones personales de la misma pretenden hacerla desaparecer? Es muy importante para resolver este conflicto —en el cual entrarán conceptos como el del mal menor, etc.— tener en cuenta una ley que está escrita en el propio corazón del hombre: la ley natural. Es importante no olvidar que la ley cristiana es la ley del amor y que quien la expuso fue el mismo Cristo, el autor de la frase de que «el hombre es señor del sábado» y el que arriesgó la vida para aplicarla. El amor, en definitiva, es la máxima ley. Pero un amor puro, un amor a imitación de Cristo, que sabe lo que es cargar con la cruz. Un amor cristiano, con una calidad tal que llevó a san Agustín a exclamar «Ama y haz lo que quieras».

Curaciones a no judíos: Mt. 8, 5-13; Lc. 7, 1-10; Jn. 4, 43-54. Curación del criado del centurión: Mt. 15, 10-20; Mc. 7, 24-30. Curación de la hija de la cananea

No menos que las curaciones en sábado, molestaron a los judíos los milagros que beneficiaban a extranjeros, sobre todo si eran romanos —los invasores— o si eran los vecinos cananeos —con quienes la rivalidad era legendaria—. Sin embargo, una vez más, Cristo dio muestras de su libertad espiritual y no le importó ayudar a esas personas, aun a riesgo de provocar el escándalo y la ira de los bien pensantes de su época.

Gracias a eso tenemos dos de las páginas más hermosas del Evangelio. En el milagro del que se benefició el criado del centurión, vemos a éste decir una frase tan importante que está recogida en la liturgia eucarística: «No soy digno de que entres en mi casa, di una sola palabra y mi siervo quedará sano.» Era una gran prueba de humildad, mayor aún por proceder de una autoridad militar del pueblo conquistador, y Jesús no dejó de señalar la fe y la humildad de aquel romano. En cuanto a la curación de la hija de la cananea, aquí es el propio Cristo el que busca esa humildad, para poder dar una lección a sus discípulos y curarles de un nacionalismo que les hacía sentirse superiores a sus vecinos. La frase de la madre, que responde humildemente a la provocación de Cristo, pues éste la había comparado con un perro: «Tienes razón, Señor, pero también los perros comen de las migajas que caen de la mesa de los amos», es un ejemplo extraordinario de cómo tenemos que perseverar en la búsqueda de los favores divinos y de cómo la humildad es la mejor de las armas para conseguir esos favores.

Demos gracias, por lo tanto, a Dios, que no cerró su mensaje ni sus dones al reducido grupo de los hijos de Israel. En aquellos extranjeros que se beneficiaron de sus milagros estábamos representados todos nosotros. Si Pablo pudo después predicar a los gentiles era porque ya Cristo había roto las barreras del nacionalismo judío para mostrar que los destinatarios del mensaje eran todos los hombres, sin distinción de raza, color, lengua, clase social o cultura.

Milagros especiales

Como se ha dicho, dentro de este intento de estudiar los milagros llevados a cabo por Cristo, hay un grupo de ellos que, siendo importantes por sí mismos, no se pueden incluir ni dentro de las curaciones, ni tampoco entre aquellos otros signos llevados a cabo por el Señor y que son importantes por la persona que recibe el milagro (el centurión) o por el momento en que se produce (un sábado). Estos «milagros especiales», muy variados entre sí, nos confirman una vez más el poder del Señor y el apoyo divino que respaldaba sus pretensiones; pero, a la vez, nos hacen ver que los signos llevados a cabo por Cristo exceden el ámbito de la sanación física —que ha llevado a algunos ignorantes a decir que Jesús era un judío que había aprendido medicina en las famosas escuelas de Egipto—, para extenderse, como una prueba de su dominio, sobre la naturaleza y aun sobre la propia muerte.

Multiplicación de los panes

Hay dos relatos de multiplicación de los panes, de los que se hacen eco Mateo y Marcos: Mt. 14, 13-21 y 15, 32-39; Mc. 6, 35-44 y 8, 1-10. Lucas sólo narra la primera: Lc. 9, 11-17. El texto es muy conocido, así como el hecho de que el Señor no «crea» propiamente alimento, sino que lo «multiplica», partiendo de algo ya existente: los panes y los peces que le ofrecen y que eran manifiestamente insuficientes. Este milagro ha sido visto siempre desde la perspectiva eucarística, tanto por la materia en sí —el pan— como por el hecho de que la Eucaristía suponga comunión, comunicación, intercambio, solidaridad. Me gusta especialmente la frase que Jesús dirige a sus apóstoles cuando éstos le hacen ver que la gente está hambrienta y que no pueden ayudarla. A pesar de lo evidente del problema y de la más evidente aún imposibilidad de solucionarlo con medios humanos, el Señor les contesta: «Dadles vosotros de comer» (Mt. 14, 16). Ante esta orden imposible de cumplir, los apóstoles protestan y es entonces cuando Cristo hace el milagro. Conviene tener en cuenta que es un gesto excepcional del Señor, como ya quedó claro al hablar de las tentaciones y ver que Cristo rechaza la insinuación de Satanás de resolver los problemas de los hombres a base de milagros, convirtiendo las piedras en panes. Desde esta excepcionalidad que tuvo lugar una o, como mucho, dos veces, hay que contemplar este milagro y verlo no sólo como una invitación a la solidaridad, sino como una orden dada a la Iglesia para implicarse en la solución de los problemas materiales de los hombres. Será, por supuesto, según las posibilidades de la propia Iglesia, que ésta tendrá que cumplir el mandato del Señor, pero ese mandato queda ahí expuesto. Por eso la Iglesia ha sentido siempre la vocación no sólo a la acción estrictamente espiritual, sino también a la caritativa —los fundadores de las órdenes y congregaciones religiosas son una prueba de ello— y a la lucha por defender los derechos de los hombres, desde los que tienen los trabajadores a los que tienen las familias, los ancianos, los enfermos y los no nacidos. El «dadles vosotros de comer» debe sonar siempre en los oídos de todos los cristianos —y no sólo de la jerarquía— como una orden, como una llamada a hacer todo lo posible para ayudar al que sufre.

Cristo camina sobre las aguas: Mt. 14, 22-33; Mc. 6, 45-52; Jn. 6, 16-21

Este milagro de Cristo, del cual curiosamente no habla Lucas, pero sí lo hacen los otros dos sinópticos y Juan, está lleno de significado y así lo ha entendido siempre la Iglesia. Merece la pena desglosarlo para analizar con calma sus pormenores.

«Después obligó a los discípulos a que se embarcaran y le adelantaran rumbo a la otra orilla, mientras él despedía a la gente. Y una vez que la despidió, subió al monte, a solas, para orar; al caer la tarde estaba solo allí. Mientras, la barca se hallaba ya en medio del lago, batida por las olas, porque el viento era contrario. Hacia las tres de la madrugada se dirigió a ellos andando sobre el lago. Los discípulos, al verlo caminar sobre el lago, se asustaron y decían: "¡Es un fantasma!", y se pusieron a gritar llenos de miedo. Jesús les dijo: "Tranquilizaos. Soy yo, no tengáis miedo." Pedro le respondió: "Señor, si eres tú, mándame ir a ti sobre las aguas." Él dijo: "Ven." Pedro saltó de la barca y fue hacia Jesús andando sobre las aguas. Pero al ver la fuerza del viento, se asustó y, como empezaba a hundirse, gritó: "¡Sálvame, Señor!" Jesús le tendió la mano, lo agarró y le dijo: "Hombre de poca fe, ¿por qué has dudado?" Cuando subieron a la barca, el viento se calmó. Y los que estaban en ella se postraron ante él diciendo: "Verdaderamente tú eres el hijo de Dios"» (Mt. 14. 22-33).

Lo primero que consta el evangelista es que los apóstoles fueron «obligados» a montar en la barca. Posiblemente se debió a que, tras el éxito de la multiplicación de los panes, no querían separarse de Él, o también pudiera ser que no veían conveniente embarcar debido al estado del lago, que posiblemente amenazaba ya con la tempestad que poco después se desató. En todo caso, le obedecieron y emprendieron el viaje hasta la otra orilla, mientras Jesús se quedaba solo, orando.

En pleno viaje, estalló la tormenta, lo cual, sin duda, hizo que se retrasara la llegada a puerto y hasta es posible que pusiera en peligro sus vidas. El evangelio dice que eran las tres de la madrugada cuando vieron venir a Jesús andando sobre el agua, cumpliéndose así la primera parte del milagro. El Señor, comprendiendo su angustia, les invita a no tener miedo y a confiar en Él. La sorpresa fue tan grande que Pedro, para asegurarse de que ese «fantasma» era Jesús, le pide que le ordene ir hacia Él andando sobre el agua, pues hasta ese extremo tenía ya confianza en el poder de Cristo. Sin embargo, a pesar de que la iniciativa ha sido suya, le entra la duda y comienza a hundirse en medio de la tormenta. Tras pedir auxilio, el Señor lo salva, aunque le reprocha su poca fe. Se cumple así la segunda parte del milagro, que motiva un nuevo gesto de reconocimiento por parte de los discípulos que permanecían en la barca, los cuales se postraron ante Jesús, gesto que indica el reconocimiento de su divinidad, ligada al poder que tenía sobre la naturaleza, poder que sólo puede ostentar el creador de la misma, Dios.

Este milagro nos enseña que Cristo no abandona nunca a sus seguidores. Por Él, por amor y obediencia a Él, nos metemos en aventuras que nos acarrean dificultades. Estas aventuras están simbolizadas en el viaje en barca a través de una tormenta. Pero Él se nos hace presente y nos invita a no tener miedo, a reconocerlo en la misma dificultad, a descubrir su rostro en el problema como si fuera una especie de eucaristía, de presencia suya semejante a la que existe en los pobres y que lo llevó a decir que lo que se haga al más pequeño, a Él se le está haciendo. Si dudamos es cuando nos hundimos, pero si no perdemos la fe en que Dios está detrás de los problemas e incluso dentro de ellos, entonces nos mantenemos a flote y se produce el milagro que nos hace andar sobre las aguas, en el sentido simbólico del concepto. De hecho, sucede que, cuando estamos unidos a Cristo, es como si tuviéramos ceñido a la cintura un poderoso flotador que, tras recibir los golpes de la vida que inevitablemente nos hunden, nos vuelve a sacar a flote. El cristiano que está unido al Señor y que descubre su rostro y su presencia en el dolor, se convierte en alguien «insumergible», en alguien capaz de ser feliz en todo momento, cuando va bien porque va bien y cuando va mal porque, al estar con Cristo, consigue ser feliz incluso en esos momentos. Nada puede con él. Nada logra hacerle perder la paz, la *esperanza, el buen ánimo, la felicidad*. Ése es el milagro de «andar sobre las aguas» y Cristo se lo ofrece a todos los que creen que Él no abandona nunca a sus discípulos y que, además, son capaces de abrazarle y disfrutar de su compañía en todo momento, tanto cuando se presenta acompañado de dones (milagro de la multiplicación de los panes), como cuando viene disfrazado de dificultad o de problema. Naturalmente, si este milagro vale para todos, sirve de luz de forma especial a la propia Iglesia entendida como institución; le está diciendo que no debe temer sufrir persecuciones por ser fiel a Cristo, pues aunque parezca que la barca se va a hundir, Él, el Señor, no la va a dejar sola en medio de la tormenta. Basta con que mantenga la fe en la victoria final y verá cómo tras la tempestad más fuerte vuelve a surgir la calma. Por eso, nuestra acción de gracias ha de ir dirigida a reconocer que, sin la fuerza y el apoyo de Cristo, nos habríamos hundido mil veces ante los avatares de la vida. El santo sabe perfectamente, sin la más mínima duda, que todo es gracia y que él se ha limitado a colaborar con Dios, pues sin su auxilio, sin su fuerza, no habría escapado a la suerte de los demás. Éstos, los que se han hundido ante los problemas, no se diferencian del santo en que sean peores, sino que, quizá, lo único que les ha hecho distintos ha sido dudar del amor de Dios cuando estaban sufriendo y dejarse llevar por la desesperación. «Gracias, Señor —tenemos que decir continuamente—, porque sin ti no soy nada, sin ti no puedo nada, sin ti el peso que llevo dentro de mí me habría arrastrado hacia el abismo más profundo. Gracias porque tú eres mi salvador, mi salud, mi esperanza.»

Expulsión de demonios: Mt. 9, 32-33. Mt. 12, 22-24; Mc. 3, 22-27; Lc. 11, 14-26; Mc. 1, 23-28; Lc. 4, 14-15.31-37

Si todos los milagros sirven para mostrar el poder de Cristo y apoyar su pretensión de divinidad, los que llevó a cabo dirigidos a la expulsión de demonios nos introducen en el corazón de su misión: la lucha contra el pecado, representado en forma personal en el demonio. Es una lucha casi eterna, pues tiene su origen en aquella tentación que Satanás propuso a los primeros padres, y se renueva continuamente hasta el fin de los tiempos. Pero, aunque la seducción sea fuerte y muchos se dejen arrastrar por ella, el milagro llevado a cabo por Cristo en aquellos hombres «endemoniados», nos enseña que el poder de Dios es más fuerte que el del enemigo del hombre, el bien es capaz de vencer al mal, el amor al odio, la paz a la guerra, el perdón al rencor.

¿Cómo hace esto Cristo? Lo lleva a cabo poniendo amor en el corazón del hombre. En una acción que busca provocar una reacción, como si fuera una bomba atómica divina, Jesús nos ama, nos perdona, nos libera de la esclavitud a que nos tiene sometido el enemigo y que se manifiesta a través de nuestras pasiones. Cuando nos sentimos amados, si somos psicológicamente normales, necesitamos amar y nos ponemos a amar. Nuestro amor genera nuevo amor, que da lugar a su vez a más amor. Es el mismo mecanismo que usa el demonio para aumentar la violencia y el pecado, pero utilizado ahora por Cristo para fomentar el bien y el amor. El hombre que se sabe amado necesita amar y ama; ahí está la clave de la liberación introducida por Cristo en la humanidad. Ahora bien, este amor que el Señor pone en el corazón del hombre tiene necesidad de ser reincidente, pues reincidente es el pecado; por cada mala acción, Cristo le opone una buena; por cada bofetada que el hombre le propina a Él —las más de las veces haciendo daño al prójimo— el Señor responde con un acto de amor y eso sucede siempre, pues Él busca vencer al mal a fuerza de bien, a fin de que donde abunde el pecado, sobreabunde la gracia. Esto lo lleva a cabo mediante el perdón, que es la forma específica de amor divino destinada a liberarnos del pecado, del poder esclavizante de Satanás. En cada confesión, el Señor está expulsando de nosotros al enemigo y nos está devolviendo la libertad de los hijos de Dios. Esto no quiere decir que no haya situaciones especiales, de posesión diabólica, para las que no baste con el sacramento de la penitencia y que requieran la intervención de un sacerdote especializado. Pero en la mayoría de los casos, el milagro de la expulsión de los demonios se vuelve a producir, de forma simbólica, en el confesionario. Por la absolución que imparte el sacerdote, el penitente se ve libre de sus cadenas y vuelve a gozar de la plenitud de la gracia, recobrando la amistad con Dios que él mismo había perdido cuando cometió el pecado. Debemos, por lo tanto, agradecerle a Dios la liberación que nos ofrece a través de la confesión, y estar seguros de que su poder es mayor que el del enemigo y que la victoria final será la del bien y no la del mal.

Resurrección de muertos: Mt. 9, 18-26; Mc. 5, 21-43; Lc. 8, 40-56; Lc. 7, 11-17; Jn. 11, 1-44

Aparte de la resurrección del propio Cristo, tres son los milagros que realizó el Señor y que sirvieron para dar de nuevo la vida a personas que ya habían muerto: la hija de Jairo, el hijo de la viuda de Naín y Lázaro. Si la expulsión de demonios nos introducía en el corazón mismo de la misión de Cristo: la lucha contra el pecado, la resurrección de los muertos, más quizá que ninguno de los otros milagros, es una prueba clara de su divinidad, del respaldo que Dios concedía a su persona, a su mensaje, a sus pretensiones mesiánicas. Sólo Dios puede dar la vida y si alguien es capaz de hacer un milagro así, eso significa, al menos, que Dios está con él.

Pero estos milagros, además, le dan a Cristo la oportunidad de introducir el mensaje de la resurrección. Quien viva en Él no morirá para siempre, puesto que Él es la resurrección y la vida. En el fondo, la resurrección de los muertos no es darles una nueva vida, sino recuperar la forma de vida que tenían antes de morir, puesto que en realidad la muerte como tal no existe, ya que la vida continúa después. En esta misma línea hay que incluir otra resurrección, la definitiva, la del propio Cristo. Podemos decir que Él, en cuanto Dios, se resucita a sí mismo, obra que lleva a cabo en unidad con el Padre y el Espíritu. Es esta resurrección la mayor garantía y prueba de la existencia de la vida después de la muerte, de la resurrección no sólo del alma sino de la carne, de la persona entera, tanto en su dimensión espiritual como corporal.

Los milagros de resurrección tienen también un sentido simbólico, una lección moral: el hombre resucitado es un signo del hombre que ha recuperado la gracia tras haber muerto por el pecado. De este modo, la confesión se convierte en una especie de sacramento de la resurrección, continuando la labor iniciada por el bautismo, por el cual pasamos la primera vez de la muerte a la vida. La diferencia con el bautismo, entre otras cosas, está en que la confesión podemos llevarla a cabo todas las veces que sean necesarias, mientras que el bautismo sólo una. Confesarse, pues, es resucitar, es volver a nacer a la vida en Cristo, a la vida en comunión con Dios, a la auténtica vida humana. A esto tenemos que añadirle el don que representan las indulgencias —como las ligadas a los Años Santos—, que, por pura misericordia divina, no sólo nos perdonan los pecados por la vía de la confesión sacramental, sino también la culpa que va ligada a ellos.

Una vez más, la contemplación de estos milagros nos lleva inevitablemente al agradecimiento. Agradecimiento por la certeza de la vida eterna, garantizada por las resurrecciones llevadas a cabo por Cristo y por su misma resurrección, que nos alivia las angustias de la muerte, tanto la de los nuestros como la nuestra propia. Agradecimiento porque mediante el sacramento de la penitencia podemos volver a empezar y ver restaurada nuestra amistad con Dios, rota por nuestros pecados; una reconciliación, no hay que olvidarlo, que no merecemos y que el Señor nos ofrece como una muestra palpable de su amor por nosotros. Agradecimiento, en fin, porque Dios quiso compadecerse de unas personas y de sus familiares para restaurarles a la vida terrena, pero, sobre todo y en su caso, porque aceptó experimentar el misterio de la muerte para darnos a nosotros la vida.

Los escándalos de Cristo

Según como se mire, casi todo en la vida de Cristo fue un escándalo. Era inconcebible, escandaloso e incluso blasfemo para los judíos pretender que Dios se había hecho hombre. Para los griegos —es una frase de san Pablo— era, en cambio, una necedad que ese Dios hecho hombre hubiera sido pobre y hubiera muerto crucificado. En definitiva, para unos y para otros, Cristo fue motivo de escándalo, quizá porque no hay nada más extraño y sorprendente a los ojos del mundo que el verdadero amor.

Pero, concretando un poco los motivos de escándalo dados por Jesús, y dejando aparte los ya expuestos (curaciones en sábado o a personas no judías), podemos resumirlos en estos siete grupos: Comidas con gente no apropiada, compañías no adecuadas, milagros presentados como perdón de los pecados, defensa de la familia a costa de romper tradiciones arraigadas, pagar impuestos a los romanos, el anuncio de la Eucaristía y la expulsión de los mercaderes del Templo.

Comidas con gente no apropiada: Mt. 9, 9-13; Mc. 2, 13-14; Lc. 5, 27-39. Comida en casa de Mateo, el publicano: Lc. 19, 1-10. Comida en casa de Zaqueo

El hecho de que Jesús aceptara ir a comer a las casas de gente mal vista por la sociedad judía, fue, sin duda, motivo de escándalo. Entre estas personas figuraban, sobre todo, los publicanos, de los cuales Mateo, el que después fuera uno de sus apóstoles, es un exponente significativo. Conviene explicar que los publicanos eran los recaudadores de los impuestos que los romanos cobraban a los judíos. Ya sólo por eso eran mal vistos por el pueblo, pues llevaban a cabo la parte más evidente e ingrata del colaboracionismo. Por si fuera poco, con frecuencia cobraban de más y se quedaban con una parte de lo cobrado. La presencia de Jesús en casa de uno de estos publicanos debió sorprender a aquellos que le consideraban como un «hombre de Dios», como un profeta, y más aún a los que creían ya en su mesianidad, como era el caso de sus apóstoles. Comer con los publicanos podía ser interpretado como un signo de connivencia con ellos, como una especie de bendición divina a sus prácticas inmorales, e incluso como una forma de colaboración con los romanos.

Cristo, que no ignoraba esa posible interpretación de su comportamiento, no sólo no rehuyó ese contacto, sino que hasta cierto punto lo provocó; siempre, eso sí, eligiendo muy bien a qué casa acudía. ¿Por qué lo hizo? Él mismo da la respuesta: «No tienen necesidad de médico los sanos, sino los enfermos. He venido a salvar y a buscar lo que estaba perdido.» Sólo desde esta perspectiva, la del buen pastor que sale en busca de la oveja descarriada, se entienden estas acciones de Jesús, no exentas del riesgo de ser manipuladas por algunos de aquellos en cuya compañía se dejaba ver. Pero para Cristo ése era un riesgo calculado, pues lo que quería obtener merecía la pena. Quería, ante todo, intentar salvar a las personas concretas, lo mismo que cuando hacía milagros buscaba ayudar a personas que estaban sufriendo. Pero quería, al igual que con los milagros, hacer un signo, dar una lección. Si en el caso de los milagros, el signo era el apoyo que Dios otorgaba a las pretensiones mesiánicas de Cristo y a su mensaje, en este caso se trataba de dejar claro que el Dios que predicaba Jesucristo era el Dios de la misericordia, un Dios que lucha hasta el último momento por la salvación del alma de los pecadores. Por eso, al menos algunos de los publicanos que entendieron la lección, se convirtieron y abandonaron sus malas acciones, devolviendo lo robado y llegando, como en el caso de Mateo, a convertirse en apóstoles del Señor. El acercamiento de Cristo a los publicanos, que desafiaba al hacerlo a hombres tan «buenos» como «duros de corazón», hizo comprender a Mateo y a otros de sus compañeros hasta qué punto era grande el amor de Dios por ellos y, al comprenderlo, se convirtieron. San Juan de la Cruz dirá, siglos más tarde, algo que resume esta pedagogía divina: «Donde no hay amor, pon amor y encontrarás amor.» La oveja perdida, al sentirse tan querida y buscada por el buen pastor, se deja llevar por él en brazos o acude ella misma al redil. Cabe preguntarse si, viendo el resultado de las conversiones, sus críticos no se replantearon su hostilidad hacia el Señor y a sus métodos. Posiblemente no lo hicieron, pues no hay peor ciego que el que no quiere ver. Ahí queda, sin embargo, el ejemplo de Cristo como un modelo concreto y evidente de lo que Él entendía por ser el buen pastor y no temer a nada ni a nadie por ayudar a sus ovejas. Ahí quedan también las palabras que pronunció en casa de Mateo, el publicano, y que recoge este mismo (Mt. 9, 9-13), una vez convertido en apóstol y evangelista: «No tienen necesidad de médico los sanos, sino los enfermos. Id y aprended lo que significa "misericordia quiero y no sacrificios", pues no he venido a llamar a los justos, sino a los pecadores.» O aquellas otras pronunciadas en casa de Zaqueo (Lc. 19, 1-10): «El Hijo del hombre ha venido a buscar y a salvar lo que estaba perdido.» ¡Cómo no sentir agradecimiento ante un comportamiento así! Sólo pueden sentirse mal aquellos que se consideran justos, pero los demás, los que nos sabemos pecadores, al ver a Jesús comportarse de esta manera estamos seguros de que en cualquier momento aparecerá en la puerta de nuestra casa para compartir con nosotros el pan y el vino y, luego, tomarnos de la mano y llevarnos, reconciliados, a la casa del Padre.

Compañías no adecuadas: Lc. 7, 36-50. Escena con la pecadora arrepentida que baña los pies del Maestro con sus lágrimas: Lc. 8, 1-3. Permite a las mujeres que sean sus discípulos y le sigan: Jn. 4, 7-38. Diálogo con la samaritana en el pozo de Siquem: Jn. 8, 1-11. Evita que maten a una adúltera

Aunque pueda parecer este apartado una continuación del anterior, en realidad merece un estudio separado. Primero, porque las «compañías no adecuadas» son siempre mujeres, mientras que antes eran hombres. Segundo, porque el encuentro con ellas no tiene lugar en sus casas, sino al aire libre (samaritana y adúltera), en casa de otros (pecadora arrepentida) o incluso de forma habitual, pero sin la intimidad de la convivencia que suponía entrar en el hogar. Esto puede parecer insignificante hoy, pero sin duda era importante en la época, y muestra el exquisito cuidado que tenía Jesús para hacer bien su trabajo de buen pastor sin perjudicar aquello de eterno e irreprochable que debía permanecer unido a su imagen, precisamente para que ese trabajo de buen pastor se pudiera llevar a cabo con éxito para todos. Esto no significa ningún desprecio hacia la mujer. Significa sólo que el Señor cuida mucho el tipo de escándalo que podía provocar, y si no le importa que lo vean en el interior de la casa de un ladrón, sí en cambio evita frecuentar la casa de la prostituta; no rechaza el contacto con ella, pero lo hace a la luz pública, ante todos, para que nadie malicioso pueda acusarle de lo que no ha hecho.

Dicho esto, merece la pena analizar los cuatro casos citados. El primero es el de la pecadora arrepentida que se introduce en casa de Simón el fariseo (lo cual nos indica que Jesús también iba a casa de los fariseos a comer, porque también buscaba su conversión, aunque tuviera menos éxito que con los publicanos, precisamente porque éstos eran conscientes del honor que les hacía el Señor y de lo que arriesgaba, mientras que los fariseos creían que el honor se lo hacían ellos a Él, y que los que arriesgaban eran ellos). Una vez dentro, la mujer —la tradición la ha identificado con María Magdalena, pero no hay pruebas de ello—, se postró humildemente a los pies de Jesús, los ungió con perfume y, llorando de amor y arrepentimiento, terminó secándoselos con sus propios cabellos. Tal y como indica el evangelista Lucas, Simón, el anfitrión, criticaba en su interior a Jesús por tolerar ese contacto, que según la ley judía, le estaba contaminando. El Señor, haciendo una vez más gala de su divinidad, demostró que penetraba sus pensamientos y desenmascaró su hipocresía, acusándole de su falta de hospitalidad, al no haberle ofrecido ni el beso de paz ni el agua para lavarse las manos que se solía dar al invitado al llegar a la casa donde se le acogía. Después, comparó la humildad y el arrepentimiento de la mujer con el de Simón y de esa comparación surgió una de las frases más hermosas y esperanzadoras del Nuevo Testamento: «Mucho se le ha perdonado, porque mucho ha amado. Al que poco se le perdona, poco ama» (Lc. 7, 47). Esas palabras no representan, naturalmente, una especie de «visto bueno» por parte de Cristo para pecar todo lo que se quiera, con tal de sentir luego un sincero arrepentimiento. El Maestro, con ellas, quería dejar claro, una vez más, que había venido a buscar a la oveja perdida y, además, quería poner de manifiesto una realidad frecuentemente escondida en el corazón del hombre: un cierto nivel de bondad suele ir acompañada con grandes dosis de soberbia; el hombre que no se siente pecador —no digo el que no es pecador, pues todos lo somos, sino el que está satisfecho consigo mismo—, tiende a mirar por encima del hombro a los otros y no se sitúa ante Dios como ante alguien con el que tiene contraída una gran deuda: la de la misericordia divina, la de la salvación. Una vez más, emerge como el gran pecado humano el mismo que precipitó la caída de Satanás: la soberbia. Una soberbia, como he dicho, que a veces se reviste de los ropajes de la bondad. Desde esta perspectiva se comprende mejor la escena evangélica: el hombre que es pecador y que lo sabe —representado por aquella mujer— está en condiciones de agradecer a Dios por su bondad para con él y por eso está en condiciones de amar mucho y, al hacerlo, de ser salvado. La gratitud aparece, de nuevo, como la puerta de la salvación. Una gratitud que es inseparable de la humildad. De nuevo surgen ante nosotros las palabras de san Agustín, el cual, dirigiéndose a Dios le rogaba: «Que yo te conozca, Señor mío, y que yo me conozca.» El que comprende la grandeza del amor de Dios, regalada a la pequeñez de un pecador, es el que está en disposición de caer a los pies del Maestro pidiendo perdón. El otro, simplemente, deja pasar la salvación a su lado y no la coge, pues, aun siendo pecador, no es consciente de que lo es y de que necesita ser salvado, ser curado.

La mujer también es protagonista de otra «compañía escandalosa». Me refiero en este caso no a mujeres manchadas por la prostitución, sino a amas de casa normales. Lucas (8, 1-3) nos dice que Jesús no tenía inconveniente en que, dentro del grupo de sus discípulos, hubiera mujeres, que le seguían a un sitio y a otro y que, incluso, le ayudaban con sus bienes. Hasta llega a dar nombres propios, para dejar constancia de la veracidad de sus palabras y convencer así a sus incrédulos oyentes. Porque, en realidad, para la mayoría de los judíos aquello era motivo de escándalo. No hay que olvidar que el Señor llevaba una vida errante y que no había hoteles en los que alojarse. Que las mujeres fueran en su comitiva debía dar que hablar a más de uno, empezando por los familiares de esas mismas mujeres. Sin embargo, Jesús, con este gesto sin duda calculado, quería dejar constancia de la esencial igualdad del hombre y de la mujer en la nueva religión. Si no nombró a ninguna «apóstol» y en el Jueves Santo no las confirió el sacerdocio, no fue porque las despreciara. Las quiso a su lado siempre, e incluso, como veremos más adelante, les confió el más preciado de los mensajes: el testimonio de su resurrección. No tiene sentido, pues, decir que Nuestro Señor estaba tan cegado por las costumbres de su época que no valoró a la mujer y por eso no la hizo sacerdotisa. Cristo rompió todos los moldes que creyó necesario romper y no temió al escándalo de los «bien pensantes» cuando era necesario hacerlo para defender los legítimos derechos, en esta ocasión, de las mujeres.

El tercer caso de compañía escandalosa es muy especial, pues se convierte en sí mismo en una preciada catequesis. Es el encuentro del Señor con la samaritana junto al pozo de Siquem. Encuentro fortuito, que Jesús no busca, pero que no rehúye; encuentro sorprendente hasta el punto de que los apóstoles se extrañan al encontrarlo hablando a solas con una mujer, lo cual indica que no era su práctica habitual.

El diálogo con la samaritana (Jn. 4, 7-38) es de una gran hermosura y profundidad. Con el símil del agua como instrumento, el Señor le dice a aquella mujer —una prostituta— que Él ha venido para saciar la sed de felicidad del hombre y que éste sólo podrá encontrar esa felicidad cuando le siga a Él y siga sus mandamientos. De ese diálogo se entresacan frases que son, por sí mismas y cada una de ellas, un verdadero tesoro: «El que beba del agua que yo le dé, no tendrá sed jamás» (Jn. 4, 14). «Los verdaderos adoradores adorarán al Padre en espíritu y en verdad, porque así son los adoradores que el Padre quiere» (Jn. 4, 23). «Mi alimento es hacer la voluntad del que me ha enviado y completar su obra» (Jn. 4, 34)... Agradecer a Dios el agua viva que nos hace felices —que es el encuentro con Él en la oración, en los sacramentos, en el prójimo— es la mejor forma de adorarlo. Ser conscientes de que sólo Él nos hace plenamente felices, mientras que todo lo demás y todos los demás como mucho nos dan sucedáneos y fogonazos de felicidad, nos lleva a la gratitud más sincera y también, como consecuencia, a pedirle al Señor que nos regale esa agua viva, que nos permita comulgar con Él en su cuerpo y en su sangre.

Por último está el conocido episodio de la mujer sorprendida en flagrante adulterio y que es arrastrada ante Jesús con el fin de ponerle en un aprieto. Esta intención de sus enemigos indica, ya por sí misma, que Jesús tenía fama de misericordioso. Los fariseos, como en otras ocasiones, le están tendiendo una trampa para desacreditarlo: si se deja llevar de su compasión y no castiga a la adúltera, será motivo de escándalo para muchos judíos, que veían en el castigo a ese tipo de pecado uno de los fundamentos del orden social (es muy significativo que no pensaran lo mismo con respecto a los adúlteros). Si, por el contrario, Jesús pide o permite que se cumpla la ley y la mujer muere apedreada, entonces se desacredita ante los ojos de aquellos que le seguían porque veían en Él un rostro más amable, más misericordioso, de la divinidad. Es conocida la solución que adopta Jesús y que, como en el caso de la samaritana, nos deja algunas de las frases más bellas y profundas del Nuevo Testamento: «El que de vosotros no tenga pecado, que tire la primera piedra» (Jn. 8, 7). «Tampoco yo te condeno. Vete y no peques más» (Jn. 8, 11). La respuesta de Jesús al problema se convierte en un maravilloso equilibrio entre la necesidad de condenar el pecado, y el deseo de salvar al pecador. El adulterio, lo haga el hombre o la mujer, está mal y el Señor ni podía ni quería decir otra cosa; había, pues, que dejar bien clara la condena de ese comportamiento pecaminoso. Pero, a la vez, había que intentar salvar la vida de aquella mujer, pues, de lo contrario, con la condena de su pecado habría venido su muerte. Surge de esta escena, por lo tanto, uno de los principios básicos de la moral cristiana, que lleva a ser intransigente con las malas acciones pero a intentar por todos los medios ayudar y salvar al que las comete. Y eso es, precisamente, lo que deja en pie tanto el juicio de Dios como su misericordia. Esto es lo que nos da esperanza y lo que se convierte, en sí mismo, en un gran motivo de agradecimiento. Agradecimiento que se ve acrecentado por el hecho de que ese comportamiento le supuso críticas al Señor. Entonces, pero también hoy. Tampoco ahora faltan los «puros» que ven mal cualquier acercamiento o diálogo de la Iglesia con gente que está alejada de ella. Se escandalizan tanto por el diálogo ecuménico como por el trabajo pastoral con grupos marginales, así como por la permanente mano tendida que la Iglesia ofrece, incluso, a los que han sido sus enemigos y perseguidores. Es un escándalo el suyo muy parecido al que acogió el trato de Jesús con las mujeres. No hay que ser ingenuos, por supuesto, ni dejarse manipular por los que buscan hipócritamente un diálogo para dar la apariencia de que la Iglesia ofrece cobertura a sus posiciones ideológicas o criminales; pero tampoco se puede olvidar que el Señor «comía con prostitutas y pecadores». Tan mala es una ingenuidad que se deja manipular como una postura de rechazo a todo diálogo, a todo acercamiento prudente. Que la condena del pecado, que debe hacerse con toda claridad, nunca lleve a la condena del pecador, por cuya salvación hay que hacer todo lo posible incluso comer con él o ir a su casa, como hizo Cristo.

Milagros presentados como perdón de los pecados:
Mt. 9, 1-8; Mc. 2, 2-12; Lc. 5, 17-26

Ya hemos visto que Cristo hizo muchos milagros y hemos visto por qué los hizo, a quién los hizo. En no pocas ocasiones, estos milagros supusieron una provocación —las curaciones en sábado, por ejemplo, o el milagro realizado al siervo del centurión romano—. Sin embargo, de entre todos ellos, hay uno que lleva consigo un escándalo de grandes proporciones. Es el que recibió Jesús cuando llevó a cabo la curación de un paralítico y unió a ella el perdón de sus pecados. Aún hoy, en muchos lugares de África, siguen uniendo enfermedad corporal con enfermedad moral, con pecado. En el Israel de entonces no faltaban quienes veían en las enfermedades un castigo divino, como consecuencia de culpas personales ocultas o manifiestas; el libro de Job es un alegato sobre esto. En ese sentido, se podía afirmar que, en cada milagro de Jesús y muy en especial en los que suponían la expulsión de demonios, había una manifestación de la capacidad divina de Cristo de perdonar los pecados. Sin embargo, esto, que estaba implícito, Jesús lo hace explícito, deliberadamente, en este caso. Y lo hace sabiendo e incluso buscando la provocación. Los habituales fariseos y eruditos de la ley que siempre asistían a sus actos y conferencias, movidos por la curiosidad o para espiarle, se sintieron lógicamente escandalizados. Porque, en realidad —y ellos lo entendieron correctamente— lo que Cristo estaba haciendo era atribuirse algo que sólo competía a Dios. «¿Quién puede perdonar pecados fuera de Dios?», preguntarán, horrorizados, los fariseos. Jesús no se deja intimidar y, para que conste que tiene ese poder, ordena al paralítico levantarse, coger su camilla y marcharse, curado, a su casa.

Los motivos de escándalo aquí eran muchos, aunque concentrados en uno solo: la pretensión de divinidad de un hombre. ¿Un «Dios hecho hombre»? Nada más imposible, absurdo, escandaloso y blasfemo para los adoradores de un Dios tan excelso que ni siquiera se podía mencionar su nombre sin ofenderle. Aquellos que rechazaban incluso hacer imágenes de Dios, ¿cómo iban a comprender y a tolerar que Dios se hiciera hombre? Si Dios tenía que comunicarse con los hombres, para eso estaban los profetas, pero nunca osaría encarnarse en un ser humano y, sin siquiera, tomar la apariencia humana. Cristo, sin embargo, les desafió abiertamente aquel día. Su milagro atestiguaba la verdad de sus pretensiones: Él, verdadero hombre, era verdadero Dios, y había venido para desatar los nudos de parálisis con los que el pecado había esclavizado al ser humano, con los que el hombre se había dejado esclavizar y se había esclavizado a sí mismo.

Defensa de la familia: Mt. 15, 1-9; Mc. 7, 1-23.
Critica que se puedan ofrecer al Templo los bienes
con los que se podría ayudar a los padres: Mt. 19, 7-12;
Mc. 10, 2-12. Rechaza el divorcio

Estos dos momentos no son, seguramente, los únicos en los que Jesús defendió la familia; de hecho, la mejor defensa la hizo con su propio ejemplo, con el largo tiempo que dedicó a estar en su hogar de Nazaret, con José y María primero, y luego a solas con su Madre. Pero sí son los dos casos citados, sendos ejemplos de defensa de la familia que rompía con tradiciones muy arraigadas en el pueblo judío y que, al hacerlo, causaron asombro e incluso escándalo no sólo entre los habituales críticos, sino también entre los propios discípulos.

El primero de los casos alude a una costumbre judía, por la cual si alguien había hecho voto de donar al tesoro del Templo una determinada cantidad de dinero o un terreno, y luego, sin haber llegado aún a entregarlo, necesitaba de esos recursos para ayudar a sus padres, se le prohibía hacer uso de ellos, pues estaban ya ofrecidos al Señor. Cristo sigue en este caso la misma línea de pensamiento que usa en la cuestión del respeto al descanso del sábado. Lo primero que nos enseña, es la persona, es el amor. Y si por amor a una persona tan especial como es el padre o la madre hay que recortar la ayuda ofrecida al Templo, no cabe duda de que para él antes es la persona que la institución. Se trata, lógicamente, de ser sinceros, pues también podría darse el caso de presentar la situación familiar como una excusa para no cumplir lo prometido, y echar mano de unos recursos que no son los únicos y que podrían ser sustituidos en todo o en parte por otros sin graves quebrantos. Podemos pensar que esta situación no se da entre nosotros; si lo hacemos así, nos equivocaremos. Este tipo de situaciones es de lo más frecuente. Por ejemplo, cuando alguien está dedicando un tiempo a la Iglesia en trabajos pastorales, y eso lleva consigo desatender su hogar, provocando tensiones a veces con la esposa o el esposo, y causando daños a veces irreparables a la fe de los propios hijos. Es necesario encontrar el equilibrio y vivir la entrega a la Iglesia con madurez, siendo conscientes de que esa entrega, por útil que sea, nunca se puede dar a costa de dejar de cumplir unas obligaciones exigidas nada menos que por un sacramento. La solución no estará, por supuesto, en encerrarse en casa y reducir el contacto con la Iglesia a la misa dominical. Pero tampoco estará en pasarse el día en el templo y dejar que sea el cónyuge quien se enfrente a solas a la educación de la prole. Siguiendo un viejo adagio, hay que evitar ser luz en la calle y oscuridad en casa. Este equilibrio, palpable en todas las páginas del Evangelio, es un regalo del Señor que debemos agradecer, pues va a permitir a muchos vivir con paz ambas dimensiones, la familiar y la apostólica.

El segundo caso fue más radical, más «escandaloso». Y lo fue no sólo en la época, sino también hoy. Pocos son los que saben que el divorcio estaba permitido en el mundo judío y que Jesús, en esto como en tantas otras cuestiones, rompió con las costumbres de su época. El rechazo al divorcio («El que se separe de su mujer, excepto en caso de adulterio, y se case con otra, comete adulterio contra la primera» Mt. 19,9), manifestado tan explícitamente por el Señor que Él mismo reconoce que Moisés lo había permitido, causa un verdadero revuelo entre los apóstoles. Alguno llega a decir incluso que, sin divorcio, no merece la pena casarse. A esto Cristo replica con una defensa de la virginidad consagrada por el Reino de los Cielos, pero dejando claro que ese camino no es para todos

(«El que sea capaz de hacer esto, que lo haga», Mt. 19, 12). Ante esta postura del Señor, escandalosa entonces y provocativa hoy, tenemos que preguntarnos si es motivo o no de agradecimiento. ¿No habría que haber agradecido, más bien, tolerancia por su parte? Él, tan comprensivo en otros casos, ¿por qué se muestra tan duro en éste, máxime cuando el divorcio era socialmente aceptado y practicado? Al margen de cualquier otra consideración posible, lo primero es adoptar una actitud de fe en el Señor y en que todo lo que Él hace es por amor al hombre, y porque es lo mejor para el hombre. A continuación tenemos que afirmar que, efectivamente, el divorcio es un mal, pues nadie se casa para separarse y toda ruptura lleva consigo enormes dosis de sufrimiento para los cónyuges y para el resto de la familia. Comprobamos también que una mentalidad divorcista favorece el número de divorcios y que el rechazo al mismo desde el principio del matrimonio ayuda a que los esposos defiendan más el amor que les une, pues saben que les tiene que durar toda la vida. Se puede afirmar que no sólo «divorcio engendra divorcio», sino que la facilidad con que se puede conseguir es una de las primeras causas del mismo. Ahora bien, ¿se puede vivir el sacramento del matrimonio, con su exigente y hermosa indisolubilidad, sin estar unido a Dios, sin recibir la fuerza que Dios da a través de los otros sacramentos? Ya hemos hablado de ello: los sacramentos van unidos entre sí como expresiones que son de la misma y única fuerza de Dios. El matrimonio en cuanto sacramento es un don del Señor, una gracia, una fuerza que Dios da para que los esposos puedan vivir los llamados «bienes del matrimonio» (indisolubilidad, fidelidad para toda la vida y apertura a los hijos y educación cristiana de los mismos). Esa gracia basta en sí misma para conseguirlo, pero es enormemente útil acompañarla de las otras gracias que Dios ofrece y regala, de los otros sacramentos. El sacramento del matrimonio debe vivirse en un contexto sacramental, unido muy especialmente a la confesión —por la cual el hombre reconoce ante sí mismo, ante Dios y ante otro hombre sus pecados— y a la eucaristía. No hacerlo así lleva consigo correr un gravísimo riesgo y eso es exactamente lo que les sucede a tantas parejas que, casadas por la Iglesia, no viven en la Iglesia, no son «Iglesia doméstica» porque no luchan por tener la presencia del Señor en medio de ellos, porque no practican su fe, porque han olvidado los compromisos contraídos el día de su boda. Por todo ello —al margen de los problemas de inmadurez, tan frecuentes, que pueden ser causa de nulidad matrimonial—, ese tipo de parejas está abocada con mayor facilidad al fracaso, al divorcio.

En todo caso, el rechazo del Señor al divorcio no debe ser entendido como un rechazo a los divorciados. La Iglesia insiste una y otra vez en la necesidad de atender pastoralmente a las personas que han sufrido la ruptura de su matrimonio, sean éstas culpables o inocentes, se hayan vuelto a casar civilmente o no. Son personas que han sufrido y que sufren, y esto es motivo más que suficiente para acercarse a ellas con todo el amor posible, como Cristo hizo en tantas ocasiones con aquellos que eran marginados en su época. El hecho de que el divorciado que se vuelve a casar esté excluido de la comunión, no significa que esté excluido del amor y, por lo tanto, de la Iglesia. Si no puede comulgar puede rezar, puede participar en la Santa Misa, puede estar en grupos cristianos y, sobre todo, puede y debe sentirse un hijo querido de Dios y de la Iglesia, amor al que le da derecho su mismo sufrimiento. Sólo una pastoral así podrá hacer que regresen al seno de la comunidad, aunque no sea con la plena comunión. Sólo desde esta perspectiva se puede afirmar que el rechazo al divorcio por parte de Cristo es un don que debemos agradecer; pues, si bien el Maestro, al hacerlo está defendiendo el matrimonio e impidiendo nuevos divorcios, también está extendiendo su mano a los que no se encuentran en condiciones de poder comulgar. No hay que olvidar que Él ha venido a curar a los enfermos, pues los sanos no necesitan que el médico les ayude, y es desde esta perspectiva global de la misión y la voluntad de Cristo que tenemos que contemplar todo su mensaje, incluido el rechazo al divorcio.

El pago de impuestos: Mt. 17, 24-27

La escena que nos presenta a Jesús pagando los impuestos que cobraban los romanos tiene mucho de típico. Es una más de las trampas que los enemigos de Cristo tendían al Maestro para que perdiera popularidad o para poder encontrar algo de qué acusarlo ante las autoridades. También, una vez más, el Señor consigue burlarse de sus enemigos y encuentra una solución que le permite escabullirse de la trampa. Era, efectivamente, impopular el pago de impuestos; en parte, porque lo ha sido y lo es en cualquier circunstancia; en parte, porque el dinero iba destinado al invasor romano. Si Jesús pagaba podía ser acusado de colaboracionista y eso hubiera sido un verdadero escándalo para muchos de sus seguidores. Pero si no pagaba, sería denunciado a los romanos como instigador de la rebelión. La respuesta dada por Jesús, tras preguntar de quién era la efigie que ostentaba la moneda del impuesto («Dad al César lo que es del César y a Dios lo que es de Dios»), ha quedado como modelo de comportamiento para el cristiano ante las siempre conflictivas situaciones en las que se mezcla la religión con la política.

Cristo pagó el impuesto y, sin embargo, el escándalo fue evitado gracias a esa ingeniosa salida. Pero, sobre todo y por lo que a nosotros respecta, el Señor nos ofreció un camino para seguir, camino que entendió perfectamente san Pablo y que fue el prototipo de actuación de los cristianos, al menos durante los primeros años de vida de la Iglesia.

Este camino establece el respeto a las legítimas autoridades, el diálogo constructivo con ellas, la opción por la no violencia cuando hay que disentir incluso públicamente de algunos comportamientos o leyes aprobados por los gobernantes. Pero también establece con claridad que hay límites que no se pueden franquear: los del respeto a la conciencia. Un cristiano no es un «busca pleitos», no es la «leal oposición», ni tampoco tiene como primera misión convertirse en la voz profética que está denunciando continuamente las cosas que van mal en la sociedad. Su primera obligación es el anuncio, no la denuncia. Sin embargo, aunque un cristiano no busca la polémica, con frecuencia se ve envuelto en ella; primero, porque no está dispuesto a hacer algunas cosas que los otros hacen y que pueden estar incluso permitidas (aborto, eutanasia...), y ya por ello es mal visto. Segundo, porque aunque lo prioritario es el anuncio del mensaje del amor de Dios al hombre y del amor del hombre a Dios, eso le lleva con frecuencia a pasar a la denuncia profética de situaciones injustas e inhumanas, lo cual le acarrea la reacción agresiva de aquellos que se sienten desenmascarados. Así, en la historia de la Iglesia ha sido una constante la polémica y el enfrentamiento con no pocas autoridades civiles, que han intentado por todos los medios domesticar y silenciar a los pastores y a los fieles.

De este modo, el «dar a Dios lo que es de Dios» se ha convertido muchas veces en negarle al César lo que éste pretendía que era suyo, pero que en realidad pertenecía al pueblo, al débil, al oprimido, a Dios. La historia de los mártires de los primeros siglos y la de todos aquellos que no han dejado de derramar su sangre por Cristo y por la caridad desde entonces, lo demuestra. Démosle gracias a Dios por habernos dejado, en Cristo, un claro ejemplo para seguir. Un ejemplo de paz, pero también de libertad y de heroísmo, de amor a la justicia, a la verdad y a la vida.

El anuncio de la Eucaristía: Jn. 6, 60-66

Esta escena tiene lugar en la última etapa de la vida de Cristo, cuando ya su popularidad ha empezado a bajar. Además es por sí misma causa de crisis en esa popularidad y, como dice el evangelista, provoca el escándalo y la huida de muchos de sus seguidores. El Señor les había hablado de la Eucaristía en unos términos llenos de realismo, sin concesiones al simbolismo; tan gráficos eran los ejemplos, que muchos creyeron que se había vuelto loco y que les estaba invitando a un holocausto caníbal de su propio cuerpo, que es presentado como «verdadera comida», y de su sangre, «verdadera bebida». La crisis es tan fuerte, que el Señor se dirige a los apóstoles y les pregunta: «¿También vosotros queréis iros?» (Jn. 6, 67). A lo que Pedro, en nombre de todos, contesta: «¿A quién iremos? Tú tienes palabras de vida eterna» (Jn. 6, 68). Al menos aquel pequeño grupo de elegidos resistió en aquel momento la crisis y, sin entender del todo las palabras de Cristo, optó por permanecer a su lado fiándose de Él y de su cordura.

Pero si ésta es la presentación histórica de cómo se desarrolló el conflicto, podemos decir que la Eucaristía no ha dejado de ser motivo de escándalo e incluso de alejamiento desde entonces hasta nuestros días. Han sido muchos lo que, primero, negaron la divinidad de Cristo y quisieron reducirlo a un hombre más, grande ciertamente, pero en absoluto divino. Para éstos —arrianos de entonces y de ahora—, era un escándalo, un absurdo, algo imposible de entender y de aceptar que Dios se hubiera hecho hombre; lo más que podían aceptar era que hubiera tomado la apariencia humana, pero sin reconocer la unión hipostática en la persona del Hijo de Dios de las dos naturalezas, la divina y la humana. Este rechazo a la divinidad de Jesús se ha continuado con el rechazo a la presencia real del Señor en las materias del pan y del vino una vez consagradas éstas por el sacerdote; detrás de este rechazo —que es secundado por tantos de los protestantes— se esconde el escándalo de aquellos discípulos que se alejaron de Cristo cuando Él les habló de que su carne era verdadera comida y su sangre verdadera bebida; se esconde también la negativa a aceptar el poder de Dios y su infinito amor por un hombre que, ciertamente, no lo merece. El Dios que se hace presente realmente en la Eucaristía es un enamorado y sólo el amor puede entender al amor, sólo el que ama puede comprender que otro que ama llegue hasta el extremo de quedarse para siempre en un pedazo de pan o en unas gotas de vino con el fin de estar junto a la persona amada. Por eso san Agustín decía, al hablar del misterio del amor divino: «Dadme a alguien que haya amado y entenderá de qué hablo.» No aceptar la presencia real de Cristo en la Eucaristía es no sólo dudar de su palabra y de su poder, sino también dudar de su amor. El mismo amor que le llevó a hacerse hombre, a morir en la cruz para salvar al hombre, le ha llevado a quedarse en el pan y en el vino consagrados, y no se puede aceptar uno y rechazar el otro, porque es el mismo y único amor el que está detrás de todos y cada uno de los movimientos de Cristo. Se trata, pues, de decirle al Señor las mismas palabras de Pedro: «Señor, yo puedo no entender tu amor, me puede costar comprender que te hayas quedado en la humildad del pan para siempre con tal de estar conmigo, pero tú me has demostrado en infinidad de ocasiones no sólo que me amas sino que Dios está contigo. Porque tú me lo dices, Señor, yo creo. Y porque creo, comulgo. Y porque comulgo, vivo.»

Expulsión de los mercaderes del Templo: Mt. 21, 12-13

La expulsión de los mercaderes del Templo de Jerusalén se enmarca ya en los últimos gestos del Maestro antes de su Pasión. El enfrentamiento con los poderes establecidos es patente y Cristo parece querer aprovechar los últimos días de su vida en la Tierra para llevar a cabo algunos gestos significativos que, quizá, la prudencia y el deseo de no precipitar su propio final le habían aconsejado no hacer antes. En todo caso, la acción del Señor debió sorprender e incluso escandalizar a no pocos, incluidos algunos de sus discípulos, pues el Templo era el lugar sagrado por excelencia para los judíos y, aunque el objetivo era purificarlo, no dejaba de ser un ataque a la forma en que se estaba practicando la religión judía hasta el momento.

Hay que fijarse en un importante detalle: el Señor no dirigió su violencia contra las personas, sino contra las cosas y los animales, pues si bien arrojó por el suelo las monedas y provocó la huida de los animales que estaban allí para ser vendidos, no golpeó a ninguno de los vendedores. Es un dato lo suficientemente significativo, que no deberían olvidar aquellos que ven en esta actuación de Cristo una especie de legitimación para el uso de la violencia revolucionaria.

En definitiva, lo que Jesús buscaba con aquella actuación era dar una enseñanza, la contenida en la frase de que los hombres habían convertido la casa de Dios en una cueva de ladrones y que ésta debía ser una casa de oración, de espiritualidad. Esa acusación, esa enseñanza, iba dirigida en primer lugar a los responsables de aquel lugar santo, pero también a todos los pastores de la Iglesia de todos los tiempos y también de hoy. ¿Siente la gente que hay espiritualidad en la casa del Señor? ¿Los que se acercan, se van llenos de Dios o aburridos? ¿Los que ya no van o acuden a las sectas, no lo harán quizá por no encontrar a Dios en nuestras misas? ¿Son las celebraciones litúrgicas momentos de unión con el Señor y con la comunidad o momentos que hay que soportar por miedo al infierno? ¿Preparan los sacerdotes suficientemente bien tanto la celebración de los sacramentos como el mensaje que se transmite en la homilía, o, por el contrario, es la rutina y la desgana la que predomina? ¿Si

Cristo asistiera hoy de incógnito a una eucaristía que fuera representativa de lo que normalmente sucede, se sentiría contento o disgustado, nos felicitaría o tomaría de nuevo el látigo para purificar la casa de Dios y hacerla casa de oración?

Es muy curioso que las interpretaciones dadas en los últimos años a este pasaje de la vida de Cristo han ido más por el camino de buscar la relación de Jesús con los movimientos revolucionarios de su época (zelotas) o con los de tipo místico (esenios), que con extraer las evidentes conclusiones morales que se desprenden del hecho en sí. Cristo quiere una casa de Dios dedicada a Dios, dedicada a unir a los hombres con Dios, aunque —como se ha dicho ya— eso no signifique que esté por un tipo de espiritualismo desencarnado que olvide la dimensión social del amor a Dios. Cuando la Iglesia —como sucesora del viejo Templo de Jerusalén— no cumple su misión de ser puente que une la orilla divina con la orilla humana, no es de extrañar que los hombres busquen en otros sitios la espiritualidad que no encuentran en ella. El éxito de las sectas en naciones de antigua tradición católica puede tener en esa falta de espiritualidad una parte de su explicación. Es desde la espiritualidad que se tiene que actuar. Es desde la unión con Dios que tiene que buscarse el servicio al prójimo, incluso el que implique ejercer la más firme denuncia de las situaciones de injusticia. No hacerlo así puede tener su mérito, su valor, su importancia, pero desde luego no será ése el camino querido y recorrido por Cristo. Agradezcamos pues al Señor que con aquel gesto purificador del Templo nos está mostrando cómo tenemos que actuar. El «ora et labora» (reza y trabaja) de los primeros monjes benedictinos cobra una urgente actualidad. Y es que cuanto más seamos de Dios mejor serviremos a los hombres.

Por último, la purificación del templo quizá no vaya dirigida sólo a los sacerdotes. También los fieles laicos deben plantearse la cuestión en primera persona. ¿Se va a la iglesia a dar gracias o, sobre todo, a pedir? Por desgracia, la mayoría se acuerda de Dios principalmente cuando hay problemas, como lo demuestra el hecho de que hay más gente en los templos de los países pobres que en lo de los ricos y van más a misa los enfermos que los sanos, los viejos que los jóvenes. El Dios al que se acude sólo por necesidad y que se olvida después tiene que estar cansado del egoísmo de unos hombres que demuestran continuamente su desinterés por él y su apego casi exclusivo a lo que de Él pueden obtener. Ésa es, pues, una purificación que Cristo también quiso y quiere hacer en la casa de Dios y que se lleva a cabo en el corazón de cada uno cada vez que la principal palabra que brota en él es «gracias».

Aunque no tenga nada que ver con el gesto de la expulsión de los mercaderes del Templo, me gustaría incluir en este apartado otro hecho protagonizado por Jesús y que hace referencia, de alguna manera, a su visión de lo que debía ser la casa de Dios. Se trata de aquel momento en el cual Cristo contempló cómo una pobre viuda daba una limosna insignificante al cepillo del Templo y, ante el asombro de sus discípulos, la puso como modelo de generosidad. (Mc. 12, 41-44; Lc. 21, 1-4). Una vez más, vemos que para Cristo el dinero —y por lo tanto el poder— no es lo importante, no es lo que busca en el hombre. Él ha venido a buscar el corazón del ser humano y no su bolsillo. No pide una limosna de dinero, sino de amor. Porque, en realidad, cuando se le da a Dios el corazón, se le da todo lo demás, sin regateos, sin titubeos, sin mediocridad. Y mientras eso no se haga, todo se vuelve pugna para conseguir pagar el producto —el cielo— al menor precio posible, como si se tratara de una escena propia de un bazar oriental.

Otros hechos significativos

Resulta casi imposible tratar con detenimiento todo lo que hizo Jesús tal y como nos lo cuentan los Evangelios. Lo principal, ciertamente, ya está expuesto. Quedan, sin embargo, gestos y hechos que no pueden ser olvidados y que, como los anteriores, son en sí mismos una prueba del amor de Dios, tanto para aquellos que los recibieron en primer lugar como para todos nosotros, debido al simbolismo que encierran. Podemos destacar los siguientes: Críticas a los discípulos, amor a los niños, problemas con su familia, compasión hacia la gente, anuncio de la Pasión y, muy en especial, la Transfiguración.

Críticas a los discípulos: Mt. 16, 22-23; Mc. 8, 31-33; Lc. 9, 22; Mt. 20, 20-28; Lc. 9, 51-53

Lo primero que hay que destacar de las críticas de Jesús a los discípulos es el hecho en sí. Pone de manifiesto varias cosas. La primera, que el Señor tenía la suficiente confianza en ellos como para no tratarles con esa delicadeza que es necesario tener con personas frágiles o a las que no se conoce lo suficiente. La segunda, que les quería de verdad y que, porque les quería, les corregía y les corregía incluso con dureza —a Pedro, en la escena que nos cuenta Mt. 16, 22-23, le llama incluso «Satanás»—. La tercera, que no se ha cansado de ellos aunque tuviera motivos —como cuando la madre de los Zebedeos y éstos le pidieron tener los puestos más importantes en el futuro Reino que preveían iba a instaurar (Mt. 20, 20-28), o como cuando les tiene que corregir por su ira (Lc. 9, 51-53)—, y que, porque no se ha cansado de ellos, les corrige con la esperanza de que mejoren, en vez de expulsarles de su lado. Por último, conviene destacar también la humildad de los apóstoles, que aceptan las críticas sin revolverse contra el Maestro, por duras que éstas fueran o por extrañas que les pudieran parecer. ¿Cómo debió sentirse Pedro cuando el Señor le comparó con el demonio por haberle dicho que debía rechazar la idea de morir en la cruz? La mayor parte de nosotros se habría molestado al verse tratado de esa manera por haber mostrado interés por la suerte de Cristo y haber procurado que no se dejara matar.

Si intentamos trasladar aquellas críticas a nuestros días, vemos que ahora pasa algo parecido. También hoy el Señor critica a los suyos y, como entonces, lo hace porque les ama. Lo hace a través de la conciencia individual, cuando nos indica a cada uno que hemos hecho el mal o que hemos dejado de hacer el bien. Lo hace a través de la jerarquía de la Iglesia, cuando ésta tiene que llamar la atención a un teólogo por sus errores doctrinales, a un país entero por el peligro de alejamiento del ideal cristiano, o al mundo en su conjunto debido al creciente secularismo que todo lo invade y que está deteriorando tanto el concepto de familia como la salvaguarda de los derechos de los más débiles: los no nacidos, los enfermos y ancianos, los emigrantes y las naciones pobres y endeudadas. ¿Cómo reaccionan el individuo y la sociedad ante estas críticas, hechas, por lo demás, con todo el amor y de la manera más correcta posible? Generalmente la respuesta es agresiva. A la conciencia se le atonta, se le droga, se le compra, para que no moleste. Y a la Iglesia, auténtica conciencia colectiva en un mundo en el que se difuminan cada vez más las fronteras entre el bien y el mal, se le ataca con extraordinaria dureza, a la vez que se le hacen continuamente ofrecimientos de paz si consiente en volverse «progresista»; es decir, si acepta renunciar a defender e incluso a tener una moral basada en las enseñanzas de Jesús. Se puede afirmar, de hecho, que la Iglesia dejaría de ser maltratada a través de los medios de comunicación si cediera en su defensa de la vida o de la familia. Pero también se puede afirmar que, si así hiciera, habría llegado su última hora, porque se habría alejado de Cristo para entregarse al mundo y, como el propio Señor dijo, si la sal se vuelve insípida no sirve más que para que la tiren en los caminos y la pisen.

Démosle, pues, gracias a Dios por su amor, que se manifiesta también a través de las críticas. Démosle gracias por tener conciencia, tanto más valiosa cuanto más oscura es la época en la que vivimos, pues es la luz interior que brilla en un entorno sombrío y nos impide extraviarnos, hacernos dano y hacer daño a otros. Démosle gracias —y nunca será suficiente— por una jerarquía como la que, en este momento, tiene la Iglesia, presidida por papas como Juan Pablo II o Benedicto XVI; su valentía, su firmeza, hacen del Cuerpo Místico de Cristo la luz del mundo, la sal de la tierra, la levadura en la masa, tal y como el Señor había querido y pedido que fuera la Iglesia.

Amor a los niños: Mt. 19, 13-15; Mc. 10, 13-16; Lc. 18, 15-17

La sociedad judía de la época de Jesús amaba a los niños y no se puede decir que en eso el Señor estuviera yendo en contra de lo que dictaba el contexto en el que se desenvolvía. Sin embargo, lo vemos en una ocasión hacer reproches a sus discípulos porque éstos querían alejar a los niños de su lado, debido al jaleo que hacían. Aquella escena propició la conocida frase: «Dejad que los niños se acerquen a mí», seguida de una invitación a imitarles en lo que tienen de inocencia y de disponibilidad para la confianza en aquellos de sus mayores que saben que les quieren. La Iglesia, y en especial muchos hombres y mujeres dentro de ella a lo largo de los siglos, han visto en esas palabras de Cristo un mandato para ayudar y evangelizar a los niños. De ahí han surgido tantas congregaciones religiosas dedicadas a la enseñanza, así como aquellas otras que cuidan de la infancia ofreciéndole todo tipo de protección. La Iglesia siempre ha estado cerca de los niños para ayudarles, para defenderles, para que tuvieran la oportunidad de convertirse en adultos libres y maduros. Los casos esporádicos de sacerdotes o religiosos que han abusado de ellos no son más que rarísimas excepciones que confirman la regla. Hoy mismo, la Iglesia es la gran defensora de la infancia y en algunos aspectos es casi la única que lo hace. Porque en realidad el embrión humano debe ser considerado parte de esa infancia, aunque no haya logrado nacer todavía y, tal y como están las cosas, la Iglesia se está quedando cada vez más sola en la defensa del derecho a la vida del no nacido, amenazado por el aborto o por una investigación que, con el pretexto de conseguir avances científicos, usa al ser humano no nacido como un vulgar material desechable de laboratorio.

«Dejad que los niños se acerquen a mí.» Démosle gracias a Cristo por esas palabras y por el contenido que encierran. Démosle gracias al Cristo vivo, presente en la historia, a la Iglesia, por la multitud de iniciativas desarrolladas en el pasado y prolongadas en el presente a favor de la infancia y a favor de los no nacidos. Gracias a todo ello, muchos han podido nacer y otros han logrado sobrevivir a unas condiciones duras que les hubieran acarreado la muerte o situaciones peores que la muerte. Agradezcamos también al Señor que haya puesto en nuestras manos la bandera de la defensa de la vida, y por ello de la infancia, sobre todo, en un mundo como el occidental, en el que se avanza rápidamente hacia el invierno demográfico, donde la vida no encuentra recambio, y donde se intenta incluso exportar a otros países la cultura de la muerte que nos caracteriza.

Pocas veces como en este momento histórico tan difícil, se ha puesto de manifiesto que el Dios de Jesucristo es el Señor de la vida y el mejor amigo y defensor del hombre.

Problemas con su familia: Mt. 13, 54-57;
Mc. 3, 20-21; Jn. 7, 5

No podemos ver con un detalle minucioso la vida de Cristo sin fijarnos en algo que, en general, ha pasado siempre desapercibido y que, sin embargo, encierra numerosas enseñanzas. Me refiero a los problemas del Señor con su familia. Tres evangelistas hablan de ellos, sin que sean textos concordantes. En Mt. 13, 54-57 se intuye cuando escuchamos al Señor decir que «sólo en su tierra y en su casa desprecian a un profeta». En Mc. 3, 20-21 se nos informa de que su familia se avergonzaba de él y Juan llega más lejos al afirmar: «Porque ni sus hermanos creían en él» (Jn. 7, 5).

Hay que comenzar diciendo que esta situación de crisis entre Jesús y sus parientes no fue universal y no tuvo lugar durante todo el tiempo de su existencia. Su madre, la Virgen María, estuvo siempre a su lado y se intuye su labor mediadora entre Cristo y el resto de sus parientes en algunos textos evangélicos. El apóstol Santiago, «hermano del Señor» —pariente muy próximo, probablemente su primo hermano—, fue el pastor de la Iglesia de Jerusalén cuando Pedro partió de allí para Antioquía y Roma. Hay que suponer, además, que Cristo pasó los treinta años de su «vida oculta» en buenas relaciones con su familia, como era normal en la época. Es muy probable que esas buenas relaciones se mantuvieran e incluso aumentaran durante la primera parte de la vida pública, cuando gozaba de gran popularidad y podía considerarse una suerte ser pariente suyo. En cambio, la situación se deterioró rápidamente cuando las tornas se mudaron y Cristo empezó a ser mal visto por los buenos oficiales de la época: los fariseos, los sacerdotes... En definitiva, mientras Cristo era un «negocio», los suyos estaban con Él. Cuando empezó a ser una carga, intentaron quitárselo de encima, primero presionando para que modificara aquellos planteamientos suyos que más molestaban a las autoridades y luego, posiblemente, colaborando con los enemigos de Cristo para, de alguna manera, apartarlo.

¿Tiene algo que ver esto con nuestra época? Para responder a esta pregunta debemos contestar primero a otras dos: ¿Quién es hoy la «familia» de Jesús? ¿Ser «familia» de Jesús es hoy motivo de aplauso o de crítica?

La familia de Jesús, hoy y siempre, es —somos— sus discípulos, los cristianos. Mi Madre y mis hermanos, dijo el Señor, son aquellos que escuchan la Palabra de Dios y la cumplen. Por lo tanto, las presiones y ataques que entonces sufrían los parientes de Jesús los sufrimos hoy los seguidores del Maestro. Ser discípulo suyo, serlo de forma declarada y manifiesta, supone hoy para la mayoría persecución. No una persecución cruenta —salvo en algunos países donde todavía perdura la dictadura comunista como China, o donde la Iglesia se ve acosada por la defensa de los derechos humanos y paga con la sangre de los misioneros su valentía—, sino con ese otro tipo de persecución que es la burla, la crítica, el ridículo. Los jóvenes padecen esta persecución de manera muy intensa y es una de las causas de su alejamiento, pues para ellos —debido a la inmadurez propia de la edad— no estar en la onda de la moda resulta casi imposible. Pero también la padecen los mayores, y en todos los ámbitos: la familia, el trabajo, las relaciones sociales, a través de los medios de comunicación, a través de las películas. Se puede decir, con san Pablo, que todo el día nos están entregando a «la muerte»; no a una muerte de sangre, sino a otra, la del ridículo, la del llevar pegada en la frente o colgada a la espalda la etiqueta de «anticuado», «desfasado», e incluso «inhumano» o «enemigo de la humanidad». ¿Y no será esto un anticipo de una persecución cruenta que un día acabará por estallar?

La «familia» de Jesús, nosotros, reacciona a esta situación de modo muy diverso. Unos se rinden y se van, sumándose a la multitud de los críticos. Otros se quedan, pero para hacer una labor de crítica desde dentro, convirtiéndose en portavoces de aquellos que, desde fuera, repiten que la Iglesia debe ser «progresista» y abandonar posturas morales que tachan de rancias y desfasadas. Afortunadamente, otros muchos se crecen ante las dificultades y le dicen al Señor lo que proclamó Pedro en una hora semejante, cuando buena parte de los seguidores del

Maestro le estaban abandonando: «¿Adónde vamos a ir, Señor, si sólo tú tienes palabras de vida eterna?» (Jn. 6, 68).

La hora presente es, sin duda, una hora de purificación, en la cual se ve quién es quién y cómo está el interior del corazón humano. Los que se quedan al lado de Cristo, en la Iglesia, muestran su amor a prueba de críticas y persecuciones. Son los «nuevos mártires», aunque no estén derramando su sangre como lo hicieron los de antaño. Los otros se comportan como aquellos parientes del Señor que, cuando las cosas se pusieron feas, dijeron que no le conocían.

Démosle gracias a Dios también por situaciones como éstas, tan difíciles. De las persecuciones la Iglesia ha salido siempre renovada, fortalecida, podadas sus ramas de aquellos sarmientos que no llevaban vida. Démosle gracias por la fuerza que nos da para perseverar a su lado, para serle fieles. Y pidámosle que, por el bien del mundo en general y por el nuestro en particular, esta hora se abrevie.

Compasión hacia la gente: Mt. 9, 36-38; Mt. 11, 28-30; Mc. 6, 33-34

Toda la vida de Jesús es un testimonio de su amor, de su compasión. Se hizo hombre porque quería salvar al hombre, porque se compadeció de su situación lastimosa, causada por el pecado. Hizo milagros porque su corazón se conmovía al ver a la viuda que había perdido a su único hijo o al ver al leproso que le mostraba sus llagas. Por el mismo motivo multiplicó los panes y los peces para que comiera una multitud, y dejó a sus seguidores, para siempre, el mandato de dar de comer a los hambrientos. Subió a la cruz para culminar su obra de amor y resucitó para demostrar que ese amor es más fuerte que la muerte. Cristo es, por ser Dios, amor, pero un amor que adopta en todo momento el matiz de la compasión.

Sin embargo, hay algunos fragmentos en los evangelios en los que esta compasión se expresa de una forma especial. Por ejemplo, en Mc. 6, 33-34 se le ve muy cansado y con ganas de retirarse para recuperar las fuerzas y orar. Sin embargo, al ver a la multitud que le aguardaba expectante, «se puso a enseñarles con calma», olvidándose de su cansancio. ¡Qué gran ejemplo para los sacerdotes, generalmente agotados por un trabajo pastoral cada vez más extenuante!

Más interesante aún resulta otro texto, el de Mt. 9, 36-38: «Y al ver a la gente se compadeció de ella, porque estaban cansados y decaídos como ovejas sin pastor. Entonces dijo a sus discípulos: La mies es mucha y los obreros pocos. Pedid al dueño de la mies que mande obreros a su mies.» Aquí la compasión de Cristo adopta un matiz diferente al habitual, a ese que le había llevado a hacer milagros. El Señor se muestra sensible a otra necesidad, a otra carencia: la de los pastores, la de los sacerdotes. Reconoce su utilidad y pone de manifiesto de una manera muy gráfica las consecuencias de su ausencia: «como ovejas sin pastor» significa que están descuidados y a merced de todos los enemigos, los «lobos» que van a hacer estragos impunemente en el rebaño. Pero dice a los discípulos —a nosotros— que pidamos al Padre que envíe obreros a su mies. ¿Por qué? Porque sólo cuando una cosa se valora y se desea, sólo cuando se echa en falta y se ansía, es cuando se merece y se obtiene. De hecho, cuando, a lo largo de los siglos, se han dado situaciones de abundancia de vocaciones, no siempre éstas han sido bien acogidas por los feligreses, en parte porque no tenían todas ellas la calidad necesaria, y en parte porque se tiende a no apreciar aquello que se tiene. El sacerdocio es un don. Es un don para el individuo que recibe la llamada y, luego, el sacramento. Pero, sobre todo, es un don para la comunidad. Es un don en sí mismo y es un don que se convierte en extraordinario cuando el sacerdote es santo, inteligente y está dedicado enteramente al servicio de sus fieles.

Otro texto, el de Mt. 11, 28-30, nos muestra a un Cristo que invita a acudir a Él a todos los que están «cansados y oprimidos», con la promesa de aliviarles —no de hacer que desaparezca su dolor—. A la vez, invita a los que deciden seguirle en busca de ayuda a que carguen con su yugo y a que le imiten, pues sólo así «encontraréis vuestro descanso». La enseñanza aquí recogida es sorprendente pero no única. Responde al gusto de Jesús por la paradoja, por la aparente contradicción, expresado en otras ocasiones, como cuando invita a perder la vida por Él para poder encontrarla, o como cuando asegura que el que se ensalza será humillado y el que se humilla será enaltecido. En este caso, el Señor muestra un sincero interés por aliviar al hombre de sus múltiples sufrimientos e incluso les invita a acercarse a Él en busca de ese alivio. Sin embargo, a continuación pide al que está cargado de problemas que añada un nuevo peso a sus espaldas ya dobladas, el peso de un yugo que Él llama «suyo». Siguiendo con la contradicción, afirma que sólo así, sumando una carga a la que ya se tiene, se puede encontrar el alivio que se busca y que Él ofrece. Es evidente que el peso al que hace referencia el Señor es el cumplimiento de la ley evangélica del amor, pues esa ley está centrada en la imitación del propio Cristo y en este fragmento del evangelio de Mateo vemos a Jesús proponerse a sí mismo como modelo. Según esto, Cristo está diciendo a sus seguidores, y en general a todos los que tienen problemas y buscan ayuda, que la mejor manera de afrontar esos problemas y de no ser aplastado por ellos es ponerse a amar a la manera cristiana, amar como Cristo amó. ¿En qué sentido el amor puede servir para resolver los problemas o al menos para ayudar a llevarlos? La respuesta a esta pregunta la pueden dar con su testimonio personal millones de hombres y mujeres cristianos que, a lo largo de estos veinte siglos de historia, han comprobado la veracidad de la promesa de Cristo. Amar sirve, en primer lugar, para evitar una serie de problemas que son inherentes al pecado; en ese sentido, ya es un alivio en sí, pues aunque no te quita dificultades, evita que tengas otras nuevas. Además, amar a la medida de Cristo, es decir, unido a Cristo y por Cristo, da al hombre una fortaleza extraordinaria para afrontar el sufrimiento y le reviste de una gran dignidad, de una entereza que a menudo es contemplada por los que le rodean con estupor y admiración, como si se tratara de un superhombre, mientras que el propio sujeto es consciente de que las fuerzas que le sostienen a la hora de llevar la cruz no son suyas, sino que proceden de lo alto. Pero a pesar de esto no está aún cumplida del todo la palabra de Cristo, pues Él no ha hablado sólo de alivio, sino también de carga. Efectivamente, el amor con la medida y el estilo evangélico es una carga. El intento de tantos teólogos bienintencionados del siglo xx por presentar a los ojos del mundo un cristianismo sin cruz, un cristianismo sin esfuerzo, un cristianismo adaptado a las exigencias y gustos de los contemporáneos, no sólo ha sido un error sino que ha merecido, en la práctica, el rechazo de unos y de otros. Cristo no dijo que seguirle fuera gratis, que no costara nada. Nos hubiera engañado, si así lo hubiera hecho. Amar, entonces, ahora y siempre, ha sido difícil e incluso en muchas ocasiones ha sido heroico. Amar como Cristo amó es, de una manera u otra, imitar a un Cristo que murió en una cruz precisamente por haber amado, por no querer renunciar al amor. Ahora bien, y ahí está el secreto de la felicidad cristiana, su gran paradoja: aunque amar sea un «problema añadido», del que se ven libres los que optan por no amar o por no asumir la medida radical del amor cristiano, el saldo final es extraordinariamente positivo para el que ha decidido seguir a Jesús y unir su vida a la del Maestro. Como ya se ha dicho, no sólo se evitan problemas nuevos, sino que se goza de una fuerza que es auténticamente sobrehumana porque es divina —la gracia de Dios, alimentada continuamente por los sacramentos—, a la par que se entra en una comunión espiritual con el Señor que, en los más excelentes de los casos, lleva al hombre a gozarse de alguna manera en el sufrimiento, sin caer en absoluto en el masoquismo y, en el resto de las situaciones, le permite convivir con los problemas, incluso con los graves problemas, sin perder un fondo de felicidad que le hace estable e indestructible en medio de los avatares de la vida. De este modo se cumple la promesa de Cristo, el cual sólo puede ayudar a los que quieren seguirle, pues la forma de hacerlo es a través del amor, que se convierte en el camino que conduce a la vida, a la verdadera felicidad tanto en el cielo como en la tierra.

No dudemos, pues, en darle gracias al Señor por el interés que ha mostrado por nosotros. Un interés que le llevó a hacerse hombre y a morir en la cruz, a no escatimar esfuerzos ni evitar el cansancio para socorrer a los que sufren, a enviar pastores para cuidar a las desconcertadas ovejas, a mostrarnos el camino del amor como el camino de la felicidad, invitándonos a cargar con su cruz a la par que nos da la fuerza para poder hacerlo.

Transfiguración y anuncio de la Pasión: Mt. 20, 17-19; Mc. 10, 32-34; Lc. 18, 31-33; Mt. 17, 1-13; Mc. 9, 2-13; Lc. 9, 28-36

Son muchos los textos en los que, de una manera o de otra, Cristo anunció su muerte y resurrección a sus discípulos, evidentemente con la intención de prepararlos para el acontecimiento. Y no sólo se lo dijo, sino que llevó a cabo actos dirigidos específicamente para esa preparación, tal y como la Transfiguración en el Tabor.

Esta preparación buscaba, ante todo, atenuar el golpe que Él sabía que se iba a descargar sobre las espaldas de sus seguidores, pues al verle padecer la pasión y morir en la cruz, iban a entrar en crisis de fe. Era, pues, un acto más de amor por ellos. El Señor sabía y comprendía lo extraordinariamente difícil que iba a resultar para sus apóstoles asistir a su prendimiento, tortura y posterior ejecución. Dos sentimientos, sobre todo, se iban a mezclar y agolpar apresuradamente en el corazón y en la cabeza de sus discípulos: el miedo a sufrir la misma suerte que su Maestro y la duda sobre su divinidad al verle tan débil e incapaz de defenderse. No hay que olvidar que para un judío —y también, aún hoy, para la mayoría de los cristianos— el éxito era sinónimo de protección divina, pues Dios premia a los buenos y castiga a los malos. Por lo tanto, y como Dios es justo, si alguien sufre es porque Dios le está castigando; en el caso de que aparentemente no se lo merezca, la explicación hay que buscarla en ocultos pecados que sólo Dios conoce. Ése es el trasfondo de la enseñanza recogida en el libro de Job, que ese preciso texto de la Biblia intenta desmontar. A pesar de ello, entonces y todavía ahora, la mayoría seguía y sigue pensando que el éxito es sinónimo de bendición divina y el fracaso de castigo. Desde esta perspectiva, la muerte de Cristo en la cruz sólo podía ser entendida como una clara desautorización de Dios a su pretensión de mesianidad. Si el éxito representado por los milagros era una prueba del apoyo que Dios daba a la causa y al mensaje de Cristo, la cruz sólo podía ser interpretada como lo contrario. Cristo lo sabía y, por ello, intentaba preparar a sus apóstoles para que resistieran la crisis que les había de venir, para que superaran las dudas de fe en Él y en su divinidad que se desatarían cuando le vieran prendido, escarnecido, crucificado, muerto.

En este contexto de preparación para afrontar el golpe de la crucifixión se sitúa el acontecimiento de la Transfiguración. El Señor ya había hecho más que suficiente para asegurarse la fidelidad y la fe de sus discípulos. Durante años, éstos le habían visto comportarse siempre de una manera ejemplar, habían sido testigos de los milagros más excepcionales que no dejaban lugar a dudas, habían escuchado de sus labios la más hermosa y esperanzadora doctrina que jamás hombre alguno se atrevió a soñar y a exponer. Y, sin embargo, la prueba iba a ser tan dura que Cristo quiso hacer algo más, algo extraordinario, que supusiese una especie de sello marcado a fuego sobre el corazón de los apóstoles y que les sirviese de apoyo definitivo a la hora de la crisis.

Es significativo que no se llevase a los doce al Tabor. Sólo tres fueron los elegidos. Quizá porque no tenía la misma confianza en todos. Quizá porque consideró necesario asegurar un núcleo pequeño pero firme que luego ayudase a los demás, que los confirmase en la fe. El caso es que sólo Pedro y los dos hermanos Zebedeos —Santiago y Juan— le acompañaron en aquel extraordinario viaje.

Lo del Tabor fueron unos auténticos «ejercicios espirituales». Los tres apóstoles «tocaron» el cielo y se sintieron tan felices de estar allí que Pedro lo expresó ofreciéndole a Jesús construir tres tiendas para permanecer en el lugar para siempre. ¿Acaso no es ésa la experiencia tantas veces repetida por aquellos que, durante unos días, se alejan de la rutina cotidiana para estar cerca de Dios y dejarse cuidar e interpelar por Él? Pero, como en el caso de los ejercicios espirituales, no se trataba de hacer de aquella experiencia extraordinaria algo definitivo. Había que descender de las alturas místicas a las simas cotidianas, para encontrar en ellas la cruz de cada día y, en ella, demostrar la fidelidad a Jesús, el cual, horas o días antes, había arrebatado y enamorado el corazón.

Cuando pienso en la Transfiguración, me acuerdo de aquella frase de san Pablo con la que invitaba a un grupo de cristianos que se habían dejado seducir por doctrinas extrañas a que volvieran a sus orígenes. «Sed fieles a los momentos de luz —les decía el apóstol—. Recordad aquellos tiempos en los que fuisteis iluminados, en los que vuestro corazón saltaba de gozo en el Señor, en los que no teníais dudas sobre el amor de Dios, sobre su existencia, sobre la divinidad de Jesús, sobre el origen divino de la Iglesia, sobre la misión del papa, sobre la necesaria obediencia a los obispos», podría decirnos hoy a todos nosotros y, muy en especial, a los que sienten amenazada la barca de su fe por la tormenta de la duda. No podemos pretender que Dios nos tenga siempre en brazos como a niños pequeños. No podemos pedirle al Señor que nos esté siempre elevando a las alturas místicas y que nos ahorre todo tipo de prueba, duda o tribulación. Necesariamente, por nuestro bien, debemos aprender a sostenernos sobre nuestras rodillas, aunque éstas estén con frecuencia vacilantes y aunque no podamos hacerlo sin la gracia de Dios. El Señor nos ha dado momentos de luz que eran válidos para ese mismo instante, pero que también tenían la misión de ayudarnos a ser fieles en los momentos en que nos vinieran las pruebas. Lo que tenemos que hacer es escuchar a san Pablo y, cuando nos asalte la duda, hacer memoria de los momentos en que fuimos iluminados. Recordar, en los tiempos malos, las temporadas buenas es no sólo un ejercicio de justicia, sino también una tabla de salvación. Con cada «tabor» que ha tenido lugar en nuestra vida, Cristo ha hecho una «inversión» en una especie de cuenta corriente que tenemos abierta por Él en el alma; cuando llegan las horas difíciles, las del Gólgota, hay que echar mano de las reservas, de ese «dinero» acumulado, para poder superar la prueba. Volverán los buenos momentos, volveremos a sentirnos llevados en brazos por el Señor; después del Calvario llegará la mañana de Pascua, pero sólo la disfrutarán plenamente aquellos que han sabido ser fieles en la hora oscura, utilizando con sabiduría la luz acumulada por el Señor en el fondo de su memoria, en su corazón. No nos cansemos de darle gracias a Dios por cada nueva «inversión» que hace en nuestra cuenta corriente, por cada buen momento, y no desperdiciemos esos dones, olvidándolos cuando tenemos necesidad de ellos.

La vida pública. El mensaje de Cristo

El comportamiento de Cristo, sus acciones, no son separables de sus enseñanzas. Cristo era Maestro tanto cuando contaba una hermosa parábola como cuando iba a comer a casa de un publicano. Todo en Él es lección, porque Él no «era» por un lado y «actuaba» por otro, ya que en Él el «ser» y el «actuar» iban en completa unidad y consonancia.

Sin embargo, con fines meramente pedagógicos, es útil distinguir los hechos de los dichos, el comportamiento de Cristo de las enseñanzas propiamente pronunciadas explícitamente por el Maestro. Aunque, hay que volver a insistir, el verdadero mensaje de Cristo no es lo que él enseñó cuando hablaba sino, además de esto, lo que Él enseñó cuando actuaba.

Estas enseñanzas abarcan diversos aspectos: el dogmático (del que ya hemos hablado al tratar el tema de Dios Padre y de la fundación de la Iglesia y del que hablaremos al hablar del Espíritu Santo), el escatológico y, sobre todo, el ético. Algunos teólogos las engloban en un concepto común: el Reino de Dios, siendo cada uno de los aspectos anteriores facetas de ese Reino de Dios que Cristo habría venido a instaurar en la tierra y que alcanzará su plenitud en el cielo y tras su segunda venida a este mundo.

Enseñanzas sobre el Reino

Un tema central en la predicación de Jesús fue la llegada inminente del Reino de Dios. El prólogo del evangelio de Marcos lo señala de forma programática: «Después que Juan fue arrestado, marchó Jesús a Galilea, proclamando la buena noticia de Dios. Decía: El plazo se ha cumplido. El Reino de Dios está llegando. Convertíos y creed en el evangelio» (Mc. 1, 14s).

Pero ¿en qué consistía este Reino de Dios» que Jesús anunciaba y que exigía de sus oyentes la conversión? Consistía, ante todo, en la instauración del Señorío de Dios, es decir, en la entronización de Dios (Rey-Reino) como Señor de todas las cosas y de todas las personas. En cierto modo, no era más que el cumplimiento definitivo del primer mandamiento de la Ley dada a Moisés: «Amarás a Dios sobre todas las cosas.» El Reino de Dios que llega, que Jesús anuncia y que Él anticipa, es una situación en la cual Dios es el Rey en el corazón de cada hombre y del conjunto de los hombres, de la sociedad.

Pero ¿qué tipo de Dios es el que se va a convertir en Rey? ¿Qué Dios es el que predica y del cual habla Jesucristo? Para saberlo hay que volver al prólogo de Marcos antes citado. Jesús, dice el evangelista, anuncia «la buena noticia de Dios». ¿En qué consiste esa buena noticia?: En que Dios es Trinidad. Es «Abba», es «Padre»; es Jesucristo, Dios hecho hombre para demostrar al hombre lo infinito de su amor por él y para redimirlo; es el Espíritu Santo, que mueve el corazón del hombre para conducirlo a la conversión, a la santidad. Los judíos ya sabían que Dios es amor, amor que se manifestaba a través de sus obras: la creación del mundo y del hombre, la protección sobre el pueblo y la misericordia. Pero ahora ese rostro amoroso de Dios se tiñe de un nuevo color, se completa con tres nuevas características: Dios es Padre, Dios es Hijo y Dios es Espíritu Santo. Ya no es sólo el Creador, el Todopoderoso o el Juez, sino que, por puro amor gratuito, ha querido adoptar a los hombres como hijos a través del Hijo único, Jesucristo, que se nos ha dado como hermano, a la par que como Salvador.

Desde esta perspectiva, desde el anuncio, por un lado, del verdadero rostro de Dios y, por otro, de la llegada de su Reino y su reinado, hay que entender por qué Jesús dice que todo eso es una «buena noticia», un «evangelio». Es buena noticia saber que Dios es amor hasta el punto de dar la vida para redimir a sus criaturas, a las cuales adopta como hijos en el Hijo. Es buena noticia saber que el triunfo de este Dios-Amor-Padre-Hijo-Espíritu Santo está cerca y que, cuando eso ocurra, los hombres ya no se harán daño entre sí, ni adorarán al dios-dinero, o al dios-poder, o al dios-sexo, sino que adorarán únicamente al Dios-Amor y, como adoradores de Él, se convertirán en personas que amen, y surgirá de ahí tanto la justicia como la paz.

Esta buena noticia implica que el acento de la predicación de Jesús ya no se ponga, como en Juan Bautista y, en general, en el judaísmo y en las demás religiones, en el castigo, sino en el perdón, en la salvación, en la gratitud como respuesta debida al amor recibido de parte de Dios. Es característico de la predicación de Jesús la reiteración con que trata el tema de la redención de los pecadores, de las «ovejas perdidas». Él dice de sí mismo que ha venido a salvar lo que estaba perdido, porque no necesitan médico los sanos sino los enfermos. Por lo tanto, son aquellos que saben que están en pecado y que no encuentran en sí mismos la fuerza para salir de esa situación, los que más agradecen a Jesús que se fije en ellos no sólo para darles una nueva oportunidad, sino también para darles la fuerza de la que ellos carecen para acceder al don de la salvación. El Dios revelado por Cristo, el Dios que es Cristo, no sólo perdona sino que también ayuda a avanzar por el camino de la santidad, que será la acción específica del Espíritu Santo, aunque, no hay que olvidarlo, es el único Dios el que obra todo aunque lo haga a través de cada una de las tres personas divinas. El hombre que se encuentra con este Dios se siente no sólo aliviado porque sus pecados son perdonados, sino ayudado por la gracia —especialmente por la que viene a través de los sacramentos— para perseverar en el difícil camino del bien y no volver a recaer en el abismo del mal, del cual Dios le acababa de sacar. Este perdón —como se verá más adelante en las enseñanzas morales— no sólo debe ser recibido, sino también otorgado, hasta el punto de que quien no lo da no lo recibe y, por lo tanto, se queda fuera del Reino (Mt. 18, 21-35).

Pero todo esto hace que la religión, entendida como relación entre Dios y el hombre, y entre el hombre y Dios, sufra un desplazamiento, se ponga el acento en otra cosa. Antes también se había predicado el Señorío de Dios, el Reino de Dios. En cierto modo, esa predicación está presente en muchas religiones y, desde luego, en el Antiguo Testamento. La dificultad del profeta Samuel para aceptar un rey en Israel procedía precisamente de ahí, ya que el profeta suponía que si Israel tenía un rey humano no iba a seguir contando con un rey divino. La llegada de los reyes supuso, de alguna manera, el final de la teocracia en Israel, con todas sus consecuencias. Ahora Cristo vuelve a predicar el Señorío de Dios, el Reinado de Dios, pero no lo hace como los antiguos profetas. Y no lo hace precisamente porque está mostrando un rostro de Dios distinto: está hablando del Dios-Amor-Trinidad. Este Dios, viejo y nuevo a la vez, quiere establecer una relación con los hombres que sea también vieja y nueva. Vieja, en cuanto que se mantienen los conceptos del señorío de Dios y los derechos de Dios, expresados en los tres primeros mandamientos del Decálogo; derechos que son garantía de convivencia para el hombre y que van a impedir que el hombre se convierta en lobo para sus semejantes (los otros siete mandamientos de ese mismo Decálogo). Nueva, porque Dios ya no argumenta para el cumplimiento de los preceptos con el miedo, con el castigo, sino que intenta que la motivación principal sea el amor, el agradecimiento; eso no significa que no exista la posibilidad del castigo —Jesús habla en muchas ocasiones del infierno—, sino que el miedo a ese castigo no es ya el centro de la motivación, el principal argumento, sino que queda desplazado atrás, convirtiéndose en un fondo oscuro sobre el cual destaca más el mensaje luminoso de la paternidad amorosa de Dios.

¿Qué papel ocupa el propio Cristo en este reinado de Dios? Él, en la medida en que es Dios, es también Rey, junto con el Padre y el Espíritu. El Reino de Dios será, cuando llegue, el Reino de Cristo, el Reino de la Santísima Trinidad. Pero, a la vez, Cristo, en la medida en que es Dios hecho hombre, es la gran prueba del amor de Dios y, por lo tanto, el inicio de la relación amorosa definitiva entre Dios y el hombre. El Reino del Dios-Amor-Trinidad ha comenzado ya, precisamente porque ha nacido, ha muerto y ha resucitado Cristo. Llegará a su plenitud cuando todos los hombres entren en la nueva religión, la del agradecimiento, y comiencen a amar a Dios y a amarse entre sí por amor a Dios. Por eso la Iglesia dice que el Reino de Dios está ya entre nosotros pero todavía no ha llegado a su plenitud. Ese «ya sí, pero todavía no» marca la historia del hombre en la época comprendida entre el nacimiento de Cristo y su segunda y gloriosa venida. La preparación de ese momento definitivo es, precisamente, la tarea evangelizadora.

Con bastante frecuencia, Jesucristo habló a sus discípulos mostrándoles cuál debía ser su comportamiento para acelerar la hora de la llegada del Reino de Dios. No sólo habló de ese Reino de Dios utilizando las parábolas (grano de mostaza...), sino que, con imágenes parecidas o directamente, les indicó el papel que debía desempeñar la Iglesia naciente en el mundo y la misión que ellos mismos deberían tener, como apóstoles de esa Iglesia. La enseñanza sobre el Reino adquiere, pues, en un primer lugar un significado casi escatológico. El Reino del que Cristo habla y por el que invita a sus discípulos a trabajar incansablemente, es ese mundo feliz con el que todo hombre sueña, un mundo tal y como hubiera sido de no haber acontecido el pecado original y el desorden subsiguiente que éste introdujo. Pero, precisamente porque el Reino de Dios es lo que debería haber sido el mundo, lo que nunca debió dejar de ser, es por lo que, para conseguirlo, hay que atacar la raíz del desorden: el pecado. Si por el pecado entró el mal en el mundo, el mal sólo podrá ser vencido cuando sea derrotado el pecado. Por eso, la predicación del Reino va siempre unida a una llamada a la conversión, tanto personal como colectiva; una conversión que significa precisamente volver a los orígenes, volver a esa unión con Dios para la que el hombre está hecho y sólo en la cual encontrará la tan ansiada felicidad. Es imprescindible insistir en este punto, pues de lo contrario se corre el riesgo de que el concepto «Reino de Dios» adquiera una dimensión ideológica, casi política, y se convierta en una bandera que unos u otros puedan enarbolar para justificar sus propios conceptos de sociedad. No se puede separar el «Reino» del «Rey». No se puede separar la lucha por un mundo justo y pacífico del encuentro personal con Jesucristo, de la conversión individual que ese encuentro provoca. Es por Cristo, por amor a Cristo, por lo que intentamos construir el Reino de Dios en la tierra. Por amor al Rey luchamos por el Reino. Y, si esto es así, la lucha debe hacerse siguiendo los patrones que el propio Rey nos da. Las armas que hay que emplear serán las del amor y no las del odio o la violencia, como el propio Cristo hizo.

No podemos dejar de agradecer a Jesús que, a pesar de ser el hombre lo que es y de estar las estructuras humanas tan dañadas por el pecado, siga creyendo que es posible, con la ayuda de Dios, volver a empezar, volver a los orígenes o, mejor dicho, terminar la obra allí donde el plan de Dios había previsto que terminara, aunque por culpa del pecado el desvío haya sido tan considerable. Esta fe en que, con la gracia, el hombre puede convertirse y puede construir un mundo mejor, más humano y por eso más divino, es enternecedora y estimulante.

Cristo se comporta como si fuera un ingenuo que piensa que el hombre sólo necesita amor para convertirse y devolver amor (siglos después, otro «ingenuo», san Juan de la Cruz, escribirá: «Donde no hay amor, pon amor y encontrarás amor»). Pero esta ingenuidad sería peligrosa si Cristo fuera sólo un hombre. Estaríamos entonces ante un idealista, un soñador, un optimista incluso. Sin embargo, eso no es así. La naturaleza divina de Cristo le hacía poseedor del conocimiento pleno sobre el hombre y, por lo tanto, Él no ignoraba que muchos hombres no devuelven amor por mucho amor que hayan recibido, cosa que, por otro lado, Él mismo tuvo ocasión de comprobar en la cruz. Entonces, ¿por qué esa ingenuidad, por qué esa fe en el hombre? Aunque, en realidad, antes de contestar a esa pregunta hay que hacerse otra, previa: ¿Es la predicación del Reino una manifestación de una confianza optimista en la naturaleza humana o es, más bien, un abandono confiado en la fuerza de Dios? O, dicho de otro modo, ¿cree Cristo en el hombre y en su capacidad de conversión o cree, más bien, en la fuerza de Dios, en su tenacidad y en su misericordia? ¿No será toda esta predicación, toda esta invitación a la conversión, una manifestación de aquello que después dirá san Pablo: «Donde abundó el pecado sobreabundó la gracia»? La invitación a la conversión implica necesariamente la fe en que esa conversión es posible. ¿Pero, es posible? ¿A la vista del crecimiento de las desgracias, de los horrores, de los pecados de los hombres, es posible creer en la conversión de la humanidad y en la llegada del Reino? No me cabe duda de que a esta pregunta Cristo contestaría con un rotundo «sí». No con un inconsciente e ingenuo «sí», sino con una afirmación que nace del conocimiento pleno de algo que nosotros ignoramos en buena medida: el amor de Dios por el hombre y su certeza de que el bien vence siempre al mal y que precisamente es sólo a fuerza de bien como se puede vencer al mal. El sentido común nos dice que si estás rodeado de lobos no puedes ser oveja, pues te devorarían; Jesús, en cambio, nos enseña que sólo puedes sobrevivir y aún vencer si de verdad eres oveja, si de verdad eres santo, sin que eso signifique que debas ser tonto. La cruz será la mejor prueba de esta victoria, pues nunca fue el demonio tan derrotado —y con él el pecado— como cuando creyó haber alcanzado la victoria definitiva al haber conseguido crucificar al Hijo de Dios. Dios vence siempre, el Amor ganará la guerra. Ésta es la convicción de Cristo, que le hace inmune a las mil derrotas que sufre el bien, que sufre Dios, en cada hombre y en la humanidad. Porque sabe que esa victoria final es de Dios es por lo que lucha y por lo que nos invita a luchar. Si somos capaces de luchar es porque sabemos que no está todo perdido y, porque luchamos sin rendirnos, es por lo que algún día venceremos. Démosle gracias a Cristo por haber creído en el amor de Dios y habernos enseñado a creer en él, por ser Él mismo el amor de Dios, y por habernos animado a luchar sin desfallecer en esa larga y decisiva batalla.

Veamos ahora algunos textos sobre el Reino:

Mt. 5,13-16 (Mc. 9,50; Lc. 14, 34-35)

«*Vosotros sois la sal de la Tierra... vosotros sois la luz del mundo. Alumbre también vuestra luz a los hombres; que vean el bien que hacéis y glorifiquen a vuestro Padre del cielo.*»

Como ya vimos al comentar una parábola parecida a este texto, la de la levadura (Mt. 13,33), el Señor parecía convencido de que su Iglesia, la comunidad de sus seguidores, no estaba llamada a ser mayoritaria en medio del mundo o, por lo menos, no a corto plazo. Tanto la sal como la luz, lo mismo que la levadura, se utilizan en pequeñas cantidades y basta esa pequeña cantidad para que todo cambie. No se trata de que Cristo no quiera que todos se hagan cristianos; más bien parece desear que los que lo sean, se comporten de tal modo que hagan cambiar, para bien, las cosas a su alrededor. En un momento como el actual, acosados por la sensación de fracaso debido a la pérdida de la mayoría en sociedades hasta hace poco oficialmente cristianas, la intención no debe ponerse en primer lugar en recuperar, al precio que sea, a la multitud, sino más bien en garantizar la calidad de los que quedan, a fin de que, aun siendo pocos, se aporte luz a una sociedad que está tanto más a oscuras cuanto más se aleja de Dios.

Que las palabras del Señor deban ser interpretadas en este sentido, nos lo confirma la amenaza que ellas mismas contienen: si la sal se vuelve insípida, es decir, si no cumple su tarea, no sirve más que para arrojarla fuera y que la pisen los hombres. Si el cristiano, pues, no cumple su misión de ser fermento en la masa, no sirve para nada. Si, por el contrario, se deja contagiar por el espíritu del mundo, si se deja asimilar por la mayoría circundante, no sólo estará defraudando a Dios y a su propia vocación, sino también a esos con los que se ha identificado, pero a los que no va a aportar el fermento renovador del Evangelio. ¡Qué importante es tener esto claro en un momento como el actual, en el que por doquier se reclama a la jerarquía de la Iglesia que ponga la moral católica en «rebajas»! La misión de la Iglesia es anunciar la buena noticia del amor de Dios. Ése es el anuncio que va a construir el «Reino». Pero la misión de la Iglesia es también la de denunciar proféticamente los abusos que se cometen con los débiles. ¿Cómo callar ante las violaciones de los derechos humanos que se viven en tantos países del mundo? ¿Cómo hacerlo ante la continua matanza de inocentes que es el aborto, la manipulación de embriones humanos o la eutanasia? Y, al hablar a pesar de las presiones y las amenazas para que callemos, ¿no estaremos prestando el mejor servicio a una sociedad que avanza orgullosamente hacia atrás, hacia su perdición?

Mt. 6, 33

«*Buscad primero el Reino de Dios y su justicia y lo demás se os dará por añadidura.*»

Con estas palabras, Cristo quiere tranquilizar a sus discípulos sobre el porvenir, sobre la posesión de las cosas materiales que son necesarias para vivir. Quiere dejar claro que cuando el hombre hace la voluntad de Dios y pone su primer interés en amarle, entonces, aunque no falten las dificultades, el Señor se ocupa de los intereses materiales de aquellos que lo han dejado todo para seguirle. Antes de decir esto, ha estado hablando de los pájaros, que ni siembran, ni siegan, ni almacenan y, sin embargo, tienen lo necesario para vivir (Mt. 6, 25-27; Lc. 12, 22-34). Lo que el Señor no desea es que el interés por lo material distraiga de su principal misión a aquellos que han recibido la llamada a evangelizar. Éstos deben estar tranquilos, porque Dios velará por ellos y por los suyos. Ahora bien, aunque son ellos los primeros destinatarios de este mensaje tranquilizador, éste también va dirigido al resto de los cristianos. A veces a los laicos les pueden asaltar las dudas de si, siguiendo las enseñanzas de Cristo, podrán triunfar en su profesión, debido a la dura competencia que existe y a que los otros parecen utilizar medios que a ellos les están prohibidos. También para éstos vale el mensaje del Señor: «Buscad primero el Reino de Dios y su justicia, y lo demás se os dará por añadidura.»

El Reino de Dios es hacer la voluntad de Dios, o lo que es lo mismo, es amar a Dios y al prójimo, convirtiéndonos en punto de referencia moral para los que nos ven. Lo demás, el dinero e incluso el éxito profesional, nos lo dará el Señor conforme Él lo tenga establecido. Lo cual no significa que no debamos utilizar todos los medios legítimos para alcanzar el éxito, pues no hay que olvidar que fue el mismo Cristo el que nos exhortó a ser «astutos como serpientes y sencillos como palomas» (Mt. 10, 16). De hecho, en muchas ocasiones hemos visto a cristianos triunfar en la ciencia, en la política, en el deporte, en el arte, en la empresa, en cualquier trabajo honrado, y lo han hecho sin renunciar a los principios morales que emanan de su fe. Más aún, ser cristianos y vivir conforme a la ética cristiana, si bien te impide realizar algunas maniobras que podrían acelerar el éxito, te alejan de los vicios y, al hacerlo, a la larga te acercan a la consecución de tus objetivos. Ante los ojos de cualquiera, hay multitud de ejemplos que hablan de triunfadores destronados al saberse los medios ilícitos empleados, de personas que lo tuvieron todo y todo lo perdieron por su mala cabeza, o, simplemente, de muchos que han visto cómo su mal comportamiento ha provocado la ruptura de su familia, con las consecuencias negativas que eso ha tenido para ellos y los suyos. Y, en todo caso, si no fuera así, si por ser cristiano te tocara ser perseguido, nadie te podrá quitar la felicidad de haber estado unido al Señor compartiendo su suerte, la cruz aquí en la tierra y la bendición eterna en el cielo.

Mt. 7, 21 (Lc. 13, 25-27)

«*No basta decirme: "¡Señor, Señor!", para entrar en el Reino de Dios; no, hay que poner por obra la voluntad de mi Padre del cielo.*»

En este caso, el concepto de Reino parece equipararse al del Cielo, al de la contemplación eterna de Dios que está reservada a los que mueran en su gracia. Con esta advertencia, parecida a otras del mismo tenor en las que no se menciona la palabra «Reino», Jesús está indicando que el amor verdadero tiene que manifestarse en obras y que no le basta a Dios con el sentimentalismo, con las efusiones barrocas que a veces salen de nuestros labios, si éstas no van acompañadas de una vida coherente con los principios evangélicos. De hecho, las promesas de amor se convierten en burla y escarnio cuando no van seguidas de obras de amor. El «te quiero» es una ofensa cuando no va unido al comportamiento que esa palabra expresa. Lo mismo podemos decir del concepto de agradecimiento, que no es otra cosa más que una manifestación del amor. ¿De qué sirve decirle a Dios «gracias» con los labios, si no se actúa de forma que Él esté contento con nosotros? Muchos no dan ni siquiera las gracias y sólo se ocupan de pedir, pero hay muchos otros que sí dicen «gracias», aunque sea de pasada, y que creen que con eso ya es bastante. La verdadera acción de gracias comienza en el corazón y se expresa tanto en los labios como en las manos, tanto con palabras como con obras. Las obras son el certificado de autenticidad de las palabras. Sin éstas, sólo hay hipocresía.

Mt. 18, 1-4 (Mc. 9, 33-36; Lc. 9, 46-47)

«*Os aseguro que si no cambiáis y no os hacéis como niños, no entraréis en el Reino de Dios. El que se haga pequeño como este niño, ése es el más grande en el Reino de Dios.*»

Cristo, al poner como modelo de cristiano a los niños, puso una comparación que no siempre resulta fácil de entender. El niño, como cualquiera puede observar, tiene no pocos defectos, por más que, lo mismo que sucede con los adultos, entre ellos se puedan establecer todo tipo de diferencias. Sin embargo, con frecuencia, el niño es caprichoso, egoísta, desobediente, violento, envidioso, mentiroso, perezoso. Cualquier confesor que escuche a niños que van a hacer la primera comunión o que acaban de hacerla —quizá la época más inocente de la vida— lo sabe perfectamente. Sus pecados son, ciertamente, de niños. De niños son sus mentiras, sus peleas, sus desobediencias y sus robos. Pero existen y, en sí mismas, implican ya la semilla de lo que esa persona será capaz de hacer de adulto si la gracia de Dios y su propia voluntad no consiguen corregir los defectos que están en ciernes. Y si esto es así, ¿a qué se refería Cristo al poner al niño como modelo? Alguno podrá creer que es a su inocencia, es decir, a que aunque haga el mal no es consciente de que lo que hace está mal. Habrá que remontarse a la primerísima infancia para encontrar esa virtud en la mayoría de los niños, sobre todo en una época en la que la televisión les enseña rápidamente cosas que sus mayores tardaron mucho en aprender.

Hay, sin embargo, otra virtud que sí suelen tener los niños: la capacidad de confiar en las personas que saben que les aman, como sus padres o sus abuelos. Esa confianza les lleva a dormir tranquilos en los brazos de su madre, ignorando los peligros tremendos que quizá les acechan. Les lleva a cogerse de la mano de sus mayores y a dejarse llevar, aun sin saber hacia dónde se dirigen sus pasos. ¿Y no será eso lo que el Señor quiere que imitemos de ellos? ¿No será esa confianza en el amor de Dios lo que les falta a muchos y les impide creer que el Señor les sigue queriendo aun cuando no entiendan lo que pasa? ¿No estarán la mayoría de las crisis de fe causadas no por cosas que no entendemos y que nos duelen, sino por una falta de confianza en el amor de Dios que esas circunstancias vienen a poner de manifiesto? Y, naturalmente, ligada a la confianza está la humildad, que también es otra virtud que el Señor considera necesaria para entrar en el Reino. Una humildad que nos hace capaces de abandonarnos en las manos de Dios, de aceptar que aunque nuestra inteligencia no alcance a explicar el porqué de ciertas cosas, esa explicación existe. Esa humildad, hija de la confianza en el amor de Dios, es la que nos abrirá las puertas del Reino, la que nos permitirá seguir por los caminos de la vida siempre cogidos de la mano del Padre, incluso cuando la noche se ha echado encima y no sabemos hacia dónde vamos, sobre todo cuando eso ocurre. La conversión que adquirir esas virtudes implica, forma parte de la predicación del Reino. Si no entramos por la puerta —estrecha a veces— de la humildad y de la confianza, no entraremos a la comunión con el Padre.

Mt. 19, 23-26

«*Os aseguro que un rico difícilmente entrará en el Reino de Dios. Es más fácil que un camello pase por el ojo de una aguja, que un rico entre en el Reino de Dios... Para los hombres esto es imposible, pero para Dios todo es posible.*»

Con estas palabras, el Señor estaba poniendo el dedo en la llaga de una de las mayores preocupaciones de los hombres de todos los tiempos: las riquezas. Tanto, que los discípulos se asustaron y expresaron su temor de que no sólo los otros, sino ni siquiera ellos mismos lograrán alcanzar el premio prometido en la vida eterna. Por eso Jesús los tranquiliza hablándoles del poder de Dios o, de lo que es lo mismo, de la fuerza que Dios da para hacer el bien y evitar el mal y de la misericordia con que levanta a todo el que ha caído en cuanto se arrepiente. Pero el mensaje quedaba dicho, y no era la única vez que lo decía, aunque con otras palabras, como ya se ha constatado al comentar el texto en el que Cristo invita a buscar primero el Reino de Dios con la certeza de que todo lo demás se le dará al cristiano por añadidura.

No se puede servir a dos señores, a Dios y al dinero, porque o se sirve a uno o se sirve al otro. Cuando se sirve al dinero, todo vale para ganar dinero. Cuando se sirve a Dios, aunque se valora el dinero, hay unas limitaciones éticas que pueden implicar menos negocio y, además, está la exigencia ineludible de compartir con los que no tienen. En una época en la que vemos a pueblos enteros padecer bajo las consecuencias del pago de la deuda contraída por gobernantes sin escrúpulos, hay que plantearse el valor ético que siguen teniendo los compromisos contraídos con las entidades financieras prestatarias. Afortunadamente, y en parte debido a la presión de la Iglesia y de otras instituciones, de vez en cuando gobiernos y bancos condonan parte de esa deuda a los países más pobres para darles un alivio en su situación y una posibilidad de salir a flote.

Pero también hay que cuestionarse qué se hace en esos países con el dinero que se recibe, pues en no pocas ocasiones ese dinero se utiliza para mantener la trama de corrupción que sostiene en el poder al gobernante de turno y para engrosar las cuentas corrientes que ese gobernante tiene en el extranjero. No basta, pues, con decir que los ricos deben ser solidarios y que deben adquirir sus riquezas sin faltar a la justicia; también hay que insistir en erradicar las causas de la pobreza que, en muchísimos casos, están en un sistema político corrupto, en el cual muchos sostienen con sus votos —sabiéndolo o no— a ladrones y asesinos a cambio de míseras prebendas que no son otra cosa más que la compra camuflada del voto. Por último, la advertencia de Jesús en este texto no va dirigida sólo a los que tienen dinero; también se refiere el Señor a los que sueñan con tenerlo, a los que envidian a los que lo tienen, a todos los que, en definitiva, son ricos en su corazón y no han puesto el amor en el primer lugar de su vida; un amor que florece en obras de justicia y de misericordia.

Mt. 19, 12

«El que sea capaz de hacer esto (consagrarse en castidad por el Reino de Dios), que lo haga.»

Este fragmento del Evangelio de Mateo está situado en el contexto de la polémica desatada por Cristo al oponerse al divorcio. Sus mismos discípulos se mostraron extrañados e incluso escandalizados por la postura del Señor y, como muestra de esa oposición, le dijeron que con esas condiciones —el matrimonio sin divorcio— no tenía sentido casarse. Jesús aprovechó entonces para ir más allá del objetivo inicial del debate y plantear otro tema: el de la consagración en castidad. Una consagración que se hace por una causa («el Reino», sinónimo en este caso de la misión evangelizadora, de la tarea de construir ese mundo ideal prometido por Cristo), pero también por un «causante»: el propio Cristo (lo cual viene aclarado con otro texto de Mateo —19,21—, en el que se cuenta la historia del joven rico, al cual el Señor invita a dejarlo todo para seguirle a él: «Si quieres ser perfecto, anda, vende todo lo que tienes y dáselo a los pobres, y tendrás un tesoro en el Cielo; después, ven y sígueme»). La consagración es por algo —la causa, el Reino— y por alguien —el causante, el Señor.

Sólo así se puede llevar adelante una tarea que excede con mucho la capacidad humana y que, precisamente por eso, requiere la ayuda de la gracia de Dios, sin la cual el hombre no sólo no se plantea la castidad, sino que es incapaz de perseverar en ella. Pero esta consagración por Cristo y por el Reino no es presentada por el Señor como algo obligatorio. Él la ofrece al «que sea capaz de hacer esto», es decir, al que se sienta llamado a ello. Una llamada —la vocación— que parte del propio Dios, que requiere unas ciertas condiciones en el individuo —entre ellas la fuerza de voluntad— y que necesita la gracia de Dios para cuajar y perseverar, dando frutos. San Pablo, años más tarde, volverá sobre esta misma idea manteniendo la misma línea argumentativa: la consagración por Cristo y la evangelización es buena, es útil, es aconsejable, pero, como decimos en castellano, «es mejor casarse que abrasarse». Es necesaria la llamada, es imprescindible la colaboración generosa del hombre y es absolutamente necesaria la gracia de Dios, sin la cual nunca podemos hacer nada bueno.

Las parábolas

Las parábolas son narraciones más o menos extensas, a modo de ejemplos o historias, destinadas a transmitir una enseñanza moral y religiosa. En el Antiguo Testamento son escasas las parábolas, pues sólo aparecen en contadas ocasiones, algunas veces bajo la forma de alegorías, cuando todos los detalles de la narración tienen un significado propio (Is. 5, 1-6; Ez. 17), y otras bajo la de parábolas en sentido estricto (Jue. 9, 8-15; 2 Sam. 12, 1-4; 14, 5-7; 2 Re. 14, 9). En cambio, Jesús utilizó ampliamente este género literario para transmitir sus enseñanzas, de forma que pudieran ser entendidas por todos, incluidos los más sencillos. Otra característica de sus parábolas es el uso de ejemplos extraídos de la vida cotidiana de las gentes que le escuchaban, por lo que abundan las escenas de la vida agrícola, mayoritaria entre los israelitas de la época. Esto nos da una idea acerca del objetivo que buscaba Jesús: predicar un mensaje comprensible por todos, sin dejar a nadie fuera, sin utilizar lenguajes excluyentes que fueran asequibles sólo para iniciados y eruditos. Debería bastarnos esto para reflexionar acerca de la forma de predicar de algunos eclesiásticos de nuestro tiempo.

Vistas desde la perspectiva de este libro, las parábolas son un gran don del Señor, porque nos enseñan, de una manera didáctica y comprensible, cómo tenemos que comportarnos. Ya lo he dicho, pero hay que repetirlo para que no se nos olvide: tener conciencia es un don, algo muy valioso que hay que agradecer. Por eso, todo lo que ilumina nuestra conciencia y nos ayuda a discernir entre el bien y el mal se convierte en un regalo extraordinario que, en este caso, nos da el Señor. Sólo así, con la ayuda de su gracia y con nuestro esfuerzo, podremos hacer el bien y evitar el mal.

Parábola del sembrador: Mt. 13, 1-9; Mc. 4, 1-9; Lc. 8, 4-8

«Salió el sembrador a sembrar y, al sembrar, parte de la semilla cayó junto al camino; vinieron las aves y se la comieron. Otra parte cayó en un pedregal, donde no había mucha tierra, y brotó en seguida porque la semilla no tenía profundidad en la tierra, pero al salir el sol la abrasó y, por no tener raíz, se secó. Otra cayó entre zarzas; las zarzas crecieron y la ahogaron. Otra parte cayó en tierra buena, y dio frutos; una ciento, otra sesenta, otra treinta. ¡El que tenga oídos que oiga!» (Mt. 13, 1-9).

La enseñanza de esta parábola es doble. Por un lado, nos invita a no juzgar los resultados que dan los demás, pues quizá no han tenido la suerte de contar con una tierra buena, como la que tenemos nosotros. Desde la genética a la educación recibida, pasando por el ambiente en que hemos nacido y crecido, así como las diferentes situaciones por las que atravesamos, todo eso condiciona nuestro comportamiento y nadie puede seriamente considerarse superior a otro sin saber cuáles han sido esos condicionantes. Por eso, el juicio está reservado exclusivamente a Dios, que es quien sabe todo de todos. Por otro lado, esta parábola es una invitación a dar el máximo fruto que cada uno pueda dar; no se trata de que demos el que no podemos, sino aquel que se espera de nosotros en función de los dones que el Señor ha puesto a nuestro alcance. Además, hay que ampliar la interpretación literal de la parábola teniendo en cuenta que la semilla es un vegetal sin voluntad propia y que los impedimentos descritos —zarzas, piedras— tampoco la tienen; nosotros, en cambio, sí podemos modificar nuestras condiciones ambientales y aumentar nuestras posibilidades de hacer el bien, alejándonos, por ejemplo, de aquellos ambientes que asfixian el desarrollo de la gracia de Dios en nuestra vida y acercándonos a aquellos otros en los que esa gracia va a poder actuar con más eficacia. Podemos y debemos colaborar con la gracia —que es la semilla—, para que el fruto obtenido sea el mejor posible, quitando, aunque sea a base de esfuerzo y tenacidad, los obstáculos —las zarzas y las piedras— para que la gracia dé fruto. Quizá no podamos nunca ser una tierra óptima, de la que produce el ciento por uno, pero podemos intentar mejorar la que tenemos para dar el sesenta o, al menos, el treinta.

Parábolas del grano de mostaza y de la levadura:
Mt. 13, 31-32; Mc. 4, 30-32; Lc. 13, 18-19; Mt. 13, 33;
Lc. 13, 20-21

«El reino de Dios es como un grano de mostaza que toma un hombre y los siembra en su campo. Es la más pequeña de todas las semillas; pero cuando crece es la mayor de las hortalizas y se hace árbol, de tal suerte que las aves vienen y anidan en sus ramas» (Mt. 13, 31-32).

«El reino de Dios es semejante a la levadura que una mujer toma y la mete en tres medidas de harina hasta que fermenta toda la masa» (Mt. 13, 33).

Estas dos parábolas, expuestas por Jesús una a continuación de la otra, tal y como lo recogieron Mateo y Lucas, nos dicen mucho del concepto que el Señor tenía de lo que tenían que ser sus seguidores, el conjunto de los mismos: una minoría con fuerte incidencia social. Justo lo contrario a lo que, al menos en algunos sitios, somos ahora: una mayoría átona, amorfa, impotente. A Cristo no parece importarle tanto el número como la misión que sus discípulos tienen que hacer: fermentar la masa, cambiar las cosas. Con la parábola de la mostaza parece intentar, sobre todo, dar ánimos a los cristianos para que no se desalienten al ver que su número es pequeño, y les promete que crecerán y protegerán a otros —las aves del cielo que van a buscar cobijo en sus ramas—. En cambio, con la de la levadura, además de insistir en que no pasa nada por ser minoría, les está diciendo que tienen una función que realizar y que la sociedad entera —la masa— espera y, hasta cierto punto, tiene derecho a que cumplan esa función. El «deber ser» del cristiano es, por lo tanto, el de evitar que la masa se pudra llevada por su propia naturaleza, por sus instintos; la fermentación que el cristiano tiene que lograr es la de infundir en la mayoría, con frecuencia apática, unos principios morales que impidan su degradación. Estas dos parábolas deberían servir para que los cristianos no estuvieran tan preocupados como a veces parecen estarlo por la disminución de su número. Nos invitan a no tener complejo de inferioridad por ser minoría, sino a fijarnos en nuestra misión, la de levadura en la masa, y a intentar cumplirla, aunque en un primer momento no recibamos el aplauso de una masa que no quiere dejarse fermentar porque eso le supone un esfuerzo, un sacrificio.

Parábola de la cizaña: Mt. 13, 24-30.

«El Reino de Dios es semejante a un hombre que sembró buena semilla en un campo. Mientras sus hombres dormían, vino su enemigo, esparció cizaña en medio del trigo y se fue. Pero cuando creció la hierba y llevó fruto, apareció también la cizaña. Los criados fueron a decir a su amo. "¿No sembraste buena semilla en tu campo? ¿Cómo es que tiene cizaña?" Él les dijo: "Un enemigo hizo esto." Los criados dijeron: "¿Quieres que vayamos a recogerla?" Les contestó: "¡No!, no sea que, al recoger la cizaña, arranquéis también el trigo. Dejad crecer juntas las dos cosas hasta la siega; en el tiempo de la siega diré a los segadores: Recoged primero la cizaña y atadla en haces para quemarla, pero el trigo recogedlo en mi granero."»

La parábola de la cizaña invita a tener paciencia, con uno mismo y con los demás. Cada uno de nosotros, y también cada uno de los otros, es el campo en el que crecen juntos el trigo y la mala semilla. Hay bueno y malo en nuestro interior, lo mismo que en las obras que llenan nuestras manos. Pero debemos tener paciencia, saber esperar, darle a Dios la oportunidad de que, a lo largo del tiempo que dura nuestra vida en la tierra, Él nos pueda convertir, pueda tocar nuestro corazón. Es preciso aguardar el «tiempo de Dios», en nosotros mismos, y también y sobre todo en los demás. Hay que aguardar ese momento en los hijos, por ejemplo, sin desalentarse al ver que siguen caminos que no son los que deseamos para ellos. Porque si nosotros tuvimos nuestra «hora de la luz» —aquel momento en que nos encontramos con el Señor y nuestra vida cambió—, quizá también ellos la lleguen a tener. Hay que esperar, rezar y dar testimonio, para que ese momento tenga lugar. Además hay que hacer otra cosa: estar prevenidos para discernir cuándo ha llegado, no sea que pase en vano, sin dejar el fruto querido por Dios. Porque, posiblemente, esa «hora de la conversión» venga revestida del ropaje de la desgracia, del dolor, que es con frecuencia el único instrumento que le hemos dejado a Dios para romper la costra con que habíamos cubierto nuestro corazón y que le impedía acercarse a él para hablarle, para enamorarle, para salvarle. Cuando el dolor llame a nuestra puerta o a la de los nuestros, debemos estar atentos, pues quizá no sea una maldición sino una bendición, una ocasión de purificación, de replanteamiento de nuestros esquemas de valores, de reencuentro con lo más profundo y bueno que aún queda en nuestro interior. ¡Cuántas veces la muerte de un ser muy querido ha separado a alguien de Dios, porque no ha entendido por qué ocurría! Pero también, ¡en cuántas otras ocasiones ese mismo acontecimiento ha servido para que otros muchos se plantearan el sentido de la vida y comprendieran que lo que de verdad importa tiene que ser algo que ni la muerte pueda destruir, como el amor, como la familia, como la vida eterna!

Parábola del fariseo y del publicano: Lc. 18, 9-14

«A unos que se tenían por justos y despreciaban a los demás les dijo esta parábola: Dos hombres fueron al templo a orar, uno era fariseo y el otro publicano. El fariseo, de pie, hacía en su interior esta oración: "Dios mío, te doy gracias porque no soy como el resto de los hombres: ladrones, injustos, adúlteros, ni como ese publicano; yo ayuno dos veces por semana y pago los diezmos de todo lo que poseo." El publicano, por el contrario, se quedó a distancia y no se atrevía ni a levantar los ojos al cielo, sino que se golpeaba el pecho y decía: "Dios mío, ten compasión de mí, que soy un pecador." Os digo que éste volvió a su casa justificado, y el otro no. Porque el que se ensalza será humillado, y el que se humilla será ensalzado» (Lc. 18, 9-14).

La parábola del fariseo y del publicano es una de esas historias contadas por Jesús que más fuertemente deben interpelar a los católicos practicantes. El tema del fariseísmo en la Iglesia ha sido, durante siglos, uno de los principales caballos de batalla de los conductores de almas, pues se mezclaba, a veces inconscientemente, con la auténtica devoción. En aquellos tiempos en los que era casi obligatorio, o al menos bien visto, ir al templo, no siempre se practicaba la fe por amor a Dios; no faltaban los «fariseos», que buscaban quedar bien. En el fondo, tampoco es tan diferente de lo que sucede en la actualidad, sólo que ahora lo «políticamente correcto» es hacer justo lo contrario.

Pero el fariseísmo no sólo ha estado y está relacionado con la práctica religiosa, sino que hunde sus raíces en la misma vivencia religiosa, en el sentimiento íntimo que oculta el corazón humano. Pocos como el francés Mauriac han diseccionado ese sentimiento en su magnífica novela *La farisea*. En realidad, lo que Cristo nos quiso contar con la parábola que estamos comentando, no es el caso de un hombre que va al templo a que lo vean, sino el de alguien que, yendo con sinceridad, se siente mejor que los demás, por encima de los demás. Y lo primero que hay que preguntarse es si el fariseo tenía motivos objetivos para sentirse así. Había varias cosas en las que el fariseo tenía razón. No era ladrón, ni injusto, ni adúltero; cumplía con su religión también desde la perspectiva litúrgica. No sabemos si el publicano, además de ladrón y colaboracionista con los romanos, era también adúltero y no acudía al templo ni ayunaba como mandaba la ley judía; pero, en todo caso, el mal que hacía era considerable. Por lo tanto, nos encontramos ante el caso de una persona objetivamente buena que se compara con otra objetivamente mala; la parábola no analiza una situación en la cual alguien que se cree bueno, pero que no lo es, juzga a alguien que es malo o que aparenta ser malo. Así las cosas, la siguiente cuestión que hay que plantearse es si el fariseo era tan bueno como él pensaba que era, o si, por el contrario, había algo en él de pecado aunque no fuera consciente de ello, pues no todo el mal que el hombre es capaz de hacer consiste en robar o engañar a la esposa o al marido. Y ahí sí vemos asomar la huella de Satanás por debajo de los vestidos aparentemente blancos del alma del fariseo. Porque su pecado era la soberbia. Una soberbia de la cual él no era consciente posiblemente, pero que le llevaba a sentirse superior a los demás y a no experimentar a Dios como a alguien con quien tenía contraída una deuda de agradecimiento. Aunque, en su oración, el fariseo da formalmente gracias a Dios «por no ser como los demás», se nota que está orgulloso de sí mismo y se nota también que siente como un logro propio el nivel de santidad que ha adquirido. Es precisamente esa soberbia la que Cristo quiso desenmascarar y fustigar. Una soberbia que, paradójicamente, se alimenta de las obras buenas. Es como si, para muchos, cuanto más bueno se fuera, más malo se llegara a ser, en el sentido de que más soberbia se llegara a tener. Éste es, exactamente, el problema del fariseo: su santidad no es humilde, carece de esa virtud, y eso hace que su santidad, las obras buenas que objetivamente está haciendo, en lugar de acercarle a Dios le alejen de Él.

En el polo opuesto está el publicano. Realmente es un pecador, pero, a diferencia del fariseo, él lo sabe. Y porque lo sabe, pide perdón y se humilla ante Dios. Y porque pide perdón lo obtiene. Su humildad, su arrepentimiento, le hacen agradable a los ojos de Dios, que acepta gustoso darle el perdón por los pecados que ha cometido. En cambio, el fariseo no obtiene ese perdón porque no lo pide y no lo pide porque no es consciente de que lo necesita.

La enseñanza de la parábola es, pues, muy sencilla: todos somos pecadores y nadie puede ponerse ante Dios sosteniéndole al Señor la mirada con insolencia, como si de un igual se tratara. Todos somos pecadores y todos necesitamos la gracia y la misericordia de Dios. Gracias y misericordia que obtenemos cada vez que, con humildad, la pedimos. Y que pedimos cada vez que nos hacemos conscientes de que hemos ofendido al Señor y al prójimo y nos arrepentimos de ello. La verdad y la humildad, pues, son la clave de la santidad cristiana. La verdad, para conocernos a nosotros mismos y no engañarnos pensando que somos mejor de lo que somos; la humildad, para ponernos ante el Señor y suplicarle el don de su misericordia. Una vez más vuelven a nuestra memoria las palabras de san Agustín: «¡Que yo te conozca, Señor mío, y que me conozca!» Porque cuando uno se conoce a sí mismo y conoce, a la vez, el amor de Dios por él, entonces enamorarse del Señor y seguirle resulta bastante más sencillo.

Sin embargo, también en esta parábola, como en otras, falta un personaje; alguien del cual Jesús no habló porque le interesaba llamar nuestra atención sobre los dos protagonistas descritos. Ese personaje deberíamos ser cualquiera de nosotros, cualquier cristiano. El Señor se sentiría orgulloso si, llegados al templo, nos pusiéramos de rodillas y dijéramos: «Señor, te doy gracias porque no robo, ni soy adúltero, ni soy injusto. Te doy gracias porque vengo a misa y soy fiel a la Iglesia. Te doy gracias porque todo eso lo hago gracias a ti, ya que si no fuera por ti sería el más pecador de los hombres. Pero, Señor, no sólo te doy gracias por eso, sino también por tu infinita misericordia, pues aunque esos pecados no los cometo, hay otros que sí hago, quizá más pequeños, pero no por eso insignificantes. Yo no soy nada, Señor, y sin ti sería menos que nada. Te pido perdón, Señor, por no amarte más, por no hacer más, por no servirte mejor. Ayúdame, Señor, a no retroceder, pues sin tu gracia me desmoronaría en un momento, y ayúdame a amarte cada día más, pues siento que por mucho que te ame jamás lograré hacerlo tanto como Tú mereces. Ayúdame, Señor, a no sentirme superior a nadie, pues no lo soy.» Seguro que, ante una oración así, Jesús sonreiría y diría: Ahí está, por fin, un cristiano.

Parábolas del tesoro escondido y del mercader de perlas: Mt. 13, 44; Mt. 13, 45-46

«El reino de Dios es semejante a un tesoro escondido en el campo. El que lo encuentra lo esconde y, lleno de alegría va, vende todo lo que tiene y compra aquel campo» (Mt. 13, 44).

«El reino de Dios es semejante a un mercader que busca perlas preciosas. Cuando encuentra una de gran valor, va, vende todo lo que tiene y la compra» (Mt. 13, 45-46).

Con estas dos parábolas, el Señor quería enseñarnos algunas lecciones muy básicas que hacen referencia no sólo al comportamiento religioso, sino al mismo comportamiento humano, entendido en un sentido más amplio. La lección es muy sencilla: todo tiene un precio y todos pagan un precio por todo. Ocurre que hay muchos cristianos que piensan que pueden serlo sin pagar un precio por ello y, cuando la vida les hace ver que eso es imposible, abandonan el cristianismo. Son aquellos que dicen querer ser cristianos al margen de la Iglesia, sin participar en las eucaristías dominicales; o aquellos otros que pretenden serlo pero sin llevar una vida coherente con su fe desde el punto de vista moral; o también esos otros que se avergüenzan de su fe y la ocultan cuando en su ambiente no está de moda y puede ser motivo de crítica o incluso de persecución. Unos y otros se niegan a pagar el precio de ser seguidores de Cristo. Han descubierto dónde está el tesoro, pero no quieren comprar el campo que lo contiene. Si no se lo dan gratis e incluso si no se lo llevan a casa, no están dispuestos a mover un dedo para conseguirlo. Piensan, además, que su postura de comodidad, de incoherencia, de cobardía, les va a salir gratuita. Creen que los otros, los que no son cristianos, no están pagando ningún precio por estar lejos de Cristo y que ellos mismos, que sí saben dónde está el tesoro, pueden despreciarlo sin que les ocurra nada. No saben la lección antes citada: siempre se paga un precio, bien sea por una cosa o por la contraria. Es verdad que la fe tiene un costo —la práctica religiosa, la lucha por mantener una coherencia ética, la aceptación de la persecución de que somos objeto los católicos—, pero también tiene un precio no tener fe —la soledad ante la vida y ante la muerte, ante el dolor y ante las alegrías; la carencia de una luz moral que nos impida dejarnos arrastrar por los fortísimos ataques del relativismo.

En definitiva, la fe es un don, un grandísimo don, y para tenerla —a pesar de ser un don— hay que pagar un precio por ella. Pero si no pagas ese precio, no es que dejarás de pagar, sino que pagarás otro: el de no tener fe, el de no vivir de acuerdo con tu fe. Gracias a la fe, tengo luz, fuerza, esperanza y me siento sostenido por el amor y la misericordia divina. Gracias a la fe, soy también luz para otros —por ejemplo, los hijos, los amigos— y les ayudo a encontrar el camino que les conduce a la vida, a la felicidad. En cambio, sin la fe, aunque ya no sea criticado por la dictadura dominante, aunque disponga de todo mi tiempo para mí mismo y no tenga que compartirlo con Dios ni con el prójimo necesitado, aunque pueda decidir por mí mismo dónde está el bien y el mal, llamando bueno a lo que me conviene y me gusta; a pesar de todo eso, sin la fe, estoy solo, mi esperanza se ha reducido a mi horizonte humano y he dejado de ser un faro que ayuda a otros en la oscuridad. El precio, por lo tanto, hay que pagarlo siempre. De nosotros depende si pagamos el de la vida o el de la muerte.

Parábolas de la oveja perdida y de la moneda perdida:
Mt. 18, 12-14; Lc. 15, 3-7; Lc. 15, 8-10

«¿Qué os parece? Si un hombre tiene cien ovejas y se le extravía una de ellas, no dejará en los montes las noventa y nueve e irá a buscar la extraviada? Y si la encuentra, os aseguro que se alegra por ella más que por las noventa y nueve que no se habían extraviado. De la misma manera, vuestro Padre celestial no quiere que se pierda ni uno solo de esos pequeñuelos» (Mt. 18, 12-14).

«¿Qué mujer que tenga diez monedas, si pierde una, no enciende una luz y barre la casa y la busca cuidadosamente hasta encontrarla? Y cuando la encuentra, llama a sus amigas y vecinas y les dice: "Alegraos conmigo, porque he encontrado la moneda que había perdido." Os digo que así se alegrarán los ángeles de Dios por un pecador que se arrepiente» (Lc. 15, 8-10).

Son pocas las parábolas en las que vemos a Cristo hablando de sí mismo, como en estos dos ejemplos. Si bien, en uno el modelo es un hombre y en el otro una mujer, no cabe duda de que el Señor estaba aludiendo a sus propios sentimientos y también a lo que Él mismo estaba haciendo en la Tierra, pues la encarnación del Hijo de Dios no era otra cosa que el viaje del buen pastor —«por montes y collados», como diría san Juan de la Cruz— en busca de la oveja perdida, en busca de nosotros para salvarnos. Pero Cristo no sólo habla del amor que está en su corazón de buen pastor y que le lleva a salir en busca de la oveja descarriada, sino que también nos dice que eso le supone un sacrificio, pero que ese sacrificio se ve recompensado con la alegría de haber encontrado lo que se estaba buscando. Cuando el Señor contaba la parábola por primera vez, posiblemente ninguno de sus oyentes sabía a qué se refería. Hoy sí lo sabemos. Hoy sabemos el grado y la amplitud del sacrificio asumido por Cristo para darnos la salvación: su muerte y muerte en la cruz. Sabemos, además, que el que pagó ese precio no era un hombre cualquiera, era verdadero hombre pero también verdadero Dios, lo cual da al sacrificio un valor diferente, un valor infinito.

Pero deberíamos saber algo más, y en eso se insiste tan poco que muchos que saben lo anterior, esto lo ignoran o lo olvidan. Deberíamos saber que podemos hacer algo por Cristo, algo muy importante, algo que Él espera, necesita y busca: dejarnos encontrar por Él, dejar de correr por caminos extraviados para que Él, el Buen Pastor, pueda encontrarnos cuanto antes. Y también deberíamos saber otra cosa: que Él necesita ayuda, necesita colaboradores en su misión de buscar a la oveja perdida. Por lo tanto, por un lado debemos dejarnos encontrar por Él, pues todos somos «ovejas perdidas», todos somos pecadores que necesitan la misericordia del Buen Pastor. Por otra parte, podemos y debemos ofrecernos a Él como misioneros, como auxiliares en la obra de la evangelización, en las tareas de la caridad. Ayudar a Cristo para que otros, muchos, vuelvan al rebaño, a la vez que procuramos no salirnos nosotros de él, ésa es la tarea de un cristiano, de alguien que sabe lo importante que ha sido para su vida haberse encontrado con Cristo y que desea que ese don lo puedan disfrutar los demás, cuantos más, mejor.

Por último, nos conviene tener presente otra cosa, para poder entender al menos en parte los planes de Dios y no sentirnos asombrados e incluso escandalizados. Cuando la oveja anda perdida, lejos del redil, lejos del Señor y de la Iglesia, siempre, más pronto o más tarde, se va a hacer daño. Si Cristo la busca es, precisamente, para evitarle ese daño o para ayudarla en caso de que ya se lo haya hecho. Pero suele suceder que la oveja perdida no se deja encontrar hasta que no está herida, hasta que las consecuencias de su propio comportamiento, de su alejamiento del redil, no le hacen comprender que el camino que lleva no es el que le va a dar la felicidad. Por eso, tenemos que aprender, sobre todo en la medida en que somos colaboradores del Buen Pastor, a tener paciencia.

Cuando uno reflexiona sobre la propia historia, con frecuencia quisiera poder borrar ciertas etapas, volver atrás para no cometer determinados errores; como eso no es posible, se intenta que, al menos, esas etapas y esos errores no los cometan los seres queridos; se intenta transmitirles la propia experiencia de la vida para que, basándose en ella, ellos no se equivoquen. Esto es lógico y es bueno. Sin embargo, resulta muy difícil de conseguir, entre otras cosas porque posiblemente algo así intentaron hacer con nosotros nuestros mayores sin mucho mayor éxito que el que ahora nosotros cosechamos con los nuestros. Entonces nos ponemos nerviosos e incluso, en algunos casos, llegamos a juzgar a Dios y a reprocharle su aparente poco interés por nuestros seres queridos, al permitirles que se equivoquen, que se hagan daño, que hagan daño a otros.

Si tuviéramos la mirada de Dios sobre la historia, sobre nuestra historia, quizá entenderíamos mejor el uso que el Señor hace del tiempo y también entenderíamos cómo Él sabe escribir derecho sobre los renglones torcidos que continuamente hacemos los hombres. Tenemos que saber esperar y saber rezar mientras esperamos. Tenemos que confiar en que, aunque sea a última hora, no se perderá aquel que ha sido la causa de nuestras lágrimas y el objeto de nuestro amor. Tenemos que confiar en la misericordia de Dios y en su sabiduría, y pedirle que haga que el sufrimiento que los nuestros se infligen a sí mismos por estar alejados del Señor termine por producir un buen fruto: el fruto de la conversión, de la vuelta a casa, una vez que hayan comprendido que sólo allí van a encontrar esa felicidad que han estado siempre buscando y en aras de la cual dejaron un día el redil de Dios, la Iglesia. De hecho, la historia demuestra que no pocos santos han vuelto a Dios y se han convertido en gigantes del espíritu después de haber estado muy alejados del Señor, precisamente por haber comprobado en carne propia que sólo Dios basta.

Parábola de los obreros: Mt. 20, 1-16

«El reino de Dios es como un amo que salió muy de mañana a contratar obreros para su viña. Convino con los obreros en un denario al día, y los envió a su viña. Fue también a las nueve de la mañana, vio a otros que estaban parados en la plaza y les dijo: Id también vosotros a la viña, yo os daré lo que sea justo. Y fueron. De nuevo fue hacia el mediodía, y otra vez a las tres de la tarde, e hizo lo mismo. Volvió por fin hacia las cinco de la tarde, encontró a otros que estaban parados y les dijo: "¿Por qué estáis aquí todo el día sin hacer nada?" Le dijeron: "Porque nadie nos ha contratado." Él les dijo: "Id también vosotros a la viña." Al caer la tarde dijo el dueño de la viña a su administrador: "Llama a los obreros y págales el jornal, empezando por los últimos hasta los primeros." Vinieron los de las cinco de la tarde y recibieron un denario cada uno. Al llegar los primeros, pensaron que cobrarían más, pero también ellos recibieron un denario cada uno. Y, al tomarlo, murmuraban contra el amo diciendo: "Esos últimos han trabajado una sola hora y los has igualado a nosotros, que hemos soportado el peso del día y el calor." Él respondió a uno de ellos: "Amigo, no te hago ninguna injusticia. ¿No convinimos en un denario? Toma lo tuyo y vete. Pero yo quiero dar a este último lo mismo que a ti. ¿No puedo hacer lo que quiera con lo mío? ¿O ves con malos ojos que yo sea bueno?" Así, pues, los últimos serán los primeros, y los primeros los últimos» (Mt. 20, 1-16).

La parábola de los obreros que protestan por la bondad de Dios pone ante nuestra mirada la cuestión de la retribución divina al esfuerzo humano o, dicho de otro modo, la cuestión de si nosotros, con nuestras buenas obras, nos ganamos el Cielo o si, por el contrario, es un don de Dios que Él da a quien quiere aunque no lo merezca.

En primer lugar hay que tratar del hecho en sí que representa el trabajo en la viña. Para los obreros era, evidentemente, un asunto ligado exclusivamente al cobro de un salario. No hacían ese trabajo por amor al dueño de la viña, sino porque necesitaban dinero. Desde esta perspectiva, cuanto menos trabajo mejor, sobre todo si se va a cobrar lo mismo. La situación ideal sería, incluso, que les pagaran el jornal sin trabajar nada. Pero ésta no debe ser nuestra actitud. Para un cristiano, el trabajo en la viña del Señor debe tener, ante todo, dos motivaciones; la primera: se hacen las cosas por el Señor, por amor al Señor, por agradecimiento al Señor, debido a que Él ha hecho por nosotros muchísimo más. La segunda: trabajar en la viña ya es, de por sí, una suerte, una bendición y, de alguna manera, es el salario o, al menos, una parte importante del salario. El cristiano experimenta como una bendición el estar con Cristo, el compartir la tarea de Cristo, el hacer lo que Cristo le pide, y, además, lo hace repitiendo continuamente: «por ti, Señor, por agradecimiento a ti». Sólo cuando esta motivación se da, adquiere pleno sentido la del salario: la vida eterna entendida como pago que se percibe al final de la jornada. Ahora bien, ese salario no es más que una parte del «sueldo», pues el que ama a Cristo ya se ha sentido pagado por el hecho mismo de haber podido ayudar al Señor y por haberle podido demostrar lo que le amaba.

Desde esta perspectiva, se entiende mejor lo que Cristo quería enseñar con esta magnífica parábola. En primer lugar, Él no promete el Cielo a los que no han hecho nada, pues al menos tienen que trabajar en la viña —hacer el bien y estar en gracia de Dios— aunque sea un mínimo tiempo antes de que la jornada acabe; o, lo que es lo mismo, sólo si se muere en unión con Dios se puede percibir el premio eterno. En segundo lugar, dado que el premio empieza aquí con el trabajo hecho por el Señor y junto al Señor, en realidad los que tendrían que haberse quejado eran los obreros de la última hora, pues ellos han pasado la vida separados de Cristo y sólo se han incorporado a la unión con Dios en el último minuto. En cambio, los de la primera hora deberían haber expresado su satisfacción por haber podido ayudar más al Señor, a la vez que manifestaban su compasión hacia aquellos que se habían pasado la vida lejos de Cristo. Si amar es una bendición, si amar es lo mejor que puede hacer el ser humano y la única manera de ser un auténtico hombre y de ser feliz, entonces no podemos envidiar al que no ama, aunque el resultado final —tras el arrepentimiento del último minuto— fuera el mismo: el Cielo para ambos. Sólo en una religión en la que el amor no contara —ni apreciado por sí mismo, ni en relación con el Señor o con el prójimo— se podría entender la actitud de los obreros de la primera hora cuando se quejan. ¿Y no es eso lo que les ocurre a muchos cristianos practicantes? ¿No hay detrás de sus continuas interpelaciones a la jerarquía para que rebaje el listón moral una huella del deseo de querer comprar el producto —el Cielo— pagando lo menos posible?

Por último, el Cielo, lo mismo que la Tierra, es un don. Es un don amar, pues sin la gracia de Dios no somos capaces de conseguirlo. Es un regalo de Dios pasar con Él la vida eterna. ¿Y qué papel desempeñan nuestras buenas obras, tanto las abundantes, hechas durante toda una vida junto a Cristo, como las escasas, producidas en las horas de la vejez y en la cercanía de la muerte? Su papel es el de aceptar el don, pues sin estar reconciliados con quien nos da el regalo, éste no puede dárnoslo, ya que con nuestra actitud lo estamos rechazando. Sin buenas obras, Dios no nos puede dar el regalo de la salvación; pero por muchas buenas obras que tengamos, la salvación sigue siendo un regalo. Una salvación, no hay que olvidarlo, que empieza ya en la Tierra, en la comunión con Cristo, en el trabajo por Él y con Él. ¿No es, acaso, todo eso la mayor felicidad posible? Para el que ama a Cristo, ciertamente sí.

Parábola de los dos hermanos: Mt. 21, 28-32

«Un hombre tenía dos hijos; se acercó al primero y le dijo: "Hijo, vete a trabajar hoy a la viña." Y él respondió: "No quiero." Pero después se arrepintió y fue. Se acercó al otro hijo y le dijo lo mismo, y éste respondió: "Voy, Señor", pero no fue. ¿Cuál de los dos hizo la voluntad de su padre? Le contestaron: "El primero." Jesús dijo: "Os aseguro que los publicanos y las prostitutas entrarán en el Reino de Dios antes que vosotros. Porque Juan vino por el camino de la justicia y no creísteis en él, mientras que los publicanos y las prostitutas han creído en él. Pero vosotros, aun viendo esto, no os habéis arrepentido ni creído en él."»

Esta parábola nos presenta dos cuestiones. Por un lado, afronta la misma que la anterior, desde otra perspectiva, pues los protagonistas no son aquí extraños que han sido llamados al trabajo por la soldada, sino hijos que deben hacerlo porque es su casa y por amor a su padre. El fondo, sin embargo, sigue siendo el mismo: ¿es o no una suerte amar? ¿hacer el bien, cumplir con la propia obligación, tiene valor por sí mismo o sólo se debe hacer en vistas a algún tipo de recompensa o para evitar algún castigo? Los dos hermanos parecen coincidir en la valoración de la cuestión: trabajar en la viña —sinónimo de amar en este caso— no es apetecible y hay que intentar no hacerlo. Uno miente para conseguirlo, mientras el otro manifiesta abiertamente su rechazo al trabajo, aunque al final se arrepiente y va. Ninguno de los hermanos puede tomarse como modelo de comportamiento, por más que sea el que termina por obedecer el que resulte menos malo de los dos.

La parábola no nos cuenta el porqué de su arrepentimiento, sino que se limita a constatar y a valorar positivamente su conversión. Aquí es donde se inserta la segunda cuestión tratada por Cristo en la parábola, quizá la que más le interesaba destacar en ese momento al Señor: la conversión que Dios esperaba de los «buenos» de Israel —fariseos y sacerdotes— y que no había ocurrido, mientras que sí se había producido entre los oficialmente malos —publicanos y prostitutas—. El Señor se conforma con la conversión aunque sea a última hora, pues está deseando regalarnos su misericordia, y lamenta que ésta no se produzca, como lamenta el profesor tener que suspender a un alumno al que ha intentado aprobar por todos los medios.

Una vez aclarado el objetivo de la parábola, la enseñanza que Cristo quería transmitir con ella, hay que constatar algo más: en ésta, como en otras, falta un «tercer hombre», falta un personaje que sea perfecto. Lo veremos más adelante al meditar sobre la parábola del hijo pródigo. Debería existir un «tercer hermano» que, ante la orden del padre, marchara contento a trabajar en la viña sin quejarse, sin protestar, sin mentir. Si el hermano que miente es un símbolo del hipócrita que no se convierte y que oculta el mal que hay en su corazón, y el hermano que obedece después de protestar es sinónimo del que se convierte después de estar un tiempo alejado de Dios, ese «tercer hermano» debería representar a todos aquellos que desde siempre han estado en la Iglesia, junto a Dios, y no han sentido ni envidia de los que se fueron y no han vuelto, ni rechazo ante los que un día decidieron regresar tras haber probado el sabor del pecado. Una vez más, el modelo que se nos ofrece ante nuestros ojos es el de la Virgen María, la Inmaculada, la que nunca se alejó de la casa del Padre, la que siempre se sintió feliz y afortunada por estar al lado de Dios, siéndole fiel, haciendo su voluntad, trabajando en la viña hasta el agotamiento. Santa Teresita de Lisieux quería expresar algo así con su vida, quería demostrar que era posible amar mucho a Dios sin haber sido un converso, sin haberse tenido que ir para volver luego arrepentido a la casa del Padre. Ella, hija predilecta de la Virgen del Carmen, es el modelo de todos aquellos que no sólo no se han ido nunca, sino que se han sentido siempre dichosos de haber podido estar al lado del Padre amándole y sirviéndole.

Parábola de los viñadores homicidas: Mt. 21, 33-46; Mc. 12, 1-13; Lc. 20, 9-19

«Un hacendado plantó una viña, la cercó con una valla, cavó en ella un lagar, edificó una torre para guardarla, la arrendó a unos viñadores y se fue de viaje. Cuando llegó el tiempo de la vendimia, mandó sus criados a los viñadores para recibir su parte. Pero los viñadores agarraron a los criados, y a uno le pegaron, a otro lo mataron y a otro lo apedrearon. Mandó de nuevo otros criados, más que antes, e hicieron con ellos lo mismo. Finalmente les mandó a su hijo diciendo: "respetarán a mi hijo". Pero los viñadores, al ver al hijo, se dijeron: "Éste es el heredero. Matémoslo y nos quedaremos con su herencia." Lo agarraron, lo echaron fuera de la viña y lo mataron. Cuando venga el dueño de la viña, ¿qué hará con aquellos viñadores? Le dijeron: "Hará morir de mala muerte a esos malvados y arrendará la viña a otros viñadores que le paguen los frutos a su tiempo"» (Mt. 21, 33-41).

No cabe duda de que, con esta parábola, Cristo estaba hablando de sí mismo y anunciando a sus discípulos el fin que le esperaba. Pero también les estaba diciendo, a ellos y a todos, lo que les iba a suceder a los «labradores homicidas»: tendrían que enfrentarse con la justicia de Dios.

Pero ¿cuál es el alquiler que los viñadores se niegan a pagar? Evidentemente, no se trata de dinero, sino de buenas obras. La conversión del corazón, manifestada por el bien que se hace y el mal que se evita, es el pago que Dios espera del hombre por haberle dado las llaves de la Tierra. Dios tiene derecho a ese pago. El alquiler que Él reclama no es algo que el hombre pueda dar o dejar de dar en función de su capricho. Dios no está pidiéndole al hombre «propinas», «favores», sino que está exigiendo derechos. Ésta es la primera conclusión de la parábola, que no conviene olvidar, pues en una época como la nuestra, en la que tanto se habla de derechos y tan poco de deberes, de los únicos derechos de los que no se habla es de los derechos de Dios. Dios tiene derechos sobre mí, pues soy su criatura y todo lo que tengo se lo debo a Él, que es mi Creador. Tiene derecho a que yo le respete, a que cumpla los mandamientos, en función precisamente de ese vínculo de criatura a Creador.

¿Y nada más? No sé si en las otras religiones se puede contestar afirmativamente a esta pregunta. En el cristianismo, desde luego, no. Dios tiene derecho a encontrar, en el corazón del cristiano, algo más que respeto y cumplimiento de los mandamientos. Tiene derecho a encontrar gratitud, amor. Si el respeto y la obediencia se deben a la condición de criatura que el hombre tiene ante su Creador, la gratitud y el amor se deben a la de haber sido salvados por la sangre redentora de Cristo, a la de haber sido elevados a la categoría de hijos adoptivos de Dios. Si lo propio de la criatura es respetar y obedecer a su Señor, lo propio del hijo es agradecer y amar a su Padre.

En tanto que criaturas de Dios, le obedecemos y cumplimos los mínimos expresados en los mandamientos; en tanto que hijos, le amamos y aspiramos a darle el máximo reflejado en las bienaventuranzas. Pero ambas cosas: mandamientos y bienaventuranzas, obediencia y amor, son derechos de Dios y deberes nuestros, en tanto que cristianos. Ahora bien, si se puede hablar de obediencia obligada, ¿se puede hablar de amor obligado? Ésa es, quizá, la mayor tragedia de Dios con respecto al hombre, que habiendo hecho todo lo que ha hecho para enamorar al hombre, éste se muestre indiferente y no sólo no se deje conquistar por Él, sino que llegue incluso a faltarle al respeto y a negarle la obediencia debida.

Démosle a Dios, pues, el tributo de nuestro respeto y también el de nuestra gratitud. Y hagámoslo en nombre propio —como criaturas y como hijos— y en nombre de todos aquellos que, por ignorancia o por pecado, no lo hacen. Compensemos con nuestra obediencia y nuestro amor el que tantos otros hijos del mismo Padre no le dan. Desagraviemos al Corazón de Jesús poniendo amor donde otros ponen indiferencia o incluso ofensa. Paguemos, en nombre nuestro y en el de ellos, el alquiler de la viña cumpliendo los mandamientos y agradezcamos, también en nombre de todos, el amor redentor de Cristo.

Parábola de la fiesta de bodas: Mt. 22, 1-14;
Lc. 14, 15-24

«El reino de Dios es semejante a un rey que celebró las bodas de su hijo. Envió a sus criados a llamar a los invitados a las bodas, y no quisieron venir. Mandó de nuevo a otros criados con este encargo: Decid a los invitados: "Mi banquete está preparado, mis terneros y cebones dispuestos, todo está a punto; venid a las bodas." Pero ellos no hicieron caso y se fueron, unos a su campo y otros a su negocio; los demás echaron mano a los criados, los maltrataron y los mataron. El rey, entonces, se irritó, mandó sus tropas a exterminar aquellos asesinos e incendió su ciudad. Luego dijo a sus criados: "El banquete de bodas está preparado", pero los invitados no eran dignos. "Id a las encrucijadas de los caminos y a todos los que encontréis convidadlos a la boda." Los criados salieron a los caminos y recogieron a todos los que encontraron, malos y buenos, y la sala de bodas se llenó de invitados. El rey entró para ver a los invitados, reparó en un hombre que no tenía traje de boda y le dijo: "Amigo, ¿cómo has entrado aquí sin tener un traje de boda?" Pero él no contestó. Entonces el rey dijo a los camareros: "Atadlo de pies y manos y arrojadlo a las tinieblas exteriores: allí será el llanto y el crujir de dientes. Porque muchos son los llamados, pero pocos los escogidos"» (Mt. 22, 1-14).

Siempre se ha interpretado esta parábola como un desahogo del corazón de Jesús al comprobar el escaso interés que tenían y tienen los hombres en estar a su lado, en acudir al templo para orar y para participar en la Eucaristía. ¡Pobre Jesús! Nos invita todos los días a la fiesta más gratificante y son muy pocos los que atienden su llamada. ¡Pobre Jesús! Quiere consolarnos, quiere compartir con nosotros nuestras angustias para aliviarnos, y ni siquiera así acudimos a su lado. ¡Qué inmenso debe ser el dolor del corazón de Cristo al ver que son tan pocos los que están interesados en el abrazo de amor que es la comunión eucarística! Ante este dolor, san Francisco, que tuvo la oportunidad de asomarse a él, salió llorando y gritando «el Amor no es amado». Sí, hoy como ayer, el Amor —Dios— no es amado. Es utilizado y abandonado cuando ya no se le necesita. Es olvidado cuando la vida sonríe y no se precisa acudir al lado de quien nos ha dado todo lo que tenemos. ¡El Amor no es amado por aquellos que Él tanto ha amado! Y ante esta triste realidad sólo cabe —una vez que se ha comprendido— una respuesta: ¡Amemos al Amor y hagamos amar al Amor! Corramos, como aquellos criados de la parábola, por los caminos de la vida para hablarles a los hombres de las excelencias de la fiesta que Dios ha preparado. Hablémosles del dolor del corazón de Jesús ante la ingratitud de los hombres y describamos con los mejores adjetivos el paraíso del que disfrutan, tanto en la Tierra como en el Cielo, todos aquellos que atienden a la invitación de la fiesta de bodas.

Pero, esta parábola, tiene también otro mensaje: el de la necesaria preparación para participar en la fiesta. La Iglesia siempre ha interpretado esta parte de la enseñanza como la exigencia imprescindible de estar en gracia de Dios para recibir la sagrada comunión. No conviene olvidar esta exigencia en una época como la nuestra, en la cual hay tantos que se acercan a comulgar en pecado mortal y que pasan años sin recibir el perdón en la confesión. La misa, la acción de gracias, está abierta a todos y Dios se alegra de ver en su casa, incluso, a los peores pecadores. La comunión, en cambio, requiere una preparación, unas condiciones: las de la amistad con el Señor, que se rompe con cada pecado mortal. Pero esa amistad está al alcance de nuestra mano. Comienza con un «Señor, perdóname» que brota de lo profundo del corazón y que se expresa ante el sacerdote. Dios, el Señor de la Misericordia, está siempre esperando el regreso del hijo pródigo y, como Él mismo dijo, hay más alegría en el Cielo por un pecador que se convierte que por cincuenta justos que no necesitan hacerlo.

Parábolas del criado fiel y de las vírgenes sensatas:
Mt. 24, 45-51; Lc. 12, 42-46; Mt. 25, 1-13

«¿Quién es el criado fiel y prudente, puesto por el amo al frente de su servidumbre, para que les dé la comida a su hora? Dichoso ese criado si, al llegar su amo, lo encuentra cumpliendo con su deber. Os aseguro que lo pondrá al frente de todos sus bienes. Pero si ese criado es de mala condición y, pensando que su amo va a tardar en venir, se pone a maltratar a sus compañeros, a comer y a beber con los borrachos, su amo vendrá el día que él menos lo espere, le castigará severamente y le asignará su suerte con los hipócritas. Allí será el llanto y el crujir de dientes» (Mt. 24, 45-51).

«El reino de Dios será semejante a diez muchachas que tomaron sus lámparas y salieron al encuentro del esposo. Cinco de ellas eran necias y cinco sensatas. Las necias llevaron sus lámparas, pero no se proveyeron de aceite, mientras que las sensatas llevaron las lámparas y aceiteras con aceite. Como tardara el esposo, les entró sueño a todas y se durmieron. A medianoche se oyó un grito: Ya está ahí el esposo, salid a su encuentro. Entonces se despertaron todas las muchachas y se pusieron a aderezar sus lámparas. Las necias dijeron a las sensatas: "Dadnos de vuestro aceite, pues nuestras lámparas se apagan." Las sensatas respondieron: "No, no sea que no baste para nosotras y vosotras, mejor es que vayáis a los vendedores y lo compréis." Mientras fueron a comprarlo, vino el esposo, y las que estaban dispuestas entraron con él a las bodas y se cerró la puerta. Más tarde, llegaron también las otras muchachas diciendo: "¡Señor, señor, ábrenos!" Y él respondió: "Os aseguro que no os conozco. Por tanto, estad en guardia, porque no sabéis el día ni la hora"» (Mt. 25, 1-13).

Con estas dos parábolas, aparentemente poco relacionadas, Jesús intentaba dar una lección a sus discípulos: la de que Dios pide cuentas a los hombres por sus obras. Posiblemente ésta era una lección sabida por los que le escuchaban, pero resulta enormemente importante recordarla hoy, ya que se ha difundido como verdad lo que no es más que una mentira: que por ser Dios amor, todos los hombres van a salvarse hagan lo que hagan. Es posible que esta falsa concepción de la misericordia divina tenga su origen en doctrinas como las de Lutero, pero, desde luego, no se sostienen a la vista de las enseñanzas contenidas en parábolas como éstas. El que Jesús las dijera por primera vez y el que nos las continúe proponiendo hoy, es un acto de amor que hay que agradecer. Porque lo peor que nos podría ocurrir es creer que no importan las obras de cara a la salvación y descubrir, cuando llegue el momento de estar ante el tribunal de Dios, que eso no es así. Y por eso, porque no es así, es por lo que Cristo quiere advertirnos para que estemos preparados.

El Señor no busca asustar a sus discípulos, ni tampoco motivarlos con el miedo. Él, que es amor, quiere que actuemos con amor y por amor. Pero sabe que la espiritualidad del agradecimiento deja indiferente a muchos, lo mismo que un gobernante prudente sabe que hay ciudadanos que no van a respetar las leyes y por eso se hace necesaria la existencia de la policía. Cristo, que quiere que todos los hombres se salven y que ha venido a regalar la salvación a todos los hombres, sabe que muchos de ellos se perderán si no se les advierte de la existencia de un juicio en el que se les pedirá cuentas de sus obras. Y esto, repito, es un acto de amor. Un acto de amor doble: para los que están lejos, porque quedan advertidos de la necesidad de las buenas obras para la salvación, y para los que han vivido con

Dios a lo largo de su existencia, pues gracias a esa advertencia quizá en algún momento han hecho el bien y no el mal.

Tengo la impresión, al escribir esto, de estar yendo contra la corriente de mi tiempo. Como he dicho, son cada vez más los que creen y enseñan que la salvación es un regalo que Dios da a todos, pues no es posible concebir a un Dios Amor que condene eternamente a uno de sus hijos, por muy malo que éste haya sido. Sin embargo, las enseñanzas del Señor están ahí: claras, evidentes, desafiantes, inocultables. Y no seré yo quien se atreva a decir que Jesús no sabía de qué hablaba o, como muchos afirman, que en realidad estaba influido por la cultura de su época y que habría que purificar el Evangelio de adherencias históricas ajenas al verdadero espíritu de Cristo. Para mí la Palabra de Dios es la que es, e intento acomodar mi vida a ella y no al revés. Por eso, si bien creo que la salvación es un regalo que no compro con mis buenas obras y por el cual deberé estar eternamente agradecido al Señor, también creo que las buenas obras son necesarias para recibir el regalo de la salvación. Quizá, al modo de aquel que recibe un don pero que, para cogerlo, necesita extender las manos o, al menos, abrir las puertas de su casa al que se lo trae. Además, la vida nos enseña que, dado que el hombre es como es, sin policía y sin jueces el mundo sería más inseguro y los que más sufrirían las consecuencias serían los más débiles. Del mismo modo, con la idea de un Dios no bueno sino «buenazo», un poco «tontorrón» y «abuelete», los pobres y los indefensos serían los más perjudicados.

Por otro lado, ¿cómo es posible pensar que se va a poder estar toda la eternidad en comunión con el Dios Amor, si a la hora de la muerte no se tenía amor en el corazón? Así como estés en ese momento, así seguirás: si mueres en gracia, es decir, en comunión de amor con el Dios Amor, podrás entrar en el Paraíso o, lo que es lo mismo, podrás seguir en comunión con Dios, en su presencia y con la felicidad que eso conlleva, eternamente. De lo contrario, si en tu corazón había odio y en tus manos no había amor, tú mismo te has dado la sentencia condenatoria.

Por último, la parábola de las vírgenes sensatas y necias nos añade otra enseñanza: las buenas obras no se pueden prestar, no se pueden transferir. El amor no pasa nunca, pero tampoco se «traspasa». Incluso se puede tener fe por otro, por ejemplo, a la hora de pedir un milagro, como ya hemos visto al analizar los de resurrecciones. Sin embargo, cuando llega la hora del juicio, no se puede alegar que otro ha amado por nosotros, por muy próximo que esté de nuestro corazón. Las vírgenes sensatas no pudieron darle su aceite a las necias y éstas se quedaron fuera de la sala del banquete. Esto resulta especialmente doloroso cuando se contemplan familias en las cuales los padres han sido cristianos ejemplares y los hijos o los nietos llevan caminos alejados de la virtud. O cuando se contempla la historia de algunas naciones, tan gloriosa y rica en testimonios cristianos en otras épocas, y tan decadente en el momento presente. Nadie puede vivir por ti y nadie puede amar por ti. Quizá el bien que tú tenías que hacer lo ha podido hacer otro, pero éste no estará anotado en tu cuenta y la alcuza que debería contener tu aceite está vacía.

Parábola de los talentos: Mt. 25, 14-30; Lc. 19, 11-18

«Es como un hombre que al irse de viaje llamó a sus criados y les confió su hacienda. A uno dio cinco talentos; a otros, dos, y a otro uno; a cada uno según su capacidad, y se fue. El que había recibido cinco se puso en seguida a trabajar con ellos y ganó otros cinco. Asimismo el de los dos ganó otros dos. Pero el que había recibido uno solo fue, cavó en la tierra y enterró allí el dinero de su señor. Después de mucho tiempo, volvió el amo de aquellos criados y les tomó cuenta. Llegó el que había recibido cinco talentos y le presentó otros cinco, diciendo: "Señor, me diste cinco talentos, aquí tienes otros cinco que he ganado." El amo le dijo: "¡Bien, criado fiel y cumplidor!; has sido fiel en lo poco, te confiaré lo mucho. Entra en el gozo de tu señor." Se presentó también el de los dos talentos y dijo: "Señor, me diste dos talentos; mira, he ganado otros dos." Su amo le dijo: "¡Bien, criado fiel y cumplidor!; has sido fiel en lo poco, te confiaré lo mucho. Entra en el gozo de tu señor." Se acercó también el que había recibido un solo talento, y dijo: "Señor, sé que eres duro, que cosechas donde no has sembrado y recoges donde no has esparcido. Tuve miedo, fui y escondí tu talento en la tierra. Aquí tienes lo tuyo." Su amo le respondió. "Siervo malo y holgazán, ¿sabías que quiero cosechar donde no he sembrado y recoger donde no he esparcido? Debías, por tanto, haber entregado mi dinero a los banqueros para que, al volver yo, retirase lo mío, con intereses. Quitadle, pues, el talento y dádselo al que tiene diez. Porque al que tiene se le dará y le sobrará, pero al que no tiene aun lo que tiene se le quitará." Y a ese criado inútil echadlo a las tinieblas exteriores. Allí será el llanto y el crujir de dientes» (Mt. 25, 14-30).

Siguiendo con las parábolas que invitan a la responsabilidad, habida cuenta de la existencia de un juicio final en el que deberemos dar razón de nuestros actos, aparece la parábola de los talentos. Fácil de entender, aunque no tanto de practicar, con ella Cristo nos invita, por un lado, al agradecimiento por los dones que hemos recibido, y, por otro, a la responsabilidad a la hora de dar un rendimiento a esos dones. Ambas cosas, agradecimiento y responsabilidad, van unidas. Es por gratitud hacia Dios que debemos ser responsables y sacar partido a lo que el Señor nos ha dado. La mejor forma de agradecerle a Dios lo que de Él hemos recibido es, precisamente, hacerlo funcionar, utilizarlo para el fin para el que nos fue concedido.

Pero, para eso, es preciso ser consciente de algo que la parábola da por sentado y que no lo está tanto en muchos hombres: que los talentos son dones de Dios. Por el contrario, da la impresión de que la mayoría contempla los dones de que dispone como si fueran «derechos» y, por lo tanto, no ve la necesidad de darle gracias a Dios por ellos. Esta visión, además, lleva a creer a quien la posee que no tiene que rendir cuentas a nadie por la forma de utilizar esos dones y que tiene el pleno derecho de dejarlos inservibles e inutilizados. Porque esta visión de las cosas está tan extendida es por lo que no sólo no hay gratitud en el corazón del hombre y muchas cosas se dejan de hacer, sino que, además, éste se enfada con Dios cuando algún «talento» le falta, ya que considera que tiene derecho a él. Lo que Jesús nos enseña con la parábola es justo lo contrario: todo es don, todo es gracia y por todo tenemos que estar agradecidos a Dios. Si nos ha dado un talento, de ése debemos dar cuenta y por él tenemos que agradecer. Si, en cambio, nos ha dado cinco o diez, tenemos más motivos de gratitud y más responsabilidad pesa sobre nuestros hombros. ¿O preferiríamos cambiarnos por los que tienen menos con tal de tener que rendir y agradecer menos?

Por otro lado, la parábola también enseña otra cosa. La suerte que le espera al poco trabajador y descarado criado que había recibido un solo talento, nos habla de lo que les está preparado a los que no rinden, a los que no saben agradecer. No se trata sólo de un destino que hay que ejecutar en el más allá, después del Juicio, sino de algo que va a ocurrir también aquí, en la Tierra. De hecho, con frecuencia comprobamos cómo personas que lo tienen todo no sacan partido a los dones que Dios les ha dado; mientras que otros, que han sido agraciados con muchos menos talentos, se abren paso en la vida y disfrutan de cotas de felicidad que los otros no conocen. El que ama, el que agradece, el que es consciente del amor que Dios le tiene y de los dones recibidos de Él, los pone a funcionar y recibe el céntuplo de manos de su Señor, también aquí en la Tierra. En cambio, el que se fija sólo en lo que no tiene, en lugar de dar gracias por lo que tiene, el que no es consciente de los dones que Dios le ha dado y no los aprovecha o no le agradece a Dios por ellos, desperdicia su vida y suele no disfrutar de lo que posee, amargado por la contemplación de lo que le falta.

Parábolas del rico insensato y del rico Epulón:
Lc. 12, 16-21; Lc. 16, 19-31

«Las fincas de un hombre rico dieron una gran cosecha. Y él pensó: "¿Qué haré, pues no tengo dónde almacenar mis cosechas?" Y se dijo: "Destruiré mis graneros, los ampliaré y meteré en ellos todas mis cosechas y mis bienes. Luego me diré: Tienes muchos bienes almacenados para largos años, descansa, come, bebe y pásalo bien." Pero Dios le dijo: "¡Insensato, esta misma noche morirás! ¿Para quién será lo que has acaparado?" Así sucederá al que amontona riquezas para sí y no es rico a los ojos de Dios» (Lc. 12, 16-21).

«Había un hombre rico que se vestía de púrpura y de lino y banqueteaba a diario espléndidamente. Un pobre llamado

Lázaro, cubierto de úlceras, estaba sentado a la puerta del rico; quería quitarse el hambre con lo que caía de la mesa del rico; hasta los perros se acercaban y le lamían sus úlceras. Murió el pobre, y los ángeles le llevaron al seno de Abrahán. Murió también el rico, y lo enterraron. Y estando en el infierno, entre torturas, levantó los ojos y vio a lo lejos a Abraham y a Lázaro a su lado. Y gritó: "Padre Abraham, ten compasión de mí y envía a Lázaro para que moje en agua la yema de su dedo y refresque mi lengua, porque me atormentan estas llagas." Abraham repuso: "Hijo, acuérdate que ya recibiste tus bienes durante la vida, y Lázaro, por el contrario, males. Ahora él está aquí consolado y tú eres atormentado. Y esto no es todo. Entre vosotros y nosotros hay un gran abismo, de tal manera que los que quieran ir de acá para allá no puedan, ni los de allí venir para acá." El rico dijo: "Entonces, padre, te ruego que le envíes a mi casa paterna, pues tengo cinco hermanos, para que les diga la verdad y no vengan también ellos a este lugar de tormentos." Abraham respondió: "Ya tienen a Moisés y a los profetas, ¡que los escuchen!" Pero él dijo: "No, padre Abraham, que si alguno de entre los muertos va a verlos, se arrepentirán." Abraham contestó: "Si no escuchas a Moisés y a los profetas, no harán caso ni aunque resucite un muerto"» (Lc. 16, 19-31).

Con estas dos parábolas Jesús afrontó la cuestión de la limosna, de la caridad hecha a quien tenía necesidad. No es el único momento en que el Señor trató estos temas. Más adelante veremos la magistral presentación del Juicio Final, con el examen a cada uno según se haya comportado con los que tienen hambre, sed o están desnudos o en la cárcel. También afronta el tema el Señor con otra parábola, la del buen samaritano, aunque en ésta la perspectiva es más amplia.

Los dos ricos retratados en estas parábolas tienen de común su indiferencia ante el sufrimiento de los que les rodean. No plantea Jesús ni siquiera un reparto igualitario de las riquezas, una especie de comunismo por el cual todo es de todos y debe quedar abolida la propiedad privada. Se limita a condenar la falta de caridad y a advertir de las consecuencias de la misma. Por un lado, dice, las riquezas no te van a librar de la muerte. Por otro, te van a arruinar las posibilidades de gozar de la vida eterna, pues tu egoísmo ha cerrado los oídos del Dios misericordioso, tal y como le responde Abraham al rico que le pide ayuda. Además, el Señor enseña a través de la segunda parábola que ya ha dado suficientes advertencias a los hombres sobre el tema, por lo cual no se puede decir que el que no ayuda al que sufre lo hace por ignorancia.

El contenido de estas parábolas no agota, ni mucho menos, el amplio y complejo tema de la justicia social y de la legítima distribución de las riquezas. El Señor, simplemente, quería dejar constancia de la obligación de la caridad, sin entrar a discutir el origen de los bienes que poseían los ricos o la causa por la que los pobres se encontraban en esa situación. Como hará con la parábola del buen samaritano, deja claro que la caridad es una obligación y que derrochar mientras otros pasan necesidad es un pecado que no deja a Dios indiferente y por el que el Señor tomará cuentas al hombre cuando llegue la hora. Sabido esto, hay que atenerse a las consecuencias.

Parábola del administrador infiel: Lc. 16, 1-8

«Un hombre rico tenía un administrador que fue denunciado como malversador de sus bienes. Entonces lo llamó y le dijo: "¿Qué es lo que oigo de ti? Dame cuenta de tu administración, porque quedas despedido." Entonces el administrador se puso a pensar: "¿Qué voy a hacer, pues mi amo me quita la administración? Cavar, ya no puedo; mendigar, me da vergüenza. Ya sé lo que voy a hacer, para que haya quien me reciba en su casa cuando no tenga la administración." Llamó a todos los deudores de su amo, y preguntó al primero: "¿Cuánto debes a mi amo?" Él contestó: "Cien barriles de aceite." Él le dijo: "Toma tu recibo, siéntate y escribe cincuenta." Luego dijo a otro: "¿Y tú cuánto debes?" Él respondió: "Cien fanegas de trigo." Él le dijo: "Toma tu recibo y escribe ochenta." El amo alabó al administrador infiel, porque había actuado con sagacidad. Pues los hijos del mundo son más sagaces en sus relaciones que los hijos de la luz.»

A primera vista, resulta extraño que Jesús proponga a sus

discípulos, como modelo, un ladrón, un estafador. La conducta del administrador infiel, tal y como es narrada por la parábola, no es precisamente edificante. Sin embargo, la misma parábola dice que el amo estafado tuvo palabras de elogio hacia su estafador, por la picardía e inteligencia con que había actuado. Y es esa inteligencia, esa astucia, la que el Señor quiere alabar y proponer a sus seguidores para que la practiquen. En otra ocasión lo dirá con otras palabras, invitando a los suyos a ser «sencillos como palomas y astutos como serpientes» (Mt. 10, 16). La astucia, pues, no es mala en sí misma, cuando tiene como límite la sencillez, es decir, el cumplimiento de los preceptos morales recogidos en los mandamientos.

En la vida real se comprueba con frecuencia que el Señor sabía lo que decía cuando se quejaba de que los hijos de la luz son más torpes que los hijos de las tinieblas. Y no porque aquéllos hagan el bien y éstos el mal, sino porque los que hacen el bien lo hacen con poca inteligencia, mientras que los que hacen el mal suelen ser más astutos y sagaces. De no ser por la intervención de Dios en la historia y porque el mal termina siempre por autodestruirse, la torpeza de los buenos habría llevado su causa a la desaparición hace mucho tiempo.

Esto se nota, por ejemplo, en el uso de los medios de comunicación. La Iglesia ha sido y aún es la principal institución en prestar todo tipo de servicios sociales. Sin embargo, lo que la gente recuerda y comenta son las cruzadas o la inquisición, ambas cosas que, por otro lado, tuvieron un fuerte componente histórico y cultural que si no las justifica plenamente sí las hace más comprensibles. Los misioneros, por ejemplo, han estado en los sitios más difíciles desde hace siglos y, sin embargo, son las ONG las que hoy se llevan la fama y el grueso de la financiación; no estoy contra estas instituciones, pero me parece una torpeza de los católicos presentar tan mal lo que estamos haciendo, a la par que nuestros enemigos saben mostrar, agigantados, nuestros errores. Lo mismo se puede decir del sistema educativo católico; con frecuencia se producen y emiten películas, o se escriben libros, que airean supuestos pecados cometidos por algunos educadores en esos centros. Sin embargo, es de todos sabido que esos casos son muy minoritarios, a pesar de lo cual termina por difundirse la idea de que la Iglesia no ha hecho nada bueno y sí mucho malo por la educación de niños y jóvenes. En la misma línea de torpeza podemos hablar de lo mal que algunos explican los motivos de la Iglesia a rechazar ciertas prácticas, como el uso del preservativo en la lucha contra el sida; afortunadamente existen hombres lúcidos que, con valentía y tesón, ponen de manifiesto que el rechazo se debe, ante todo, a la falsa seguridad que el uso del preservativo conlleva y a la consiguiente difusión de la enfermedad.

Sin necesidad de violar ninguna norma moral, tenemos mucho que aprender en el uso de esa astucia que Jesús quiso ver en los suyos y que puso al nivel de virtudes como la sencillez y la pureza. El amor también pasa por la inteligencia.

Parábola del juez injusto: Lc. 18, 1-8

«Había en una ciudad un juez que ni temía a Dios ni respetaba a los hombres. Una viuda, también de aquella ciudad, fue a decirle: "Hazme justicia contra mi enemigo." Durante algún tiempo no quiso; pero luego pensó: "Aunque no temo a Dios ni respeto a los hombres, le voy a hacer justicia para que esta viuda me deje en paz y no me moleste más." Y el Señor dijo: "Considerad lo que dice el juez injusto. ¿Y no hará Dios justicia a sus elegidos, que claman a él día y noche? ¿Les va a hacer esperar? Yo os digo que les hará justicia prontamente. Pero el hijo del hombre cuando venga, ¿encontrará fe en la tierra?"»

Con esta parábola, Cristo quería transmitirnos dos enseñanzas: la importancia de la insistencia en la oración y la existencia de un Dios justo que no es indiferente ante el sufrimiento de los hombres.

La oración perseverante es una característica ligada a la fe. Por eso el Señor se pregunta, al final de la parábola, si cuando Él vuelva a la Tierra encontrará ese tipo de fe entre los hombres. Porque, con frecuencia, después de haber pedido una cosa un cierto tiempo, dejamos de insistir en ello si no lo hemos conseguido. Como los niños, que lloran por un juguete pero a los que se les pasa el disgusto con gran rapidez, quizá para fijar su atención en otro capricho. En el fondo, esta frivolidad se debe a que no necesitamos lo suficiente lo que pedimos o a que no creemos que aquel al que se lo pedimos nos lo pueda o nos lo quiera conceder. Y ahí está la falta de fe.

También falta fe, cada vez más como ya se ha dicho, en la existencia de un Dios que hace justicia a los oprimidos. Es curioso y extraño que los teólogos que más han insistido en los últimos años en la justicia social lo hayan hecho con frecuencia desde una perspectiva ajena al cristianismo, como es la ideología marxista. Han olvidado un elemento típico del mensaje cristiano, al que Jesús vuelve una y otra vez: el juicio severo que Dios va a emitir hacia aquellos que han abusado del prójimo o que, simplemente, no le han auxiliado en sus necesidades. La Teología de la Liberación ha sido, en buena medida, una teología sin escatología, sin referencias a la vida eterna. Su dependencia del marxismo ateo le ha llevado no sólo a justificar —en algunos casos— el uso de la violencia para lograr el fin de la pobreza, sino también a no tener presente el poder coercitivo que sobre la conciencia de los hombres tenía y debería seguir teniendo la existencia de un Dios que escucha el clamor del pueblo oprimido. Quizá sea por eso por lo que Jesús se preguntaba si, a su vuelta, encontraría esa fe entre sus seguidores, la fe de que Dios no es indiferente ante el dolor humano y de que el que hace llorar a otro se las tendrá que ver con Él en la vida eterna y también, con mucha frecuencia, aquí en la Tierra.

Parábola del buen samaritano: Lc. 10, 30-37

«Un hombre bajaba de Jerusalén a Jericó y cayó entre ladrones, que le robaron todo lo que llevaba, le hirieron gravemente, lo dejaron medio muerto y se fueron. Un sacerdote bajaba por aquel camino; al verlo, dio un rodeo y pasó de largo. Igualmente, un levita que pasaba por allí, al verlo, dio un rodeo y pasó de largo. Pero llegó un samaritano, que iba de viaje, y, al verlo, se compadeció de él; se acercó, le vendó las heridas con aceite y vino; lo montó en su cabalgadura, lo llevó a una posada y cuidó de él. Al día siguiente sacó algún dinero, se lo dio al posadero, y le dijo: "Cuida de él y lo que gastes de más yo te lo pagaré a la vuelta." "¿Quién de los tres te parece que fue el prójimo del que cayó en manos de los ladrones?" Y él contestó: "El que se compadeció de él." Jesús le dijo: "Anda y haz tú lo mismo."»

Pocas parábolas hay tan representativas de lo que Jesús quería que fuesen sus seguidores, en lo concerniente a las relaciones sociales, como ésta. Proponiendo como modelo de cristiano a un «extranjero», a alguien mal visto por la comunidad judía, como eran los samaritanos, el Señor quiere dar a los suyos una lección que no deben olvidar: para un cristiano hacer el bien es obligatorio y no puede contentarse con no hacer el mal. En otras ocasiones lo dirá de otras maneras —por ejemplo, en la última cena, cuando hable del «mandato» del amor—, pero esta vez lo hace utilizando el método de las parábolas y con una sencillez y una fuerza extraordinarias.

Además del hecho de que el protagonista es alguien mal visto por ser samaritano —con lo que les está diciendo a sus seguidores que lo que cuenta ante Dios es la calidad del corazón y la existencia de buenas obras en las manos—, Jesús va a hacer una descripción de otros personajes que desfilan ante el hombre robado y malherido. Todos ellos son «buena gente»: el sacerdote, el escriba... Sin embargo, su comportamiento no es el correcto. Pero no lo es porque ellos estén siendo infieles a su conciencia, sino porque su conciencia les está pidiendo demasiado poco. Ésta es, pues, la primera cuestión que plantea la parábola y que suele pasar desapercibida por la tendencia a considerar despectivamente a los sacerdotes del judaísmo de la época de Jesús y a los fariseos. Se considera su comportamiento —pasar al lado de un hombre malherido sin ayudarle— como impropio de personas religiosas. Sin embargo, si se mira con detenimiento lo que la ley judía exigía a sus seguidores, se ve que éstos podían tener la conciencia tranquila con tal de no hacer el mal. No es que no pudieran hacer el bien, o que no existieran en el Antiguo Testamento exhortaciones en ese sentido (por ejemplo, Tb. 4, 16-17), pero lo que era obligatorio, lo que era exigido, era no hacer el mal. Basta con recordar la cita de Éxodo donde se exponen los mandamientos dados por Yahvé a Moisés para todo el pueblo: «No matarás. No cometerás adulterio. No robarás» (Ex. 20, 13-16). Los dos únicos preceptos positivos —que indican cosas que hay que hacer en lugar de cosas que están prohibidas— son los que se refieren al culto: «Acuérdate del día del sábado para santificarlo» (Ex. 20, 8) y a la familia: «Honra a tu padre y a tu madre para que tus días se alarguen sobre la Tierra que el Señor, tu Dios, te da» (Ex. 20,12). Pero ellos, el sacerdote y el fariseo, prototipos del buen judío, ni habían robado ni habían herido al hombre que se desangraba en el camino. Por lo tanto, su conciencia quizá les decía que era bueno ayudarle, pero no que tenían el deber de hacerlo. Es en ese contexto religioso donde interviene Jesús e introduce no sólo una ampliación ética —el bien es obligatorio para sus seguidores—, sino también una modificación de la valoración de la conciencia. Ésta, entendida como norma suprema de moralidad, corre siempre el riesgo de no estar lo suficientemente atenta a la objetividad de las cosas, pudiendo convertirse en un instrumento dócil al servicio del egoísmo del individuo; coaccionada desde fuera por la presión social, que tiende a rebajar continuamente la exigencia moral, e instada desde dentro a no ser demasiado exigente, la conciencia se vuelve, en muchos casos, un instrumento romo, sin filo, que ya no incomoda a la persona y que no sirve para iluminar al hombre y decirle cómo hacer el bien y evitar el mal. Por eso, Cristo, con esta parábola no sólo estaba modificando la exigencia ética, sino haciendo una crítica a ese tipo de conciencia acomodaticia que, como una sal que se ha vuelto insípida, ya no da sabor a la comida y sólo sirve para arrojarla a la calle.

El verdadero discípulo de Cristo, por lo tanto, será aquel que no se conforma con cumplir los mínimos, sino que aspira a los máximos. A la vez, tiene que cuidar siempre el filo del instrumento cortante que es su conciencia, para evitar que se vuelva tan dócil a su egoísmo que deje de decirle la verdad, por incómoda que ésta sea. Si en otros tiempos la conciencia pudo manifestarse, en algunos casos, a través de la enfermedad psíquica del escrúpulo, hoy ha adoptado el extremo contrario: la relajación. El equilibrio estará en intentar honestamente hacer todo el bien posible, sabiendo que sólo Dios es Dios y que nosotros no podemos resolver todos los problemas del mundo.

Agradezcámosle a Cristo el modelo de hombre que nos ha

propuesto a través de esta parábola, porque ha roto no sólo el corsé del conformismo con los mínimos —representados con el cumplimiento de unos mandamientos que obligan sólo a no hacer el mal—, sino que también nos ha advertido del riesgo que tiene absolutizar el valor de la conciencia, debido a la fragilidad de ésta, y, por lo tanto, la necesidad de estar siempre sacándole filo a ese maravilloso instrumento, a base de escuchar la voz del Señor que nos habla a través de las necesidades del prójimo, a través de la Palabra de Dios y a través del magisterio de la Iglesia.

Parábola del hijo pródigo: Lc. 15, 11-32

«Un hombre tenía dos hijos. Y el menor dijo a su padre: "Padre, dame la parte de la herencia que me corresponde." Y el padre les repartió la herencia. A los pocos días el hijo menor reunió todo lo suyo, se fue a un país lejano y allí llevó una mala vida y gastó toda su fortuna. Cuando se lo había gastado todo, sobrevino una gran hambruna en aquella comarca y comenzó a padecer necesidad. Se fue a servir a casa de un hombre del país, que le mandó a sus tierras a guardar cerdos. Tenía ganas de llenar su estómago con las algarrobas que comían los cerdos y nadie se las daba. Entonces, reflexionando, dijo: "¡Cuántos jornaleros de mi padre tienen pan de sobra, y yo aquí me muero de hambre! Volveré a mi padre y le diré: 'Padre, he pecado contra el cielo y contra ti. Ya no soy digno de llamarme hijo tuyo: tenme como a uno de tus jornaleros.'" Se puso en camino y fue a casa de su padre. Cuando aún estaba lejos, su padre lo vio y, conmovido, fue corriendo, se echó al cuello de su hijo y lo cubrió de besos. El hijo comenzó a decir: "Padre, he pecado contra el cielo y contra ti. Ya no soy digno de llamarme hijo tuyo." Pero el padre dijo a sus "criados: "Sacad inmediatamente el traje mejor y ponédselo; poned un anillo en su mano y sandalias en sus pies. Traed el ternero cebado, matadlo y celebremos un banquete, porque este hijo mío había muerto y ha vuelto a la vida, se había perdido y ha sido encontrado." Y se pusieron todos a festejarlo. El hijo mayor estaba en el campo y, al volver y acercarse a la casa, oyó la música y los bailes. Llamó a uno de los criados y le preguntó qué significaba aquello. Y éste le contestó: "Que ha vuelto tu hermano y tu padre ha matado el ternero cebado porque lo ha recobrado sano." Él se enfadó y no quiso entrar. Su padre salió y se puso a convencerlo. Él contestó a su padre: "Hace ya tantos años que te sirvo sin desobedecer jamás una orden tuya, y nunca me has dado ni un cabrito para celebrar una fiesta con mis amigos. Ahora llega ese hijo tuyo, que se ha gastado toda su fortuna con malas mujeres, y tú le matas el ternero cebado." El padre le respondió: "¡Hijo mío, tú estás siempre conmigo, y todo lo mío es tuyo! En cambio, tu hermano, que estaba muerto, ha vuelto a la vida; estaba perdido y lo hemos encontrado."»

Si con la parábola del buen samaritano Jesús nos presentaba el modelo que tiene que intentar imitar el cristiano en lo concerniente a la caridad, con esta maravillosa parábola está haciendo una descripción psicológica y espiritual profunda y completa sobre la interioridad del alma humana. Son muchos los autores que han reflexionado sobre esta parábola, posiblemente porque es una de las más hermosas de todo el Nuevo Testamento. Varios de ellos han coincidido en destacar que, en realidad, los tres personajes —el padre y los dos hijos— están de alguna manera presentes en cada uno de nosotros. A veces somos el padre que se siente despreciado por el ser amado, pero que está siempre dispuesto a perdonar debido a la magnitud de su amor; en otras ocasiones somos el hijo díscolo, que se ha alejado de la casa del padre y que, incluso cuando vuelve a ella, no piensa más que en sí mismo, pero que recibe de todos modos la cordial acogida de alguien que le ama sin que él lo merezca; por último, no faltan las ocasiones en que somos el hijo bueno, el que se ha quedado en casa, pero que ha guardado en su corazón un inconfesado sentimiento de envidia hacia el juerguista que se fue y que, por eso, expresa con ira su rechazo a que sea admitido en el hogar después de haber hecho lo que a él le gustaría haber llevado a cabo, pero que no se ha atrevido a hacer por no perder precisamente lo que su hermano ahora va a recuperar: la herencia. Somos el padre, el vividor o el envidioso con apariencia de bueno, según los momentos o según con quién, y es muy útil reconocerlo así, entre otras cosas para ser más humildes. Pero, sobre todo, lo que importa, lo que Cristo quería enseñarnos es que el padre es como es, tal y como lo describe la parábola: un ser amante que, aun sabiendo que su hijo no merece su amor, le abre sus brazos y lo perdona una y mil veces. El Padre, Dios, sabe que muchos de los cristianos que van al confesionario lo hacen por miedo al infierno y no por dolor de haberle ofendido a Él, como el hijo pródigo, que regresaba porque sabía que iba a comer mejor en la casa de su padre que guardando cerdos. Sin embargo, se comporta como si el muchacho que vuelve estuviera realmente arrepentido por el daño que ha hecho y ni siquiera le echa en cara su presente egoísmo. También sabe que el otro hijo, el que se ha quedado en casa, no lo ha hecho por amor, sino para no perder la herencia; a pesar de eso, le ha seguido tratando con la misma dulzura, como si el motivo fuera el más elevado posible.

Ése es el padre descrito en la parábola. Es un Dios que ama como sólo Dios puede hacerlo: de una manera infinita. Pero ése es un amor que reclama otro tipo de amor diferente al que recibe de sus dos hijos. El padre se merece otra cosa, tiene derecho a recibir otra cosa. Por eso siempre he echado en falta en esta parábola, lo mismo que en otras, la existencia de un tercer hijo, de una hija quizá, que se comportara de otra manera. Una hija que no se hubiera ido de casa, pero que se hubiera quedado no por la herencia, sino por amor al padre. Esa hija, feliz en compañía de su padre, no se irritaría por la llegada del hermano pecador, sino que compartiría con el padre la alegría del reencuentro. Quizá, a solas, reprendería dulcemente al recién llegado para decirle que el comportamiento del padre debería despertar en él gratitud y no sólo cálculo. En todo caso, por lo que a ella respecta, se habría quedado con el padre aunque éste hubiera estado arruinado y no tuviera nada que ofrecer de orden material. Esa hija, ¿cómo no verlo así?, es la Virgen María. Ella no se ha ido nunca de la casa del padre. Ella está siempre, como Él, esperando la vuelta del hijo pródigo. Ella se alegra con nuestro regreso, al margen de cuáles sean nuestras motivaciones. Ella nos exhorta dulcemente a que entremos en una espiritualidad verdaderamente cristiana; a que empecemos a agradecer a Dios por el amor recibido; a que dejemos de herirle, bien con nuestra marcha de la casa, bien con nuestro regreso por motivos egoístas. Por eso, imitar a María, la Inmaculada, la que no se fue de la casa de Dios, la que se alegra con nuestro regreso, la que ama siempre sin sombra de egoísmo, de interés o de miedo, es la mejor manera de ser el cristiano que Cristo quiso que fuéramos. No podremos nunca agradecerle a Jesús lo suficiente el habernos dado un modelo como María, una madre como María, una hija del Padre como María.

Las Bienaventuranzas

Si las parábolas fueron el recurso más utilizado por Cristo para exponer de modo popular y asequible su mensaje, quizá fue en el llamado «Sermón de la Montaña» donde más profundizó sobre el precio que tendría su seguimiento para los discípulos, así como sobre la recompensa. Las Bienaventuranzas —llamadas así por la palabra con que empieza cada frase o promesa de bendición— aparecen recogidas en Mateo (Mt. 5, 1-12) y en Lucas (Lc. 6, 20-23). En éste aparece, además, un conjunto de imprecaciones o advertencias, ligadas a las Bienaventuranzas (Lc. 6, 24-26), que son como la otra cara de la moneda: el recuerdo de que si no se hace el bien, se hace el mal, de que si no se está con Cristo se está contra Él.

«Dichosos los pobres de espíritu, porque de ellos es el Reino de Dios. Dichosos los afables, porque ellos heredarán la Tierra. Dichosos los afligidos, porque ellos serán consolados. Dichosos los que tienen hambre y sed de justicia, porque ellos serán saciados. Dichosos los misericordiosos, porque ellos alcanzarán misericordia. Dichosos los limpios de corazón, porque ellos verán a Dios. Dichosos los que trabajan por la paz, porque ellos serán llamados hijos de Dios. Dichosos los perseguidos por ser justos, porque de ellos es el Reino de Dios. Dichosos seréis cuando os injurien, os persigan y digan contra vosotros toda suerte de calumnias por causa mía. Alegraos y regocijaos porque vuestra recompensa será grande en los Cielos. Pues también persiguieron a los profetas antes que a vosotros» (Mt. 5, 1-12).

«Dichosos los pobres, porque vuestro es el Reino de Dios. Dichosos los que ahora tenéis hambre, pues seréis hartos. Dichosos los que ahora lloráis, porque reiréis. Dichosos seréis si os odian los hombres, si os expulsan, os insultan y proscriben vuestro nombre como infame por causa del hijo del hombre. Alegraos aquel día y saltad de gozo, porque vuestra recompensa será grande en el Cielo. Así trataban también sus padres a los profetas. Pero ¡ay de vosotros los ricos, porque ya tenéis vuestro consuelo! ¡Ay de vosotros, los que ahora estáis hartos, porque tendréis hambre! ¡Ay de vosotros los que ahora reís, porque gemiréis y lloraréis! ¡Ay de vosotros cuando os alaben todos los hombres! Así alababan sus padres a los falsos profetas» (Lc. 6, 20-26).

El mensaje de las Bienaventuranzas es, en esencia, la presentación de un nuevo camino para llegar a la felicidad, que es la eterna aspiración humana. Es profundamente novedoso e incluso revolucionario porque coloca el centro de interés en cosas que no tienen nada que ver con aquellas por las que habitualmente luchan los hombres y que se consideran ligadas a la felicidad. Al contrario de éstas, son asequibles a cualquiera y no hay peligro de que se desgasten.

Además, pone en primer lugar dentro del *ranking* de los hombres felices a gentes que normalmente están considerados como los últimos, los más desgraciados, y, por el contrario, aquellos otros que son mirados con envidia por considerárseles afortunados son ahora postergados a los últimos lugares. Así sucede, por ejemplo, con los que tienen misericordia, con los que son puros de corazón o con los que trabajan por la paz; pero también pasa con los pobres, con los que lloran o con los que son perseguidos por la Justicia.

Lo que quiere decirnos Cristo, a aquellos discípulos que debieron escucharle mudos de asombro la primera vez y a nosotros, que escuchamos con no menos estupor estas palabras suyas, es que no hace falta ser rico, guapo, famoso, poderoso, sano, joven, triunfador, para ser feliz. Nos dice también que, aunque parezca que el que hace el mal, el que engaña, el que miente, el que roba, el que utiliza la violencia para conseguir sus fines, el que acumula dinero a costa de la miseria de otros, es el que triunfa y es feliz, eso no es así. No es así, visto desde la perspectiva del Cielo —desde la cual hay que entender todo el mensaje de las Bienaventuranzas, pues la vida en la Tierra no es más que una parte, la menor, del conjunto de la vida, que es eterna— y no es así ni siquiera desde la propia perspectiva terrenal. Con muchísima frecuencia, todos hemos visto triunfar al que hace el mal, pero también hemos visto cómo ése ha terminado por caer en el barro y recibir el castigo que merecían sus fechorías; regímenes violentos y dictatoriales, que parecía que iban a ser eternos, han visto derribarse sus muros, mientras que la Iglesia, basada en el amor, a pesar del pecado de los que la integran, atraviesa los siglos como una nave que, pese a su fragilidad, logra sortear todas las tormentas.

El mensaje de las Bienaventuranzas es, en definitiva, un mensaje de esperanza. No tengáis miedo, nos dice Jesús. No os dejéis engañar por los que os dicen que con el amor no se va a ninguna parte, que el amor no da la felicidad, sino que la dan el dinero, el sexo o el poder. La felicidad sólo la da el amor y sólo el amor es el pasaporte que nos permite cruzar la puerta del cielo y disfrutar, junto a Dios, de la vida eterna. Porque el que ama no roba, sino que da limosna y, al hacerlo, se empobrece pero experimenta una felicidad inmensa. Efectivamente, el que ama no roba. Y no sólo eso, el que ama da limosna y, al hacerlo, se empobrece. Pero, a la vez, experimenta una felicidad inmensa que sólo conoce el que ha gozado de ella.

La pobreza evangélica, aquella que Cristo vivió y la que nos insta a cumplir, no es, por lo tanto, una mera cuestión económica, material. Es increíble ver con qué simplismo algunos seguidores de la Teología de la Liberación han creído y defendido que se es feliz y se va al Cielo sólo por no poseer bienes materiales en la Tierra. Y, por el contrario, los que tienen algo que les permite superar el umbral de la miseria ya están condenados al fuego eterno. Si eso fuera así, posiblemente el Señor mismo no tendría cabida en el Cielo, ni tampoco su Madre, la Virgen María, pues todo parece indicar que pertenecieron a lo que hoy llamaríamos «clase media» y, desde luego, Jesús se dejaba ayudar por los ricos, algunas de cuyas mujeres le seguían para socorrerle con sus bienes.

La pobreza evangélica es una más de las consecuencias del

amor. El que ama no roba —no se enriquece ilegítimamente— y no sólo eso, sino que al compartir con los demás se empobrece materialmente. Pero es feliz no porque es pobre, como si el ser pobre fuera algo bueno y en ello residiera el secreto de la felicidad. Es feliz porque ama y porque ha puesto el amor por encima del dinero en su escala de intereses, prefiriendo tener menos a cambio de ser más, a cambio de ver la alegría en el rostro de aquellos a los que él ha ayudado.

El que ama no roba y da limosna, pero también el que ama no hace sufrir, no hace derramar lágrimas, sino que, por el contrario, comparte su tiempo con el que necesita ayuda y abre su corazón misericordioso al dolor ajeno haciéndolo propio y, de este modo, llora con el que llora y consuela al que está llorando. Al hacerlo, experimenta ya una indecible dicha, la misma que experimentaba el que daba limosna, que no es más que una prenda de la que le estará reservada en el Cielo.

Si Dios es amor, amar nos acerca a Dios y, de alguna manera, nos «diviniza». Por eso hacer todo lo que hace Dios, todo lo que constituye el amor, es la mejor manera para ser felices. La pobreza —como fruto de la honestidad y de la solidaridad— es un camino. La misericordia es otro; la misericordia, la compasión, es, de hecho, un atributo divino. Porque el amor de Dios es misericordioso es por lo que nosotros podemos tener esperanza. Si no fuera así, si Dios fuera justiciero —que no es lo mismo que justo— estaríamos perdidos. Pero porque Dios es misericordioso es por lo que nosotros podemos acudir siempre ante Él confiando en su perdón. Imitar a Dios en este atributo suyo nos hace «divinos» a la par que plenamente humanos, pues estamos hechos a imagen y semejanza de Dios y cuanto más nos parezcamos al modelo más auténticamente humanos seremos. Vivimos la misericordia cuando no hacemos sufrir inútilmente al prójimo. La vivimos cuando estamos a su lado para ayudarlo, para apoyarlo —por ejemplo, visitando un asilo, haciendo compañía a un anciano o a una persona solitaria—. La vivimos de una manera muy especial, quizá la que más nos acerca a Dios y la más difícil de cumplir, cuando perdonamos a nuestros enemigos, cuando rezamos por los que nos han hecho sufrir, cuando —con la debida prudencia— damos nuevas oportunidades a los que las solicitan. Cualquiera que haya experimentado esto sabe perfectamente que lo que Cristo prometió se cumple. Porque, efectivamente, la dicha de que gozas es enorme cuando has dedicado una parte de tu tiempo a acompañar al solitario. E incluso se cumple cuando has sido capaz de algo tan difícil y a veces heroico como perdonar a un enemigo. Basta con ver la paz que destila el rostro del que pasa una tarde de sábado en un asilo ejerciendo una labor de voluntario, o la que tiene en la mirada el que ha desterrado de su corazón el odio y le ha dicho «te perdono» a su enemigo. Además, no hay que olvidarlo, esta bienaventuranza lleva consigo una promesa: la de que vamos a recibir misericordia si hemos sido capaces de darla. En otras ocasiones Cristo había enseñado esto mismo («Dad y se os dará, la medida que uséis la usarán con vosotros» Lc. 6, 38) y ahora nos lo vuelve a recordar. Para animarnos a practicar la virtud divina de la misericordia.

Podemos decir lo mismo de los que trabajan por la paz, de los que luchan para que en el mundo haya justicia, de los que se esfuerzan por vivir castamente —según su vocación— y por mantener el corazón puro. Por último, no hay que olvidar que el que llora está especialmente unido a Cristo, y eso es ya una bendición; lo mismo que el perseguido o cualquier otro que atraviesa por una de las fases de dolor o de amor que Nuestro Señor vivió durante su estancia en la Tierra. La unión con Cristo, esa especie de «eucaristía amarga» que se produce mediante el sufrimiento inevitable y que llevó al Señor a decir que el que ayudaba a cualquiera que sufriera, lo ayudaba a Él, pues de alguna manera Él estaba presente en todo el que lloraba, implica un gran don, el de la comunión con el Señor; don que quizá no se ve con los ojos del mundo y que incluso el que lo tiene no sabe reconocerlo, pero que no es por eso menos verdadero, pues lo mismo sucede con otras cosas y no por ello dejamos de considerarlas motivos de bendición, aunque el que las posea ni las valore, ni las disfrute, ni las agradezca.

Todas las Bienaventuranzas son un camino a la felicidad porque todas ellas son manifestaciones del amor y sólo el amor nos hace humanos, nos hace «divinos» —semejantes a Dios— y, al hacerlo, nos hace felices. Pero quisiera fijarme, para acabar, en dos de ellas que no siempre han sido bien entendidas: la que nos insta a luchar por la justicia y la que nos exhorta a ser portadores de paz. Las dos nos invitan a luchar para no dejar las cosas como están y a hacerlo utilizando unos medios coherentes con el amor en el que creemos y que es la síntesis de todas las virtudes.

Trabajar por la justicia, lo mismo que compartir con el pobre o que consolar al que sufre, es un camino que conduce a la felicidad porque es una manifestación del amor y porque te ofrece la oportunidad de ver, poco o mucho, el resultado de tus esfuerzos. Trabajar por la justicia lleva consigo en primer lugar —cosa que con frecuencia se olvida— practicar uno mismo la justicia. Es incoherente reclamar justicia en la sociedad cuando uno no la pone en práctica en lo que está al alcance de su mano, bien en lo concerniente al salario que hay que pagar a los trabajadores que dependen de uno —si se da esta circunstancia—, bien en lo referente al trato que damos a las personas que viven con nosotros. ¿Cómo se está tratando a la esposa, a la madre, a la hermana en el hogar? ¿Cómo se está tratando al esposo? ¿Cómo se está tratando a los padres cuando son ancianos y necesitan ayuda? Antes, incluso, que todo esto: ¿Cómo se está tratando a Dios, que tiene derechos sobre nosotros porque es nuestro Creador y nuestro Señor?

Pero no basta con trabajar por la justicia, ni siquiera empezando por aplicarla a nuestro alrededor. Es necesario hacerlo utilizando las armas de la paz. No haber entendido esto ha dado lugar a equivocaciones tan graves como la justificación de la violencia por un sector de la Teología de la Liberación. Este error, que posiblemente es uno de los más graves que ha cometido una parte de la Iglesia en los últimos años, no es, sin embargo, el único ni el más repetido. Aunque su importancia sea mucho menor, no deja de ser dañina la actuación de aquellos que critican e incluso calumnian, y que lo hacen con la excusa de hacer el bien. Para hacer el bien hay que usar las armas del bien: las del amor, las de la paz.

Un último aspecto de las Bienaventuranzas, también muy esperanzador, es que, tal y como están expresadas por Cristo, no implican necesariamente que se deban cumplir en plenitud todas para alcanzar la felicidad en la Tierra y la promesa que llevan inherente en el Cielo. El Señor no dijo: «Dichosos los que lloran y son pobres y son perseguidos y son limpios de corazón y trabajan por la paz...» Cada bienaventuranza es una frase, unida a las demás, ciertamente, a modo de los vasos comunicantes, pero de alguna manera independiente. No parece posible que se pueda luchar por la justicia mientras se hace llorar al prójimo o mientras no se trabaja por la paz; hay un nexo lógico de comunicación entre todas las bienaventuranzas, porque todas son expresión del amor, de la caridad. Pero quizá no se pueda ser un especialista en todas, sino sólo en algunas, mientras que en las otras sólo se consigue sacar un resultado discreto, por encima del aprobado en todo caso.

Démosle gracias, pues a Dios, por este maravilloso y esperanzador mensaje. Y aprovechémoslo. Primero, para sentirnos felices cuando, por cualquier causa, somos nosotros los que sufrimos —teniendo presente la especial unidad con Cristo que poseemos en ese momento y la promesa para el Cielo de la que nos hacemos herederos—; y, segundo, para estar al lado de los que lloran, de las víctimas, a fin de aliviar su sufrimiento aun a costa de poner una parte del mismo en nuestras propias espaldas. Démosle gracias al Señor porque nos enseña dónde está la verdadera felicidad, dónde está el tesoro al que debe aspirar nuestro corazón. No en los bienes de la Tierra, sino en el amor. Un amor a Dios, que sueña con la unión con Él, y, por amor a Él, un amor pleno hacia el prójimo.

Otras enseñanzas éticas

No todas las enseñanzas de Cristo se inscriben en el capítulo moral. El dogma —por ejemplo, la existencia de la Santísima Trinidad— o la escatología —la existencia de la vida eterna y de la resurrección— constituyen capítulos esenciales de su magisterio. Sin embargo, los temas éticos son, sin duda, de los más reiterados. En realidad, hemos visto ya muchos de ellos, pues ética es la doctrina de las bienaventuranzas y comportamientos morales se recogen en las diferentes parábolas. En este apartado vamos a analizar algunas frases de Cristo que, sin estar incluidas en los temas anteriores, contienen una clara enseñanza que sirve de luz al cristiano para saber cuál tiene que ser su comportamiento. Y no olvidemos que aprender a amar es aprender a ser feliz. El mensaje moral cristiano no es una carga pesada que se pone sobre los hombros frágiles de los hombres y los quiebra, sino un camino de liberación de todo lo que nos esclaviza y nos impide ser auténticos seres humanos, libres y felices. Por eso la actitud con que debemos acercarnos a la enseñanza moral de los Evangelios no es la de temor o la de agobio, sino la de agradecimiento. Las cosas son como son y, por eso, averiguar cuál es la verdadera naturaleza de las cosas es un don, porque nos permite estar en la verdad y no hacernos daño ni hacer daño a otros, aun sin querer. Saber discernir entre el bien y el mal es uno de los regalos que nos ha hecho el Señor. No es el único: junto al discernimiento está la fuerza para obrar el bien y evitar el mal, y junto a esa fuerza está la misericordia para levantarnos cada vez que no hemos hecho lo que debíamos haber hecho. Tener conciencia, pues, es un gran tesoro, una gran suerte y entre las muchas cosas que debemos agradecer al Señor no es ésta, ni mucho menos, la de menor importancia.

Enseñanzas sobre el perdón

«Si yendo a presentar tu ofrenda al altar, te acuerdas allí de que tu hermano tiene algo contra ti, deja tu ofrenda allí, ante el altar, y ve primero a reconciliarte con tu hermano; vuelve entonces y presenta tu ofrenda» (Mt. 5, 23-24). «Habéis oído lo mandado: Ojo por ojo y diente por diente. Pues yo os digo: No hagáis frente al que os agravia. Al contrario, si uno te abofetea en la mejilla derecha, vuélvele también la otra» (Mt. 5, 38-42. Lc. 6, 29-30). «Habéis oído lo mandado: Amarás a tu prójimo y odiarás a tu enemigo. Pues yo os digo: Amad a vuestros enemigos y rezad por los que os persiguen» (Mt. 5, 43-48. Lc. 6, 27-28). «Porque si vosotros perdonáis a los hombres sus ofensas, también os perdonará a vosotros vuestro Padre celestial; pero si no perdonáis a los hombres sus ofensas, tampoco vuestro Padre perdonará las vuestras» (Mt. 6, 14-15). «No te digo que debas perdonar hasta siete veces, sino hasta setenta veces siete» (Mt. 18, 22).

La abundancia de textos sobre el perdón nos habla, por sí misma, de la extraordinaria importancia que este aspecto de la moral cristiana tenía para Jesucristo. Es, quizá, la más «rompedora» de sus enseñanzas, la más radical y revolucionaria, la que va más allá de lo que el instinto humano aconseja. Efectivamente, el instinto nos dice que debemos protegernos de los enemigos y que, como mínimo, tenemos que devolverles «ojo por ojo y diente por diente», a fin de que nos teman y no nos vuelvan a atacar, porque si nos ven débiles nos destruirán. Cristo, sin embargo, adopta para sí mismo —lo veremos en la cruz— y para los suyos una postura radical en este tema: el odio no sirve para nada, ni siquiera para defenderte de los enemigos; el odio —y su consecuencia, la venganza— sólo sirve para inflar la espiral de la violencia y para envenenar el corazón de los que lo atesoran. El daño que te han hecho, ya te lo han hecho, y no perjudica en nada a tu enemigo que tú estés amargado, ni tampoco sirve esa amargura para volver a la situación pasada. La doctrina del perdón, lógicamente, no significa que el cristiano no tenga derecho a defenderse utilizando los medios legales para ello; significa que en su corazón no puede haber odio ni en sus manos venganza y, para conseguirlo, nada mejor que poner en práctica lo que el Señor nos manda: rezar por nuestros enemigos. Para esto y para llegar incluso al extremo de hacer el bien a quien nos ha hecho el mal, necesitamos la ayuda de Dios; sin la gracia, no podemos hacer nunca el bien, pero sobre todo no podemos hacer este tipo de bien, que excede con mucho las fuerzas del ser humano. Démosle gracias a Dios, pues, por estas sublimes enseñanzas —y por su ejemplo sobre las mismas—, que buscan cortar la violencia entre los hombres, que implican el rechazo total del terrorismo, sean cuales sean las causas que se invoquen para justificarlo. Basta con este punto de la moral cristiana para comprender la superioridad de la misma con respecto a las enseñanzas de otras religiones y para rechazar interpretaciones del Evangelio que justifican y fomentan la lucha de clases y la violencia revolucionaria. Estas interpretaciones, impregnadas del ateísmo marxista, golpeaban la esencia del cristianismo precisamente porque se oponían radicalmente al mandato del Señor de amar al enemigo. Eso no significa, como se ha dicho, que el cristiano no tenga que luchar por la justicia, pero debe hacerlo sin violencia y sin odio, como hizo Cristo. Démosle gracias a Dios por esta maravillosa doctrina, por las fuerzas que nos da para practicarla, por su misericordia cuando no lo conseguimos y porque nos ha dado una Iglesia y una jerarquía que la han defendido valientemente, tanto en tiempos antiguos como recientes.

Enseñanzas sobre el divorcio

«Habéis oído el mandamiento: No cometerás adulterio. Pues yo os digo: Todo el que mira a una mujer casada deseándola, ya ha cometido adulterio con ella en su interior» (Mt. 5, 27-28). «El que se separe de su mujer y se case con otra, comete adulterio contra la primera; y si la mujer se separa de su marido y se casa con otro, comete adulterio» (Mc. 10, 11-12; Mt. 5, 31-32; Lc. 16, 18).

Es posible que después del mandato de perdonar y amar al enemigo sea éste, el del rechazo al divorcio, el más difícil de los expuestos por Cristo. Así lo entendieron los discípulos, algunos de los cuales protestaron y expusieron al Señor sus quejas, alegando que bajo esas condiciones no merecía la pena casarse. El Señor, como ya se ha visto, aprovechó para dictar su enseñanza sobre la consagración por Él y por el Reino.

Sin embargo, el rechazo al divorcio es sólo un aspecto de la doctrina cristiana sobre el matrimonio. Lo que Cristo buscaba era, por un lado proteger a la parte más débil, que era la mujer, y, por otro, salvar a la familia de la inestabilidad y, muy en particular, a los hijos. El Señor, con su prohibición de divorciarse, nos enseña a valorar el matrimonio, a no tomárselo a la ligera, como el que sabe que se trata de algo de usar y tirar. El matrimonio es para toda la vida y precisamente por eso hay que prepararse bien para él y, una vez casados, hay que cuidarlo porque se trata de un tesoro que, como se está viendo, es frágil y quebradizo. Además, el matrimonio no es una cuestión que atañe sólo a los esposos. Están los hijos y también los abuelos. Es la familia entera la que se va a ver implicada, la que va a sufrir, cuando se produce el divorcio. Casarse es cuestión de dos, al menos en nuestras sociedades occidentales; divorciarse es algo que deciden dos —muchas veces sólo uno— pero que afecta a otros, y que afecta especialmente a los más débiles, que son los hijos. Chesterton decía que si a un hombre se le exige fidelidad a una sociedad que él no ha fundado, como por ejemplo la patria en caso de guerra, mucho más se le debe exigir fidelidad a una sociedad fundada por él, como es la familia. Una sociedad a la que han sido invitados nuevos miembros, los hijos, que, desde el instante en que nacen, tienen derechos adquiridos: el de encontrar un ambiente que les permita realizarse como seres humanos. Todos somos conscientes de que hay situaciones que, por los motivos que sean, se han convertido en auténticos infiernos y que ya no son educativas para la prole. Por eso la Iglesia ha permitido siempre la separación, cuando la convivencia se vuelve imposible. Pero separación no es divorcio y, por muy dolorosa que sea para los hijos, éstos la asumen mejor que la ruptura total entre sus padres que es el divorcio, el cual, además, suele llevar aneja la creación de nuevas familias en las cuales los hijos se sienten con frecuencia desplazados. Debemos darle gracias a Dios por estas enseñanzas, valiosas siempre, pero quizá hoy más que nunca, golpeados como estamos por un violento huracán de rupturas matrimoniales y de leyes que fomentan la destrucción de las familias.

Quedan abiertas algunas cuestiones, como se acaba de decir, tras el rechazo al divorcio. ¿Qué hacer con los divorciados que se han vuelto a casar? La Iglesia, como ha manifestado el papa Benedicto XVI, afronta estas cuestiones con su doble dimensión de madre y de maestra y busca soluciones que sean compatibles con la doctrina expresada por el propio Cristo. En todo caso, los divorciados vueltos a casar siguen perteneciendo a la Iglesia y son hijos de Dios queridos por él, aunque estén en pecado mortal; el Padre de la parábola del hijo pródigo no dejó de amar al hijo alejado y porque mantuvo el amor lo recibió cuando llamó a la puerta de la casa pidiendo reintegrarse al hogar. No están excluidos de la celebración eucarística, aunque sí de la comunión —debido a que están en situación de pecado—, y tampoco lo están de la participación en grupos de oración o en otras formas de asociaciones cristianas. La diversidad de casos es enorme pero, por lo general, siempre hay una historia de sufrimiento detrás y por eso la Iglesia tiene el deber de acercarse a ellos con un mensaje de consuelo y esperanza, para ayudarles a llevar la cruz que ellos mismos se han impuesto: la de no poder participar plenamente de la comunión eclesial.

Enseñanzas sobre los afanes de la vida

«Nadie puede servir a dos amos, porque odiará a uno y amará al otro, o se apegará a uno y despreciará al otro. No podéis servir a Dios y al dinero» (Mt. 6, 24; Lc. 6, 13). «No andéis agobiados por la vida pensando qué vais a comer o a beber, ni por el cuerpo, pensando con qué os vais a vestir. ¿No vale más la vida que el alimento, y el cuerpo más que el vestido? Fijaos en los pájaros: ni siembran, ni siegan, ni almacenan; y, sin embargo, vuestro Padre Celestial los alimenta. ¿No valéis vosotros más que ellos? ¿Y quién de vosotros, a fuerza de agobiarse, podrá añadir una hora al tiempo de su vida?» (Mt. 6, 25-27; Lc. 12, 22-34).

La enseñanza moral de Jesús se centra, con estos dos textos, en un asunto que afecta prácticamente a todos los seres humanos, pues pocos son los que dejan de agobiarse por las cosas materiales. Incluso los que tendrían posibilidades económicas para vivir sin esas preocupaciones, también se ven arrastrados a ellas, como si un virus se hubiera introducido en la sangre y nos hiciera víctimas de la pasión de la ambición. El Señor no quiere, como quizá han interpretado algunos, que dejemos de ocuparnos de las cosas materiales; quiere que éstas dejen de «preocuparnos» de «agobiarnos»; quiere que dejen de ser el principal y a veces único objetivo de nuestra vida; quiere, en definitiva, liberarnos de la esclavitud que representa la obsesión por el dinero, el confort, el éxito. Con mucha frecuencia vemos —y me imagino que siempre ha sido así— a personas que trabajan intensamente para tener una casa mejor que está por encima de sus posibilidades, pero que a cambio le restan a su familia un tiempo precioso y como consecuencia descuidan la educación de sus hijos e, incluso, una sana relación afectiva entre los esposos. De hecho, el elevadísimo número de divorcios que hoy azota como una plaga al mundo occidental, está relacionado al menos en parte con un estilo de vida marcado por una ambición absurda y suicida.

Las cosas materiales son no sólo necesarias, sino imprescindibles. Cristo no está en contra del progreso, ni del de la humanidad ni del individual. Hay unas ambiciones que son legítimas y que no están reñidas con la más intensa unión con Dios. Sin embargo, el Señor, como buen conocedor del alma humana, sabe que la frontera del equilibrio es muy fácil de traspasar y, por eso, con frecuencia la ambición se convierte en una pasión dominante y destructiva. Una pasión que a veces conduce a su víctima a realizar actos inmorales para conseguir el fin deseado, actos como la calumnia para progresar en la empresa, o como la participación en actividades corruptas para conseguir más dinero. Contra todo eso nos quiere advertir Cristo y lo hace poniéndonos los hermosos ejemplos de los lirios del campo y de los pájaros del cielo; ejemplos que motivaron a san Francisco a dejarlo todo para seguir sólo al Señor. Hoy, afortunadamente, tenemos también muchos maravillosos ejemplos en ese mismo sentido, y no sólo de religiosos y religiosas que lo han dejado todo para servir a Cristo, sino de padres y madres de familia que viven con gran alegría la austeridad e incluso la pobreza, a veces por el hecho de haber aceptado con generosidad que nuevos hijos llegaran al hogar. Démosle gracias a Dios por estas sabias enseñanzas, que nos advierten de unos riesgos en los que tantos caen, por el ejemplo de los que viven confiando en la providencia divina y, en definitiva, por su propio ejemplo y el de su Madre, modelos insuperables de abandono en la voluntad de Dios.

Enseñanzas sobre el juicio al prójimo

«No juzguéis y no os juzgarán, porque os van a juzgar como juzguéis vosotros, y la medida que uséis la usarán con vosotros. ¿Por qué te fijas en la mota que tiene tu hermano en el ojo y no reparas en la viga que llevas en el tuyo?» (Mt. 7, 1-5; Lc. 6, 37-38, 41-42). «Los maestros de la ley y los fariseos se sientan en la cátedra de Moisés. Haced y guardad lo que os digan, pero no hagáis lo que ellos hacen, porque dicen y no hacen» (Mt. 23, 1-3). «¡Ay de vosotros, maestros de la ley y fariseos hipócritas, que sois como sepulcros blanqueados!» (Mt. 23, 27).

En el tema del juicio al prójimo, Cristo se mueve entre unos márgenes que son, por un lado, el rechazo de la usurpación de una potestad que le pertenece sólo a Dios y, por otro, la valoración objetiva del comportamiento humano. Dicho de otro modo: el juicio de las intenciones está vedado al hombre, porque sólo Dios conoce el corazón humano y la intimidad de su conciencia; por eso no podemos juzgar al prójimo, y si lo hacemos vamos a sufrir un juicio severo por parte de Dios, que es el único y verdadero Juez. En cambio, sí podemos juzgar el comportamiento del hombre, las obras que hace el hombre. No podemos juzgar al que lo hace, pero sí lo que hace. Podemos afirmar que tal o cual acto es bueno o malo, pero no podemos decir si quien lo ha hecho ha cometido un pecado, porque ése sólo lo saben Dios y él. Porque podemos juzgar las obras, es válido para el cristiano el sistema judicial, pues de lo contrario no podría haber cristianos en la Judicatura, por ejemplo. Más aún, en tiempos de confusión moral como los que vivimos, es muy importante que el cristiano tenga muy clara la línea divisoria entre el bien y el mal, y sepa qué es bueno y qué es malo, y no sólo qué es legal y qué es ilegal. La legalidad o ilegalidad de un comportamiento la determina el Estado a través del llamado Derecho Positivo, que es modificado continuamente en los Parlamentos. En cambio, la moralidad de las cosas depende de ellas mismas, de su realidad intrínseca, y ningún poder humano puede cambiarla. Así, por ejemplo, el aborto puede ser legal en un país, pero seguirá siendo inmoral para un cristiano. En cuanto al juicio sobre la mujer que aborta, un cristiano condenará sin dudar el aborto realizado por esa mujer, como un mal objetivo, pero dejará el juicio sobre la conciencia de la mujer a Dios, que es quien conoce todas las cosas.

Hay una segunda parte en este tema, que concierne al juicio sobre aquellos que tienen, de alguna manera, un cargo de representatividad, de ejemplaridad, bien sea en la Iglesia, bien sea en la sociedad civil. Sobre esto, el Señor manda que se sigan sus enseñanzas —cuando éstas sean buenas—, aunque no se deba imitar su comportamiento. Ese comportamiento es muy importante y cuando no es coherente con lo que se enseña, se quita fuerza a esa enseñanza, se provoca escándalo y quien así obra se hace culpable de un grave pecado. Sin embargo, a pesar de eso, no quedan desautorizadas las enseñanzas. Hasta cierto punto, incluso, es menos malo enseñar bien y obrar mal que enseñar mal y obrar bien. Claro que lo mejor, lo que hay que procurar a toda costa, es enseñar bien y obrar también bien. Así la enseñanza cobra toda su fuerza y produce en quien la recibe el mejor de los frutos.

Démosle gracias a Dios por esta enseñanza, que nos da la luz para sortear uno de los escollos más importantes con que nos encontramos en la vida: el del Juicio. Y muy en especial, para evitar excusarnos a la hora de hacer el mal con los malos ejemplos que nos dan los que nos los deberían de dar buenos; hagan los demás lo que hagan, nosotros debemos hacer el bien. Para eso tenemos el ejemplo insuperable de Cristo y de María, que no nos decepcionan nunca y a los cuales seguimos.

Enseñanzas sobre los mínimos en la caridad

«Todo lo que querríais que hicieran los demás por vosotros, hacedlo vosotros por ellos» (Mt. 7, 12). «Amarás al Señor tu Dios, con todo tu corazón, con toda tu alma y con toda tu mente.» Éste es el principal y primer mandamiento. El segundo es semejante a éste: «Amarás a tu prójimo como a ti mismo.» En estos dos mandamientos se resume toda la ley y los profetas (Mt. 22, 37-40; Mc. 12, 28-31; Lc. 10, 25-28).

Cristo, como buen pedagogo, va a mostrar a sus discípulos dos niveles éticos. Uno de mínimos y otro de máximos. Lo mismo que un profesor explica lo que hay que hacer para aprobar o para obtener un sobresaliente, el Señor quiere que sus seguidores sepan con claridad qué tienen que hacer para no hacer el mal y qué para hacer el bien, aunque esto mismo hay que matizarlo, pues no es posible no hacer el mal sin hacer el bien.

Para esa ética de mínimos, Jesús se apoya en los preceptos

ya conocidos por los judíos —y no sólo por ellos—. Preceptos que se resumen en la llamada «Regla de Oro», que, según los estudiosos, tiene su origen en las enseñanzas de Confucio. Este maestro chino no dice exactamente lo mismo que Jesús, pues él aconseja no hacer el mal («no hagas al otro lo que no te gustaría que te hicieran a ti»), mientras que el Señor aconseja hacer el bien («haz el bien que te gustaría que te hicieran»), lo cual, aunque parezca lo mismo, no lo es. Sin embargo, no cabe duda de que hay una influencia que desde Oriente llega al mundo judío y que, como es positiva, Jesús asume sin dificultades; entre otras cosas, porque fue Dios quien la puso en el corazón del sabio oriental. Del mismo modo, el Señor no es ni pretende ser original cuando divide los mandamientos promulgados por Moisés (el Decálogo) en dos bloques: uno referido a Dios (al que hay que amar con todo el corazón y con todas las fuerzas, y que supone el cumplimiento de los tres primeros mandamientos) y el otro referido a los hombres (que engloba los siete mandamientos restantes y que resume en tratar al prójimo como a uno mismo le gustaría ser tratado).

Estos «mínimos» no son tan bajos como en principio pudiera parecer, pues en el amor al prójimo el Señor, al modificar la «Regla de Oro» de Confucio, está incluyendo ya las obras positivas —las mismas que te gustaría que te hicieran a ti— y pide no sólo evitar las negativas, lo cual no estaba tan claro ni siquiera en los mandamientos de Moisés. En éstos, la formulación de casi todos los preceptos referidos a los hombres es negativa, en el sentido de que indica lo que no hay que hacer, el mal que no hay que cometer, pero no establece qué es lo que hay que llevar a cabo (no matarás, no cometerás actos impuros, no hurtarás, no dirás falso testimonio ni mentiras, no consentirás pensamientos ni deseos impuros, no codiciarás los bienes ajenos). Cristo, por lo tanto, a la hora de establecer los mínimos éticos que va a pedir a sus seguidores está ya modificando la herencia recibida, en la cual indudablemente se apoya, para elevar el listón y pasar del mero precepto de no hacer el mal al de hacer el bien. Falta presentarles a sus discípulos un modelo concreto, bien con normas positivas que hay que cumplir, bien con un ejemplo que sea suficientemente representativo. Eso lo veremos en el apartado siguiente, cuando él mismo se muestre como el punto de referencia moral, poniendo así el listón ético en lo más alto.

Enseñanzas sobre la caridad a imitación suya

«Si alguno de vosotros quiere ser grande, que sea vuestro servidor; y el que de vosotros quiera ser el primero, que sea el servidor de todos; de la misma manera que el Hijo del hombre no ha venido a ser servido, sino a servir y a dar su vida por la liberación de todos» (Mt. 20, 26-28). «El más grande de vosotros que sea vuestro servidor. Pues el que se ensalza será humillado y el que se humilla será ensalzado» (Mt. 23, 11-12).

Estos dos textos, junto a otros, como aquel en el que Cristo pide a sus seguidores que se amen como él los ha amado y que veremos en su momento dentro del contexto en que se produce —la Última Cena—, dejan clara la intención de Jesús de convertirse para sus discípulos en un referente, en un paradigma, en el modelo supremo de caridad, de amor. Cristo quiere hacer cristianos. Es decir, Cristo quiere que sus seguidores no sólo compartan con él unos objetivos últimos (que podríamos englobar en el concepto «Reino de Dios»), sino que se parezcan a él, que intenten ser como él. Más aún, quiere que lo amen a él y que lo amen por encima de cualquier otro amor; signo, entre otras cosas, de la conciencia de divinidad que él tenía, pues nadie tiene derecho a pedir eso a otro hombre. Hasta tal punto esto es importante para Cristo, que condicionará la misión a la existencia de ese amor, como si no se pudiera fiar de nadie más que del que le amase; lo vemos en el diálogo con Pedro después de resucitado, cuando por tres veces lo examina sobre su amor, antes de encargarle que apaciente sus ovejas.

Por lo tanto, el Señor, deliberadamente y con una osadía que sólo se justifica porque él es Dios y es el hombre perfecto, se presenta ante sus seguidores como un modelo de comportamiento. «Sed como yo», nos viene a decir. «Amad como yo», nos enseña. O, lo que es lo mismo, «sed perfectos como vuestro Padre celestial es perfecto», pues no en vano «el Padre y yo somos uno y quien me ha visto a mí ha visto al Padre» (Jn. 14, 10).

Dicho esto, hay que aclarar en qué consiste el modelo ofrecido por Cristo. En realidad, de eso se ha tratado hasta ahora en este libro. Todas sus obras, desde la propia encarnación en el seno de María Virgen, hasta —como veremos más tarde— la muerte en la cruz, son referentes éticos. Incluso, aunque no hubiera pronunciado ninguna enseñanza, éstas se podrían deducir de su comportamiento y, francamente, no hay ningún líder político ni religioso en la historia de la humanidad del que se pueda decir lo mismo.

La vida de Cristo es, pues, el modelo. Un modelo que culminará en la muerte y muerte de cruz. Pero si tuviéramos que resumirlo todo en un concepto, tendríamos que utilizar el mismo que él empleó: el amor. Si Cristo ha venido a enseñarnos que Dios es amor, dado que él es Dios y él se pone y pone a Dios como modelo de comportamiento, el amor es la síntesis de toda la moral cristiana. Habrá que leer a san Pablo en todas sus cartas y sobre todo en 1 Cor. 13, o a san Juan, para darse cuenta de cómo esto fue entendido rápida y perfectamente por la primera comunidad cristiana. Y la cosa no paró ahí. Desde entonces hasta ahora, pasando por un san Agustín («Ama y haz lo que quieras») o un san Juan de la Cruz («Donde no hay amor, pon amor y encontrarás amor»), hasta llegar a la beata Teresa de Calcuta, la historia del cristianismo ha sido una historia de amor, a Dios y a los hombres, a los hombres por amor a Dios, a Dios a través de los hombres. Los santos son la prueba de ello. Claro que esa misma historia también ha sido una muestra reiterada de pecado, de traición a la ley del amor. Es la eterna aplicación de la parábola del trigo y la cizaña, inherente a la naturaleza humana individual y a la suma de individuos que es la sociedad. Pero, incluso en los tiempos más oscuros, no han faltado los santos ni ha dejado la Iglesia de tener claro que toda su moral debía basarse en el amor. La aparición de movimientos revolucionarios —unos heréticos como los cátaros y otros reformistas y católicos como los franciscanos— pone de manifiesto que nunca se perdió en la Iglesia la noción de que Cristo no era un líder político ni el cristianismo una religión de poder. La historia está ahí para demostrarlo.

Ahora bien, nada más complejo y a veces ambiguo que el

concepto de «amor». No sé si esto ha sido siempre así, pero desde luego lo es en nuestra época, debido probablemente a la perversión del lenguaje, a la manipulación que desde los medios de comunicación, de manera consciente e interesada, se está dando a determinadas palabras. Así, tener relaciones sexuales se llama «hacer el amor» y se incluye ahí todo, hasta la prostitución y el sexo con menores. La eutanasia se denomina «muerte por amor» y se justifica diciendo que se hace para que el enfermo o el anciano dejen de sufrir, cuando en realidad lo que necesitan es mucho cariño y, quizá, calmantes que les alivien. Pero el cariño, que sí es verdadero amor, exige sacrificio y eso es lo que no se está dispuesto a dar. Lo mismo sucede con el aborto, aunque aquí no se utilice la palabra amor; la manipulación del lenguaje llega al extremo de ocultar la realidad —el asesinato de un ser humano inocente— con un descarado eufemismo: «interrupción del embarazo».

¿Qué es, pues, el amor? Miremos a Cristo para saberlo. Fijémonos en como se comportaba él para hacer nosotros lo mismo. No huía cuando se trataba de defender al débil y al inocente, vivía en una alegre austeridad, era sociable pero sabía tener momentos de soledad para el encuentro con Dios, tenía paciencia con los defectos de los que le rodeaban. Creo que éstas, entre otras, deberían ser las notas que más se deberían tener en cuenta en una sociedad de consumo y de la huida, del egoísmo y el hedonismo como la nuestra. ¿Quieres saber lo que es amar? Mira a Cristo y a Cristo crucificado y lo descubrirás. Y luego haz tú lo mismo.

Claro que esta conclusión nos deja una cuestión abierta: ¿Qué sucede cuando el seguidor de Cristo no consigue imitar, en todo o en parte, a su modelo, a Cristo? ¿Qué sucede cuando no se logra alcanzar ese nivel moral supremo representado por el fundador del cristianismo? Y aún hay otra pregunta en el aire: Sabiendo que Cristo es el modelo y que hay que aspirar a ser perfectos como él lo fue, ¿hasta dónde hay que llegar en el amor?

A la primera cuestión se responde con una palabra: misericordia. El cristianismo es, en todo, trinitario. Si Cristo es el modelo, el Espíritu es la fuerza y el Padre la misericordia. No basta con saber lo que tenemos que hacer —aunque eso ya es mucho—. De hecho, si no tuviéramos la fuerza para hacerlo, terminaríamos en una frustración enfermiza. Y aun teniendo la fuerza —que es la gracia de Dios que el Espíritu Santo da para obrar el bien y evitar el mal—, puede suceder y de hecho sucede que no la secundemos y que obremos el mal y no el bien. Por eso es necesaria la misericordia. Una ética de máximos, como es la cristiana, sería enfermiza si no estuviera acompañada por las otras dos dimensiones de la espiritualidad cristiana: la gracia de Dios y el perdón divino. Con este trípode sí podemos aspirar a la perfección divina.

En cuanto a la segunda pregunta, la del límite de los máximos, su respuesta será siempre una cuestión abierta. La ventaja de una ética de mínimos, que te dice lo que no tienes que hacer, es que las cosas están bastante claras. El inconveniente de una ética de máximos es, precisamente, que la duda no deja de asaltar a los que intentan practicarla. Una duda que a veces puede convertirse en escrúpulo y que por eso tiene que ser tamizada por un cierto «sentido común», aunque éste sea un concepto también ambiguo y hasta peligroso. Me gusta la frase de la beata Teresa de Calcuta: «Hay que hacer el bien hasta que duela.» No sé si en su inglés originario suena igual que en español, pero en nuestro idioma el «hasta» significa que tienes que probar el dolor y saber pararte ahí. San Pablo lo expresa así en su segunda carta a los Corintios: «No se trata de aliviar a otros pasando vosotros estrecheces. Se trata de igualar» (8, 13). Si, por ejemplo, se diese limosna no de lo superfluo sino de lo que cuesta un cierto sacrificio dar, se haría muchísimo más de lo que se hace; lo mismo podríamos decir del voluntariado social: haz las cosas hasta que veas que están empezando a crearte problemas, a ti o a los tuyos. Y, en la medida en que te sea posible, aplícalo a otras realidades de tu vida: trabaja con intensidad y con la máxima eficacia, hasta que veas que eso te hace daño, te crea un problema; cuando se encienda la señal de alarma, es la hora de parar.

Cristo, pues, nos invita a imitarle e imitarle a él es vivir en el amor y aspirar al máximo, a la perfección. Pero eso hay que hacerlo en la vida cotidiana, siendo un profesional o una ama de casa, un político o un comerciante, un joven o un anciano. La ética de máximos no podemos relegarla a un cajón que usen sólo los consagrados —si es que éstos la usan—, sino que tiene que ser válida para todos los cristianos. De ahí que el equilibrio se haga imprescindible para evitar, por un lado, la relajación y, por otro, la angustia y el escrúpulo. Creo que la frase —y el ejemplo— de la Madre Teresa son un buen referente para nuestra época. Una vez más, démosle gracias al Señor por ello.

Enseñanzas sobre la petición

«Pedid y se os dará, buscad y encontraréis, llamad y se os abrirá; porque todo el que pide recibe, el que busca encuentra y al que llama le abren» (Mt. 7, 7-8; Lc. 11, 9-13). «Todo lo que pidáis en oración con fe lo recibiréis» (Mt. 21, 22).

En los últimos años, no sé si antes también, se ha difundido un error que no me atrevo a llamar herejía pero que es muy pernicioso. Cada vez hay más gente que no pide. Mientras que muchos —todavía la mayoría— se relacionan con Dios sólo para pedir, habitualmente o en ocasiones esporádicas, «cuando truena», otros —quizá como reacción— han decidido no pedir nada a Dios o, al menos, no pedir nada para sí mismos. Esta postura es fomentada, por otros motivos, por ese tipo de sacerdote que, quizá porque su fe está debilitada, consideran ridículo pedir algo a alguien que, según ellos piensan, está demasiado ocupado en los grandes temas para fijarse en las pequeñas cuestiones que amargan nuestra vida. Si la actitud de los primeros, consciente o inconscientemente, es de soberbia, de autosuficiencia, de no querer deberle nada a nadie con la excusa de no molestar, la actitud de los segundos muestra una honda crisis de fe.

Hay que pedir. Forma parte de la ética cristiana. Es un mandamiento de Cristo. Y hay que pedir mucho, continuamente, con insistencia, sin desfallecer. Hay que pedir por el prójimo, por el mundo, por los nuestros y también por nosotros mismos. Al hacerlo nos situamos ante Dios en la posición que mejor refleja la realidad: somos débiles y él fuerte; él es el Señor, el Creador, el Todopoderoso, y nosotros sus criaturas. Es, pues, un acto de humildad que nos pone en la verdad de lo que somos: personas limitadas, seres humanos y no «supermanes».

El problema no está en pedir, ni en pedir mucho. El problema está en que no sabemos pedir, sino que exigimos. Está también en que sólo pedimos cosas materiales. Y, sobre todo, en que no sabemos agradecer.

La diferencia entre pedir y exigir puede parecer sutil a alguno, pero es clarísima. Cuando se pide, no se enfada uno si no se obtiene lo pedido; se es consciente de que lo que se pide es un favor y no un derecho, por lo cual se acepta sin represalias el «no» a lo pedido. Nosotros, en cambio, al menos en nuestra época, no pedimos sino que exigimos. Tratamos a Dios no como al Señor y ni siquiera como a un igual, sino como a un inferior. Él, de hecho y para la mayoría, es un criado que debe obedecer nuestras órdenes y ejecutar nuestros caprichos, bajo pena de ser despedido y enviado a las tinieblas exteriores, o sea, bajo pena de dejar de creer en él y entrar en crisis de fe. El hombre moderno parece haber decidido darle a Dios la última oportunidad de tenerlo en cuenta empleándole como el criado de la casa. El que antaño era el dueño —Dios—, tras la crisis de la Ilustración y el racionalismo, tiene que mendigar un sitio en la vida del hombre y éste le ha hecho un hueco en la sala de calderas o en el desván: te tendré presente, me acordaré de ti —te rezaré, iré a misa—, sólo si me sirves, si me eres útil; de lo contrario, dejaré de creer en ti para siempre y, por consiguiente, habrás muerto definitivamente. La «muerte de Dios» a que se referían los filósofos del siglo XX se ha producido, de hecho, por este motivo: el hombre que se relacionaba con el Señor principalmente para pedir, ha dejado de hacerlo cuando ya no necesita cosas materiales de Él —porque se las da el llamado «Estado del bienestar»— o bien cuando se ha sentido defraudado porque Dios no le ha concedido todo lo que le ha pedido.

El papel de criado, de esclavo del hombre, lógicamente, no puede ser aceptado por Dios. Pero es el que el hombre moderno le ha asignado. Las crisis de fe, si se mira bien, están motivadas en muchos casos por el incumplimiento de Dios de alguna petición humana, bien sea personal —la curación de un familiar enfermo que termina por morir—, bien sea colectiva —el cuestionamiento sobre el poder y la bondad divina que produce un cataclismo natural—. Tal como puso de manifiesto el escritor francés Albert Camus en su obra *La peste*, el hombre está chantajeando a Dios y despidiéndolo de su vida porque no se ha comportado como un empleado diligente.

El otro problema ligado a la petición es que sólo pedimos —generalmente— cosas materiales. ¿Quién pide todos los días la santidad, la superación de los propios defectos? ¿Quién pide para los hijos, además de la salud y el éxito en los exámenes, la gracia de Dios? Algunos, ciertamente, pero muy pocos. Para la mayoría —hablo de los que rezan y piden— todo es materia o al menos parece serlo. ¿No será por eso, entre otras cosas, que nuestras peticiones no son atendidas?

Por último, la tercera cuestión, la de la ingratitud. ¿Con qué ánimo acogeríamos nosotros la súplica de alguien que ya nos pidió y obtuvo lo pedido, pero que se olvidó de darnos las gracias y del que no volvimos a saber nada más hasta el momento en que necesitó nuevamente de nosotros? Si Dios utilizara con nosotros una medida humana, muy pocas serían las peticiones que obtendrían respuesta positiva. Además, la ingratitud está en la raíz de las crisis de fe mencionadas antes. ¿Por qué los que hacen responsable a Dios de los males, no le hacen responsable de las cosas que van bien? Si fuéramos coherentes con la lógica más elemental, debería ser así. ¿Y no son acaso muchas más las cosas que van bien que las que van mal? ¿No hay muchos más días de hermosos amaneceres junto al mar que de horribles maremotos? ¿No nos ha dado Dios un tiempo de salud y un tiempo para disfrutar de la compañía de los seres queridos? ¿Por qué no agradecérselo, en lugar de acudir a él sólo para reprocharle que ya no los tenemos? En el fondo, la respuesta a estas preguntas está en la afirmación anterior: Dios es, para el hombre moderno, no un Señor, el Señor, ni siquiera un igual, sino algo menos que un criado, un esclavo. Cuando Dios obra bien y nos concede las cosas que pedimos o, simplemente, las cosas que van bien aunque no las hayamos pedido, Dios no está haciendo nada extraordinario, nada que debamos agradecerle; está cumpliendo con su deber y satisfaciendo no nuestras peticiones, sino nuestros derechos. En cambio, cuando no se comporta así, obra mal y merece el castigo reservado no a los criados —que tienen sus derechos— sino a los esclavos: la muerte. Hemos retrocedido, con respecto a Dios, a la época más oscura de la historia humana y, posiblemente por eso, también va cada vez peor la relación entre los hombres.

Aprendamos, pues, a pedir. Pidamos mucho, también cosas materiales aunque no sólo éstas. Pidamos por el mundo, por la Iglesia, por los nuestros y por nosotros mismos. Pidamos, no exijamos. Aceptemos la respuesta de Dios sin enfadarnos, sea la que sea. Y, sobre todo, agradezcamos. Agradezcamos lo que ya nos han dado, lo que hemos tenido siempre y por eso estamos acostumbrados a ello. Al agradecer haremos un acto de justicia y, a la vez, aprenderemos a valorar lo que tenemos, porque nos daremos cuenta de que lo tenemos y de lo afortunados que somos por tenerlo.

Enseñanzas sobre el esfuerzo moral

«Entrad por la puerta angosta; porque ancha es la puerta y amplia la calle que lleva a la perdición, y muchos entran por ellas. ¡Qué angosta es la puerta y qué estrecho el camino que llevan a la vida! Y pocos dan con ellos» (Mt. 7, 13-14; Lc. 13, 24). «El que es infiel en lo poco lo es también en lo mucho, y el que es injusto en lo poco, lo es también en lo mucho» (Lc. 16, 10). «Todo el que escucha estas palabras mías y las pone por obra se parece al hombre sensato que edificó su casa sobre roca. Cayó la lluvia, vino la riada, soplaron los vientos y arremetieron contra la casa, pero no se hundió, porque estaba cimentada en la roca. Y todo aquel que escucha estas palabras mías y no las pone por obra se parece al necio que edificó su casa sobre arena. Cayó la lluvia, vino la riada, soplaron los vientos, embistieron contra la casa y se hundió» (Mt. 7, 24-27; Lc. 6, 47-49). «Dichosos más bien los que escuchan la palabra de Dios y la ponen en práctica» (Lc. 11, 28).

La meditación sobre el esfuerzo que hay que hacer para vivir coherentemente la fe en Cristo, nos sitúa en el centro del problema con que se enfrenta la Iglesia. No todos los que se alejan de ella lo hacen por el sacrificio que va ligado a la ética cristiana, pero ésa es la excusa que emplea la mayoría. Así debe ser entendido, a juzgar por la continua petición de «rebajas» morales que se le hacen a la jerarquía y en particular al papa. Se trata, evidentemente, de una tentación, pues si algún día la Iglesia cometiera el error de caer en ella vería que no sólo la gente no acude más, sino que pierde el prestigio y la dignidad que tenía; la experiencia de algunas Iglesias protestantes debería servir para corroborarlo.

Sin embargo, si miramos con atención las palabras con las que Cristo presenta esta parte de su mensaje moral, podemos descubrir algunas cosas tan interesantes como aleccionadoras, sobre todo a la hora de presentárselo a los hombres.

Primero: el Señor no oculta que seguirle es difícil. Segundo: hace ver a sus discípulos que, aunque cueste, el cumplimiento de la ética cristiana está directamente relacionado con la felicidad tanto en la Tierra como en el Cielo. Tercero: Cristo propone una pedagogía progresiva que, sin perder de vista el objetivo final, haga capaz al hombre de avanzar en la santidad. Cuarto: el hombre no debe olvidar que no está solo en la lucha por hacer el bien y evitar el mal, pues junto a su necesario esfuerzo actúan la gracia y la misericordia divina.

El primer punto hay que dejarlo claro con valentía, pues nunca el Señor quiso ocultarlo. Ser cristiano es difícil, así de sencillo es el asunto y así hay que saber proponerlo a los hombres. Pero esa dificultad también conlleva un atractivo, pues no se trata de obstáculos que deban ser superados por el hecho de vencerse a uno mismo o por un estúpido afán de hacerle al hombre la vida dura, sino en aras de sacar de ese hombre lo mejor que lleva dentro y evitar que se haga daño a sí mismo y a otros. El modelo ético que presenta la Iglesia, por lo tanto, si bien es costoso de alcanzar, está impregnado de la belleza de lo noble, lo bueno, lo útil. Así enlazamos con el segundo punto: hacer el bien beneficia a todos; indudablemente, conviene a quien recibe ese bien; pero también —e incluso antes y más— beneficia a quien lo hace. Ser un auténtico ser humano —o, lo que es lo mismo, ser un santo— es lo mejor a que puede aspirar cualquier persona y no sólo pensando en los demás sino incluso en uno mismo. Hay un premio en el Cielo que no conviene olvidar y hay un premio en la Tierra que se suele dar con frecuencia aunque no siempre —el del aprecio de aquellos que se han sentido bien tratados—; pero, además, hay otro premio que no es pequeño: el de la paz de conciencia de que gozan los que hacen el bien y evitan el mal. Una sociedad como la nuestra, que tiende a presentar a los pecadores desde un lado paradójicamente simpático, proponiéndolos con frecuencia como modelos, debería consultar más las enseñanzas de la psicología y aprender de ella la relación que hay entre las enfermedades psíquicas y la mala conciencia. Sin abandonar este punto, y recordando las enseñanzas de Cristo que invita a ser inteligentes y construir la casa sobre roca aunque cueste más trabajo hacerla, el hombre que ha aprendido a obrar el bien, ha ejercitado sus músculos del alma de una manera que le será muy útil cuando tenga que atravesar las tormentas de la vida; en cambio, el que se ha dejado llevar de la molicie, del hedonismo, de la pereza y de la ira, se hundirá ante el primer envite, porque no está preparado para luchar, para hacer frente a las inevitables dificultades.

El tercer aspecto señalado nos invita a darnos cuenta de que en la santidad como en lo demás es preciso avanzar gradualmente, apoyándose en los conocimientos y experiencias precedentes ya asimiladas. Lo importante es tener clara la meta que hay que alcanzar: la perfección, y no engañarse a uno mismo diciendo que tal o cual cosa mal hecha no lo es, quizá porque es frecuente que otros lo hagan; los que se engañan a sí mismos diciendo que los pecados no son tales, son como los que creen saberlo todo y dejan por eso de estudiar, o como los que creen estar ya curados y abandonan antes de tiempo la terapia. Pero una vez que se sabe cuál es la meta y que se está decidido a alcanzarla, aun con esfuerzo, hay que actuar con inteligente humildad. Eso significa que hay que actuar —es decir, que no hay que pararse y renunciar a luchar contra el pecado—, pero a la vez significa que hay que ser humilde y no desanimarse si el pecado se presenta una y otra vez. El demonio suele tentar a los hombres invitándoles a desistir de la lucha por la santidad al hacerles constatar que no sólo es difícil sino que el avance es casi nulo debido a la repetición de actos que uno quisiera no hacer. ¿Para qué te vas a confesar —nos sugiere— si vas a volver a pecar como ya te ocurrió la última vez, y la otra, y la otra, y la otra? Y el hombre le da la razón y deja de luchar y se abandona. Por eso, hay que poner en práctica una humildad que sea a la vez inteligente: volver a empezar en el camino del bien cada vez que se caiga e irse proponiendo pequeñas metas accesibles que fortalezcan la voluntad y animen el espíritu. Si se quiere ser fiel en lo mucho, hay que entrenarse en lo poco. Además, suele suceder que las grandes batallas se pierden en pequeñas escaramuzas a las que no se da importancia, o dicho de otra manera, es en el frondoso bosque de los pecados veniales donde el hombre se debilita, porque no les da importancia, y llega exhausto a la lucha contra los pecados mortales.

Por último, no hay que olvidar que, aunque es necesario el esfuerzo humano —y así lo deja claro Cristo—, el hombre no es una especie de superman que todo lo puede. El «super hombre» de Nietzsche no existe ni ha existido nunca, ni falta que hace. Hace ya muchos siglos que fue identificada y condenada la herejía de Pelagio, aunque reviva siempre con nuevos rostros y nuevos bríos. Sin Dios, sin su gracia, no podemos hacer nada. Y tampoco lo podemos hacer sin su misericordia. Agradezcámosle, pues, estos dos dones, así como que no nos haya ocultado la dificultad que entraña su seguimiento y que nos haya mostrado el camino de la humildad inteligente para conseguir llegar a la meta.

Enseñanzas sobre la radicalidad de su seguimiento

«El que ama a su padre o a su madre más que a mí, no es digno de mí. Y el que ama a su hijo o a su hija más que a mí, no es digno de mí. Y el que no carga con su cruz y me sigue, no es digno de mí. El que encuentre su vida la perderá, y el que la pierda por mí la encontrará» (Mt. 10, 37-39). «El que quiera venir en pos de mí, niéguese a sí mismo, tome su cruz y me siga. Porque el que quiera salvar su vida, la perderá, pero el que pierda su vida por mí, la encontrará. ¿De qué le vale al hombre ganar el mundo entero si pierde su vida? ¿Y qué dará para recobrarla?» (Mt. 16, 24-26; Mc. 8, 34-38; Lc. 9, 23-27; Jn. 10, 25). «Os aseguro que si el grano de trigo que cae en la tierra no muere, queda infecundo; pero si muere, produce mucho fruto. El que ama su vida la perderá; y el que odia su vida en este mundo, la conservará para la vida eterna» (Jn. 12, 24-25).

Muy relacionado con lo que hemos visto antes —la necesidad de esforzarse para ser discípulo de Cristo— están estos otros textos que, sin embargo, añaden un matiz a la enseñanza del Maestro. Con ellos, el Señor no sólo habla de que seguirle es difícil, sino de que sólo el que le siga va a encontrar la felicidad anhelada. Más aún, deja claro que él tiene derecho a ese seguimiento por ser Dios y porque se ha ganado nuestro amor con su encarnación, muerte y resurrección. El que Cristo se presente ante el hombre con esas pretensiones es, como ya se ha dicho, una prueba de la conciencia que él tenía de su divinidad. Pero también es una garantía para el propio hombre. Pocos padres habrá que no se sientan interpelados ante la radicalidad de las exigencias del Señor: si quieres a tu hijo más que a mí, no eres digno de mí. Y, sin embargo, todos los días estamos viendo cómo ese amor tan fuerte que es el amor a los hijos —quizá el más fuerte— sucumbe ante los problemas matrimoniales y se postpone el interés de la prole al propio interés, considerado éste como el de encontrar la felicidad en la Tierra mediante el divorcio y un nuevo matrimonio.

Cuando el Señor consigue estar en el primer lugar de nuestro corazón, no lo hace para que en él no haya ningún otro afecto, como si fuera un Dios celoso que desea que el hombre no ame a nadie más que a él. El Señor lo que busca es que nuestro amor al prójimo esté ordenado y, por lo tanto, colocado cada uno en el sitio que le corresponde, convirtiéndose él en el garante del que sufre las consecuencias de los desórdenes que el pecado introduce en nuestros afectos y en nuestros actos. Si amas a Cristo más que a nadie, tu mujer puede estar tranquila porque no la vas a engañar, o puede estar tranquilo tu marido por el mismo motivo; pueden estar tranquilos tus hijos, tus padres, tus amigos e incluso tus jefes. No hay que olvidar que, según nos cuenta el Génesis, cuando el hombre cometió el primer pecado, dejando de lado a Dios por seguir otros intereses, no tardó en cometer el segundo —Caín mató a Abel, un hermano mató a su hermano— y después vinieron todos los demás. Cuando Dios no está en el primer lugar, nadie está a salvo, ni siquiera aquellos en cuyo favor, aparentemente, ha perdido la primacía.

No tengamos, pues, miedo a la primacía de Dios en nuestra vida. No nos va a quitar nada de lo que de verdad nos haga bien. Él es el jardinero que arranca las malas hierbas de nuestro huerto, para que nuestra alma sea humana y habitable y para que la habitemos no sólo nosotros sino aquellos con los que convivimos.

Enseñanzas sobre las persecuciones

«Os envío como ovejas en medio de lobos. Sed prudentes como las serpientes y sencillos como las palomas» (Mt. 10, 16). «Al que me confiese delante de los hombres, le confesaré también yo delante de mi Padre celestial; pero al que me niegue delante de los hombres, yo también lo negaré delante de mi Padre celestial» (Mt. 10, 32-33).

Las enseñanzas morales del Señor se enlazan unas con las otras y así éstas están unidas a las anteriores —que nos hablaban de la primacía de Cristo en nuestro corazón— y con las que nos advertían que el seguimiento del Maestro no era fácil y se hacía preciso atravesar una puerta con frecuencia estrecha. Lo que añaden las dos citas seleccionadas es que aquí la dificultad no está en no robar o en ser fieles en el matrimonio, sino en aceptar las críticas y persecuciones que van unidas al seguimiento de Cristo. Es normal que éstas ocurran y a veces procederán de ese sector de cizaña que hay en el seno de la propia Iglesia; en otras ocasiones, justo es reconocerlo, las persecuciones nos las habremos ganado nosotros en parte, por nuestra imprudencia o nuestro pecado. Por eso mismo, Jesús nos aconseja que seamos prudentes como las serpientes a la par que inocentes y sencillos como las palomas.

La prudencia no debe convertirse en inmovilidad, pues en ese caso nos transformaría en una perenne estatua de sal; tampoco puede ser motivo de pecado, como si justificara el uso de ciertas prácticas que son inmorales, como el engaño o la mentira. Por eso la prudencia debe estar ligada a la sencillez, a la inocencia que debe estar no sólo en nuestro corazón sino también en nuestros actos. Y, al final, no hay que olvidarlo, llegará la hora de la cruz, la hora de dar la cara, la hora de declararse abiertamente por Cristo y de sufrir las consecuencias. Como a él le pasó, como seguidores suyos, seremos criticados y ridiculizados e incluso perderemos un prestigio que teníamos justamente merecido o una escala social a la que legítimamente habíamos llegado, sin descartar que —como les ha sucedido a los mártires— podamos perder la propia vida. Pero en esos momentos, en los frecuentes de la humillación, la ironía y la burla y en los más escasos de la persecución sangrienta, no olvidemos la promesa del Señor y no olvidemos que él, que era Dios, hizo mucho más por nosotros que todo lo que nosotros podamos hacer por él. Y disfrutemos de compartir su suerte, porque la seguiremos compartiendo en el Cielo.

Enseñanzas sobre la recompensa para los que le siguen

«Todo el que deje casa, hermanos o hermanas, padre o madre, o hijos o campos por mi causa, recibirá el ciento por uno y heredará la vida eterna» (Mt. 19, 29). «El que os recibe a vosotros, me recibe a mí y quien me recibe a mí, recibe a quien me ha enviado... El que dé de beber a uno de estos pequeñuelos tan sólo un vaso de agua fresca porque es mi discípulo, os aseguro que no perderá su recompensa» (Mt. 10, 40-42). «Dichosos vuestros ojos porque ven y vuestros oídos porque oyen. Os aseguro que muchos profetas y justos desearon ver lo que veis y no lo vieron, y oír lo que oís y no lo oyeron» (Mt. 13, 16-17). «Si os mantenéis firmes en mi doctrina, sois de verdad discípulos míos, conoceréis la verdad y la verdad os hará libres» (Jn. 8, 31-32).

Ya se ha tratado, al comentar Las Bienaventuranzas, la promesa de felicidad, tanto en la Tierra como en el Cielo, que Cristo hace a aquellos que siguen sus mandatos. Dichosos seréis, dice reiteradamente el Señor, cuando os hagáis pobres para ayudar a los que son más pobres que vosotros, cuando tengáis misericordia de los que no se lo merecen, cuando trabajéis por la justicia y la paz, cuando os persigan por ser fieles a mí y a mi causa. No cabe duda de que el objetivo de Jesús era no sólo mostrar el camino de la felicidad, sino también animar a sus seguidores a recorrerlo y a alcanzar la meta final, a pesar de las dificultades del presente. Esa dicha, esa bienaventuranza, hemos tenido ocasión de comprobarla reiteradamente a poco que hayamos puesto en práctica el ejemplo y las enseñanzas del Maestro, lo mismo que hemos tenido ocasión de constatar que amar cuesta, que implica sacrificios y que sin la ayuda de Dios no podríamos hacer nada. La mayor parte de los textos antes citados vienen a incidir en eso mismo: el camino de la felicidad pasa por el amor, un amor a imagen y semejanza de Dios, manifestado en Cristo. Sin embargo, el último, expresa la promesa de otra manera: la fidelidad a Cristo, aun en medio de las persecuciones, es la única forma de alcanzar la verdad y será esa verdad la que nos hará libres.

Resulta espontáneo recordar, al leer ese texto de Juan, aquel otro en el que el Señor hablaba de sí mismo diciendo que Él era «el camino, la verdad y la vida». O, dicho de otro modo, que Él es el camino, el único camino, que conduce a la verdad y que a través de la verdad nos conduce a la vida, a la felicidad, y son estas dos metas tan anheladas dos manifestaciones de su propia naturaleza divina.

Pero esta identificación de sí mismo que Cristo hace con la verdad, no es cualquier cosa. Así se lo debió parecer, sin duda, a los primeros oyentes griegos del Evangelio, y también a los romanos. La verdad ha sido siempre buscada con ahínco por los mejores de los hombres y hay que reconocer que grandes fragmentos de la misma han sido encontrados por unos y por otros. Pero la verdad plena es sólo una y esa única y completa verdad no es una idea, ni un concepto, ni está escondida en las páginas de un libro o de una biblioteca; no se expresa con fórmulas intrincadas, ni hace falta poseer ningún doctorado para alcanzarla. La verdad es una persona. La verdad es Dios, es Cristo, es el Amor. El que sigue a Cristo busca imitar a Cristo y, gracias a la Gracia, lo consigue al menos parcialmente. Esa identificación con Cristo le hace participar de lo que Cristo es, del Amor, de la Verdad. Y esa participación será, precisamente, la que le dé otro de los beneficios del seguimiento del Maestro: la libertad. Se llega así a disfrutar, primero en la Tierra y luego en el Cielo, de una de las más nobles y ansiadas bienaventuranzas con que sueñan los hombres: estar en la verdad, disfrutar de la auténtica libertad y ser felices. La libertad, pues, es una consecuencia de la verdad y ésta viene de la comunión con Cristo, que es la Verdad. ¿No hemos comprobado decenas de veces que esto es así? ¿No nos hemos sentido auténticos y libres precisamente cuando, siguiendo a Cristo, hemos hecho el bien y evitado el mal? En cambio, cuando nos hemos dejado arrastrar por nuestros instintos, ¿no es cierto que una sombra de infelicidad ha nublado nuestra vista, que hemos sentido el peso de las cadenas del pecado y hemos notado su consecuencia: la esclavitud?

Por eso, precisamente, debemos darle gracias a Dios. Porque anhelamos la libertad y queremos estar en la verdad, es por lo que debemos agradecer no sólo que Cristo nos muestre el camino —la identificación con Él, el amor—, sino que nos dé la fuerza para recorrerlo porque sin su ayuda no podríamos hacer nada. Así es como se nos hace posible alcanzar el más hermoso de los sueños de los hombres, el de la libertad. Un sueño por el que han luchado y sufrido miles y miles de seres humanos, sin saber, quizá, que la libertad hay que ganarla primero en el propio corazón, luchando contra el pecado, y que cuando ésta se alcanza se comprueba que no hay fuerza humana que pueda encadenarla.

Enseñanzas sobre los escándalos

«El que acoge en mi nombre a un niño como éste, a mí me acoge. Al que escandalice a uno de estos pequeñuelos que creen en mí, más le valdría que le ataran al cuello una piedra de molino y la tiraran al mar» (Mt. 18, 5-6; Mc. 9, 37-42; Lc. 9, 48).

No podemos pasar por las enseñanzas morales de Cristo sin detenernos en un punto importante, siempre y quizá más en nuestra época: el escándalo. Las recientes y escabrosas noticias sobre el comportamiento de algunos clérigos en Estados Unidos, han servido para reabrir un viejo problema y para darle una publicidad ciertamente exagerada. Sin embargo, el problema está ahí y lo ha estado siempre, pues va ligado a la condición humana pecadora. La Iglesia se defiende con filtros en la selección de candidatos al sacerdocio, pero, o bien esos filtros no funcionan del todo, o son insuficientes. El daño que se puede causar al buen pueblo de Dios y la amenaza de Cristo recogida en los textos citados, deberían hacer reflexionar a aquellos cuyo comportamiento puede ser causa de escándalo.

Sin embargo, creo que la advertencia de Cristo no se limita a los escándalos de naturaleza sexual, ni tampoco a los que comete el clero, que son los únicos que ocupan las páginas de los periódicos. No digo que éstos no sean graves, pero sí afirmo que no son los más numerosos e incluso me atrevo a decir que hay otros al menos tan dañinos. Para colmo, quizá porque pasan desapercibidos, esos otros escándalos se cometen continuamente con la mayor impunidad, al menos en la mayor parte de los casos.

Me refiero a escándalos como las enseñanzas erróneas que se transmiten en muchas homilías, catequesis, clases de religión, clases de teología en los seminarios, libros publicados por editoriales propiedad de instituciones religiosas, artículos en los periódicos firmados por eclesiásticos que ocupan puestos docentes en universidades católicas, etc. ¿No han escandalizado esos comportamientos a millones y millones de buenos católicos, niños y adultos, en los últimos años? Lo han hecho, además, con un agravante: la total indefensión de las víctimas. Mientras que para el escándalo del mal comportamiento nos preparó Cristo («no hagáis lo que hacen, sino haced lo que dicen»), para este escándalo, para este veneno mortal, la práctica totalidad del pueblo de Dios no está preparado. Cualquiera puede entender que un sacerdote es un ser humano y que ha cometido un pecado, por horroroso que sea; eso no invalida el mensaje de Cristo, pues si ha obrado mal lo ha hecho precisamente por no ser fiel a ese mensaje. Sin embargo, cuando, enseñando en el nombre del Señor, se está ofreciendo la mentira como si fuera la verdad, la mayor parte de los oyentes no dispone de los instrumentos para discernir y acaba tragándoselo todo, como si fuera la auténtica enseñanza de la Iglesia. «Si lo dice un cura, si lo dice el párroco, si lo dice ese famoso teólogo, será verdad», piensan muchos; y cuando se dan cuenta, quizá porque algún valiente se atreve a desautorizar a esos famosos maestros, con frecuencia el mal está hecho para siempre. Estoy seguro de que estos «escandalizadores» han hecho mucho más daño que los otros, y, lo que es peor, siguen haciéndolo, sin que, en la mayor parte de los casos, pase nada o se haga nada para impedirlo.

Pero aún hay otro escándalo que hace un daño enorme a los «niños», a los inocentes, de los que habla Jesús. Es el que tiene lugar en el propio hogar, cuando los padres manchan con sus malos ejemplos y sus malos consejos la inocencia de sus hijos. Generalmente, este veneno es sorbido por las víctimas sin ser conscientes de lo que asimilan y terminan por pagarlo los envenenadores, pues suelen ser los primeros en cosechar las consecuencias de haber educado en el mal a sus hijos. Quiero aclarar que cuando hablo del mal, de los malos ejemplos y los malos consejos, no me refiero sólo a esas familias del hampa, de la marginación. Ésas, naturalmente, existen y son responsables —Dios sabrá en qué medida— de sus actos. Me refiero, sobre todo, a esas otras familias, numerosísimas en los países ricos, que están educando a sus hijos sin valores, no sólo religiosos, sino, incluso, humanos; sus principios éticos son los que emanan de la televisión, y aun de lo peor de la televisión, o de tres o cuatro tópicos éticos de moda, que se asumen mucho más en teoría que en la práctica. Me dan una profunda pena los niños nacidos en esas familias, que suelen recibir de sus padres si no todo al menos mucho en el orden material, pero poquísimo o nada en el orden espiritual y moral. Y no me consuela nada saber que los culpables serán castigados por las víctimas, que probablemente se convertirán a su vez en culpables de escandalizar a nuevas víctimas: sus propios hijos.

Démosle gracias a Dios por la educación recibida. Por la familia en la que hemos nacido, que no sólo se preocupó de nuestro cuerpo sino que también pensó en nuestra alma. Démosle gracias por el ejemplo recibido en casa, a veces tan grande y noble que nos permite pensar que nuestros padres figuran en la lista de los santos anónimos que veneramos el primero de noviembre. Démosle gracias al Señor, también, por cada buen sacerdote que hemos conocido, por los ejercicios espirituales que hemos hecho, por las buenas homilías, por las clases de religión y las catequesis de la infancia, que nos abrieron los ojos a la fe y nos permitieron dar los primeros pasos, rectos y seguros, por el camino de Cristo. Cuando uno mira alrededor y ve lo que hay, todo le parece poco para agradecer a Dios por la familia, por los formadores, por todos aquellos que han alejado de la propia boca el veneno del escándalo.

Enseñanzas sobre la necesidad de orar

«Marta, Marta, tú te preocupas y te apuras por muchas cosas, y sólo es necesaria una. María ha escogido la parte mejor, y nadie se la quitará» (Lc. 10, 41-42). «A los pobres los tendréis siempre con vosotros, pero a mí no me tendréis siempre» (Jn. 11, 8).

¿Se puede considerar la oración como un precepto moral, como una obligación ética que un cristiano no debe dejar de cumplir? Posiblemente este planteamiento no ha sido utilizado nunca o, al menos, no es frecuente. Y, sin embargo, creo que es pertinente hacerlo. No pretendo decir que haya que rezar sólo por obligación, pero sí que es una obligación rezar. ¿No lo es acaso la participación en la misa dominical? ¿Por qué, pues, no lo había de ser adorar al Señor, presente en la eucaristía, hacerle compañía en la soledad del sagrario? No se puede decir que los padres deban amar a sus hijos sólo porque la ley los obliga, pero hay leyes que castigan a los padres que no se preocupan de la educación de sus hijos o que les hacen daño. ¿Y no merece el Señor al menos otro tanto?

Creo que la oración, lo mismo que la participación en la eucaristía, hay que plantearla, además de cómo se ha hecho hasta ahora, desde la perspectiva de los derechos de Dios. Del derecho a ser amado por los hombres, a ser adorado, respetado y obedecido por ellos. Es cierto que se ha hablado con frecuencia de que la asistencia a misa es una obligación —de la oración no se ha dicho nunca eso—, pero no se ha explicado suficientemente el porqué, dónde radica esa obligación. Tenemos la obligación de amar, aunque parezca que el amor no puede ser obligado. Tenemos la obligación de agradecer. No podemos considerar que estar con el Señor, hacerle compañía, decirle que le queremos, escuchar sus enseñanzas, sea algo optativo, que sólo haremos cuando nos apetezca, a pesar de saber que en el fondo es muy beneficioso para nosotros. Amar a Dios, agradecerle por todo lo que nos ha dado no puede ser una opción para el cristiano: es una obligación, que se desprende del derecho que tiene Dios a ser amado y obedecido por sus hijos y sus criaturas. Si la ley moral cristiana es, como tantos han dicho con razón, la ley del amor, no puede quedar fuera de los preceptos de ese amor estar en comunicación —mediante la oración y la eucaristía— con aquel que nos ha creado, nos ha redimido, nos ha amado y nos ama. No rezar, por lo tanto, no es sólo un error, un empobrecimiento, sino una falta contra el amor debido a Dios. Al final lo que más le gusta a un padre es que su hijo esté con él y eso precisamente es lo que más le gusta a Dios. Por eso «inventó» la eucaristía, esa presencia real y sorprendente del Hijo de Dios en un pedazo de pan consagrado. Necesitaba estar con sus hijos, como un padre cualquiera, y se quedó para siempre en la Tierra esperando el acto de amor, el acto de justicia de vernos acudir a Él en el silencio de una iglesia, de permitirle que entre en nosotros cuando comulgamos.

Enseñanzas sobre la humildad

«Cuando hayáis hecho lo que os hayan ordenado, decid: Somos siervos inútiles; hemos hecho lo que debíamos hacer» (Lc. 17, 10).

Posiblemente debería haber comenzado el comentario a las enseñanzas éticas de Cristo por este punto, dada su importancia. Pero también es un buen lugar colocarlo el último, a modo de colofón, de epílogo que lleva a la plenitud todo lo anterior. Porque, si el camino del cristiano es un itinerario hacia la santidad, hacia la imitación de un padre que es perfecto, como lo son el Hijo y el Espíritu, ese camino puede encerrar una trampa en la que a veces caen hasta los mejores. Me refiero a la trampa de la soberbia. Aunque no es frecuente, tampoco es raro encontrar a personas buenísimas que, sin embargo, ocultan bajo los pliegues de sus buenas obras la semilla del mal, la soberbia. Hace falta creer firmemente en la gracia de Dios para no sucumbir a esa trampa, a esa tentación. Nuestra psicología, nuestro intelecto, dañado como está por el pecado original, nos dice que el bien que hacemos es obra nuestra, fruto de nuestro sacrificio y de nuestro esfuerzo. Y aunque los católicos creemos en la gracia de Dios, en no pocas ocasiones esta fe se queda en el plano intelectual, teórico e incluso retórico. Se nota mucho cuando hablamos, cuando alentamos a otros y, sobre todo, cuando, derrotados por el pecado, desesperamos. La mayoría, creer, lo que se dice creer, creemos en nosotros mismos o, como mucho, en las circunstancias. El pelagianismo y el semipelagianismo, dos antiguas herejías, nunca han sido derrotados del todo y están siempre al acecho para cobrarse nuevas víctimas. La gracia y nosotros no vamos a medias en la lucha por el bien y contra el mal; ella, la gracia, lleva la parte principal de la lucha y, aunque nuestra colaboración es necesaria, sin ella no podemos en verdad hacer nada bueno.

Cuando uno tiene esta fe y la renueva continuamente, entonces no surge el problema del que habla Cristo en el texto de Lucas arriba citado. En cambio, cuando no es así, cuando sin ser conscientes estamos militando en las filas pelagianas —los que creen que el bien lo hacen ellos sin ayuda de Dios y que, por lo tanto, se salvan a sí mismos y no tienen que agradecerle a Dios nada— o en sus sucedáneos, aparecen los frutos típicos de la soberbia: nos sentimos orgullosos y satisfechos de nosotros mismos, superiores a los demás o por lo menos a muchos, juzgamos con frecuencia, nos volvemos intolerantes ante los defectos del prójimo y reclamamos el castigo divino para con ellos. Incluso nos convertimos en intolerantes para con el propio Dios, pues no entendemos que siendo tan buenos como somos el Señor no esté rendido a nuestros pies lleno de agradecimiento y accediendo a todas nuestras peticiones y caprichos.

¿No estará en esta falta de humildad la raíz de tantas crisis de fe? Cuando nos enfadamos porque Dios no ha atendido a nuestras oraciones, porque algo nos va mal, porque nuestros planes no se cumplen, ¿no estará por ahí asomando la oreja del enemigo, la soberbia? ¡Cuántas veces he escuchado amargas quejas contra Dios por no haber hecho caso a las peticiones formuladas por buenos católicos! ¡Cuántas, incluso, he oído que ésa fue la causa de un alejamiento del Señor! En realidad, la fe que ha entrado en crisis ante el «silencio de Dios» no sólo no era muy fuerte, sino que posiblemente tampoco era del todo verdadera. Porque quien tiene la fe verdadera está investido con el traje hermoso de la humildad y hace lo que nos cuenta Lucas, decir al final de una jornada agotadora al servicio de Dios: «No he hecho más que cumplir con mi deber, Señor mío, y tú te mereces todavía mucho más.» El que tiene esta fe, el que posee el don de la humildad, el que sabe que sin Dios no puede hacer el bien y que, en realidad, prácticamente todo es gracia, acepta con humildad el dolor cuando viene y no deja de creer en el amor de Dios, aunque a veces no parezca que el Señor esté muy atento a lo que le pasa a su siervo. La humildad se convierte así en la coraza protectora que va a ayudar al cristiano a recorrer el camino de la santidad con las manos llenas de buenas obras pero sin enorgullecerse de ellas. La humildad, hija de la fe en la gracia de Dios, es la mejor protección contra las crisis de fe, pues quien la tiene no duda en seguir junto al Señor por muy oscura que se haya vuelto la noche a su alrededor.

¿Y no podemos nosotros, imitadores de María, considerar esta virtud como una de las que deberían figurar siempre en nuestro carné de identidad? ¿No fue ella una de las más típicas e identificativas de María, nuestra Madre y modelo? Démosle gracias a Dios por ser conscientes de su importancia, de su necesidad, así como por el ejemplo que nos brinda nuestra Capitana para saber cómo tenemos que comportarnos. Démosle gracias y pidámosle el don de la humildad como uno de los más preciados a los que podemos aspirar en nuestra vida. Repitamos, con el salmista, pensando en esta virtud: Aunque camine por cañadas oscuras, nada temo, porque tú, Señor, vas conmigo; porque el tesoro de la humildad, que tú me has dado, Señor, me envuelve y me protege.

El Padrenuestro

Vosotros rezad así: «Padre nuestro que estás en el cielo, santificado sea tu nombre, venga a nosotros tu reino, hágase tu voluntad en la Tierra como en el Cielo. Danos hoy nuestro pan de cada día, perdónanos nuestras ofensas como también nosotros perdonamos a los que nos ofenden, no nos dejes caer en la tentación y líbranos del mal» (Mt. 6, 9-13; Lc. 11, 1-4).

La narración del Padrenuestro, tal y como nos la presenta san Mateo, está en el contexto de una larga enseñanza de Cristo sobre la limosna y la oración, que quiere erradicar de sus discípulos el pecado de la hipocresía. Lucas, en un texto más breve, nos informa de que habían sido los apóstoles los que le habían reclamado un método de oración, «como Juan enseñó a sus discípulos». A esta petición, respondió Jesús con el Padrenuestro.

En realidad, es muchísimo más que una oración. Es, ante todo, la presentación del rostro de Dios, revelado definitivamente como «Padre», y también la presentación de la actitud que el hombre debe tener ante ese Dios: una mezcla de respeto y confianza, como corresponde a la doble realidad que Dios ostenta ante el cristiano: su Señor y su Padre.

El rostro de Dios que Jesús está revelando en el Padrenuestro (no es, ni mucho menos, el único momento en que llama «Padre» a Dios) es, ciertamente, el del Dios judío, en el sentido de que está en conexión con el Dios revelado en el Antiguo Testamento. Pero, a la vez, es un rostro nuevo. Para los judíos, Dios es, ante todo, el Creador y el Dios de los antepasados, el Dios de Abraham, Isaac, Jacob y Moisés. Este Dios está presente en la vida del hombre, es un Dios que actúa en la historia, y no es, pues, un creador distante, que una vez hecho el mundo se olvida de él y lo deja abandonado a su propia suerte. Es un Dios fiel, siempre dispuesto a cumplir la alianza establecida con el pueblo de Israel. Pero también es un Dios que exige a ese pueblo la misma fidelidad, el cumplimiento de su parte del pacto. Sin embargo, la fidelidad de Dios no está ligada a la fidelidad del pueblo y por eso siempre cabe la esperanza, pues aunque Dios castigue la infidelidad, siempre está dispuesto al perdón y a la misericordia.

Para Jesús, también Dios es todo eso: el Creador, el Rey, el Pastor, el Juez. Pero, sobre todo, es Padre. De ahí que a la hora de elegir un solo título para designar a Dios en una oración que fuese «suya y para los suyos», eligiese el de Padre. La invocación de Dios como «Padre» es una de las enseñanzas capitales de Jesús, como se desprende del hecho de figurar varias veces la palabra aramea *abba*, «papá», en el texto griego del Nuevo Testamento. Llama la atención especialmente que Jesús invoque a Dios como «abba», como «papá», en la oración del huerto de los Olivos, en el momento en que su relación con el Padre estaba atravesando su momento más difícil.

El Padrenuestro nos enseña, además, que Jesús se sentía Hijo de Dios y que quería que nosotros, los cristianos, también nos sintiéramos hijos de Él. Se trata de filiaciones diferentes: la de Jesús es por naturaleza y la nuestra por adopción a través del bautismo. Por eso no cabe duda de que Jesús tenía de sí mismo un concepto de hijo de Dios diferente al concepto de hijos de Dios que invitaba a tener a sus discípulos. Textos como Mt. 11, 25-27 («Yo te alabo, Padre, Señor del Cielo y de la Tierra... Sí, Padre, así te ha parecido bien. Todo me lo ha entregado mi Padre, y nadie conoce al Hijo sino el Padre, y al Padre no lo conoce más que el Hijo y aquel a quien el Hijo se lo quiera revelar») o la utilización por Jesús del «ser» divino ligado al nombre de Yahvé, atribuido a sí mismo («Yo soy el pan de vida», Jn. 6,35; «Yo soy la luz del mundo», Jn. 8,12; «Yo soy la puerta por la que deben entrar las ovejas», Jn. 10,7; «Yo soy el buen pastor», Jn. 10,11; «Yo soy la resurrección y la vida», Jn. 11,25; «Yo soy el camino, la verdad y la vida», Jn. 14,6), nos hablan del claro concepto que Jesús tenía de su divinidad y de que intentaba que sus discípulos también creyeran en ello. En este mismo contexto está la respuesta de Jesús a los judíos, interpretada por éstos como blasfemia, pues se situaba en el marco de la historia antes que Abraham y eso sólo le correspondía a Dios: «Antes que naciera Abraham, yo soy», Jn. 8,58.

Además, Jesús no sólo nos enseña a tratar a Dios como Padre, sino que en el Padrenuestro nos muestra que él tiene conciencia de su propia divinidad y eso también es un don para nosotros, pues algunos siempre dudan de si Jesús sabía o no que Él era Dios. Cristo nos está diciendo, de este modo, que Dios está más próximo al hombre que nunca, puesto que Dios se ha hecho hombre. Por eso Juan dirá de Cristo que Él es el «Logos», el «Verbo», la palabra, la presencia de Dios en medio de los hombres. Además de «palabra» de Dios, Jesús es la «imagen del Dios invisible». Ahora bien, como el hombre está hecho a imagen de Dios, pero a Dios nadie lo ha visto nunca, desde el momento en que Dios se ha hecho hombre en Cristo, Cristo se convierte en el modelo de los hombres. Los cristianos ya estamos recorriendo ese camino, pero la llamada —la vocación— a seguir a Jesús y a imitar a Jesús es para todos los hombres, pues está inscrita en su propia naturaleza humana. Por eso, cuando el apóstol Felipe le pide a Jesús que les muestre al Padre, éste le contesta: «Llevo tanto tiempo con vosotros, ¿y aún no me conoces, Felipe? El que me ve a mí, ve al Padre. ¿Cómo me pides que os muestre al Padre?» (Jn. 14,9).

De este modo, el Padrenuestro se convierte en una oración que nos dice cómo es Dios —el Padre, además del Creador, el Juez, el Todopoderoso—, que nos enseña quién es Cristo —Dios, Hijo de Dios— y que nos enseña cómo relacionarnos con un Dios que es Padre —a imitación de Cristo, del Hijo—. Por todo ello, esta oración en sí misma es causa de agradecimiento hacia Cristo. ¿Podríamos imaginarnos el cristianismo sin ella? ¿Habría sido lo mismo? ¿La relación de los cristianos con Dios sería la que ha sido en estos dos mil años de historia cristiana? Démosle gracias a Jesús, de corazón, por habernos enseñado con esa maravillosa oración tantas y tan importantes cosas. Y la mejor manera de agradecerlas, es practicarlas.

Por lo tanto, y resumiendo, aun sabiendo Jesús que su relación filial con Dios era distinta a la nuestra, quería que nuestra filiación con Dios, nuestro «ser hijos de Dios», fuera a imitación suya. Él nos está ofreciendo un modelo de comportamiento del hijo hacia el Padre, de nosotros hacia Dios pero también de nosotros hacia nuestros padres. Esto es un don extraordinario, pues a través del Padrenuestro nos enseña cuál tiene que ser nuestra actitud y nuestro comportamiento para con Dios y cuál la que debemos tener hacia aquellos que nos han dado la vida. La forma de enseñarnos concretamente cómo debe ser esa relación está incluida en las distintas partes de la oración. Ésta comienza situando a Dios ante el hombre y situando al hombre ante Dios. El Señor está en el Cielo: aunque le hemos llamado Padre sigue siendo Dios, sigue siendo Todopoderoso y merecedor de respeto y obediencia. La confianza que Dios nos otorga al hacernos hijos adoptivos suyos, no debe traducirse en un abuso y en un incumplimiento de los deberes que como criaturas tenemos para con Dios. En el mismo sentido se pronuncia la segunda frase, que nos habla de la alabanza que Dios merece precisamente por ser Dios («santificado sea tu nombre»). El hombre que reza el Padrenuestro no sólo es un hombre que ora, sino que es, ante todo y en primer lugar, un hombre que «adora», un creyente en el Señorío de Dios, por más que ese Dios al que adora sea también, por un grandísimo don del propio Dios, su Padre. El cristiano, pues, se ha convertido en un «hijo que adora», no en un hombre que teme al Dios al que adora, pero tampoco en un hijo que abusa de la bondad de su padre.

Conviene insistir en esto, pues es uno de los problemas del cristianismo, sobre todo en estos últimos años. La reforma posconciliar ha buscado deliberadamente mostrar un rostro amable de Dios en la catequesis. Como reacción a una cierta espiritualidad anterior, en la que se hablaba mucho del infierno y del temor a Dios, se pasó al otro extremo. Cristo ha sido presentado como el amigo —lo cual es verdad, pero no es toda la verdad— y Dios ha sido mostrado a los hombres como alguien tan bondadoso que resulta incapaz de juzgar y condenar; se haga lo que se haga, Él lo tolera todo, tanto si es a Él a quien se le hace sufrir de forma directa —por ejemplo, no practicando los deberes religiosos para con Dios—, como si se le hace sufrir al hacer sufrir al prójimo.

Por eso es muy importante darse cuenta de la necesidad de conciliar respeto con confianza, obediencia con cariño. A Dios, tal y como nos lo muestra Jesús en el Padrenuestro, tenemos que tratarle «de tú», con la confianza con que un hijo se dirige a su amado padre; a Dios tenemos que llamarle *abba*, «papá», como el mismo Cristo le llamó. Pero, también imitando a Cristo, tenemos que estar dispuestos a obedecerle sin rechistar, incluso cuando no entendemos sus órdenes, cuando no comprendemos sus designios, como él no los entendió en la cruz. San Pablo, meditando sobre ello, nos dirá que Jesús «aprendió, sufriendo, a obedecer». Eso es algo que nosotros olvidamos, quizá porque en los últimos años no nos lo han enseñado o recordado.

Por todo ello el «Padrenuestro» es un don en sí mismo, porque junto a la familiaridad que se establece entre el hombre y Dios, nos enseña que Dios sigue siendo Dios y que su voluntad debe ser hecha aquí como allí, «en la Tierra como en el Cielo».

En cuanto a las peticiones concretas incluidas en la oración, también ellas se convierten en un gran servicio que Cristo nos hace, al enseñarnos qué es lo que debemos pedir, que es lo que necesitamos y la prioridad con que lo necesitamos. La primera petición es de índole tanto espiritual como material y afecta al individuo y a la sociedad. Se le pide al Padre que se instaure pronto su Reino en el mundo o, lo que es lo mismo, que se haga su voluntad sobre la propia vida y sobre la humanidad entera. De nuevo el hombre se sitúa ante Dios como ante alguien que merece todo respeto y obediencia, pues es la voluntad divina la que el hombre desea hacer con todas sus fuerzas. Sólo a Dios el hombre puede y debe decirle eso. Si se lo dijera a otro sería una «alienación». Cuando los filósofos del siglo XX reprocharon a los creyentes haberse despersonalizado, alienado, al someterse libremente a la voluntad de Dios, ignoraban no sólo que ese sometimiento era liberador e impedía someterse a la voluntad de nadie más (no sólo de ningún otro hombre, sino también de ningún partido político, empresa o patria), sino que ignoraban también que el rostro de Dios al que el hombre se sometía era el del Amor, el del Padre. El hombre no tiene nada que temer de un Dios así y, por el contrario, tiene mucho que temer tanto de la adoración a otros dioses (el dinero, el sexo, el poder, la política) como de la no adoración a ninguno, pues como dijo Chesterton «cuando el hombre no cree en Dios es capaz de creer en cualquier cosa».

En cuanto a las peticiones materiales, Cristo nos enseña con el Padrenuestro a pedir lo necesario para vivir («el pan de cada día» y la liberación del mal), sin desear nada que no sea imprescindible. Está presentando, de este modo, un modelo de hombre ante los ojos de sus discípulos: un hombre que no aspira a glorias y riquezas y que vive en la Tierra con austeridad y moderación. Como corresponde, por otro lado, a quien practica a fondo la caridad con los necesitados, compartiendo con ellos sus propios bienes materiales. Dios sabe que tenemos necesidades y no sólo no le molesta que acudamos a Él en busca de ayuda, sino que nos insta a que lo hagamos. Al hacerlo estamos llevando a cabo un acto de humildad, pues nos reconocemos inferiores al Todopoderoso. A la vez, estamos mostrando la sinceridad de nuestros deseos, pues sólo aquello que de verdad queremos lo pedimos con insistencia y tenacidad.

Dos peticiones espirituales son también incluidas en el Padrenuestro. Una de ellas, la del perdón de los pecados, ocupa un puesto tan destacado que Cristo, según san Mateo, vuelve sobre ella una vez concluida la enseñanza de la oración («porque si vosotros perdonáis a los hombres sus ofensas, también os perdonará a vosotros vuestro Padre celestial. Pero si no perdonáis a los hombres sus ofensas, tampoco vuestro Padre perdonará las vuestras». Mt. 6, 14-15). El Señor sabe que perdonar al enemigo es algo tan difícil para el hombre, y a la vez tan necesario y beneficioso, que quiso enseñar a sus discípulos a pedir a Dios un corazón capaz de perdonar. Y para insistir en la necesidad de ejercitar ese perdón, lo unió al perdón que todos necesitamos por nuestros propios pecados. En cuanto a la segunda petición espiritual, la de no caer en la tentación, el sentido es el mismo que el anterior: es un don para el hombre hacer el bien y no hacer el mal y, por lo tanto, lo mismo que se pide el pan o la protección divina, hay que pedir la santidad. Amar, según nos enseña Jesucristo, es una suerte, un don, una bendición, pero no sólo para el que va a recibir los frutos del amor, sino en primer lugar para el que ama. El que ama es el primer y el mayor afortunado. Por eso el Padrenuestro, que surge como respuesta a una petición de los apóstoles («enséñanos a orar»), termina por convertirse en una súplica a Dios: «Señor, enséñanos a amar.» Gracias, Jesús, por enseñarnos a pedir precisamente esto.

Enseñanzas dogmáticas

Resulta difícil e incluso artificial presentar las enseñanzas dogmáticas de Cristo aisladas del resto de sus enseñanzas. El tema del Reino de Dios, como se ha visto, entra dentro de este capítulo, sobre todo por el concepto de Dios que va ligado a él, y, sin embargo, lo hemos tratado de manera independiente. Lo mismo podríamos decir del Padrenuestro o del apartado que viene a continuación, el de las realidades escatológicas. Por eso quisiera centrar este capítulo a hablar de las enseñanzas de Cristo relacionadas con él mismo, con el Padre o con el Espíritu Santo, es decir, sus enseñanzas sobre la Santísima Trinidad, así como de las enseñanzas sobre la Iglesia naciente. Creo que todas estas enseñanzas son un acto de amor de gran calibre por parte de Cristo, pues mostrarnos el rostro de Dios y el tipo de relación que existe en la «familia» divina que es la Trinidad, así como el tipo de relación que debe reinar en el seno de la Iglesia, nos ayuda enormemente en nuestro caminar como cristianos.

En varias ocasiones y con distinto contenido, Jesús habló a sus discípulos y a la gente en general sobre sí mismo. Lo hizo, por ejemplo, utilizando «títulos» que para aquella gente tenían un gran significado: «Hijo del hombre», «Hijo de Dios», «Mesías». O aceptando conceptos que otros habían elaborado, bien desde antiguo como era el caso de los profetas («varón de dolores acostumbrado a sufrimientos», «cordero inocente llevado al matadero y cuyas heridas nos han curado») o, más recientemente, como san Juan Bautista («cordero de Dios que quita el pecado del mundo»). En otras ocasiones, Jesús se refiere a sí mismo de otra forma: explicando cuál es su misión, hablando de su relación con el Padre o dando a entender de qué modo iba a morir, cómo iba a resucitar y para qué iba a servir ese sacrificio. Pero, quizá, uno de los puntos más importantes es el de la concepción que Jesús tenía de su propia naturaleza, es decir, de su divinidad, de la que ya hemos hablado. Conocer la imagen que Jesús tenía de sí mismo es importante no sólo para acceder a la conciencia que tenía de su divinidad, sino para aprender a amarle tal y como Él quería ser amado por sus seguidores, por nosotros. Jesús no parece tener dudas de que su existencia es anterior a su nacimiento en la Tierra («Os aseguro que antes que naciera Abraham existo yo», Jn. 8, 58). Y, sobre todo, se comporta como si fuera muy superior a todos los grandes maestros de Israel que le habían precedido. A este respecto, es muy útil fijarse en una frase que se repite varias veces en los Evangelios y que muestra el asombro y a veces el escándalo de los que rodean a Jesús al verlo actuar: «manda con autoridad» (Lc. 4, 37). Esta forma de comportarse, que llega al extremo de corregir, incluso, leyes que los judíos tenían por procedentes directamente de Dios («habéis oído que se os dijo, pero yo os digo»), pone de manifiesto una conciencia de soberanía en el Señor que habla claramente de su divinidad. Saber que Jesús es Dios es un gran don que Él nos concede al revelárnoslo, pues así podemos valorar en su verdadera dimensión el amor que Dios nos tiene. Un amor tan grande que ha llegado al extremo de enviar y sacrificar a su propio Hijo para redimirnos.

Pero esta conciencia de divinidad se muestra, por lo menos al mismo nivel, si no es más, a través de la relación que Jesús tenía con Dios, con el Padre. «Yo y el Padre somos uno» (Jn. 10, 30), llega a decir en cierta ocasión, lo cual le supone ser acusado de blasfemo, pues «tú, siendo hombre, te haces Dios» (Jn. 10, 33). Para verlo con detalle vamos a analizar dos conceptos muy utilizados por Cristo, el de *Abba* y el de «Hijo».

Abba: La idea que Jesús tuvo de Dios estaba marcada en cierto modo por la idea propia de su época y su origen judío, pues no hay que olvidar que es en ese pueblo donde se había producido la primera parte de la revelación. Por eso sorprende la frecuencia con que hablaba de Dios como «Padre» y que lo hiciera con la expresión infantil de la palabra aramea: *abba*, que tendríamos que traducir al español como «papá». Los exegetas no dudan de la autenticidad de estas expresiones, recogidas en Mc. 14, 36; Lc. 12, 30; Mt. 6, 32-33; Lc. 11, 13; Mt. 7, 11; Lc. 6, 36; Mt. 5, 48; Lc. 11, 2; Mt. 6, 9: Lc. 10, 21; Mt. 11, 25; Mc. 13, 32; Mc. 11, 25. Teólogos como H. Merklein señalan que la mayor parte de los pasajes mencionados presentan un contexto escatológico y que esto se debe a las dos funciones que se atribuyen a Dios Padre: su bondad, misericordia y perdón, por un lado, y su providencia por otro. Estos conceptos —como ya se ha visto— vuelven a aparecer en el Padrenuestro y el sentido de los mismos indica que Jesús ponía el acento de su mensaje no en el castigo —como había hecho Juan Bautista—, sino en la salvación. Por eso, Jesús habla, de cara al futuro del hombre, de la providencia de Dios (Mt. 6, 25-33), y de cara a su pasado habla del perdón (Mt. 18, 12-14; Lc. 15, 11-32; Lc. 19, 1-10; 7, 33-35; Mc. 2, 15-17).

«Hijo»: La expresión más relevante de la relación con Dios mantenida por Jesús y manifestada en la idea que él expresa de que Dios es «Padre», es la presentación que él hace de sí mismo como «el Hijo». Esta designación aparece tres veces en los sinópticos (Mt. 11, 27; Mc. 13, 32; Mt. 28, 19), una vez en Pablo (1 Cor. 15, 28), cinco veces en la carta a los Hebreos (Heb. 1, 2.8; 3, 6; 5, 8; 7, 28) y muy a menudo en el Evangelio y en las cartas de Juan. Esta filiación no es del tipo normal que pueda darse entre un hombre y Dios, es decir, del tipo espiritual. Se trata de algo radicalmente diferente. Tanto, que Jesús se cuidó siempre mucho de distinguir entre la relación de filiación con Dios que iban a tener sus seguidores desde el momento en que comenzara ese seguimiento, de la relación de filiación que él mismo tenía con Dios. Nunca dice, por ejemplo: «nuestro Padre», sino: «mi Padre y vuestro Padre». Incluso a la hora de enseñar a rezar a sus seguidores, no dice «recemos así: "Padre nuestro que estás en el cielo"», sino «rezad así: "Padre nuestro que estás en el cielo"». Cristo tiene, pues, conciencia de poseer una relación filial con Dios de naturaleza diferente a la que los hombres pueden llegar a tener con el Señor. Él es, propiamente dicho, «el Hijo», el único Hijo. Nosotros, por el bautismo, somos «hijos adoptivos», «hijos en el Hijo». Ahora bien, esta relación única y distinta, supone para Cristo una total obediencia a la voluntad del Padre, una identificación plena con ella, incluso cuando eso le suponga aceptar la muerte en la cruz. De este modo nos introducimos en otro de los puntos fundamentales de la conciencia de Jesús: el del valor o utilidad de su muerte, así como el de la relación entre ésta y la voluntad de Dios, punto que veremos más adelante al meditar sobre la muerte y resurrección del Señor.

La revelación sobre el Espíritu Santo la analizaremos en un capítulo aparte más adelante. Ahora conviene tratar, en cambio, la cuestión trinitaria, es decir, el hecho de que siendo un solo Dios existan tres personas distintas que participan en la única naturaleza divina. No se trata de «explicar» el misterio, sino de entender el don que representa que las cosas sean tal y como Cristo nos las ha revelado. Nos acercamos, pues, a esta verdad esencial de nuestra fe, la de la existencia de la Trinidad, como nos acercamos al resto de las enseñanzas de Cristo: sabiendo que son un don y que al aplicarlas a nuestra vida vamos a salir beneficiados.

¿Por qué es un regalo del Señor la revelación sobre la Santísima Trinidad? Porque a través de ella sabemos dos cosas: el valor que Dios da a la unidad y el valor que da el respeto a las legítimas diferencias. Sólo hay un Dios y, por lo tanto, la unidad es siempre un valor en sí misma. Como tal tiene que ser buscado, promovido, defendido y, como consecuencia, hay que saber pagar un precio por mantener la unidad. ¿Qué precio?, ahí está la cuestión. La fundadora de los Focolarinos, Chiara Lubich, que ha recibido el carisma sobre la unidad, dice que «más vale lo menos perfecto en unidad que lo más perfecto en desunidad», queriendo señalar con ello que la unidad justifica la renuncia a nuestras propias maneras de ver las cosas si, al no hacerlo, como consecuencia se rompe esa unidad. Naturalmente, tanto ella como la propia Iglesia entienden que ese «saber ceder antes que romper» no afecta a todos los valores ni a todos los principios. En lo esencial, tanto en dogma como en moral, la verdad está por encima de la unidad. De lo contrario la Iglesia se habría alejado de las enseñanzas de Cristo, detrás del primer hereje, para no romper la unidad; o habría que estar dándoles la razón hoy a los que, dentro de la misma Iglesia, justifican barbaridades como el aborto o la manipulación de embriones humanos. La búsqueda de la paz, de la unidad, no puede hacerse a cualquier precio. Hay que pagar un precio y merece la pena pagarlo debido al bien tan extraordinario que se va a conseguir con ello, pero ese precio no puede ser tan alto como el de renunciar a la verdad y a la fidelidad a Jesucristo.

Éstas son, pues, las enseñanzas morales, prácticas, contenidas en el dogma de la Santísima Trinidad: por un lado el extraordinario valor que tiene la unidad y, por otro, el respeto a las legítimas diferencias, a la diversidad, al enriquecimiento que para uno mismo es el hecho de que el otro sea distinto. Para mantener la unidad hay que pagar un precio, pero ése no puede ser el de sacrificar la verdad; para respetar la diversidad también hay que pagar un precio, el de aceptar las legítimas diferencias y no confundir unidad con uniformidad. Tenemos que darle gracias a Cristo por estas enseñanzas tan útiles, tan prácticas, que en el fondo nos están revelando cómo vivir en sociedad, como vivir «en la Tierra como en el Cielo», pues nos están mostrando cómo es la vida en la intimidad divina para que nosotros la podamos imitar en la intimidad humana.

La otra cuestión que me gustaría tratar en este apartado es la de la Iglesia. Aunque ya se ha hablado algo sobre el tema, al reflexionar sobre la elección de los apóstoles, creo que es necesario ampliar ahora lo ya dicho, sobre todo en lo concerniente al concepto de autoridad que el propio Cristo quiso introducir en ella. Naturalmente que esto no es lo único que se puede decir de la Iglesia y, posiblemente, no es ni siquiera lo más importante. Pero sí es lo más discutido y, por lo tanto, aquello en lo que más conviene fijarse, a la hora de establecer con claridad qué tipo de relación quería Jesús que tuviésemos sus seguidores entre nosotros y, muy en particular, con aquellos que lo representan a Él. Tres son los textos que no conviene olvidar: «Tú eres Pedro y sobre esta piedra edificaré mi Iglesia y las puertas del infierno no prevalecerán contra ella. Te daré las llaves del Reino de Dios; y lo que ates en la Tierra, quedará atado en los Cielos, y lo que desates en la Tierra quedará desatado en los Cielos» (Mt. 16, 18-19; Mc. 8, 27-30; Lc. 9, 18-21). «Os aseguro que todo lo que atéis en la tierra quedará atado en el Cielo; y todo lo que desatéis en la Tierra quedará desatado en el Cielo» (Mt. 18, 18). «El que os escucha a vosotros me escucha a mí; y el que os rechaza a vosotros, me rechaza a mí; y el que me rechaza a mí, rechaza al que me ha enviado» (Lc. 10, 16). Los tres son suficientemente significativos y claros; tanto, que una parte del ataque contra lo que representan ha estado dirigido a desprestigiarlos a base de afirmar que no proceden del propio Cristo, sino que son un añadido posterior de la incipiente jerarquía de la Iglesia con el fin de justificar su autoridad. Esta afirmación, como tantas otras hechas en el mismo sentido y procedentes del racionalismo más radical, busca sembrar la duda sobre aquellas enseñanzas evangélicas que no les conviene aceptar. Por el contrario, el sentido común nos dice que si Cristo quería dejar tras de sí organizado un grupo de seguidores que diera continuidad a su labor y expansión a su mensaje, debió preocuparse por establecer algún tipo de jerarquía en la comunidad de sus discípulos, un principio de autoridad en el seno de la misma que evitara el caos y sirviera para que alguien tuviera la última palabra a la hora de decidir qué tipo de actuaciones convenía adoptar. Por lo tanto, estamos ante una enseñanza de Jesús, fuertemente contestada hoy en día, pero que es de vital importancia. Cristo nos está hablando nada menos que de una «presencia» suya, no sacramental como la eucarística, pero tan real como aquélla: la presencia de Él a través de sus apóstoles y sus legítimos sucesores («Quien a vosotros os escucha, a mí me escucha»). No podemos minusvalorar esta identificación, esta presencia, pues sería tan grave como si despreciáramos la presencia del Señor en la eucaristía. Además, la obediencia a los que representan al Señor en la Iglesia es, para el cristiano, una forma de imitar a Cristo en su obediencia hacia el Padre. Ésta trajo a Cristo a la Tierra y lo condujo a la cruz, pero también lo llevó a la gloria de la resurrección. Para nosotros, a veces, obedecer puede ser un cierto tipo de cruz, de muerte incluso intelectual, pues no siempre se entiende todo, del mismo modo que no siempre entendemos los planes de Dios, como le pasó al propio Cristo. Pero en esa obediencia está la fuente de la vida y el germen de los frutos que más tarde se recogerán. Quizá todo sea cuestión de fe. De fe en el amor providente de Dios, que no abandona nunca a su Iglesia. Una fe que, si la tuviéramos, podría hacer que las montañas de la desobediente soberbia se movieran para desaparecer para siempre en el mar de la misericordia divina (cfr. Mt. 17, 20-21).

Siempre dentro de este mismo apartado, el de las relaciones internas en la Iglesia, merece la pena fijarse en un texto de san Mateo que, si bien está dirigido a fomentar una relación confiada con Dios, nos descubre otra presencia no sacramental de Cristo, no ligada en esta ocasión a la autoridad eclesiástica sino al amor entre los hermanos: «Os aseguro que si dos de vosotros se ponen de acuerdo sobre la Tierra, cualquier cosa que pidan les será concedida por mi Padre celestial. Porque donde hay dos o tres reunidos en mi nombre, allí estaré yo en medio de ellos» (Mt. 18, 19-20). Cristo presente en medio de los discípulos, de eso se trata. Cristo que quiere estar y está donde sus seguidores no sólo están «reunidos» en su nombre, sino unidos por Él y con Él. Es decir, donde los cristianos se aman recíprocamente con ese tipo de amor del que el propio Cristo es modelo insuperable: dispuestos a dar la vida el uno por el otro. Esta presencia del Señor, aunque ha sido destacada por no pocos santos y teólogos a lo largo de los siglos, ha pasado en general bastante desapercibida. Ha tenido que ser una mujer contemporánea nuestra, Chiara Lubich, la que magistralmente la ha puesto de manifiesto en toda su importancia. Al leer sus numerosos escritos sobre el tema se percibe el extraordinario don que representa para los cristianos poder convivir siempre con el Señor, en el propio hogar, en el puesto de trabajo, entre los amigos, por doquier. Cualquier cristiano puede ser «sacerdote» de esta presencia, sin importar que sea hombre o mujer, laico o clérigo, pues el Señor no la ha querido ligar, como en el caso de la eucaristía, a un tipo determinado de persona. Eso no significa que no haya que cumplir unos requisitos para que el Señor se haga presente en medio de los suyos. Hay, como se ha dicho, que amarse en su nombre y con un amor que tenga la calidad del suyo. Un amor que llegue a todos, que ame el primero, que sepa perdonar y pedir perdón, que se ponga en el lugar del otro para comprenderlo y amarlo mejor, que sea concreto y, sobre todo, que esté motivado religiosamente, pues por muy noble y digno que sea el amor humano, el amor de Cristo fue siempre un amor hecho por Dios y en el nombre de Dios. ¡Qué don tan extraordinario, tan de agradecer, poder disfrutar de la compañía de Jesús en cualquier lugar, en el hogar o en el trabajo, sólo con estar unidos en su nombre, como Él enseñó!

El cristiano vive, o debería vivir, siempre con un «por ti, Jesús» en el corazón, seguido de un «contigo Jesús» y de un «como tú, Jesús» o, si nos referimos al amor dirigido al propio Cristo, un «como tú, María». Así, de este modo, podemos dar cumplimiento a la promesa del Señor, que quiere estar con nosotros siempre: a través de la voz de la jerarquía, que nos aporta luz en medio de la oscuridad del mundo; a través de la eucaristía, que nos alimenta y consuela; a través de su presencia en medio de la comunidad, que nos hace participar ya en la Tierra del Paraíso del que gozaremos en el Cielo. «Yo soy el pan de vida. El que viene a mí no tendrá hambre, y el que cree en mí no tendrá sed jamás» (Jn. 6, 35), dijo el Señor, que añadió: «El que come mi carne y bebe mi sangre tiene vida eterna y yo lo resucitaré en el último día... El que come mi carne y bebe mi sangre vive en mí y yo en él» (Jn. 6, 54-56). «Yo soy la luz del mundo» (Jn. 8, 12) y «Yo soy el buen pastor. El buen pastor da su vida por las ovejas» (Jn. 10, 11), dijo también. Todo eso lo cumple cada día a través de esta triple presencia suya: la luz de los pastores de la Iglesia, la comunión eucarística y el consuelo y la paz de que disfrutan los que viven con Él, presente en medio de ellos.

Veamos, pues a la Iglesia como un gran don del Señor, querido explícitamente por Él. Y veamos la autoridad en la Iglesia —a través del papa y los obispos— como una expresión particular de ese amor de Cristo. No es un obstáculo a nuestra libertad, sino un servicio de amor que el Señor deliberadamente instituyó y sin el cual la Iglesia no podría llevar a cabo su misión. Demos gracias, pues, a Cristo por la Iglesia, por la autoridad en la Iglesia y por su presencia en medio de los hermanos cuando éstos se aman en su nombre.

Enseñanzas escatológicas

Entendemos por «escatología» la rama de la teología que estudia las realidades últimas y definitivas, existentes más allá de la muerte, que le han de suceder al hombre y al mundo: el Juicio, el Purgatorio, el Cielo, el Infierno y el triunfo definitivo de Dios y la instauración de su Reino con la segunda venida de Jesucristo (parusía). Esta irrupción del Reino fue anunciada ya por los profetas (Ez. 38-39; Jl. 3-4). En el Nuevo Testamento quedará claro que con Cristo se ha inaugurado ya este «tiempo último» o «tiempo escatológico» (Hch. 2, 17; 1 Cor. 10, 11; 1 Pe. 1, 20), aunque seguimos a la espera de la consumación última y definitiva. No cabe duda de que todos estos temas han sido hasta hace muy poco del mayor interés para la mayoría de los hombres, y aunque en este momento parezcan no importar tanto, siguen preocupando a muchos, tanto más cuanto más cerca se está de ellos. Tampoco hay duda al constatar que en la predicación de Jesús ocupa un lugar muy importante el elemento escatológico. No es que el Señor quisiera motivar a los hombres para que hicieran el bien y dejaran de hacer el mal sobre la base de grandes dosis de miedo al infierno o de interés por ir al Cielo; el motivo fundamental que Cristo intenta introducir en el corazón humano es el amor, pero, como buen conocedor de la naturaleza humana, sabía que para muchos esa motivación en su estado puro podía no ser suficiente. Por eso habla una y otra vez del premio que espera a los que le siguen y del castigo que aguarda a los que no aman ni a Dios ni al prójimo. Pretender negar esta dimensión escatológica en la predicación de Cristo o querer minimizarla afirmando que es un elemento de su herencia judía o que es un añadido posterior, como hacen algunos, es un ejercicio de subjetivismo muy poco científico a la hora de acercarse al personaje, Jesús de Nazaret, tal y como él en realidad fue. Cristo, nos guste o no, habló del Cielo, habló del infierno, habló del demonio y habló del Juicio personal y colectivo. Más aún, sin este fondo de premio y castigo, no se entenderían muchas de sus promesas y una parte esencial de su mensaje ético —como Las Bienaventuranzas— quedaría desdibujado. Tampoco se entendería, como se dijo al principio de este libro, un aspecto del amor de Dios: el de su justicia. Una justicia, hay que recordar, que no está reñida con la misericordia, pero que existe y ante la cual deben temblar todos aquellos que hayan hecho sufrir a otros seres humanos. Más aún, hay que decir con claridad que si la existencia de las realidades ultraterrenas es un elemento del amor de Dios, el conocer su existencia es un gesto de especial amor por parte de Cristo. En realidad, él se ha comportado con nosotros como un profesor que desea que todos sus alumnos aprueben y les dice, antes del examen, cuáles serán las preguntas. Sólo los muy tontos y obcecados no irán con ellas preparadas y, como consecuencia, suspenderán. Cristo ha venido para que todos nos salvemos y por eso nos ha dado a conocer cuál será el tema de la evaluación final: el amor. Si no creemos en esa salvación o si, por el contrario, pensamos que da igual lo que se haga porque todos se van a salvar, y como consecuencia dejamos de vivir con arreglo a las normas morales que el propio Señor nos ha enseñado, no será culpa suya, sino nuestra, lo que nos ocurra cuando la muerte llame a nuestra puerta.

Hemos visto ya algunos textos que tienen una clara dimensión escatológica (como la parábola de las vírgenes sensatas y las vírgenes necias, o la de los talentos). Veamos ahora otros textos evangélicos que nos pueden ayudar a entender lo que Cristo quiso enseñarnos, teniendo siempre presente que la verdadera enseñanza nos la dio él mismo con su muerte y su resurrección. Esta última es la mayor prueba de que lo que Cristo enseñó es verdad, porque si se ha cumplido en él, también se cumplirá en nosotros.

Sobre la resurrección

«Dios no es un Dios de muertos, sino de vivos» (Mt. 22, 32). Esta frase, puesta en el contexto de la polémica entre fariseos y saduceos sobre la resurrección, nos expresa con toda claridad la convicción de Cristo de que la resurrección existe y de que, tras ella, los hombres serán «como ángeles del Cielo» (Mt. 22. 30), en el sentido de que su realidad corporal, que existirá, no estará sometida, como la actual, a determinadas exigencias materiales.

No hay ninguna duda sobre la convicción que Cristo tenía en la resurrección de los muertos y en la resurrección corporal, es decir, en la participación del cuerpo humano en esa resurrección. No hay que olvidar que para el judío el ser humano era una unidad con dos dimensiones, la material —el cuerpo— y la espiritual —el alma—. Si el alma entrara en otro cuerpo, ya no sería la misma persona. Por eso, porque los que creían en la resurrección creían que ésta debía afectar al cuerpo, es por lo que se burlaban de ellos los que no creían en la resurrección. La pregunta retórica hecha a Cristo sobre los hermanos que murieron después de desposar a la misma mujer, tiene ese sentido. La respuesta de Cristo es tajante: «la resurrección existe e implica también al cuerpo, aunque éste no va a ser lo mismo.»

Ahora bien, la mayor prueba de la resurrección es lo que le ocurrió al propio Cristo. El Señor murió y fue enterrado. De eso no tenían ninguna duda los que fueron testigos del acontecimiento. Sin embargo, al tercer día, según la manera judía de contar, resucitó. Los evangelios, como veremos más adelante, están llenos de textos que dan noticia de las apariciones de Cristo resucitado. Este resucitado tenía auténtico cuerpo, como se empeña en demostrar Él mismo pidiéndoles a los discípulos que lo toquen o reclamándoles algo de comer. A la vez, este cuerpo resucitado era, de alguna manera, diferente —como Él mismo había anunciado— y por eso a Magdalena le costó identificarlo a primera vista. Por lo tanto, la resurrección, incluida la resurrección de la carne, existe y ahí está el fundamento más firme de nuestra esperanza. Como afirmó san Pablo, «si Cristo ha resucitado, si Él ha vencido a la muerte, también nosotros resucitaremos». Démosle gracias a Dios por ello, pues ésta es la mejor noticia con que han soñado los hombres a lo largo de toda la historia y ahora nosotros sabemos que no es un sueño, un deseo, una invención humana para tragar con más facilidad el drama de la desaparición del individuo, sino una realidad.

Sobre el fin de los tiempos

«Mirad que nadie os engañe. Muchos vendrán en mi nombre diciendo: "Yo soy el Mesías", y engañarán a muchos. Cuando oigáis hablar de guerras y noticias de batallas, no os alarméis, porque es necesario que todo eso ocurra, pero todavía no será el fin. Se levantarán pueblos contra pueblos y reinos contra reinos; habrá hambre y terremotos en diversos lugares. Eso sólo será el comienzo de los dolores. Entonces os entregarán a la tortura y a la muerte. Por mi causa os odiarán todos los pueblos..., pero el que persevere hasta el fin se salvará» (Mt. 24, 4-13; Mc. 13, 4-13; Lc. 21, 8-19). «Si aquellos días no se acortasen nadie se salvaría, pero en atención a los elegidos, aquellos días serán acortados» (Mt. 24, 22). «Estad en guardia porque no sabéis en qué día va a venir vuestro Señor» (Mt. 24, 42).

Estos textos, entre otros, nos hablan de la certeza que Cristo quiere transmitirnos no sólo sobre el final de los tiempos e incluso lo incierto del momento en que tendrá lugar, sino, especialmente, sobre el control que Dios tiene sobre ese final. Dios es el señor y amo de la historia. Aunque el hombre piense que es él quien controla el mundo, el Señor es quien dirige todo hasta su cumplimiento final, aunque le toca con frecuencia escribir derecho con los renglones torcidos que el hombre decide hacer. Por eso Cristo nos tranquiliza haciéndonos saber que las fuerzas del mal no prevalecerán y que «los tiempos serán acortados» para que el peso de la prueba no resulte excesivo para sus seguidores. A la vez, nos insiste en que, si bien no sabemos cuándo será el día y la hora, éstos llegarán, y lo harán, desde el punto de vista individual, en el corto tramo de nuestra vida. El fin del mundo ocurrirá; pero, probablemente, antes de que suceda habrá tenido lugar el fin de mi mundo, mi propia muerte, con lo que eso significa para mí y los míos. Y es para ambos —para el fin del mundo universal y para el fin del mundo personal— pero sobre todo para éste, mucho más cercano, para el que tengo que estar preparado.

Sobre el Juicio Final

«Cuando venga el hijo del hombre en su gloria con todos sus ángeles se sentará sobre el trono de su gloria. Todos los pueblos serán llevados a su presencia; y él separará a unos de otros, como el pastor separa las ovejas de las cabras. Pondrá las ovejas a su derecha y las cabras a su izquierda. Entonces el Rey dirá a los de su derecha: «Venid, benditos de mi Padre, tomad posesión del reino preparado para vosotros desde el principio del mundo. Porque tuve hambre y me disteis de comer, tuve sed y me disteis de beber, fui emigrante y me acogisteis, estuve desnudo y me vestisteis, enfermo y me visitasteis, preso y fuisteis a estar conmigo.» Entonces los justos le responderán: «Señor, ¿cuándo te vimos hambriento y te alimentamos, sediento y te dimos de beber? ¿Y cuándo te vimos emigrante y te acogimos, o desnudo y te vestimos? ¿Cuándo te vimos enfermo o en la cárcel y fuimos a verte?» Y el Rey les dirá: «Os aseguro que cuando lo hicisteis con uno de estos mis hermanos más pequeños, conmigo lo hicisteis.» Luego dirá a los de la izquierda: «Apartaos de mí, malditos, al fuego eterno preparado para el diablo y sus ángeles. Porque tuve hambre y no me disteis de comer, tuve sed y no me disteis de beber, fui emigrante y no me acogisteis, estuve desnudo y no me vestisteis, enfermo y en la cárcel y no me visitasteis.» Entonces responderán también ellos diciendo: «Señor, ¿cuándo te vimos hambriento o sediento o emigrante o enfermo o en prisión y no te asistimos?» Y él les contestará: «Os aseguro que cuando no lo hicisteis con uno de esos pequeñuelos, tampoco lo hicisteis conmigo. Y éstos irán al castigo eterno, pero los justos a la vida eterna» (Mt. 25, 31-46).

Son varias las cosas que hay que destacar de este importante texto. En primer lugar, la presentación que hace Cristo de sí mismo. Él se muestra ante sus discípulos como el Rey y como el que realiza el Juicio. Es, una vez más, una demostración de la conciencia de divinidad que Cristo tenía. Él sabía que era Dios y sólo por eso podía atribuirse una tarea reservada exclusivamente a Dios: la de juzgar a los hombres. En segundo lugar, Cristo está introduciendo una nueva «presencia» suya (ya hemos visto tres: la eucarística, la del magisterio y la que está ligada a la unión entre sus discípulos). En este caso, esta «presencia» se produce allí donde hay un hombre que sufre, sin importar si el que sufre se lo merece o no —el caso del encarcelado es representativo, pues en ningún momento el Señor habló de que había que ir a visitar sólo al preso inocente—. Nunca la divinidad se había identificado con lo más pobre y mísero del ser humano, con lo más odiado y despreciado por éste: el dolor. Aquí Cristo nos enseña que el dolor se convierte en un vehículo que le transporta a él, del mismo modo que más adelante veremos cómo la cruz es el instrumento que lleva sobre ella al crucificado. El cristiano no está llamado a abrazar el dolor por el dolor, la cruz por la cruz (eso es masoquismo), sino a abrazar al crucificado, aunque para hacerlo tenga que abrazar la cruz. Además, Cristo, que se hace presente en el hombre a través de su sufrimiento, nos enseña que debemos luchar contra ese sufrimiento con las múltiples obras de la caridad (no con las obras de la violencia), y por eso elogia y premia a los que han aliviado el dolor del prójimo. Por un lado, pues, consuela al que sufre diciéndole que ese sufrimiento sirve para estar en comunión con él y, por otro, anima a sus discípulos a hacer todo lo posible por acabar con ese dolor. Esto último, por mucho que el hombre quiera, tiene limitaciones, pues nunca se podrá acabar con la soledad, con la enfermedad, con la muerte y, posiblemente, con el hambre o con la guerra. Lo primero, el alivio espiritual que el que sufre experimenta al saberse unido al Señor, es en cambio algo que no pasa nunca y que se convierte, en muchos casos, en la única fuente de consuelo y esperanza que le queda al hombre doliente.

Además, Cristo deja claro que hay un premio y un castigo y que éstos se recibirán en función de las obras de amor que el hombre haya hecho durante su vida. Es muy importante señalar que no se trata de obras «debidas», en el sentido del cumplimiento de los mínimos establecidos en el Decálogo de Moisés. Jesús no llama «malditos» sólo a los que no han visitado a sus padres enfermos, o a los que son culpables de que el prójimo pase hambre porque les han despojado de sus legítimas propiedades. La condena se extiende sobre todos aquellos que, pudiendo hacer el bien, no lo han hecho. La caridad, pues, se presenta aquí como una obligación, obligación que desborda el marco de los «deberes de Estado», para abrirse a todos los hombres, incluso a aquellos que no son de los nuestros o no se lo merecen. Para Cristo, no es suficiente con cumplir los mínimos, con «no hacer el mal», sino que hay que aspirar a los máximos, hay que hacer el bien y, si éste no se hace, se está incurriendo en el pecado de omisión, quizá el pecado más frecuente. La parábola del buen samaritano, ya vista, nos aporta otra perspectiva de la misma cuestión: el cristiano perfecto es aquel que no sólo no hace el mal (no roba, no mata...), sino que además hace el bien aunque no tenga ninguna obligación de parentesco o de cualquier otro tipo para con la persona que necesita ayuda. Démosle gracias a Dios por enseñarnos esto, pues, aunque exigente, es el camino que nos conduce a la vida eterna.

Pasión, muerte y resurrección de Jesucristo

Jesús fue obediente «hasta la muerte y una muerte de cruz» (Flp. 2, 8). Sobre la historicidad de que Jesús murió de este tipo de muerte, no cabe ninguna duda, aunque son más inciertas las circunstancias del «proceso de Jesús», así como el fundamento real de la acusación. Para un teólogo como Schillebeekx, el detonante último de la condena a muerte decretada por el Sanedrín habría estado en su silencio, el cual habría significado que él se consideraba enviado directamente por Dios para llamar a Israel a la fe y que, por lo tanto, se negaba a someter a la autoridad judía su misión divina. Para este autor, ese silencio «constituye la expresión más clara de su autoconciencia: Jesús, que se niega a realizar milagros de legitimación, se niega también a dar cuenta de su mensaje y actividad ante cualquier institución humano-religiosa». Jesús, pues, sabiendo que es Dios rechaza someterse a cualquier autoridad, religiosa —los sacerdotes— o humana —Herodes y Pilato—. Todo parece indicar que, efectivamente, la causa última y definitiva de la condena a muerte de Cristo por parte de sus instigadores —la jerarquía religiosa judía— fue la pretensión de Cristo de ser el Hijo de Dios y estar sentado a la derecha del Padre, lo cual equivalía a proclamarse Dios.

En todo caso, lo que podemos afirmar es que su muerte, e incluso ese tipo de muerte profundamente cruel, no sorprendió a Jesús. Hay unanimidad entre los teólogos en afirmar que la provocación que suponía la conducta y la predicación de Jesús tuvo que crear conflictos y que Jesús era consciente de eso, a pesar de lo cual no modificó ni su comportamiento ni sus planteamientos doctrinales, uno de los cuales era la proclamación de su divinidad. Las reiteradas advertencias que hizo a sus apóstoles, su actuación en el Templo expulsando a los mercaderes, y la organización de una cena de despedida con sus apóstoles, no dejan lugar a dudas de que Jesús estaba seguro de que iba a morir y que lo había asumido. La cuestión no está, pues, ahí, sino en averiguar cómo afrontó Jesús una muerte que sabía próxima y cómo la integró en su misión, transformándola en el definitivo instrumento de salvación.

Es en ese contexto de certeza de su muerte y de ligación de esa muerte con la voluntad redentora de Dios, como hay que entender la conciencia que tenía Jesús de lo que iba a ocurrir y de por qué iba a ocurrir. Todo eso lo expresa Cristo al anunciar una y otra vez a los discípulos no sólo su muerte, sino sobre todo su resurrección. Con ello les está queriendo decir que el Reino de Dios llegará a pesar del fracaso de su mensajero e incluso gracias a ese mismo aparente fracaso. También les está diciendo que él mismo no permanecerá en la muerte, sino que va a participar en el banquete escatológico, la resurrección. Esta seguridad de que su muerte era sólo un tránsito y que no implicaba el fracaso de su obra, fue sin duda un consuelo para el propio Cristo, aunque también de ese consuelo fue privado en el momento definitivo, cuando todo en él se hizo oscuridad y apuró hasta el fondo el cáliz de la amargura. Pero aún hubo más: el Señor expresó también claramente que esa muerte tenía en sí misma un valor redentor; así lo dejó claro en la última cena, sobre todo en la frase con que ofreció la copa: «Ésta es mi sangre, la sangre de la alianza que se derrama por muchos» (Mc. 14, 24). Jesús tenía, pues, un concepto «soteriológico» (de salvación) de su muerte; Él no sólo sabía lo que iba a suceder (morir y resucitar), así como que su muerte no iba a significar el fracaso de su obra, sino que también sabía que su muerte implicaba una consecuencia redentora. Pero este componente expiatorio ligado a la muerte de Cristo, no es ajeno al conjunto del plan divino que supuso el envío del Hijo, su encarnación y predicación; es más bien parte integrante de esa acción de Dios. Es la Santísima Trinidad la que quiere redimir y redime a los hombres y son los tres —Padre, Hijo y Espíritu Santo— los que pagan con sufrimiento esa redención, aunque cada uno a su modo, pues no podemos olvidar, por ejemplo, el sufrimiento que debió causarle al Padre permitir la muerte de su Hijo.

Por lo tanto, podemos afirmar, como resultado de lo anterior, que la visión que Jesús tuvo de su muerte como una entrega «en favor de los muchos» y como un instrumento de reconciliación, es la expresión suprema de su certeza del designio salvador de Dios y de su propia conciencia como realizador decisivo de la salvación querida por Dios. Jesús, que tenía conciencia de su divinidad, sabía que iba a morir y sabía que su muerte traería la redención a los hombres. Sabía que ésa era la voluntad del Padre y del Espíritu y que él había aceptado y seguía aceptando cumplir hasta el final esa voluntad. Por eso no dudó en afirmar que «el hijo del hombre ha venido a salvar lo que estaba perdido» (Mt. 18, 11).

Pero no tenemos que olvidar que la perspectiva de este libro no es la de un análisis de los acontecimientos, sino la de una meditación sobre los mismos para darnos cuenta de lo mucho que le debemos a Dios, a fin de que nuestro corazón se llene de gratitud hacia Él y nuestras manos de obras que sean acordes con esa gratitud. Por eso, vamos a ver ahora con detalle todo lo que ocurrió en aquellos tres días que cambiaron el curso de la historia de la humanidad para siempre. Vamos a verlo con el corazón puesto de rodillas ante el misterio de amor que la pasión, muerte y resurrección de Cristo nos desvela. Que este don definitivo no caiga en vano sobre nuestra alma, sino que, por el contrario, la consuele y la convierta.

La conspiración

Mateo comienza el relato de la Pasión narrando la conspiración del Sanedrín y la última advertencia de Cristo a sus discípulos sobre su final: «Sabéis que dentro de dos días es la Pascua, y el hijo del hombre será entregado para que lo crucifiquen» (Mt. 26,2). «Entonces se reunieron los sumos sacerdotes y los ancianos del pueblo en el palacio del sumo sacerdote, llamado Caifás, y acordaron prender con engaño a Jesús y quitarlo del medio. Pero decían: "Durante la fiesta no, para que el pueblo no se alborote"» (Mt. 26,3-5; Mc. 14,1-2; Lc. 22,1-2). A continuación se narra la intervención de Judas en esa conspiración. Según los evangelistas, es el apóstol quien tiene la iniciativa y lo hace por dinero: «¿Qué me queréis dar y yo os lo entrego? Ellos le ofrecieron treinta monedas de plata» (Mt. 26,15; Mc. 14,10-11; Lc. 22,3-6). La mayoría de los biblistas coinciden en que no debió de ser sólo la avaricia la que movió a Judas a la traición. Posiblemente éste estaba decepcionado del Maestro, quizá porque Jesús no había querido aliarse con los zelotas (movimiento independentista y terrorista), con lo cual Jesús habría parecido a los ojos de su apóstol un hombre blando, espiritualista y, en el fondo, colaboracionista con el opresor romano. Según esta versión, Jesús habría sido víctima de un doble complot, de fuerzas habitualmente hostiles entre sí pero que confluyeron en un momento dado uniendo sus intereses para acabar con él. Los sacerdotes querrían matarle porque era un blasfemo que se hacía igual a Dios y la «izquierda revolucionaria» —los zelotas— porque se negaba a politizar su mensaje y a utilizar la violencia. Judas sería, pues, el representante de esos que rechazan a un Jesús pacífico y que quieren manipular el mensaje del Señor para ponerlo al servicio de la causa revolucionaria. Se parece mucho a lo que ha ocurrido y sigue ocurriendo en tantos sitios del mundo, sobre todo en América, en los últimos años.

Al margen de cuáles fueron las motivaciones de Judas y de los sacerdotes, lo que está claro es que Jesús conocía lo que le esperaba y que no hizo nada por rehuirlo. Su único interés está puesto en proteger a los suyos y no en protegerse él. Advierte a los apóstoles de lo que va a ocurrir, para que no entren en crisis de fe cuando suceda. Sabemos que este objetivo —ya iniciado en la Transfiguración— fracasó y tendremos que esperar a la resurrección para ver cómo los apóstoles se recuperan y salen de la crisis.

En este primer momento de la Pasión, el Señor se nos muestra como un hombre que aguarda la ejecución, un condenado a muerte que puede huir pero que rehúsa hacerlo porque eso sería traicionar la causa para la que ha sido enviado. ¿Qué habríamos hecho nosotros en una situación así? ¿Somos conscientes de lo que debió de costarle a Cristo no huir pudiendo hacerlo? ¿Nos damos cuenta del amor infinito, divino, que nos tenía para afrontar a pie firme y sin desfallecer la tortura y la muerte que él sabía que le esperaban? Un amor que se demuestra, además, por su única preocupación: los apóstoles, nosotros. Sólo quiere una cosa: entregarse él para darnos vida a nosotros, para salvarnos a nosotros.

La última cena

Los cuatro evangelistas dan cuenta de la última cena que celebró el Señor con sus apóstoles (Mt. 26, 17-29; Mc. 14, 12-25; Lc. 22, 7-20; Jn. 13, 21-30), aunque el relato de san Juan difiere bastante —sin oponerse— al de los otros. El lugar parece previsto por Jesús, lo mismo que parece escogido a espaldas de los apóstoles, quizá para que Judas no se enterara y no pudiera informar a los sacerdotes judíos; si así hubiera sido, allí mismo le habrían apresado los judíos y quizá la cena de despedida no se habría podido celebrar, con lo que eso hubiera supuesto de perjudicial para los planes de Cristo, debido a que no se hubiera podido efectuar lo que él tenía pensado hacer durante esa cena: nada menos que la institución de la eucaristía y del sacerdocio. El acto, como es natural siendo una cena, tuvo lugar al atardecer, pero un día antes de la Pascua judía.

El relato, según Mateo y Marcos, comienza diciendo que antes de la fracción del pan se produjo el desenmascaramiento de Judas. Lucas, en cambio, sitúa este momento después. Juan, que no narra la consagración del pan y el vino, coloca esa secuencia entre el lavatorio de los pies de los discípulos por parte de Jesús y la proclamación del mandamiento nuevo y definitivo.

Merece la pena detenerse en este pasaje, narrado, como se ve, por los cuatro evangelistas aunque con matices distintos. Mateo y Juan fueron testigos presenciales y no se contradicen, sino que más bien Juan complementa lo que su colega ya había contado y por eso habla del lavatorio de pies y del mandamiento nuevo. Sobre el desenmascaramiento de Judas, Mateo y Juan prácticamente coinciden, aunque este último es más minucioso en los detalles, como aquel que evoca un acontecimiento sucedido años atrás y que le dejó tan profunda impresión que recuerda todo lo ocurrido; un ejemplo es el «era de noche» con que cierra el relato, precisión cargada a la vez de simbolismo, pues la traición de Judas representaba el inicio del triunfo de la oscuridad, del mal, que no se vería derrotada hasta el alba del domingo de resurrección, luz que vencía definitivamente a las tinieblas. Otro ejemplo es el hecho de que el gesto de darle a Judas un pedazo de pan untado en salsa, que era un signo de amistad, se convirtiera en la señal para llevar a cabo la traición; esta ironía será destacada más tarde por el propio Cristo cuando le diga a Judas que «con un beso» lo estaba entregando.

Juan, que es quien estaba al lado de Cristo por ser el más querido, dice: «Al decir esto se sintió profundamente conmovido y dijo: "Os aseguro que uno de vosotros me entregará."

Los discípulos se miraban unos a otros, pues no sabían de quién hablaba. Uno de los discípulos, el preferido de Jesús, estaba junto a Jesús. Simón Pedro le hizo señas para que le preguntara a quién se refería. Entonces él, recostándose en el pecho de Jesús, le preguntó: "Señor, ¿quién es?" Y Jesús respondió: "Aquel a quien yo dé un trozo de pan mojado." Mojó el pan y se lo dio a Judas, el de Simón Iscariote. Y tras el bocado entró en él Satanás. Jesús le dijo: "Lo que vas a hacer, hazlo pronto." Pero ninguno de los comensales supo por qué le dijo esto. Algunos pensaban que, como Judas tenía la bolsa, Jesús le decía que comprase todo lo que necesitaban para la fiesta, o que diese algo a los pobres. Judas tomó el bocado y salió en seguida. Era de noche» (Jn. 13, 21-30).

Judas no habría participado, pues, de la eucaristía, del pan y del vino consagrados, tal y como Mateo y Lucas indican y Juan apunta. La comunión del cuerpo y la sangre de Cristo no habría sido dada por el Señor a alguien que estaba en pecado mortal, pues ya se había puesto de acuerdo con los sacerdotes judíos para traicionarlo y tan sólo esperaba el momento de ejecutar la villanía. Según el relato, además, el resto de los apóstoles no sospechaba de Judas y el mismo Juan, aún sabiendo que él era el traidor pues acababa de recibir el pan mojado en la salsa del asado, debió quedarse tan sorprendido que no acertó a reaccionar a tiempo, y cuando se dio cuenta, ya Judas había partido para llevar a cabo su traición. De todo el relato, llama especialmente la atención la firmeza de la decisión de Cristo —aunque Juan dice que se sintió profundamente conmovido— de no rehuir lo que le esperaba. Sabiendo lo que se le venía encima, es impresionante y ejemplar la fortaleza de Jesús para no retroceder ni un paso; más aún, anima a su delator a que actuara cuanto antes: «lo que vas a hacer, hazlo pronto». Y Judas, según cuenta Juan, actuó inmediatamente. Esta celeridad en la ejecución del mal contrasta con la pereza y pasividad de tantos cristianos a la hora de hacer el bien. La frase de Cristo vale también para nosotros. «No dejes para mañana, para más tarde, el bien que puedas hacer ahora, porque quizá no lo harás nunca.» Evocan las palabras del Maestro a aquellas otras que Pemán ponía en boca de san Francisco Javier en *El divino impaciente:* «Soy más amigo del viento, señora, que de la brisa, que hay que hacer el bien deprisa, que el mal no pierde momento.»

Después, si atendemos a los sinópticos, tuvo lugar la consagración del pan y la consagración del vino. Sobre el pan, tras bendecirlo y partirlo, Jesús dijo: «Tomad y comed. Esto es mi cuerpo» (Mt. 26,26), o bien «Tomad, esto es mi cuerpo» (Mc. 14,22), o «Esto es mi cuerpo, que es entregado por vosotros; haced esto en recuerdo mío» (Lc. 22,19). Son tres versiones prácticamente idénticas, siendo Lucas el que añade tanto el sentido redentor de la eucaristía (en la cual se renueva el sacrificio de la cruz) como el mandato de repetir esa consagración en memoria de Cristo. La consagración del vino tuvo lugar más tarde, «después de la cena» según Lucas, y así debió de ser, pues Mateo indica que el propio Cristo afirmó que ya no bebería «más de este fruto de la vid hasta el día en que beba con vosotros un vino nuevo en el reino de mi Padre» (Mt. 26,29). Las palabras de Cristo sobre el cáliz fueron: «Bebed todos de él, porque ésta es mi sangre, la sangre de la nueva alianza, que será derramada por todos para remisión de los pecados» (Mt. 26, 27-28). O, según Lucas: «Este cáliz es la nueva alianza sellada con mi sangre, que es derramada por vosotros» (Lc. 22,20). Es significativo que Jesús no comió el pan ni bebió el vino consagrado; es decir, él no «comulgó», él no comió su propio cuerpo y su propia sangre, pues ése era un don ofrecido a los apóstoles y a todos nosotros, para nuestro consuelo y fortaleza, así como para su propio consuelo al entrar «en comunión» con nosotros, con aquellos a los que tanto ama.

Merece la pena destacar de este relato, al hilo de los objetivos buscados en este libro, que Cristo es consciente de la trascendencia de lo que hace. No es un simple gesto de buena educación, llevado a cabo en el contexto de una cena entre amigos. El Señor utiliza palabras muy explícitas e inequívocas. No dice, por ejemplo, «Tomad y comed, porque esto es como si fuera mi cuerpo», lo cual daría lugar a una interpretación simbólica de la eucaristía. Dice, por el contrario: «Tomad y comed, esto *es* mi cuerpo.» Se trata, pues, de una presencia real, auténtica, indudable, del Señor en la materia del pan y del vino. Es la transubstanciación de que nos habla el

Catecismo: «El Concilio de Trento resume la fe católica cuando afirma: "Porque Cristo, nuestro Redentor, dijo que lo que ofrecía bajo la especie de pan era verdaderamente su Cuerpo, se ha mantenido siempre en la Iglesia esta convicción, que declara de nuevo el Santo Concilio: por la consagración del pan y del vino se opera el cambio de toda la substancia del pan en la substancia del Cuerpo de Cristo nuestro Señor y de toda la substancia del vino en la substancia de su Sangre; la Iglesia católica ha llamado justa y apropiadamente a este cambio transubstanciación"» (n.º 1376). Cristo, pues, quiso explícita y conscientemente crear la eucaristía; quiso quedarse bajo la forma de pan y de vino, como un penúltimo e infinito gesto de amor hacia nosotros. De tantas cosas como tenemos para agradecer a Dios, bastaría ésta para vivir eternamente postrados a sus pies dándole las gracias, o, mejor, para convertir nuestra vida en una permanente acción de gracias —en una eucaristía— llevando a cabo por amor a él aquellas acciones que sabemos que le agradan.

El otro punto que merece la pena destacar del relato de la consagración del pan y del vino, es que se trata de un anticipo del sacrificio de la cruz, un sacrificio que será llevado a cabo horas después «para remisión de los pecados». La eucaristía, tal y como quiso Cristo y la Iglesia ha enseñado siempre, es la actualización del sacrificio redentor de Cristo y es deseo explícito de él (lo afirma Lucas) que se renueve. El Catecismo afirma a este respecto: «En el sentido empleado por la Sagrada Escritura, el memorial no es solamente el recuerdo de los acontecimientos del pasado, sino la proclamación de las maravillas que Dios ha realizado a favor de los hombres. En la celebración litúrgica, estos acontecimientos se hacen, de cierta forma, presentes y actuales... Cuantas veces se renueva en el altar el sacrificio de la cruz, en el que Cristo, nuestra Pascua, fue inmolado, se realiza la obra de nuestra redención... Por ser memorial de la Pascua de Cristo, la eucaristía es también un sacrificio. El carácter sacrificial de la eucaristía se manifiesta en las palabras mismas de la institución... En la eucaristía, Cristo da el mismo cuerpo que por nosotros entregó en la cruz, y la misma sangre que "derramó por muchos para remisión de los pecados" (Mt. 26,28)... La eucaristía es, pues, un sacrificio porque representa (es decir hace presente) el sacrificio de la cruz, porque es su memorial y aplica su fruto... El sacrificio de Cristo y el sacrificio de la eucaristía son, pues, un único sacrificio» (Catecismo n.º 1363, 1364, 1365, 1366 y 1367).

La eucaristía no es, pues, sólo —aunque eso ya sería bastante— la presencia real de Cristo en el pan y en el vino mediante la transubstanciación, sino la renovación del sacrificio de la cruz y, como consecuencia, la actualización de los frutos del mismo. Frutos que recibe el mundo y que reciben sobre todo los que participan de la celebración eucarística y después comulgan el cuerpo y la sangre del Maestro. Sabiendo esto, ¿podemos hacer otra cosa que no sea darle gracias a Dios? Él se entregó y se sigue entregando por nuestros pecados, para redimirnos y perdonarnos. A este amor sólo podemos responder con amor y una forma de expresar ese amor es darle utilidad al sacrificio de Cristo participando en él. Cuando alguien te hace un gran regalo, la mayor ofensa es no aceptarlo, no apreciarlo. Eso hacemos nosotros con Cristo cuando no participamos de la eucaristía. El Señor da su vida por nosotros y nosotros nos encogemos de hombros y miramos para otro lado, buscando, quizá, otros dones de Él —como la salud o el dinero—, como si eligiéramos la calderilla y despreciáramos el oro puro. Él, que tanto había deseado el momento de comulgar con nosotros, de entrar en nosotros, de unirse a nosotros (cfr. Lc. 22,15), ve frustrados sus objetivos porque, según les parece a muchos, no hay negocio en esa unión; si en cada eucaristía se repartiera un sobre con dinero, o si al comulgar perdiéramos peso, se nos curara el reuma o cualquier otra enfermedad, los templos estarían llenos. Pero como se trata de estar con Cristo y de recibir el bien inmenso, pero espiritual de su redención, la mayoría no tiene tiempo para ir a misa y muchos de los que van los domingos lo hacen porque de lo contrario pecan gravemente y temen por la salvación de su alma. ¡Pobre Jesús!

Vayamos, pues, a la Eucaristía para dar gracias a Dios por el tesoro que ella misma implica —la presencia real de Cristo y la actualización del sacrificio de Cristo—. Vayamos porque necesitamos ambas cosas, el consuelo de Cristo y el perdón de nuestros pecados. Vayamos porque Cristo también nos necesita a nosotros, él, que había deseado tanto celebrar aquella última cena y que sigue ansiando estar con nosotros cada vez que aceptamos que entre en nuestra casa a través de la comunión. Vayamos a consolar y a recibir consuelo, a dar y a recibir amor, a agradecer y a recibir la misericordia de quien nos ha amado tanto que no ha dudado en dar la vida por nosotros.

El lavatorio de pies y el mandamiento nuevo

San Juan es el único que nos cuenta el lavatorio de los pies de los apóstoles por Jesús (Jn. 13, 3-17) —aunque Lucas narra un hecho parecido pero sin lavatorio (cfr. Lc. 22, 24-30)—. Como testigo presencial y para completar lo que los otros tres evangelistas que escribieron antes que él no habían dicho, incluye esta preciosa escena. Lo hace porque es consciente de la importancia simbólica de la misma, como una actualización concreta, visible, de la otra escena que vendrá a continuación y de la que también Juan es el único que da cuenta: la de la proclamación del mandamiento nuevo (Jn. 13, 34-35).

De hecho, según Juan, la última cena comenzó con el lavatorio de los pies. Ese gesto no era habitual entre los judíos, aunque sí lo era el lavatorio de las manos. Pero, sobre todo, resulta extraño que sea el de más autoridad quien lo realice, pues o lo llevaban a cabo los criados o los que, en la reunión, se podían considerar inferiores. Por eso Pedro protesta y se niega a dejarse lavar por Jesús —«Jamás me lavarás los pies» (Jn. 13,8)—, porque no había entendido el simbolismo del gesto. Jesús mismo tiene que explicárselo: «¿Entendéis lo que os he hecho? Vosotros me llamáis el Maestro y el Señor; y decís bien, porque lo soy. Pues si yo, el Señor y el Maestro, os he lavado los pies, también vosotros os los debéis lavar unos a otros. Yo os he dado ejemplo para que hagáis vosotros lo mismo que he hecho yo. Os aseguro que el criado no es más que su amo, ni el enviado más que quien lo envía. Si sabéis esto y lo ponéis en práctica, seréis dichosos» (Jn. 13, 12-17). La dicha, la felicidad, viene del amor; el que ama es feliz y sólo el que ama es feliz de verdad. Saber esto y practicarlo es poseer el secreto que nos conduce a la plenitud de la alegría. Por eso, el propio Juan, reflexionando años más tarde sobre todo lo ocurrido en aquella última cena, dirá al principio del relato en el que nos cuenta lo que sucedió que «Jesús, que había amado a los suyos que estaban en el mundo, los amó hasta el extremo» (Jn. 13,2). Es decir, el amor de Cristo hacia los hombres, que comienza cuando el hombre empieza a existir, se manifiesta en su plenitud en lo que ocurrió en aquella última cena —la institución de la eucaristía, el lavatorio de los pies, el mandamiento del amor— y en lo que sucedió al concluir ésta —la muerte y resurrección del Maestro.

Una vez dado el ejemplo y explicado el sentido del mismo, Jesús quiso dejar a sus apóstoles un nuevo tesoro, un nuevo regalo. Éste no fue un acto como el lavatorio o un sacrificio como el de la cruz, sino unas palabras, un mensaje. Un mensaje que resumía toda la carga moral que durante su vida en la Tierra había estado enseñando. Un mensaje que abriría la puerta de la felicidad, en la Tierra y en el Cielo, a quien lo practicara. Este mensaje tenía la singularidad de que se expresaba no como una exhortación o como un consejo, sino como una orden, un precepto: el «mandamiento nuevo». Los apóstoles, como buenos judíos, sabían perfectamente que sólo Dios podía imponer ese tipo de mandamientos, y sin duda que comprendieron inmediatamente que aquélla era una manifestación más, por parte de Cristo, de sus pretensiones de divinidad. Si bien no era un mandamiento que anulaba los anteriores, los de Moisés, sí iba más allá, y en ese sentido era «nuevo», porque no se limitaba a exigirles que no hicieran el mal sino que establecía la obligación de hacer el bien. En realidad, Jesús ya había expuesto este mandamiento antes de diversos modos, uno de los cuales, como se ha visto, fue la parábola del buen samaritano. Pero ahora lo enunciaba explícitamente, y lo hacía en un momento solemne, de despedida, como si quisiera que aquellas palabras fueran recordadas para siempre porque estaban llenas de la fuerza que da el ser casi las últimas que el Señor pronunciaba en la Tierra. Además, y por si fuera poco, Jesús no sólo asumía abiertamente el puesto de Dios —al dar mandamientos éticos que superaban en mucho los anteriores dados por Yahvé a Moisés—, sino que se ponía a sí mismo como modelo, como ejemplo y punto de referencia para que sus seguidores supieran cómo tenían que llevar a la práctica la orden que les daba: «Os doy un mandamiento nuevo: que os améis unos a otros. Que como yo os he amado, así también os améis unos a otros» (Jn. 13, 34). Él será para siempre, para sus discípulos, el Dios que exige a sus discípulos que amen —y no sólo el que invita o aconseja hacerlo— y el que se muestra ante ellos como el modelo perfecto de ese amor que les pide. Por primera vez en la historia de las religiones el amor es presentado no como un consejo, como una exhortación, sino como una orden, como una obligación. Sólo un Dios hecho hombre podía llegar a tanto. Sólo alguien que fuera consciente de su divinidad podía mandar eso y mostrarse a sí mismo como referente para el cumplimiento de la orden dada. A la vez, sólo alguien que es realmente perfecto puede hacerlo, pues los que lo oyen tienen que estar convencidos de que él es imitable —en el sentido de deber ser imitado, por la gran calidad de su comportamiento—, ya que de lo contrario se arriesga a que se burlen de él o a que, si le imitan, lleven a cabo obras malas en lugar de obras buenas. Los discípulos no protestaron ante esta orden y ante este referente, como acababa de hacer Pedro cuando se negó a que Jesús le lavara los pies. Ésta es una señal de que, si bien el nuevo mandamiento les pudo parecer exigente, no les cabía duda de que Jesús estaba a la altura de la orden que les estaba dando. Él era un modelo tan perfecto que sólo Dios hecho hombre podía comportarse así, sin mancha, sin pecado, sin defecto alguno.

El «mandamiento nuevo», por lo tanto, debe ser visto por nosotros desde la perspectiva con que fue acogido por los que lo recibieron la primera vez: es un don, un regalo más de Cristo. Esta orden no nos esclaviza, no viola nuestra libertad, no nos quita nada. Por el contrario, nos acerca a Dios —al que tenemos que imitar—, nos libera de nuestros egoísmos, nos da la felicidad de que disfrutan los que hacen el bien y evitan el mal. Agradezcamos, pues, este regalo. No consideremos, como hacen tantos de nuestros contemporáneos, que tener conciencia es una desgracia y que mejor sería que no supiéramos distinguir el bien del mal o que consideráramos bueno lo que es malo. Seamos conscientes de que conocer la verdad nos hace libres y que tener una apreciación justa de la bondad o malicia de los actos es una gran bendición. Agradezcamos al Señor este «mandamiento» y agradezcámoselo del mejor modo posible: poniéndolo en práctica.

Por si fuera poco, Cristo añadió otra cosa, a la que volverá poco después, en el fragmento del evangelio de Juan, conocido como su testamento. El Señor quiso dejar claro a los apóstoles que el cumplimiento de ese mandamiento nuevo debía ser su divisa, su característica, aquello por lo que todos debían conocerles: «En esto reconocerán todos que sois mis discípulos, en que os amáis unos a otros» (Jn. 13,35). Si queremos, pues, que los que nos rodean sepan que somos seguidores de Cristo debemos comportarnos como él se comportó. Debemos amar a todos, pero debemos, especialmente, practicar ese amor entre nosotros. La división en el seno de la Iglesia, tan frecuente, tan presente, es el peor de los testimonios que podemos dar, es la señal de que no estamos siendo los seguidores de Cristo, los imitadores de la santidad del Maestro. No creo que haya algo más difícil de conseguir que esto y, a la vez, más necesario. Por eso el Señor insistió tanto en ello. Por eso debemos agradecerle que pusiera tanto empeño en recordarnos que sólo cuando amamos, cuando nos amamos, somos verdaderos cristianos.

La traición de Pedro

El caso de Pedro es muy singular y a la vez, hasta cierto punto, muy frecuente. Los evangelios nos lo muestran como alguien completamente entregado a Cristo, entusiasta, casi vehemente, aunque sin los arrebatos que merecieron a los dos hermanos Zebedeos —Santiago y Juan— el apelativo de «hijos del trueno». El Señor vio en él desde el principio no sólo amor y fidelidad, sino también capacidad de liderazgo. Por esas tres cualidades decidió poner su obra, la Iglesia, en manos de ese pescador galileo, que quedó así constituido ante el resto de la comunidad como su sucesor, misión que en ningún momento le fue discutida. A pesar de esto, Pedro se nos muestra a lo largo de los años de convivencia con Cristo como alguien contradictorio. Unas contradicciones muy humanas, que los evangelistas no ocultan a pesar de estar escribiendo sobre el líder de la Iglesia, muerto como mártir en Roma —al menos el cuarto evangelio se escribió después de la persecución de Nerón—. Por un lado están sus cualidades, ya enunciadas, que le merecieron la confianza plena del Maestro. Pero, por otro, el mismo Jesús lo calificó en una ocasión de «Satanás», porque lo estaba invitando a que no aceptara la cruz y que huyera para ponerse a salvo. Pero es en este momento último, en este drama definitivo que tuvo lugar en estos tres días únicos sobre los que ahora meditamos, cuando las contradicciones de Pedro se pusieron más de manifiesto.

En el marco de la despedida tras la última cena, insistiendo Jesús en que el momento final estaba próximo y que ellos iban a entrar en crisis, Pedro, vehemente como siempre, expresa sus sinceros sentimientos hacia Cristo. Estoy seguro de que esas manifestaciones debieron agradar al Señor y, sin embargo, le respondió advirtiéndole de su próxima traición. Mateo lo cuenta así: «Después de haber cantado los himnos, salieron hacia el Monte de los Olivos. Jesús les dijo: "Yo seré para vosotros esta noche ocasión de caída, pues así lo dice la Escritura: *Heriré al pastor y se dispersarán las ovejas del rebaño*. Pero después resucitaré e iré delante de vosotros a Galilea." Pedro le dijo: "Aunque fueras para todos ocasión de caída, para mí no." Jesús le dijo: "Te aseguro que esta misma noche, antes de que el gallo cante, me negarás tres veces." Pedro le dijo: "Aunque tenga que morir contigo, jamás te negaré." Y lo mismo dijeron todos los demás» (26, 30-35). Marcos añade que la predicción del Señor fue que Pedro le negaría «antes de que el gallo cante dos veces» (Mc. 14,30). Lucas personaliza en Pedro la cuestión de la crisis de los apóstoles y nos narra la conversación entre Jesús y su futuro vicario: «Simón, Simón, mira que Satanás ha pedido poder cribaros como el trigo, pero yo he rogado por ti para que no desfallezca tu fe. Y tú, cuando te arrepientas, confirma a tus hermanos. Pero él dijo: "Señor, estoy dispuesto a ir contigo a la cárcel y hasta a la muerte." Jesús le contestó: "Pedro, te digo que no cantará hoy el gallo antes que hayas negado tres veces que me conoces"» (Lc. 22, 31-34). Juan, por su parte, coloca la escena justo al final de la proclamación del «mandamiento nuevo», como una interpelación hecha por Pedro a Jesús después de que éste había dicho: «Adonde yo voy no podéis ir vosotros» (Jn. 13, 32). Pedro, entonces, le habría preguntado a Cristo: «Señor ¿adónde vas?» (Jn. 13, 36), lo cual significaría que no se había terminado de dar cuenta de la gravedad de la situación y de la inminencia del final. Jesús insistió en que ni él ni los demás le podían acompañar, pero que le seguirían «más tarde» (Jn. 13,36). A lo cual, Pedro habría respondido con su natural ímpetu: «Señor, ¿por qué no puedo seguirte ahora? Yo daré mi vida por ti» (Jn. 13,37). Y entonces Jesús habría anunciado su traición: «Jesús le contestó: "¿Que darás tu vida por mí? Te aseguro que no cantará el gallo antes de que tú me niegues tres veces» (Jn. 13,38).

Aunque las versiones que nos ofrecen los cuatro evangelistas de lo que sucedió después no son exactamente iguales —Juan introduce el largo monólogo de Jesús, dirigido a veces a los apóstoles y otras al Padre, del que hablaremos más tarde—, lo son en su esencia. A través de ellas nos queda claro que al Señor le molesta ese tipo de camuflada soberbia que consiste en una excesiva confianza en uno mismo, en la fuerza de sus sentimientos, de sus convicciones. No cabe duda de que Pedro era sincero cuando afirmaba que, aunque los otros traicionaran a Jesús, él no lo haría. No cabe duda de que amaba al Señor y estaba convencido de que su amor era tan fuerte que, apoyándose en él, estaba dispuesto a dar la vida por Cristo. Sin embargo, Jesús, que por ser Dios veía —y sigue viendo— lo profundo de los corazones, sabía que ningún sentimiento humano, ninguna voluntad humana, por sí misma, es lo suficientemente fuerte para aguantar las pruebas de la vida. Aquí se maneja el concepto teológico que años después se dirimirá con la herejía de Pelagio: ¿Puede el hombre salvarse a sí mismo? ¿Puede hacer el bien sin necesidad de Dios? La Iglesia, contra Pelagio, contestó negativamente a esa pregunta y afirmó: Sin Dios, sin la gracia, no podemos hacer nada bueno, no podemos obrar el bien, no podemos salvarnos. El Concilio de Trento lo ratificó siglos después, en la polémica con Lutero, recordando a la vez lo que había escrito el Apóstol Santiago: que la fe sin obras es una fe muerta y que también es necesaria la colaboración humana para la salvación. Pero ya en ese momento, en aquella hora oscura que precedía al prendimiento de Cristo, el Señor detectó nada menos que en Pedro la herejía hija de la soberbia. Por eso le dijo que hacía mal en confiar en sus fuerzas, en sentirse tan seguro de sí mismo, y, como prueba, le advirtió que en pocas horas lo iba a traicionar tres veces. Era una advertencia para Pedro y para todos y cada uno de nosotros. Cuidado, dirá más tarde san Pablo, que el que se crea seguro esté precavido, no sea que caiga. Por muy fuerte que te creas, por muy seguro que estés, no confíes excesivamente en ti mismo y pídele a Dios, con humildad, su fuerza, su gracia, sin la cual no podemos hacer el bien. Y démosle gracias a Dios por esa advertencia, porque sabiendo lo que pasó con Pedro estamos prevenidos y quizá podamos evitar repetir sus errores.

Muy poco después de lo narrado, tuvo lugar la irrupción de Judas con los esbirros de los sacerdotes para detener al Señor. De nuevo ahí interviene Pedro. Juan lo cuenta así: «Entonces Simón Pedro, que tenía una espada, la sacó, dio un golpe al criado del sumo sacerdote y le cortó la oreja derecha. El criado se llamaba Malco. Jesús dijo a Pedro: "Mete la espada en la vaina; ¿es que no tengo que beber el cáliz que me da el Padre?"» (Jn. 18, 10-11). Los tres sinópticos narran también la escena, aunque no especifican el nombre del que esgrimió la espada: «Uno de los que estaban con Jesús sacó la espada, dio un golpe al criado del sumo sacerdote y le cortó una oreja. Jesús le dijo: "Vuelve la espada a su sitio, que todos los que manejan espada a espada morirán. ¿O crees que no puedo pedir ayuda a mi Padre, que me mandaría ahora mismo más de doce legiones de ángeles? Pero ¿cómo se cumplirían entonces las Escrituras, según las cuales tiene que suceder así?"» (Mt. 26, 51-54). Lucas es el único que nos cuenta que, además de reprender al apóstol violento, el Señor hizo el milagro de curar al que acababa de sufrir la agresión: «Jesús dijo: "¡Basta ya! ¡Dejad!" Y tocando la oreja lo curó» (Lc. 22,51).

No es esta escena una continuación lógica entre la promesa de fidelidad y la traición antes del canto del gallo. Sin embargo, los evangelistas la cuentan porque así ocurrió. Sirve para constatar la sinceridad de los sentimientos de Pedro hacia Cristo y su disponibilidad a hacer lo que hiciera falta para ayudar al Maestro. Sirve también para otra cosa. Para comprobar la actitud de Jesús ante el uso de la violencia. En pocas ocasiones como en ésta, el Señor se nos muestra como el «Príncipe de la Paz». Siendo él mismo la víctima, y víctima inocente, se niega a que se usen las armas para defenderle y reprocha a Pedro el bienintencionado gesto. Ése no es su camino y no debe ser el de los suyos. Para siempre debe quedar en la memoria de los cristianos la frase «vuelve la espada a su sitio, que todos los que manejan espada a espada morirán». No significa que debemos permanecer impasibles ante la injusticia, ante el sufrimiento de los débiles e inocentes, ante la necesidad de la legítima defensa. Significa que nuestro camino no es el terrorismo, ni la violencia revolucionaria, sino la búsqueda de la justicia por la vía de la paz. Me pregunto cómo interpretarán este pasaje los teólogos de la liberación que justifican el uso de la violencia, cómo lo retorcerán hasta hacerle decir a Jesús lo contrario de lo que explícitamente expresa, o si quizá simplemente lo suprimirán alegando que se trata de un añadido posterior, que es el método que suelen emplear los que se sienten incómodos ante ciertas palabras o comportamientos de Cristo. Pero para la Iglesia, para nosotros, la lección está clara y es un sí rotundo a la paz y a la utilización de métodos pacíficos para conseguir los objetivos que legítimamente se buscan; es un no igualmente rotundo a la guerra y a la violencia terrorista, sea cual sea la justificación que se quiera dar a su uso. No había ni habrá un inocente mayor que Cristo, una injusticia mayor que la cometida con Cristo, un motivo mayor para sacar la espada que el de defender a Cristo y, sin embargo, no bastó para justificar la acción de Pedro. Escuchemos y agradezcamos lo que el Señor nos enseña. Pongámoslo en práctica para que no tengamos que arrepentirnos dentro de mil años de los errores que hoy cometemos, lo mismo que hoy pedimos perdón por los que cometimos hace mil años, que, curiosamente, son los mismos que hacemos ahora.

 La tercera vez que aparece Pedro, en los relatos que nos cuentan lo que sucedió esa noche, es para constatar el cumplimiento de la profecía de Jesús sobre su negación. La escena se sitúa en casa de Caifás, el sumo sacerdote. «Pedro lo había seguido de lejos hasta el palacio del sumo sacerdote; entró y se sentó con los criados para ver el fin» (Mt. 26,58). Más adelante, tras narrar la escena del juicio ante los sumos sacerdotes, el evangelista añade: «Pedro estaba fuera sentado en el atrio. Se le acercó una criada y le dijo: "Tú también estabas con Jesús, el galileo." Pero él lo negó delante de todos, diciendo: "No sé lo que dices." Al salir hacia el portal, lo vio otra criada, y dijo a los que estaban allí: "Éste estaba con Jesús el Nazareno." Y él de nuevo lo negó con juramento: "No conozco a ese hombre." Al poco tiempo se acercaron a Pedro los que estaban allí y le dijeron: "Seguro que tú también eres de ellos, pues tu misma habla te descubre." Entonces él comenzó a jurar y perjurar: "No conozco a ese hombre." Y en aquel instante cantó el gallo. Entonces Pedro recordó que Jesús le había dicho: "Antes de que cante el gallo me negarás tres veces." Y saliendo fuera, se echó a llorar amargamente» (Mt. 26, 69-75). Lucas nos cuenta que, en ese momento se produjo un cruce de miradas entre Cristo y Pedro, señal clara de que el Señor había escuchado las palabras de su apóstol y éstas le habían hecho beber un trago más del cáliz de la amargura: «El Señor se volvió, miró a Pedro, y Pedro se acordó de la palabra del Señor cuando le había dicho: "Antes de que el gallo cante hoy, me negarás tres veces"» (Lc. 22,61). Juan, en su relato de esta escena, la única novedad que introduce es que uno de los que identifican a Pedro era pariente del criado al que el propio Pedro había cortado la oreja (cfr. Jn. 18,26).

Se ha consumado, pues, no sólo la traición, sino el resultado de la soberbia, de la confianza en uno mismo y en sus propias fuerzas. ¿Qué hubiera ocurrido si Pedro, en lugar de afirmar: «Aunque los otros te abandonen, yo no lo haré», hubiera dicho: «Señor, tengo miedo a traicionarte en este momento tan difícil. Ayúdame, dame tú las fuerzas que no poseo para serte fiel hasta dar la vida por ti, si hiciera falta?» Posiblemente todo hubiera sido distinto y el gallo habría cantado no sólo tres sino decenas de veces sin que Cristo hubiera tenido que escuchar que el primero de sus discípulos negaba conocerlo. Pero aquello ocurrió, la lección quedó escrita, y Dios, como veremos más adelante, volvió a escribir derecho con renglones torcidos y sacó también de aquel mal una enseñanza, un bien.

Judas

Ya hemos visto algo sobre la figura de Judas en los apartados anteriores, tanto en lo que respecta a su participación en la conspiración contra Jesús, como en lo referente a la advertencia que Cristo quiso dar al resto de los apóstoles sobre lo que su administrador, Judas, iba a hacer. Era, como ya se ha dicho, un intento por parte del Señor de dejar constancia de que sabía lo que iba a pasar y que lo asumía libre y conscientemente. Pero ¿por qué Judas hizo lo que hizo? ¿Qué ocurrió después? ¿Qué lecciones se desprenden de su traición, de su posterior comportamiento?

Tras abandonar el Cenáculo antes de que el Señor repartiera a los apóstoles su Cuerpo y su Sangre, antes también, por lo tanto, de la institución del sacerdocio cristiano, Judas fue en busca de los que estaban en la conspiración para matar a Cristo. Como ya se ha dicho, no debió de ser sólo la avaricia la que movió a Judas a la traición. En todo caso, el que había sido uno de los hombres de confianza de Jesús, hasta el punto de poner en sus manos el dinero, decidió no sólo abandonar el grupo de seguidores del Maestro, sino hacerlo llevándose algún dinero para el camino, las famosas treinta monedas. Si fue porque estaba decepcionado de Cristo debido a su rechazo al uso de la violencia, como también se ha dicho, o si fue por envidia al no poder ocupar el lugar de Pedro o el lugar de Juan, o si simplemente fue por avaricia, el caso es que dirigió sus pasos al encuentro con los sacerdotes judíos y con los fariseos para informarles de cuál era el programa inmediato del Señor y hacia dónde debían dirigirse para apresarle. Él mismo acompañó a los esbirros que tenían que llevar a cabo la tarea y para que no hubiera confusión en medio de la oscuridad de la noche, identificó a la presa con un beso. Una ironía que el propio Cristo señaló al afirmar que era precisamente con un beso —un signo de amor y amistad— con lo que se consumaría la traición (cfr. Lc. 22,48).

Después de esto, volvemos a encontrar a Judas de un modo diferente, totalmente opuesto. Lo vemos arrepentido, intentando lo imposible: que la historia retroceda, que lo ocurrido se borre, que los sacerdotes liberen a Cristo. Para conseguirlo, ofrece el dinero recibido, y lo hace arguyendo que se ha equivocado: «He pecado entregando sangre inocente» (Mt. 27,4). Demuestra así no sólo que reconoce su error, sino que sabía perfectamente antes de hacerlo cuál era el fin que le estaba destinado a la víctima de su traición: la muerte. Los sacerdotes, como era previsible, se encogen de hombros y no quieren dar marcha atrás, una vez en su poder la codiciada presa. Eso sí, aceptan el dinero que Judas les devuelve y en un gesto típico del legalismo judío no lo reembolsan al Templo, por proceder de un negocio que había supuesto el derramamiento de sangre, sino que lo dedican a una obra de caridad, comprando un campo para enterrar a extranjeros. El evangelista concluye la historia informándonos del siguiente y último paso de Judas: «Tiró en el Templo las monedas, fue y se ahorcó» (Mt. 27,5). Eso fue todo. Ése fue el final.

Merece la pena comparar el comportamiento de Judas con el del otro traidor de aquella noche: Pedro. Cierto que las traiciones de ambos habían sido cualitativa y cuantitativamente distintas. Pero, de alguna manera, ambos eran ahora iguales, en el sentido de que los dos habían defraudado la confianza del Maestro y se habían alejado de él por el pecado. Pero mientras que Judas se suicidó y completó con un nuevo pecado su hundimiento en el abismo, Pedro se arrepintió y volvió a recomenzar en el camino de Cristo: «Y saliendo afuera, se echó a llorar amargamente», dirá Mateo (26, 75) para contarnos cómo se comportó el primero de los apóstoles. De hecho, lo veremos inmediatamente al lado del resto de los apóstoles, en la mañana de Pascua, y comprobaremos cómo el Señor renovó en él su confianza.

Las dos figuras, la de Judas y la de Pedro, han sido desde ese momento dos modelos para los cristianos. La una, la de Judas, modelo de lo que no se debe hacer en ningún caso —pecar y desesperar—; la otra, la de Pedro, modelo de cómo se puede volver a empezar y de cómo la misericordia de Dios está siempre a la espera del regreso del hijo pródigo. No importa lo grave que sea tu pecado, lo atroz y profundo que haya sido el mal cometido. Importa el arrepentimiento sincero, importan las lágrimas de Pedro. Hay que poner los pies sobre la propia miseria para utilizarla como un escalón que nos acerque al Cielo. Eso fue lo que hizo Pedro. Porque no desesperó del amor de Dios, se salvó. Quizá tuvo la suerte, la bendición, de encontrar a María aquella noche, y de hallar en ella el refugio de pecadores que siempre ha sido. Quizá si Judas la hubiera ido a ver, no se habría ahorcado y hoy estaríamos rezándole a otro san Judas, modelo de sincero arrepentimiento. Démosle gracias a Dios por su misericordia infinita, tan grande como inmerecida. Y aprovechemos ese amor para volver a empezar en el camino de la santidad y no para abusar de él pensando que, como nos quiere tanto, va a perdonarnos todo y por eso podemos hacer el mal que queramos tantas veces como queramos.

La agonía en el huerto

Los cuatro evangelistas nos cuentan la escena que tuvo lugar una vez concluida la cena pascual (Mt. 26, 36-46; Mc. 14, 32-42; Lc. 22, 40-46; Jn. 18,1). Jesús, como solía hacer con frecuencia, se retiró para orar a uno de los huertos de olivos que crecen enfrente del gran Templo, a la otra orilla del torrente Cedrón, fuera de las murallas. Era un sitio seguro, poco iluminado, desde el que se podía escapar con relativa facilidad si venían a buscarle, salvo —como ocurrió— que los perseguidores supieran exactamente adónde dirigirse y que la víctima no tuviera deseos de huir. A los apóstoles no les extrañó este comportamiento del Maestro. Sabían perfectamente que el momento era solemne, quizá definitivo, y comprendían que él quisiera estar solo, rezándole al Padre, como tantas veces había hecho. Lo único nuevo, quizá, era la súplica que dirigió a tres de ellos —Pedro, Santiago y Juan—, los mismos que se había llevado al Tabor para la transfiguración, a fin de que estuvieran un poco más cerca de él y le asistiesen si les necesitaba. Pero incluso de éstos se alejó un poco, tras abrirles su corazón y decirles algo que nunca habían oído de sus labios: «Me muero de tristeza» (Mt. 26,38), para suplicarles a continuación que se quedaran rezando, unidos a él y sosteniéndolo en la lucha que iba a iniciar. Los tres apóstoles tuvieron tiempo, antes de quedarse dormidos, de escuchar la oración que el Señor proclamó a continuación, poco después de separarse de ellos: «Padre mío, si es posible, que pase de mí este cáliz; pero no sea lo que yo quiero sino lo que quieres tú» (Mt. 26, 39). Nunca Jesús se mostró tan humano como en este momento. Desnuda su alma por la agonía, podemos ver en ella los mismos sentimientos que anidan en la de cualquier hombre cuando le llega la hora del sufrimiento: el miedo, la duda, el deseo de huir. Cristo es hombre verdadero y aquí lo demuestra. Siente lo que cualquier hijo de vecino. No es un «superman», una fría estatua de mármol que no se conmueve ni atemoriza ante la perspectiva de la tortura y de la muerte. Y porque teme, suplica. No exige, no chantajea, sólo pide, con humildad, que le sea ahorrado el sufrimiento que se avecina: «Si es posible», dice. Para añadir y concluir: «pero que se haga tu voluntad», aceptando de este modo lo que Dios quiera, por duro que sea. Eso es rezar y no lo que hacemos nosotros, que más parece que somos los señores de Dios y que nos dirigimos a él dándole órdenes que deben ser cumplidas por el criado-esclavo inmediatamente y sin protestar. El Dios-hombre que pide humildemente en la antesala del salón de torturas verse libre del sufrimiento que le espera, nos ha hecho uno de los mayores favores que cabían esperar de él: nos ha reconciliado con el miedo, con nuestro propio miedo. No es malo tener miedo, Cristo lo tuvo. No es malo suplicar, pedir ayuda, solicitar que el cáliz de la amargura se aleje de nuestros labios sin probarlo. Cristo lo hizo. Tener miedo es de hombres y de hombres santos y valientes. Intentar evitar el dolor es legítimo y forma parte del seguimiento de Cristo, pues él también lo hizo. Pero él, en aquella noche terrible y gloriosa, hizo algo más, y eso es lo que nosotros solemos olvidar, lo que no queremos imitar de él. Jesús, tras suplicar, ofreció su asentimiento a la voluntad del Padre, fuera ésta la que fuera. Por lo tanto, lo malo no es tener miedo e intentar evitar el dolor. Lo malo es pagar para conseguirlo un precio que traicione nuestra conciencia, que nos aleje de Dios, que suponga el incumplimiento de nuestras obligaciones. Porque eso fue lo que Cristo no hizo. Él sabía lo que tenía que hacer para no tener que apurar la copa del sufrimiento: hubiera bastado con llegar a un acuerdo con los fariseos y con los sacerdotes; habría sido suficiente con no curar en sábado, con no ir a comer a casa de los pecadores, con no insistir en lo de su divinidad. De hecho, todavía era posible ese acuerdo y podría firmarlo en breve, cuando los soldados que ya estaban a punto de llegar para prenderle le llevaran ante el Sumo Sacerdote; allí, él podría intentar llegar a un acuerdo que le permitiera salvar la vida. Pero ese precio Jesús no lo quería pagar, porque suponía no hacer la voluntad del Padre, suponía renunciar a la obra de la redención del hombre para la que él mismo se había hecho hombre.

Cristo no quería sufrir. No era un faquir al que le gusta atravesar su cuerpo con afilados dardos, no era un masoquista que disfruta sufriendo. Era un hombre. Pero era todo un hombre. Era, por si eso fuera poco, Dios. Y por lo tanto, tras suplicar que le fuera evitada la tortura si era posible, dio un paso decidido hacia su misión, hacia la cruz. Con entereza, disipadas ya las dudas, se levantó y se dirigió a sus discípulos. El sueño de éstos le dolía, porque no habían sabido estar a la altura de las circunstancias y no le habían brindado el apoyo que él necesitaba, pero les comprendía. ¿Cómo no iba a hacerlo, si él mismo acababa de experimentar el peso de la fragilidad humana? «Ahora —les dijo—, ya podéis descansar», porque él se había levantado y estaba dispuesto a caminar hacia la cruz para pagar el precio de la libertad de ellos y de los demás hombres.

¿Dormimos nosotros mientras Cristo sufre? Sí, casi siempre. Por eso tenemos que despertar del sueño que nos hace olvidar que el Señor nos necesita. Nos necesita en el Sagrario. Nos necesita en los pobres. Pero ¿cómo despertar de ese letargo que deja a Cristo sin el apoyo de sus amigos? Sólo hay una forma: contemplar, meditar, evocar y revivir el amor que Dios nos tiene. Así, al hacernos conscientes de lo mucho que le hemos costado, nos pondremos en pie para decirle: «Yo quiero subir a la cruz contigo, yo quiero coger mi cruz por ti y contigo. Y lo haremos llenos de gratitud, porque él lo hizo primero, porque él hace posible nuestro amor y porque, al hacerlo, nos dignifica, nos hace hombres, nos hace santos, nos hace felices».

¿Avanzamos nosotros hacia nuestra cruz cuando nos llega la hora o, por el contrario, huimos rápidamente de ella? ¿Le pedimos a Dios que nos libre del sufrimiento o, más bien, se lo exigimos? Ningún ser humano normal puede desear sufrir por sufrir. Pero hay algo que es más importante que el no sufrir, que la ausencia de dolor: el amor. Si puedo, no sufro. Pero si evitar el sufrimiento significa dejar de amar, ser infiel a mi conciencia, entonces sólo me queda un camino: pedirle a Dios que me ayude a llevar con dignidad, con entereza, el sufrimiento. Sufrir está por encima de mis fuerzas y, ante el dolor, el instinto me dice que me vaya, que huya. Pero también amar está por encima de mis fuerzas. Para amar necesito la ayuda de Dios siempre, pero sobre todo la necesito cuando ese amor implica generosidad, sacrificio, sufrimiento. Y esa ayuda es la que, con humildad y con insistencia, tengo que pedir. Ayúdame, Señor, a hacer tu voluntad, ayúdame a amar, aunque eso lleve consigo sufrir.

Démosle gracias a Cristo por esta escena del huerto de los olivos, porque nos permite conocer su humanidad y nos reconcilia con nuestro miedo al dolor. Démosle gracias por ser totalmente humano, pues ahora nosotros también podemos suplicar al Padre, sin avergonzarnos, que pase de nosotros el cáliz del sufrimiento. Pero démosle gracias también porque él nos enseña cómo pedir ese favor: con humildad, con un «si es posible». Y porque nos enseña lo que hay que decir a continuación: «que no se haga mi voluntad sino la tuya». Que se haga la voluntad de Dios aunque no la entendamos. Como dijo Cristo en el huerto de los olivos, como le dijo María al arcángel Gabriel: «Fíat, aquí está el esclavo del Señor, aquí está su siervo. Hágase en mí según tu palabra.»

Prendimiento y juicio

El prendimiento de Jesús en el huerto de los olivos y su posterior conducción a la casa del Sumo Sacerdote Caifás forman un conjunto que merece la pena ser estudiado como tal. De hecho, representa el «principio del fin», pues desde ese momento el Señor perdió su libertad externa. Una pérdida de libertad, sin embargo, que fue asumida voluntaria y conscientemente por él, como con insistencia deliberada indican los textos evangélicos. El prendimiento nos lo cuenta Mateo en

26, 47-56, Marcos en 14, 43-53, Lucas en 22, 47-53 y Juan en 18, 2-12. El juicio ante el Sanedrín aparece en Mt. 26, 57-68; Mc. 14, 53-65; Lc. 22, 54-65; Jn. 18,24. En esencia, los relatos coinciden, aunque, como siempre, Juan omite cosas que los otros cuentan y nos informa de detalles que los otros no dicen, debido a su intención al escribir el cuarto evangelio de completar lo que ya estaba escrito por los otros tres evangelistas.

Sobre el prendimiento, en los distintos textos, se nos cuenta la forma en que se efectuó la traición de Judas —el beso—, el rechazo de la violencia por parte de Cristo —la corrección a Pedro por el uso de la espada para defenderla—, el señorío de Jesús que no huye aun pudiendo hacerlo, el interés de Cristo por salvar a sus amigos y el abandono de todos los apóstoles cuando lo vieron en manos de sus enemigos.

Lucas es quien mejor expresa la forma en que se efectuó la identificación de Jesús por Judas, en medio de la oscuridad de la noche: «Aún estaba hablando, cuando apareció un gran tropel de gente encabezado por el llamado Judas, uno de los doce, el cual se acercó a Jesús para besarlo. Jesús le dijo: "Judas, ¿con un beso entregas al hijo del hombre?"» (Lc. 22, 47-48). La respuesta de Jesús a Judas, tal y como nos la cuenta Lucas, refleja perfectamente la ironía encerrada en lo que estaba sucediendo. Un beso, signo de amistad, de amor, había sido precisamente el instrumento elegido por el traidor para entregar a Jesús en manos de sus enemigos. ¡Cuántas veces, antes y después de ese momento, ha sucedido lo mismo! Con demasiada frecuencia, el amor se transforma en un vehículo del pecado, cuando en lugar de ser un gesto de entrega, de generosidad, se vuelve un acto de egoísmo.

En cuanto a la condena de la violencia por parte de Cristo, ésta es tajante, hasta el punto de que el Señor hace su último milagro antes de morir, restituyendo y curando la oreja que Pedro le había cortado al criado del Sumo Sacerdote. Los matices con que los evangelistas nos cuentan este episodio son muy interesantes. Así, Mateo introduce una frase que implica la desautorización de la violencia porque ésta sólo sirve para engendrar más violencia: «Vuelve la espada a su sitio, que todos los que manejan espada a espada morirán» (Mt. 26, 52). Lucas es el que nos habla del milagro por el que curó la oreja del criado agredido. Juan, testigo ocular de lo que sucedía, nos da el nombre del criado, Malco —quizá porque posteriormente se hizo cristiano al reflexionar sobre lo sucedido y porque, por ello, era conocido por la comunidad— y nos ofrece otra versión de las palabras de Cristo a Pedro: «Mete la espada en la vaina. ¿Es qué no tengo que beber el cáliz que me da el Padre?» (Jn. 18,11); en este caso, el rechazo a la violencia se debe a que, al utilizarla, se está yendo contra el plan de Dios que, misteriosamente, ha permitido que se cometiera una injusticia contra alguien tan inocente y bueno como el propio Jesús. Sea como sea, la violencia queda totalmente desautorizada por Cristo, el cual lo hace, además, en un momento muy crítico para él, pues él mismo está siendo la víctima y los que usan la violencia no pretenden otra cosa más que ayudarlo.

El tercer elemento del relato es el señorío con que Jesús acepta su prendimiento. Más que ser arrebatado y sorprendido en medio de la oscuridad debido a la traición de un amigo, los evangelistas nos cuentan que el Señor se dejó apresar. Ya nos lo habían dicho, al contarnos —durante el relato de la última cena— que Jesús estaba enterado de la traición de Judas y de que ésta se iba a consumar esa noche y en el huerto. Ahora vuelven sobre ello. Quien mejor lo describe es Juan, que nos cuenta que la palabra de Jesús era tan poderosa que los esbirros de los sacerdotes cayeron al suelo, impotentes, lo cual podía haber sido aprovechado por Cristo para escapar. Mateo, el otro evangelista que fue testigo presencial de los hechos, nos dice que Jesús estaba convencido de que podía evitar su prendimiento, como lo demuestra que en su reprobación de la violencia llevada a cabo por Pedro le diga a éste: «¿Crees que no puedo pedir ayuda a mi Padre, que me mandaría ahora mismo más de doce legiones de ángeles?» (Mt. 26,57). Cristo, pues, no va a la cruz por la maldad de los hombres, como si éstos hubieran echado un pulso a Dios y le hubieran vencido. Es verdad que son los hombres, en el ejercicio de su libertad, los que lo conducen a la tortura y a la muerte, pero él acepta libre y conscientemente ese terrible final para su vida. Y lo hace porque sabe que de este modo está haciendo la voluntad del Padre, está llevando a cabo la obra para la cual había venido a este mundo: la salvación de todos y cada uno de los hombres.

El penúltimo elemento significativo del relato es introducido sólo por Juan. Éste nos dice que, incluso en esta situación difícil y de angustia, Jesús no dejaba de preocuparse por la suerte de sus discípulos, de sus amigos. Así, en medio del desconcierto, del miedo, de la tensión, él se impone al barullo para poner un poco de orden y evitar que los apóstoles sufrieran su misma suerte. Tras interrogar a los esbirros y confesar su identidad, afirmó: «Os he dicho que soy yo. Si me buscáis a mí, dejad que éstos se vayan» (Jn. 18,8). En un momento en el cual cualquiera hubiera pensado en sí mismo, él piensa en sus discípulos. Amó hasta el final y lo hizo de forma consciente, de forma también «natural», espontánea, pues su naturaleza era el amor y lo que le salía de dentro era siempre y sólo el amor. Pero es especialmente de agradecer que eso fuera así, máxime cuando la respuesta que va a recibir de los que son amados por él no es precisamente la misma.

Efectivamente, después de que los soldados hubieran, por fin, echado mano sobre Jesús, el pánico se extendió entre los apóstoles. Marcos lo resume así: «Todos lo abandonaron y huyeron» (Mc. 14,50). También es Marcos el que informa de la existencia de un joven misterioso que siguió a Jesús envuelto en una sábana y que, al ser descubierto, dejó sobre el terreno su vestidura y «se escapó desnudo» (Mc. 14,52). Según la tradición, ese joven era Juan, el evangelista. En todo caso, la traición comenzada por Judas se extendió al resto. Tras el conato de defensa armada por parte de Pedro, los apóstoles, desconcertados, se replegaron sobre sí mismos y sólo pensaron en salvar su propia vida. Si bien, el propio Pedro y también Juan, van a aparecer cercanos a Cristo en los acontecimientos que se sucedieron —como ya se ha visto, esa cercanía trajo consigo en el caso de Pedro la triple negación—, el conjunto de los apóstoles se sumergió en el oscuro abismo de la crisis, del cual sólo saldría tras la resurrección y, sobre todo, tras Pentecostés. Quizá hasta ese momento, aun sabiendo que Jesús caminaba hacia su ruina —desde un punto de vista humano—, soñaban con que el Señor se liberaría de sus enemigos o con que el Padre no dejaría «abandonado» a su Hijo. En una escena que guarda con ésta un cierto paralelismo, la de Abraham cuando está a punto de sacrificar a su hijo Isaac, Dios interviene en el último minuto para que no muera un inocente. Es posible que soñaran con algo semejante. No fue así. Cristo estaba apresado y en manos de sus enemigos, que le odiaban y no pararían hasta conseguir su muerte. Esto los apóstoles lo sabían. Había llegado, pues el final. Y con ese final, había llegado la hora de plantearse la autenticidad de las pretensiones del propio Cristo, sobre todo la más importante de ellas, la de su divinidad. ¿Podía Dios morir a manos de los hombres? ¿Merecía la pena seguir a un Dios que permanecía impasible ante la muerte del inocente, el cual, por otro lado, era su propio Hijo? ¿La muerte de Cristo no significaba la victoria del mal sobre el bien y, por lo tanto, hacía aconsejable apuntarse a las filas del mal y huir de las del bien? Éstas y otras cuestiones, mezcladas con el miedo, surgieron como un torbellino en la cabeza de los apóstoles. La consecuencia inmediata fue muy simple: huyeron.

Pero mientras ellos corrían a esconderse en algún refugio seguro, Jesús empezaba su «camino hacia la cruz», aunque, en realidad, ese camino lo había estado recorriendo desde el momento en que fue concebido en el vientre de su Madre. Los evangelistas nos cuentan que llevaron al Señor «a casa de Caifás, el Sumo Sacerdote, donde los maestros de la ley y los ancianos estaban reunidos» (Mt. 26,57). Allí comenzó la farsa jurídica a la que sometieron a Cristo, para buscar una cobertura legal a su decisión de matarle. Lo tenían todo previsto, como demuestra que hubieran preparado incluso testigos falsos: «Al fin llegaron dos que dijeron: "Éste dijo: Puedo derribar el templo de Dios y en tres días reedificarlo"» (Mt. 26,61). Pero ni siquiera esto era convincente, pues se notaba demasiado la fragilidad del testimonio contra Jesús. Entonces fue el Sumo Sacerdote quien se empleó a fondo, nervioso, quizá, ante la perspectiva de que se le pudiera escapar su víctima. Interrogó al Señor sobre los testimonios que se presentaban contra él y Jesús ni se tomó la molestia de desmentirlos. Ante esto, fue directamente al meollo de la cuestión, su divinidad, y emplazó a Cristo a que respondiera, poniendo a Dios por testigo: «¡Te conjuro por Dios vivo, que nos digas si tú eres el mesías, el hijo de Dios!» (Mt. 26,63). Esta interpelación no podía ser dejada sin contestar por Jesús. Si callaba, podría interpretarse no como una aquiescencia, sino como el temor a reconocer su divinidad o incluso la negación de la misma. Desde luego, si respondía afirmativamente —él lo sabía— su muerte sería segura, pues todos lo interpretarían como una blasfemia. Jesús, utilizando un método de respuesta que ya había usado en otras ocasiones, afirmó: «Tú lo has dicho» (Mt. 26,64) y, para dejar claro todo, añadió: «Os aseguro que desde ahora veréis al hijo del hombre sentado a la derecha del Padre y venir sobre las nubes del Cielo» (Mt. 26,64). La respuesta no dejaba lugar a dudas para sus oyentes y por eso, inmediatamente, el Sumo Sacerdote exclamó, mientras hacía el gesto ritual ligado a la blasfemia, que consistía en rasgarse una parte del vestido: «¡Ha blasfemado! ¿Qué necesidad tenemos ya de testigos? Habéis oído la blasfemia. ¿Qué os parece?» (Mt. 26,65). La asamblea no dudó sobre la sentencia: «¡Es reo de muerte!» (Mt. 26,66). E inmediatamente descargaron su odio contra él: «Le escupieron en la cara y le dieron bofetadas y puñetazos, mientras le decían: "Adivina, mesías, quién te dio"» (Mt. 26, 68). Marcos presenta lo ocurrido de una manera muy similar, con la diferencia de que Jesús habría contestado a Caifás con más rotundidad, y en lugar del «tú lo has dicho», habría afirmado: «Yo soy» (Mc. 14,62), empleando la misma frase que utilizó Yahvé en el episodio de la zarza ardiente para identificarse ante Moisés. Ese detalle no se le habría escapado a Caifás, que le habría acusado de blasfemo. Lucas ofrece una síntesis entre los dos evangelistas citados y así, según él, Jesús habría respondido a la pregunta de Caifás diciendo: «Vosotros lo decís: Yo lo soy» (Lc. 23,70). Juan, por su parte, que probablemente —según los datos que él mismo aporta— se encontraba con Pedro en la casa de Caifás y podría haber sido testigo directo del juicio, es el que da más detalles sobre lo sucedido; por ejemplo, nos dice que hubo un primer juicio ante el suegro de Caifás, Anás, y que allí fue donde tuvo lugar la triple negación de Pedro, así como la primera vejación física que sufrió el Señor, lo cual le hizo exclamar: «Si he hablado mal, demuéstramelo; pero si he hablado bien, ¿por qué me pegas?» (Jn. 18,23). Al ver que no podía sacar nada de él, Anás lo envió a Caifás, con quien todo habría ocurrido tal y como lo cuentan los otros tres evangelistas.

Jesús emerge de esta farsa judicial como alguien que deja clara totalmente su identidad: Él es Dios y ha llegado la hora de que todos lo sepan. Esta proclamación se vuelve, para él, un motivo de burla y de muerte, pero no le importa. Si durante los años de su vida pública dio pruebas de su divinidad, pero no se atrevió a decirlo públicamente para no acelerar su final, ahora ya no hay que ocultarlo. El don que nos está haciendo, al obrar así, es doble. Por un lado, descorre definitivamente el velo sobre su naturaleza y nos deja ver su rostro, divino y humano a la vez. Por otro, nos da un ejemplo para seguir; el de aceptar las consecuencias de la fidelidad a la verdad, de la fidelidad a la propia conciencia; esta honestidad la mantendrá durante las horas que aún le quedan de vida y será más difícil hacerlo según vayan pasando los minutos, pues en seguida llega la tortura. Pero ya aquí, cuando sabe que se juega todo y que le hubiera bastado un titubeo, un juego de palabras, una simulación para ahorrarse la crucifixión, se muestra como alguien insobornable, que prefiere ser fiel a sus principios aun a costa de pagar el más elevado precio: el de la tortura y la muerte. Tenemos que darle gracias a Dios por ambos dones, el de la confesión de su divinidad y el de no haber traicionado a su conciencia, aunque, debido a ello y de forma consciente, estuviera acarreando sobre sí mismo la sentencia de muerte.

Jesús ante Pilato

Los cuatro evangelistas nos narran, con distintos matices, la escena del juicio de Jesús ante Pilato, en el Pretorio (Mt. 27, 11-26; Mc. 15, 2-15; Lc. 23, 1-8; Jn. 18, 28-40. 19, 4-16).

El interrogatorio de Jesús por Pilato, a la sazón gobernador de Judea como representante del emperador romano, supone la aplicación por parte de los sumos sacerdotes de una obligación legal, si querían dar muerte a Jesús. Ciertamente, podían haberse desecho de él en medio de la noche y haberlo sacado fuera de Jerusalén de cualquier modo, pero esto no hubiera resuelto del todo su problema, e incluso lo hubiera agravado. Los discípulos, que habían huido, podían haber reclamado ante la superior autoridad romana y haberles acusado de asesinato, con lo cual se colocaban fuera de la ley y, para colmo, con el pueblo en contra. Lo que ellos buscaban no era sólo la muerte del Señor, sino su destrucción moral, su deshonor. Tenían que matar su cuerpo y su alma, tenían que acabar con él y con su mensaje. Y para hacerlo debían estar en todo momento dentro de la legalidad. Por eso, acudieron con Jesús ante Pilato, pues sólo él estaba capacitado para decretar una sentencia de muerte. Sin embargo, si nos fijamos detenidamente en los textos evangélicos, parece que algo se torció para los sumos sacerdotes en el cumplimiento de sus planes, algo que estuvo a punto de dar al traste con esos planes y que sólo lograron enderezar a costa de un precio nada barato para ellos: declararse públicamente a favor del César.

Posiblemente, lo que los sacerdotes y fariseos esperaban era una rápida condena por parte del gobernador romano. Éste —debieron de pensar— para congraciarse con los jefes judíos, no dudaría en ratificar la sentencia ya dictada por éstos. Al fin y al cabo, ¿quién era Jesús para un romano? ¿Por qué habría de pelear por él y disgustar a los máximos representantes del judaísmo? Pilato debía limitarse a firmar y a cobrar luego el favor de una manera —dinero— o de otra —apoyo en la pacificación del siempre levantisco Israel—. Cualquiera de estos dos precios estaban dispuestos a pagarlos, bajo mano, los líderes judíos.

Pero no fue eso lo que ocurrió. Pilato se tomó en serio su papel y decidió interrogar al acusado. Hizo lo que un romano decente hubiera hecho: escuchar a las dos partes antes de tomar decisiones. Y, por lo que cuentan los evangelios, escuchó a otra parte aparentemente no implicada: su propia esposa, que mostró un interés considerable por el reo y actuó abiertamente para lograr su libertad. No cabe duda de que Pilato estaba enterado de quién era Jesús, como lo estaba Herodes. Un personaje de la fama del Señor, que curaba enfermos, resucitaba muertos, multiplicaba los panes, andaba sobre el agua y atraía a multitudes, no podía pasar desapercibido para la policía romana. Además, Pilato sabía que este curioso personaje molestaba a los líderes religiosos judíos, y lo sabía desde mucho antes de que se lo llevaran para condenarlo a muerte. Es posible, incluso, que sospechara que aquello más pronto o más tarde iba a ocurrir. Sabía, sin duda, más cosas: que era profundamente religioso, que era de conducta intachable y que, por lo tanto, no se le podía chantajear amenazándolo con revelar trapos sucios y, lo que quizá era más importante para él, que era bastante «apolítico» e incluso amigo de los romanos —había curado al criado de un centurión— y amigo de los amigos de los romanos —tenía entre sus seguidores a algunos publicanos, que eran los que recaudaban los impuestos para el César y, por ello, eran profundamente odiados por el pueblo—. Todo eso lo sabía Pilato, como sabía también la simpatía que despertaba el joven profeta entre personas de distintas clases sociales, incluida su propia esposa, y que su predicación era incluso exageradamente pacifista, lo cual era una absoluta novedad en la época. Aparentemente, si había alguien que no era peligroso para Roma en todo Israel, ése era Jesucristo. Si su doctrina triunfaba, se desactivarían los permanentes ataques a las tropas de ocupación, como demostraba el hecho de que al menos dos antiguos «terroristas» —Simón y Judas— se hubieran hecho discípulos de él y hubieran abandonado el uso de las armas. Por si fuera poco, era estupendo para Roma que los judíos estuvieran divididos entre sí y no dejaba de ser el reconocimiento de su suprema autoridad que acudieran a él, el gobernador romano, para que dirimiera sus litigios.

Pilato, pues, decidió tomarse las cosas con calma y no zanjar precipitadamente la cuestión. Aunque al final tuviera que mandar matar a Jesús, le venía bien hacerse de rogar, pues así el precio que cobraría de los sumos sacerdotes sería más elevado. Ése era el razonamiento propio de un hombre de Estado, aunque tampoco hay que descartar que él, en cuanto persona, tuviera sus propios principios éticos y que perteneciera a la escuela de los estoicos, aunque, según otros, en realidad pertenecía a la de los cínicos.

El caso es que Pilato citó a las dos partes ante su tribunal. Jesús debió llegar bastante maltrecho, tras la dura noche pasada en casa de Caifás, pero plenamente lúcido y, en lo esencial, intacto. Los sacerdotes lo acusaron con vehemencia de haber violado la ley, aun a sabiendas de que ése era un asunto que a Pilato le dejaba indiferente, pero tenían que hacerlo para poder dar explicaciones al pueblo. Después, cuando vieron que Pilato se hacía de rogar y que incluso parecía ponerse de parte del acusado, entraron de lleno en el juego político. Ni siquiera les satisfizo el cruelísimo castigo de los latigazos con que el gobernador romano pretendió saciar su odio contra Cristo y que dejaron a éste al borde mismo de la muerte. Aquella terrible tortura, indescriptible e inimaginable para el hombre de hoy, no era suficiente para ellos. Pilato se la podía haber ahorrado, según los judíos, pues éstos lo que querían era simplemente la muerte del reo y que fuera una ejecución pública que permitiera a todos enterarse —y disfrutar— de ella. Querían la crucifixión. Para conseguirlo, tuvieron que emplearse a fondo. Las reticencias de Pilato los obligaron a cruzar una frontera que jamás transgredían: se mostraron abiertamente partidarios del emperador y afirmaron que si deseaban la muerte de Cristo era porque se había proclamado rey y quería levantar al pueblo contra el poder romano. Esto, evidentemente, era falso y todos lo sabían, tanto los acusadores como el juez. Sin embargo, Pilato se encontró, de pronto, ante una situación muy complicada. Por más que supiera que todo era mentira y por más que le interesara que no muriera Jesús —por integridad personal y para seguir dividiendo a los judíos— no podía olvidar que los sumos sacerdotes tenían amigos en la corte de Roma y que podían decirle al César que su gobernador en Judea se había negado a dar muerte a un caudillo revolucionario. Era mentira y, seguramente, una investigación rigurosa lo habría demostrado. ¿Pero quién podía fiarse de que la investigación sería rigurosa? ¿Valía tanto la vida de Jesús como para poner en riesgo la propia carrera y aun la propia vida? Pilato hizo un último intento, preguntando a Cristo sobre su pretendida reivindicación de ser el rey de los judíos y al ver que éste se negaba a defenderse y entraba en la senda de la discusión filosófica sobre el concepto de verdad, comprendió que aquel hombre era, desde el punto de vista del sentido común, el peor enemigo de sí mismo y que no tenía ninguna intención de evitar su muerte, con lo cual, simplemente, lo dejó morir, lo envió a la cruz. La escena del lavatorio de las manos y la terrible respuesta de los líderes judíos ante la proclamación de inocencia de Pilato en el asesinato que se iba a cometer con un inocente, expresa, por un lado, la cobardía de un político que por no meterse en líos permite una injusticia; y, por otro, la firme decisión de los jefes judíos de acabar con alguien a quien consideraban un auténtico peligro para ellos mismos, para su sistema y para su religión. Se ha dicho que Jesús fue asesinado, en último término, por la llamada «razón de Estado». Los sacerdotes la habían invocado, ciertamente, cuando afirmaron que convenía que un hombre muriera para salvar al pueblo; lo decían no en el sentido redentor que tuvo la muerte del Señor, sino en el de evitar que, si la doctrina de Cristo se propagaba, se pusiera en peligro la frágil autonomía judía dentro del Imperio romano. Sin embargo, ellos sabían de sobra que Cristo no era un líder político y mucho menos un revolucionario levantisco. Si apelaron a la «razón de Estado» fue porque les convenía. Lo que en realidad temían de Jesús era la destrucción de un sistema religioso que ellos capitalizaban en su favor y que consistía en contentar a Dios a base del cumplimiento de unos mínimos litúrgicos y morales. Habían intuido que Jesús era un reformador religioso, que su obra suponía la espiritualización de la religión judía, que con él lo importante ya no sería el Templo de Jerusalén y todo el rentable ritual de los sacrificios, sino el amor. Y el amor no era, en absoluto, un negocio. Si lo que había que hacer para contentar a Dios era amar, eso podía hacerlo cualquiera: hasta las prostitutas y los vulgares pescadores, entre los cuales Jesús había elegido a sus apóstoles y discípulos. Una espiritualización de la religión era más peligrosa para el *establihsment* judío de la época que un agitador que hubiera predicado la insurrección frente a Roma y que hubiera provocado la ira de las legiones. De la destrucción material se sale, pero de la espiritual no. Lo que Cristo hacía era mucho más peligroso para el judaísmo que defendían los sumos sacerdotes que cualquier otra amenaza y por eso decidieron matarlo. No vieron, por desgracia, que Jesús no sólo quería el verdadero judaísmo, sino que su misión era llevarlo a su plenitud y cumplir las profecías que hablaban de él como el Mesías que había de llevar al pueblo elegido a la verdadera Tierra Prometida, el Reino de los Cielos. Tuvieron perspectiva y buen olfato para detectar el peligro que representaba el Maestro para una religión ritualista, pero no supieron ver que el ritualismo era una desviación del verdadero judaísmo y que Cristo era el encargado de completar la obra que se había iniciado con Abraham muchos siglos antes. Estaban convencidos de que la religión que practicaban, tal y como la practicaban, era la verdadera y no veían a Cristo como el Mesías anunciado, sino como un peligroso y dañino revolucionario. Por eso lo mataron.

En cuanto a Pilato, no creo que enviara a la cruz al Señor por ninguna razón de Estado. Para Roma no suponía un peligro ese joven judío con fama de santo. El hecho de que los propios judíos quisieran su muerte era la mejor prueba de ello. El peligro estaba, en cambio, acechándolo a él, el gobernador romano, una vez que las cosas se habían puesto tan complicadas, con los judíos acusándolo de proteger a alguien que quería levantar al pueblo contra Roma. Pilato lo mató por cobardía; una cobardía peor si cabe que la de los judíos, pues éstos, al menos, lo hacían para salvar lo que creían que era la verdadera religión, mientras que él lo hacía para salvar su carrera.

Pero ¿Y Jesús? ¿Cuál es el comportamiento de Cristo en toda esta farsa con apariencia de juicio legal? En primer lugar, él se muestra siempre como un señor, como el Señor. Nunca pierde la compostura, nunca abandona su dignidad, nunca se rebaja a la adulación ante el que tiene el poder de librarle de la tortura y de la muerte. Se encara con su juez y, siempre sin provocar como hará siglos más tarde santo Tomás Moro, se atreve a contestarle con respuestas que, evidentemente, le perjudicaban. Incluso ante Herodes se comporta de la misma manera, al negarse a contestar a las preguntas de aquel libertino. Jesús, en este momento solemne de su vida, se comporta como alguien que no acepta los pactos, los compromisos, cuando éstos llevan consigo la renuncia a una parte esencial de su mensaje: su propia divinidad. Antes, con los judíos, en casa de Caifás, podía haber llegado a un acuerdo, y no lo hizo. Ahora, con el gobernador romano, mantiene esa misma posición y no da muestras de aceptar rebajas en sus pretensiones a cambio de un indulto.

Pero si esta actitud de Jesús era ejemplar e incluso heroica, pues se producía con el trasfondo de una condena a muerte que pesaba sobre su cabeza, adquiere un significado aún más impresionante y dramático cuando se analiza en las condiciones en que fue efectuada: en medio de la horrible tortura de los latigazos. El Señor se mantuvo firme incluso cuando sus condiciones físicas y psíquicas se encontraban casi totalmente destruidas. Cristo, después de ese castigo, era, simplemente, un guiñapo humano, una piltrafa.

Es necesario detenerse en esta escena para contemplar —como lo han hecho los artistas a lo largo de los siglos— a este hombre destruido físicamente que ha aceptado llegar a ese extremo de sufrimiento por amor a todos nosotros, por amor a cada uno de nosotros. Contemplar al Cristo torturado sabiendo que ha aceptado ese dolor «por ti», «por mí», nos llega al corazón y, salvo que uno sea un monstruo de indiferencia, nos hace caer de rodillas para darle las gracias por tanto amor inmerecido. Cristo debió de perder el conocimiento varias veces durante la flagelación y, desde luego, el dolor tuvo que ser tan atroz que a duras penas puede uno imaginarse cómo lo soportó. Pero lo hizo. Y lo hizo con dignidad. Quizá éste sea el mejor regalo que nos dio Jesús en este terrible momento: no perder la dignidad cuando se sufre. Humillado, escarnecido, arrastrado física y moralmente por el suelo, él seguía siendo un señor, seguía siendo el Señor. Su dignidad no dependía de lo que dijeran de él, ni de lo que le hicieran. La piltrafa sanguinolenta que compareció ante Pilato tras la tortura tenía la misma majestad que el hombre de porte noble que lo había hecho antes, cuando discutió con el gobernador romano sobre el concepto de verdad. Podía estar físicamente destruido, pero su alma estaba intacta. El sufrimiento, nos enseñó el Señor en ese momento, puede acabar con el alma del hombre, pero puede también elevarla a las más altas cotas de la dignidad. Depende de por qué se sufre y de cómo se sufre. Sobre ambas cuestiones, él se convirtió en el modelo perfecto.

La corona de espinas con que ciñeron su frente era una broma cruel de los esbirros romanos, pero se convirtió en el símbolo del reconocimiento de su altísima dignidad, de su realeza. Él, que cuando la multitud le quiso proclamar rey había huido, se dejó coronar ahora por las manos de los que le insultaban y le golpeaban. Ésa sí era su corona, y no la de oro que otros hubieran querido colocar en su cabeza. La corona de espinas, por el dolor que entrañaba al colocarse en sus sienes, era el precio del amor que sentía por los hombres y que le había llevado a aquella situación. Le coronaban con espinas, pero en realidad le estaban coronando con los frutos del amor, pues éste significa siempre sacrificio, generosidad y, por lo tanto, sufrimiento. El amor le había llevado ahí, el amor era el objetivo de su vida, era el precio que debía pagar por salvar a los hombres y por eso aceptó que lo coronasen con un instrumento de tortura, que, a pesar de todo, representaba, más que una corona de oro, el amor. Esa corona de espinas representaba también otra cosa: los sufrimientos espirituales del hombre, las dudas de fe, las angustias ante las incertidumbres del futuro, el no comprender los planes de Dios. El Cristo coronado de espinas es el mismo Cristo que, poco después, gritará en la cruz: «Dios mío, Dios mío, ¿por qué me has abandonado?» Es el hombre moderno que quiere saber el porqué de las cosas y que no encuentra respuestas para todo, especialmente para el dolor, y que sufre la tortura de la duda y se debate entre la fe a que le invita su corazón y la increencia de tantos de los que le rodean y le dicen que no es ni moderno ni inteligente creer en Dios.

¿Cómo no caer de rodillas ante este *ecce homo* torturado que, pese a todo, mantiene su dignidad? ¿Cómo no sentir la mayor de las gratitudes ante este «cordero de Dios» que está llevando sobre sus hombros y sobre sus sienes el peso destructor de los pecados del mundo? Nunca olvidaré la primera vez que estuve en el «litostrotos», el patio enlosado del pretorio donde Cristo fue flagelado. Allí se conserva, anclada en el suelo, una argolla que quizá fue la que utilizaron para amarrar a Cristo para que no se moviera mientras le golpeaban, atado a la columna. Allí, sobre aquellas piedras, cayó su sangre bendita. Me puse de rodillas y lloré y lloré. Nunca me habría querido ir de allí, lo mismo que del Calvario o de la roca plateada que se conserva en el huerto de los olivos y sobre la que Cristo rezó antes de ser apresado. Nunca la coronación de un rey fue tan solemne como la de Cristo en el pretorio. Nunca mereció un soberano o un líder político o un fundador religioso tanto seguimiento, tanta fidelidad, tanta gratitud, tanto amor como el que ganó Cristo para sí en esa hora de la tortura y del juicio. Y aún faltaba lo peor. Aún no había subido al Gólgota.

El camino del Calvario

Seguro que Pilato se arrepintió de la tortura infligida a Jesús. No era costumbre romana cebarse con saña sobre los que, de todos modos, iban a ser ajusticiados. Despreciaban la violencia gratuita de los orientales y la consideraban como una prueba de su pobre nivel cultural. Además, ahora se le presentaba otro problema: ¿Cómo iba a hacer que aquella piltrafa humana llegara hasta el lugar de la crucifixión? No estaba muy lejos, justo en la puerta de la ciudad que estaba más cerca del Pretorio. Aun así, esos cientos de metros eran insalvables para un hombre que apenas podía con su cuerpo y que debía, además, según la costumbre, cargar con el travesaño horizontal de la cruz, sobre el cual sería clavado y elevado hasta encontrar el anclaje previsto en el palo vertical. En todo caso, eso ya no era problema de él. Que lo resolviera el centurión al que le había encargado la tarea de dar muerte al reo. Éste, al ver el estado de extrema debilidad del condenado, optó por no complicarse la vida y echó mano de un ayudante totalmente involuntario: «Cuando salían, encontraron a un hombre de Cirene, llamado Simón, y lo obligaron a llevar la cruz» (Mt. 27,32). No dice más este evangelista sobre el camino hacia el Calvario. Marcos añade el dato de que este Simón venía del campo y era «padre de Alejandro y Rufo» (Mc. 15,21), lo cual ha sido siempre interpretado como una señal de que en la primitiva comunidad cristiana se conocía a los dos hijos de Simón, y que eso habría sido debido a que éste se habría hecho cristiano tras haber llevado el peso de la cruz de Cristo. Lucas, en cambio, aporta más datos sobre lo que sucedió en el trayecto hacia el Calvario: «Lo seguía mucha gente del pueblo y mujeres, que se daban golpes de pecho y se lamentaban por él. Jesús se volvió hacia ellas y les dijo: "Hijas de Jerusalén, no lloréis por mí; llorad por vosotras y por vuestros hijos, porque vienen días en los que se dirá: Dichosas las estériles, los vientres que no han dado a luz y los pechos que no han amamantado. Entonces comenzarán a decir a las montañas: Caed sobre nosotros, y a los collados: Sepultadnos; porque si esto hacen al leño verde, ¿qué no harán al seco?"»

(Lc. 23, 27-31). Y añade Lucas el dato de que «llevaban también a dos criminales para ejecutarlos con él» (Lc. 23,32).

Impresiona ver la entereza de Cristo que, a pesar de estar físicamente destruido, tiene fuerza para darnos una lección más, la que dirige a las «hijas de Jerusalén», símbolo de todos aquellos que se compadecen sincera pero sentimentalmente de los sufrimientos del prójimo, y que no hacen nada para remediarlos. «No lloréis por mí —les dice, nos dice—, sino por vosotros y por vuestros hijos, porque si yo muero, si soy derrotado, serán derrotados el bien y la justicia y, entonces, ¿cómo será posible llevar una vida humana, una vida digna en la tierra?» La muerte de Cristo, efectivamente, representaba el final de todo lo que de bueno hay en el hombre, el final del amor y de su posibilidad de triunfar en un mundo duro y violento. Y si eso sucedía, la vida se volvería, simplemente, odiosa. Por eso, quiere decirles Jesús a aquellas piadosas pero pasivas mujeres, no debemos quedarnos de brazos cruzados mientras vemos que otros son tratados injustamente, como si con nosotros no fuera la cosa, pues después de acabar con ellos vendrán a por nosotros. En cambio, si luchamos por defender la justicia cuando la víctima es el prójimo, estaremos defendiendo nuestros propios derechos con la ventaja de que aún éstos no han sido discutidos ni puestos a prueba. Bastaría con estudiar la génesis de la segunda guerra mundial, por ejemplo, para darse cuenta de la razón que asistía a Jesús: si las democracias hubieran parado los pies a Hitler cuando se anexionó Austria, o cuando lo hizo con Checoslovaquia, posiblemente no habría habido guerra o ésta se habría producido de otra manera, sin tantos muertos; contemplar indiferentes el sufrimiento ajeno es una manera de invitar a los culpables a que, cuando acaben con los que en ese momento son sus víctimas, vengan a por nosotros.

Una postura distinta a la de estas mujeres fue la de Simón. Cierto que fue obligado a colaborar con Cristo, pero lo hizo. Además, según la tradición y según deja entrever el hecho de que la primitiva comunidad cristiana conociera el nombre de sus hijos, el peso de la cruz del Señor se le convirtió en motivo de gozo, en bendición. Ayudar a Cristo, colaborar con él en la causa de la paz, de la justicia, de la caridad, es duro y cuesta trabajo, pero no sólo no es una maldición, sino que se transforma en una vía de realización, de alegría, de felicidad. El que ama, el que pone su hombro bajo una cruz ajena para aliviar la carga al que la llevaba solo, es un afortunado y no tarda en experimentarlo. Testigos de esto son todos aquellos que han gustado de la alegría de pasar unas horas en un asilo de ancianos, con unos niños huérfanos o, simplemente, acompañando a un familiar en una habitación de hospital. Amar es una suerte, un don, la única puerta que nos introduce en el esquivo mundo de la felicidad. Simón de Cirene no tardó en comprobarlo y desde entonces lo han hecho todos esos «cireneos» —a los que hoy llamamos «voluntarios»— que han dedicado su vida, en todo o en parte, al servicio del prójimo.

Gracias, Señor, porque tú nos enseñas a no confundir amor con sentimentalismo. Quizá, sin tu ayuda, podríamos conformarnos con derramar lágrimas de pena —sinceras, ciertamente— mientras vemos cómo la injusticia se ceba en el inocente. En cambio, el ejemplo de Simón y tus propias palabras nos hacen ver que el amor no se conforma con los sentimientos, sino que, para ser verdadero, tiene que traducirse en obras, en ayuda concreta y eficaz al que lo necesita.

Pero, según la tradición, en el camino hacia el Gólgota ocurrió algo más. Una mujer —Berenice según los orientales, y Verónica según los occidentales— se atrevió a cruzar la barrera de lanzas y escudos de los soldados para dar algo de alivio a aquel hombre torturado y doliente. Con un paño le enjugó el rostro para quitarle la sangre que le cubría la cara y que manaba de las heridas hechas por las espinas de la corona. Sin duda que debió ver de cerca la mirada agradecida de Jesús cuando le limpió el rostro y esa mirada, pura y llena de amor, fue su mejor regalo. Pero no fue el único. Aquel paño se convirtió en el primer «icono» de Cristo —de ahí el nombre de Verónica: *vero icono*, «verdadera imagen»—, en su primera «fotografía» —custodiada, según la tradición, en el Santuario de la Santa Faz de Alicante—, anticipo de la que luego quedaría plasmada en el sudario con que le cubrieron el rostro cuando lo enterraron —que se conserva en la catedral de Oviedo— y de la «fotografía» de cuerpo entero que impregnó la sábana con que, en ese último momento, se cubrió todo su cuerpo

—la Sábana Santa de Turín—. Berenice, Verónica, debió de quedar muda de asombro cuando, al ir a lavar el paño con que había limpiado al moribundo, descubrió las huellas de su rostro, tan perfectas, y, quizá porque era una de sus seguidoras, decidió conservar aquel extraño tesoro. En todo caso, la escena tiene un gran valor simbólico, espiritual: cuando tú arriesgas o te sacrificas para aliviar la carga del prójimo, siempre recibes un don, un regalo que vale mucho más que lo que has dado. Lo que te llevas contigo, lo que Verónica no pudo olvidar nunca, fue la mirada agradecida de aquel hombre que resultó ser nada menos que Dios. Poder ayudar a Dios, ése es el mejor premio. Cuando ayudas al que sufre, ayudas a Dios y sus palabras de agradecimiento son palabras que Dios mismo te dirige, palabras que Él volverá a repetirte en la hora solemne del Juicio cuando te diga: «Ven, bendito de mi Padre, porque tuve hambre y me diste de comer.»

Gracias, Señor, por permitirnos hacer algo por ti. Gracias por darnos la fuerza para hacerlo y por darnos algo que poder darte. Con el autor del anónimo soneto castellano digo: «No me tienes que dar porque te quiera», porque servirte ya es la mejor paga a que pueda aspirar cualquier ser humano, sobre todo si está enamorado, si está agradecido por todo lo que de ti ha recibido.

La crucifixión y la muerte

Estos últimos años se está utilizando un adjetivo muy hermoso para aplicar a la teología, con el que se quiere pasar la página de otros calificativos que han producido confusión y engaño. Se habla de la «teología arrodillada», como aquella reflexión que brota del corazón del creyente cuando contempla el amor de Dios manifestado en Cristo y, muy especialmente, cuando medita sobre el misterio de la muerte del Señor en la cruz. En realidad el concepto no es nuevo. Cuentan que en cierta ocasión el gran santo Tomás de Aquino, maestro en la Sorbona de París, acudió a visitar a su amigo san Buenaventura, también maestro en la misma universidad. El dominico admiraba al franciscano por la profundidad de sus meditaciones y le preguntó de qué fuentes bebía, cuáles eran sus maestros. San Buenaventura le pidió que le acompañara a su habitación y allí le mostró un Cristo crucificado ante el cual había un reclinatorio sobre el que pasaba muchas horas arrodillado mirando al Señor en su agonía. «Él es el que me ilumina», dicen que le dijo el franciscano al gran pensador de la Edad Media. Era una forma de hacer teología: beber de la fuente de sabiduría que emana del Crucificado, mientras se le contempla con el alma arrodillada como muestra de agradecimiento.

Así deberíamos hacer nosotros al empezar nuestra meditación sobre este momento tan solemne y decisivo en la vida de Jesús: poner el alma arrodillada para que sea la humildad de nuestro corazón la que destruya toda barrera y la gracia de Dios pueda llegar hasta el fondo y producir todos sus frutos.

Con esta actitud podemos acercarnos ya a lo que dicen los evangelistas. En primer lugar conviene fijarse en el contexto, en cómo muere Jesús. Después veremos qué hace, qué dice Jesús, cómo se comporta Jesús en esa hora solemne, la hora de su muerte.

Mateo nos informa de que, por orden de Pilato y en contra de la voluntad de los sacerdotes judíos, en la cruz, sobre la cabeza del moribundo, se había colocado un cartel lleno de carga política y, sin saberlo quien ordenó que allí estuviera, también de significado profético. Escrito en tres idiomas, latín griego y hebreo, ese cartel afirmaba: «Éste es Jesús, el Rey de los Judíos» (Mt. 27, 37). Era una venganza de Pilato hacia los representantes del judaísmo, pues ellos habían conseguido que él condenara a sabiendas a un inocente, forzándolo a ello al amenazarlo con ser denunciado ante el César por no enfrentarse con alguien que se proclamaba rey de los judíos. Eso hubiera supuesto, muy probablemente, la destitución de Pilato, cosa que sabían tanto él como los judíos. Ahora le tocaba a él utilizar contra sus enemigos ese argumento y dejar claro que quien se atreviera a utilizar ese título y a enarbolar la bandera de la libertad frente a Roma, acabaría como aquel hombre: crucificado. Tanto Pilato como Caifás y el resto del Sanedrín sabían que Jesús no había hecho nunca reivindicaciones políticas, pero dado que ése fue el argumento empleado por los sacerdotes contra él, ahora Pilato lo convertía en una baza a su favor. Por eso el evangelista dice que en el cartel que estaba clavado sobre su cabeza se explicaba «la causa de su condena» (Mt. 27, 37). Pero si la política fue la excusa para el crimen, se convirtió en una proclamación profética de lo que en realidad era Cristo. Él, verdaderamente, era el Rey de los Judíos. Era el Mesías, el brote que surgía con fuerza del viejo tronco de David para cumplir las promesas hechas por Dios a ese rey y las que antes había realizado a Abraham, según las cuales uno de sus descendientes reinaría para siempre. Cristo, que rechazó deliberadamente ser proclamado rey cuando querían coronarlo los que habían visto y disfrutado del milagro de la multiplicación de los panes y los peces, es ahora, por fin, coronado y entronizado. Así se cumplía la vieja profecía. Sin embargo, no se cumplía según lo que el sentido común de los hombres podía haber previsto. Dios tiene, sin duda, otros criterios y pocas veces como en este caso se puso de manifiesto la discrepancia entre la forma de entender la vida, el triunfo, el éxito y aun la misma felicidad que tenemos los hombres y la que tiene Dios. La corona que ciñó las sienes del Cristo Rey no era de oro ni preciadas joyas, sino de espinas; no se sentía placer al llevarla puesta, sino un enorme dolor. Del mismo modo, el trono no era de mármol, sino que era una cruz de madera en la que el nuevo rey no estaba cómodamente sentado, sino que se encontraba clavado a ella, colgando de ella, asfixiándose lentamente al estar sujeto a ella en una posición más que inhumana por lo dolorosa. Con razón la liturgia del Viernes Santo exclama, al ver esta escena: «¡Mirad el árbol de la Cruz, donde estuvo clavada la redención del mundo!», para invitar, a continuación: «¡Venid a adorarle!» En el árbol de la Cruz se dejó clavar Cristo Rey y allí lució su corona de espinas. Era por amor que había llegado hasta ese extremo y era y sigue siendo ese amor el que atrae a todos los hombres buenos hacia él, que acuden, que acudimos, a adorarle ahora con más decisión y convicción que si le viéramos en un trono dorado rodeado de decenas de criados. Dios sabía bien lo que hacía, aunque los hombres, siempre de tan cortas miras, no lo entendieran.

Y una prueba de que no lo entendieron fue que unos, los apóstoles, huyeron —con la excepción de Juan—, y los otros se regodearon en su triunfo, pensando que con aquella muerte ignominiosa habían acabado definitivamente con su enemigo y habían dispersado para siempre a sus seguidores. Por eso, los evangelistas describen lo que había alrededor del Crucificado con la misma fuerza que los antiguos escritores de las tragedias griegas; se trata de un coro, no de plañideras que se lamentan, sino de enemigos que insultan y se gozan con la caída del, hasta hace poco, poderoso Señor de los Milagros. Los tres sinópticos nos cuentan cómo lo insultan y provocan (Mt. 27, 39-44; Mc. 15, 29-37; Lc. 23, 35-37), con palabras que iban dirigidas directamente contra el flanco más débil del que pendía de la cruz: su confianza en Dios e incluso su autoconciencia divina. «Confiaba en Dios. Que lo libre ahora, si es que lo ama» (Mt. 27,43). «Ha salvado a otros y no puede salvarse a sí mismo» (Mc. 15, 31). No cabe duda de que el demonio, verdadero instigador de todo lo que estaba ocurriendo, jugaba su última baza lanzando contra su víctima su ataque definitivo. Si lograba que Jesús, débil física y psíquicamente como estaba, rompiera con Dios, entonces su triunfo sería pleno. Tenía que conseguir no sólo que un inocente se volviera contra Dios porque no entendía por qué el Señor permitía la injusticia, sino que Dios se volviera contra Dios, que se rompiera la Santísima Trinidad, que el Hijo de Dios llegara a dudar de sí mismo. La hora de la prueba última y definitiva había llegado. Las cartas estaban repartidas y encima de la mesa. Uno de los jugadores, el demonio, tenía aparentemente todos los triunfos en la mano, mientras que el otro, Dios, yacía crucificado, asfixiándose, con su espalda desgarrada tras la horrible tortura de los latigazos, con muy poca sangre ya circulando por su cuerpo y con su mente invadida por los vahos de la inconsciencia. Ante este desigual combate, ¿podía alguien pensar que Cristo tenía alguna posibilidad de vencer? Sin embargo, venció, porque todo lo vence el amor. Pero veremos ahora, escuchando las siete palabras que Cristo dijo desde el trono de la Cruz, oyendo su primer y último mensaje como rey, cómo el Señor derrotó definitivamente a su enemigo y, al hacerlo, ganó para nosotros el premio de la redención.

No es fácil saber el orden en que fueron pronunciadas esas últimas siete palabras por el Crucificado. No están todas en un solo Evangelio, sino que aparecen, unas u otras, en los cuatro. La tradición dice que la primera de ellas fue pronunciada como un claro mensaje de perdón por parte de la víctima hacia sus verdugos: «Padre, perdónalos, porque no saben lo que hacen» (Lc. 23, 34). El Cristo crucificado tiene aún la lucidez y la fuerza suficiente como para revolverse contra los que están a sus pies y le insultan, pero no lo hace según lo que nuestro instinto manchado por el pecado hubiera hecho. No devuelve mal por mal ni insulto por insulto, no aplica la vieja ley judía del talión haciendo pagar a sus enemigos el ojo por ojo y el diente por diente. Por el contrario, lleva a la práctica su propia ley moral, la que tantas veces había ejecutado y predicado. Cristo sabe poner la otra mejilla y así, en lugar de clamar al Cielo pidiendo venganza o al menos justicia, no sólo perdona a sus enemigos, sino que se convierte en el abogado defensor de éstos. No tiene muchos argumentos para llevar a cabo esa defensa, pero lo intenta. La víctima defiende a sus asesinos ante el trono de Dios y alega en su favor que «no saben lo que hacen». Difícil de creer es ese argumento. Tiene poca fuerza. Pero, en realidad, su efecto no está ligado con la lógica, sino con la autoridad de quien lo emplea: es el Crucificado el que exculpa a sus enemigos, a los que lo han clavado al árbol de la Cruz, y lo hace, además, no cuando ya ha pasado la tortura y la marea del mal ha podido dejar paso a la del bien, sino en plena crisis, atravesado por el dolor y por la sed, asaeteado por los insultos de los que lo matan. Si Él dice eso, habrá que creerle, y habrá que aplicar también a sus asesinos el indulto que el cordero inocente está ganando con su sangre para todos los hombres. ¿Puede haber un comportamiento más sublime que éste, teniendo en cuenta sobre todo quién era el que moría y cuáles eran las circunstancias? Y eso que estamos sólo ante la «primera palabra».

La segunda nos la cuenta también Lucas. Es él quien nos narra la conversación entre los tres crucificados, Cristo y los dos ladrones entre los cuales se encontraba el Señor (Lc. 23, 39-43). Ante los insultos de uno de ellos, es el otro, Dimas, quien se convierte en el defensor de Jesús para reprocharle a su compañero su proceder. Es muy curioso y significativo que sea un criminal el único que defienda abiertamente a Cristo, cuando no habían sido capaces de hacerlo sus apóstoles —que habían huido— y que sea también el mismo criminal el que proclame por primera vez abiertamente la divinidad de Jesús, en un momento, además, en que no había ningún motivo humano para creer en ella, pues el supuesto Dios estaba muriendo en el peor de los suplicios y rodeado del mayor de los fracasos. Por estas dos cosas, sin duda, Jesús se dirigió a aquel hombre y le hizo la más hermosa de las promesas: «Te aseguro que hoy estarás conmigo en el Paraíso» (Lc. 23, 43). Es la primera canonización de la historia, hecha por el propio Cristo, y nos muestra la convicción que tenía Jesús, incluso en aquellos momentos tan difíciles, de su divinidad, de su victoria final y de que él era el juez de la historia y de todos y cada uno de los hombres. Pero esas palabras del Maestro, por el contexto en que se producen, llevan consigo un mensaje de esperanza: la salvación acecha al hombre hasta el último momento de su existencia y, por eso, no podemos decir de nadie que esté condenado, pues eso sólo Dios lo sabe. El arrepentimiento, incluso en el último minuto de la vida, siempre es posible. El amor de Dios no ceja de luchar por nuestra salvación y su divina misericordia está esperando hasta el último instante para darnos el perdón por nuestros pecados. Una vez más, gracias, Señor. Gracias, también, porque existió alguien que te defendió y porque ése era un pecador. ¡Cómo se parece esta escena a aquella otra en la que una mujer derrama un perfume sobre los pies del Maestro mientras los enjuga con sus lágrimas y los cubre de besos! Ante la crítica de Simón el fariseo, en cuya casa se produjo aquel acto, Jesús afirmó: «Mucho se le ha perdonado porque mucho ha amado. A quien mucho se le perdona, mucho ama.» También ahora, a Dimas, le ha sucedido eso: porque ha amado mucho, porque ha amado a tiempo, porque su amor se ha producido en el momento en que Cristo más lo necesitaba, es por lo que se le ha perdonado mucho, hasta el punto de hacerle entrar directamente en el Paraíso. Dimas es el santo del «último minuto» y también es el que nos enseña a estar en el momento oportuno en el sitio adecuado. Su defensa de Cristo, a pesar de ser un pecador, lo convierte en ejemplo para aquellos que, siendo también pecadores, pueden hacer el bien y quizá sea por ese bien que hacen que el Señor les reciba en el Cielo. A ellos, a todos, nos debe ayudar lo que sucedió en aquella tarde en el Calvario, lo mismo que deben resonar siempre en nuestros oídos las esperanzadoras palabras dirigidas a la pecadora: «Mucho se te ha perdonado, porque mucho has amado.»

La tercera de las siete palabras, según el orden en que la tradición las ha situado, es de Juan. Es un monólogo, que podría haber sido sólo una parte de la conversación —la última conversación— de Jesús con su madre antes de morir. El cuarto evangelista —como testigo directo y parte implicada— lo narra así: «Jesús, al ver a su madre y junto a ella al discípulo preferido, dijo a su madre: "Mujer, ahí tienes a tu hijo." Luego dijo al discípulo: "Ahí tienes a tu madre." Y desde aquel momento el discípulo se la llevó con él» (Jn. 19, 26-27). No es éste el único testimonio de la presencia de la Virgen junto a la cruz (Mt. 27, 55-56; Mc. 15, 40-41), pero sí es el más elocuente. Estas palabras de Cristo han sido consideradas siempre como uno de los más grandes regalos que nos ha podido hacer a los hombres, pues nos dio el don de la maternidad de María, compartió con nosotros a su propia Madre, le encargó a ella que prolongara su labor maternal en los cristianos —representados por el apóstol Juan—, aun siendo nosotros pecadores y culpables, por nuestros pecados, de su muerte. A ninguno nos cabe duda de que la Virgen ha cumplido fielmente la tarea y, como veremos más adelante, ha sido y sigue siendo el refugio de los pecadores, el consuelo de los afligidos y el auxilio de los cristianos. Pero ¿qué difícil le debió y le debe de resultar a ella ser la abogada defensora de los asesinos de su hijo? Sólo la fidelidad y el amor a Cristo le pudieron llevar a cumplir esta extraña tarea. Pero esta frase de Jesús tiene otra parte que solemos pasar por alto: el encargo a Juan —a nosotros, por lo tanto— de cuidar de María. El apóstol la cumplió, como sabemos, y se llevó a María a Éfeso para protegerla, acompañándola hasta el final de su vida. ¿La cumplimos también nosotros? Hay muchos católicos que dicen que ellos no quieren tener ninguna relación con la Virgen porque eso merma la intensidad de su relación con Cristo y alegan que para qué van a utilizar a una intercesora si pueden ponerse en contacto directamente con el propio Señor. Como es sabido, ésta es una tesis protestante que, como otras, ha hecho fortuna en la Iglesia del posconcilio. Es una tontería. Nunca el amor a María ha restado un ápice al amor a Dios. Además, si nos fijamos en el texto que estamos comentando, vemos que Jesús le da una orden a su discípulo preferido: que cuide de su Madre. Es, por lo tanto, un encargo especial hecho a alguien muy especial. ¿Será que sólo los discípulos preferidos de Jesús reciben el don de amar intensamente a María? ¿Será que para ser discípulos preferidos de Cristo hay que amar mucho a María? Estoy convencido de que ambas cosas son ciertas y la historia de los santos lo demuestra. En todo caso, cuidemos de María porque eso agrada a Jesús, como no podía ser de otra manera, pues es su Madre. Cuidemos de ella evitando todo lo que le haga daño, es decir, evitando el pecado y, si lo cometemos, arrepintiéndonos inmediatamente. No hagamos sufrir a nuestra Madre, a quien nos quiere tanto, a quien debemos tanto. Y agradezcámosle a Jesús, con todo el corazón, que haya compartido con nosotros a su Madre y que nos haya dado el encargo de velar por ella.

La cuarta palabra nos la cuentan Marcos y Mateo. Es como si, llegado ya el final y habiendo dejado arregladas todas las cosas de la Tierra, habiéndose desprendido de todo, incluso de su Madre, Jesús encarara la recta final de su vida, se abstrajera de lo que le rodeaba y concentrara todas las energías que le quedaban para afrontar la última y definitiva batalla. No hay palabras más amargas que éstas, por estar puestas en la boca del mismo Dios. Y, a la vez, no hay palabras más repetidas. Veámoslas: «Y hacia las tres de la tarde Jesús gritó con fuerte voz: "*Eloí, Eloí, lemá sabaktaní*", que quiere decir: "¡Dios mío, Dios mío! ¿por qué me has abandonado?"» (Mc. 15, 34; cfr. Mt. 27, 46). En su visita a Auschwitz, Benedicto XVI hizo suyas las palabras del Señor y le preguntó a Dios en voz alta el porqué de su silencio, de su aparente pasividad mientras triunfa el mal y sufre el inocente. Es, como he dicho, la pregunta que todos los creyentes han hecho al Señor no una sino muchas veces en la vida. Sin embargo, es una pregunta que no recibe la respuesta que nos gustaría obtener. Es contestada, sí, pero de otra manera a como nos habría gustado. Para nosotros, la respuesta satisfactoria entra en el orden de la lógica. Vendría a ser algo así: «Estás sufriendo, pero tus enemigos lo van a pagar caro», o «Estás sufriendo por culpa de tus pecados» o, incluso, «Tu sufrimiento es útil aunque tú no lo entiendas ahora». Esta última respuesta, de hecho, es totalmente verdadera. Sin embargo, no es ninguna de ellas la que en aquel instante terrible y decisivo dijo Dios. No se oyó ninguna voz desde el cielo —como se había escuchado durante el Bautismo de Cristo— que diera explicaciones y satisficiera al propio Jesús y a todos los inocentes que sufren en el mundo. A la pregunta sólo siguió el silencio. El silencio de Dios. Un silencio que, no obstante, va a ser roto por el propio Dios poco después, pues el mismo Cristo, verdadero Dios, va a ser, con sus siguientes palabras, quien aventure la respuesta. Pero, antes de pasar a ellas, tenemos que profundizar aún más en este momento tan duro para Cristo, el momento de la «kénosis», el momento del abandono, el momento en que estuvo a punto de romperse la Santísima Trinidad, en que estuvo a punto de vencer el demonio, en que el Dios-Amor estuvo a punto de dudar del amor de Dios. ¿Por qué Cristo tuvo que pasar por ahí? ¿Por qué debió apurar hasta la última gota el cáliz de la amargura? Para que ninguno de nosotros sienta a Dios extraño a sí mismo, ajeno a los propios sufrimientos; para que nadie dude del amor de Dios por él, viéndolo sufrir hasta tal punto por amor a él, por amor a nosotros; para que sus respuestas a las dudas —que, como he dicho, vendrán a continuación— puedan ser nuestras respuestas, al comprobar que Él ha sufrido tanto o aún más que nosotros. Nunca ha sido tan humano Dios como en ese instante, nunca se ha sumergido tanto en la negrura del sufrimiento como ahora, nunca nos ha amado tanto, nunca nos ha salvado tanto, nunca nos ha cogido en sus brazos redentores para subir con nosotros hacia el Cielo como en este instante. Gracias, Señor, por ser, de verdad y hasta el final, uno de los nuestros. Gracias por compartir nuestro sufrimiento, nuestras dudas, nuestra angustia, nuestro miedo, nuestro fracaso, nuestra soledad, nuestro abandono. Gracias, Jesús crucificado y abandonado, tú eres nuestro redentor porque en ti vemos el amor de Dios en su estado más puro y más completo, porque ahora sabemos que tú nos entiendes y que tú conoces lo que nosotros sufrimos. Estamos a la espera de tu respuesta, que será, sin duda nuestra respuesta. Pero aunque esta respuesta no viniera, aunque el silencio de Dios jamás fuera roto por una explicación lógica, no podemos dudar de tu amor. Por eso, viéndote sufrir el abandono que nosotros sufrimos, viéndote debatir en las dudas que a nosotros nos mortifican, te decimos y le decimos al Padre: «Señor, no te entiendo, pero creo en ti, creo en tu amor, puedes seguir contando conmigo.»

Y la respuesta llegó, pero no en la siguiente palabra que, según la tradición, pronunció Cristo, sino en las dos últimas, las definitivas. Veamos, sin embargo, cuál fue la quinta: «Tengo sed» (Jn. 19, 28). Es pronunciada por Cristo como una expresión física, típica de aquellos que han perdido mucha sangre. Pero es también la expresión de otra necesidad: la del amor de los hombres, de aquellos por los que está entregando su vida. Jesús, después de haberle preguntado al Padre por qué le ha abandonado, nos lo pregunta a nosotros: ¿Por qué me has abandonado tú, al que tanto he amado y que tantas promesa de amor me habías hecho? ¿Por qué pecaste, tú que tienes experiencia de mi amor, que te has alimentado desde niño con mi cuerpo y con mi sangre? Tengo sed de tu amor, te necesito. No me abandones tú también, dejando de lado la oración, la eucaristía, la caridad, el amor. No añadas más dolor al dolor que otros me causan, precisamente tú, que deberías ser mi consuelo. Tengo sed de ti, como tierra reseca, y si tú no vienes a consolarme, ¿quién lo hará? Démosle gracias, pues, también por esta frase suya, que nos recuerda la deuda de amor que tenemos con Él, la necesidad que él tiene de nosotros, lo mucho que podemos hacer por consolarle y ayudarle, nosotros que somos sus criaturas y que, sin su ayuda, no podemos amar.

Para concluir el comentario sobre esta «quinta palabra» me gustaría decir algo que, desde que lo supe, me ayudó mucho. Es sabido que la beata Teresa de Calcuta ordenó que en todas las capillas de su congregación, las misioneras de la Caridad, estuviera un rótulo, junto al sagrario, que recogiera las palabras de Cristo: «Tengo sed. La idea es afortunada, pues »ella y las monjas de su congregación no sólo se dedican a «dar de beber al sediento» físicamente, sino que también hacen largas horas de oración para aliviar esa otra sed que tiene

Cristo, la de la compañía de los cristianos. Pero lo que ya no es tan conocido y que completa la meditación sobre esta «quinta palabra», es que la Madre Teresa, en su convento de Calcuta y sólo allí, junto al «Tengo sed» había escrito esta otra frase: «Yo sacio.» Efectivamente, Cristo tiene sed de cada uno de nosotros, porque nos ama; porque nos ama, nos necesita, pues el que ama necesita la compañía y el amor del ser amado. Pero Él es, a la vez, la fuente de agua viva y de su divino costado brotaron, esa misma tarde del Viernes Santo, tras ser herido por el soldado romano, la sangre y el agua, símbolos de la eucaristía, capaces de saciar toda sed. Lo que sucede es que como él nos ama más que lo que nosotros le amamos a él, él tiene más sed de nosotros que nosotros de él, pero somos nosotros los que le necesitamos con más urgencia y por eso somos nosotros los que deberíamos acudir con mayor interés a estar a su lado, para saciar su sed y para saciar nuestra sed. «Tengo sed», «Yo sacio», o, lo que es lo mismo: «Yo te necesito», «Tú me necesitas»; por eso, como dijeron hace tantos siglos los mártires de Abilene, sin la Eucaristía y sin la adoración al Santísimo no podemos vivir.

Veamos, por último, las dos palabras que faltan, las definitivas, las que nos dan la pista de la respuesta que da Dios a la pregunta que el mismo Dios había hecho. Dios contesta a Dios. Dios contesta al hombre. Cristo —verdadero Dios y verdadero hombre— contesta a Cristo —verdadero hombre y verdadero Dios—. Nos las cuentan Juan y Lucas. «Todo está cumplido» (Jn. 19, 39), habría dicho a continuación el Señor, para acabar con una frase que expresa su confianza en Dios: «Padre, en tus manos encomiendo mi espíritu» (Lc. 23, 46). Con la primera de ellas, la «sexta palabra», Jesús nos muestra que, a pesar de lo atroz de las circunstancias —está muriendo desangrado y asfixiado, después de una tortura horrorosa—, es consciente de lo que ha hecho y de por qué lo ha hecho: está muriendo en obediencia al Padre para dar la vida, para darnos la vida, para perdonarnos nuestros pecados, para reconciliarnos con Dios, para salvarnos; su muerte es redentora y es también atractiva, convincente, argumentativa; mirándole morir —en plena coherencia con la forma en que vivió—, nos sentimos atraídos hacia él, nos sentimos realmente amados, más allá de toda duda provocada por la existencia de nuestros problemas personales. Él está terminando de hacer su parte, y lo sabe. Lo demás ya no es asunto suyo. Será asunto del Padre —la resurrección— y de nosotros —la conversión—. Cristo, el Hijo de Dios, ha puesto sobre la mesa, en nombre de la Santísima Trinidad de la cual él forma parte, los argumentos para creer en el amor de Dios; estos argumentos no son los que a nosotros nos hubieran gustado —la inexistencia del dolor, la multiplicación de los milagros que lo hicieran desaparecer una vez que se hubiera hecho presente o, al menos, una explicación lógica y convincente del porqué suceden las cosas—. Los argumentos que la Santísima Trinidad expone para convencernos de su amor no son ideas, ni tampoco milagros; se trata de un acontecimiento, un hecho real e histórico: Cristo crucificado. Él, desde el árbol de la cruz, con esta «sexta palabra», nos está indicando que ha terminado su tarea, que ya no puede hacer nada más por nosotros, que nos ha dado motivos suficientes y sobrados para creer en el amor de Dios. «¿Qué más puedo hacer por ti —nos dice Jesús— si estoy muriendo por ti para darte la vida eterna? Tú quieres que te cure el cáncer o que te haga rico y yo te digo que mi sangre derramada te sanará de unas enfermedades peores y te dará la salvación, que es la mayor de las riquezas. Tú piensas sobre todo en cosas materiales, que pasan, y yo te ofrezco y te regalo lo que no pasa nunca, lo que, cuando acabe tu corta vida mortal, necesitarás para siempre. Viéndome aquí, torturado, agonizante, crucificado, ¿puedes dudar de mi amor? ¿Habrías hecho eso tú por mí?»

En cuanto a la segunda de las frases, la última, la «séptima palabra», expresa de un modo inequívoco el abandono de Cristo en las manos de Dios, en las manos del Padre. De un Padre al que no ve, al que no siente, pero en el que sigue creyendo como amor infinito. Ésa es la respuesta que esperábamos los hombres que sufrimos —todos los hombres—, cuando sufrimos. Si en la pregunta a Dios por el porqué de su abandono, Jesús se hace portavoz del común de los mortales, ahora el Señor da la respuesta y la da como Dios y también como hombre. No pasa nada por dudar —nos viene a decir— ni por expresarle a Dios esas dudas en voz alta —siempre con respeto—, porque lo que cuenta es que después, imitándole a Él, Cristo, le digamos al Señor que creemos en su amor, más allá de que no entendamos por qué en esa circunstancia dolorosa que estamos pasando Él aparentemente no nos escuche, pues no soluciona a golpe de milagro nuestros problemas. El «Padre, a tus manos encomiendo mi espíritu», como última frase pronunciada por Cristo antes de morir, equivale a un «Padre me fío de ti, aunque no te entienda» y es, curiosamente, muy parecida a la frase que él oyó justo antes de empezar a ser hombre, la que dio paso a su encarnación, la que pronunció María, el fíat: «He aquí la esclava del Señor, hágase en mí según tu palabra.» María no entendía lo que había detrás del anuncio del ángel, pero lo aceptó porque Dios se lo pedía. Jesús, su Hijo, tampoco entendía, en aquel momento de angustia de la cruz, el porqué tenía que morir de aquella manera y, como antes hiciera su Madre, su Maestra, se abandona en las manos de Dios y sigue creyendo en su amor. Ésta es, pues la respuesta que esperábamos, distinta quizá a la que nos gustaría haber obtenido, pero más sabia, más portadora de vida y de esperanza. Se trata, a imitación de Cristo y de María, de aceptar sin entender, de creer en el amor de Dios cuando nos parece que Dios nos ha abandonado; echando mano, eso sí, de los momentos de luz, de los momentos en que hemos tocado el amor de Dios porque nos hemos sentido llevados por Él en sus brazos amorosos de Padre. Sólo cuando esto se hace, cuando se dice el «fíat» a Dios desde la cruz de cada día, se está en condiciones de resucitar, de volver a comprobar que, efectivamente, Dios no nos ha abandonado, Dios no ha abandonado ni abandonará nunca a su pueblo. Porque María se fió, nació Jesús. Así comenzó ella a pisar la cabeza de la serpiente. Porque Jesús se fió, resucitó. Así terminó Él de aplastar la fuerza del enemigo en nosotros, de abrirnos el camino del Cielo, el camino de la salvación. Gracias, Señor, por tu amor. Gracias por enseñarnos cómo hacer cuando sufrimos, cuando experimentamos el silencio de Dios. Gracias porque no has querido ahorrarte ninguno de nuestros sufrimientos, no sólo para hacerte igual a nosotros, ni siquiera para que supiéramos lo mucho que nos amabas, sino también para indicarnos qué respuesta dar cuando nos preguntamos y nos preguntan dónde está escondido Dios mientras sus hijos lloran en la Tierra.

Y, por fin, le tocó la hora de morir, de entregar el espíritu. De descansar. De volver a la casa del Padre. Lo que tenía que hacer, ya lo había hecho. «Cuando hayáis levantado al Hijo del hombre conoceréis que yo soy el que soy» (Jn. 8, 28), había dicho en una ocasión, y en otra había añadido: «Cuando sea levantado de la Tierra, a todos los atraeré a mí» (Jn. 12, 32). Ahora ese momento ya había llegado. Nos había amado hasta el final, nos había dado las pruebas mayores que se pueden dar de que nos quería. Había puesto en juego todos los recursos de la divinidad y de la humanidad para atraernos hacia Dios, para enamorarnos de Dios y, al hacerlo, para enseñarnos a amar, para enseñarnos el camino de la felicidad, de la verdadera humanidad. Ya no le quedaba más por hacer, aquí en la Tierra. Tendría que volver, por supuesto, pero ya sería otra cosa. Volvería como resucitado —faltaban apenas unas horas—. Volvería, el día de la Parusía, como juez glorioso. Pero ahora, como un hombre vivo que no ha conocido la muerte, había hecho todo lo que podía y debía hacer para que nos enamoráramos de Dios, de Él. Un sacerdote español, mi amigo y mi maestro, José Luis Martín Descalzo —del que hablaré más adelante—, poco antes de su propia muerte dejó escritos unos versos que, salvando las distancias, pueden servir para expresar lo que fue esa hora de la muerte para Cristo, lo que debería ser para cada uno de nosotros:

Y entonces vio la luz.
La luz que entraba
por todas las ventanas de su vida.
Vio que el dolor precipitó la huida
y entendió que la muerte ya no estaba.

Morir sólo es morir,
morir se acaba.
Morir es una hoguera fugitiva.
Es cruzar una puerta a la deriva,
y encontrar lo que tanto se buscaba.
Acabar de llorar y hacer preguntas;

ver al Amor sin enigmas ni espejos;
descansar de vivir en la ternura;
tener la paz, la luz, la casa juntas
y hallar, dejando los dolores lejos,
la Noche-luz tras tanta noche oscura.

La noche oscura ya había pasado y el Padre y el Espíritu le esperaban en el Paraíso, su casa, de donde había salido treinta y tres años antes para salvar al hombre y al mundo a base de amar, amar sin medida, amar sin descanso, poner amor donde no había amor para conseguir, al precio que fuera, un poco de amor, un poco de gratitud. Tiene derecho a conseguirlo, en tu corazón, en el mío y en el de todos.

El sepulcro

Los evangelistas nos hablan brevemente de lo que ocurrió después de la muerte (Mt. 27, 51-66; Mc. 15, 18-47; Lc. 23, 47-56; Jn. 19, 11-42). En esencia consiste en que los soldados se aseguraron de la misma —porque estaba muerto no le rompieron las piernas, como hicieron con los otros dos crucificados, para que murieran antes—, que le enterraron en un sepulcro que todavía no había sido usado y que era propiedad de José de Arimatea, que en su sepultura colaboraron varias personas —Nicodemo, por ejemplo, llevó el ungüento y las mujeres lo prepararon y envolvieron en una sábana limpia— y que todo el proceso debió hacerse rápidamente para que no les afectara la prohibición de no trabajar del sábado —prohibición que comenzaba el viernes por la tarde con la caída del sol—. Unos soldados custodiaron el sepulcro para asegurarse de que no robaban el cadáver sus discípulos y esa custodia resultó providencial para garantizar que la ausencia de su cuerpo tras la resurrección no se debía a ninguna maniobra humana. Había muerto como un bandido y ahora era enterrado sin pompa, a toda prisa, en un sepulcro prestado. ¿Podía pensarse mayor humillación para el Hijo de Dios, para el Creador del mundo? Pero no había otro final que pudiera ser más coherente con lo que había sido su vida. El que nació en una cueva de ganado porque no había sitio para él en ninguna casa ni en ninguna pensión, terminaba siendo enterrado como se entierra a los pobres: de limosna. El dueño de todo, muere pobre entre los más pobres. Hasta el final, realmente, nos amó y nos enseñó el camino que teníamos que seguir: que lo que vale es el amor, la fidelidad a la propia conciencia, lo que eres y no lo que tienes.

Para terminar este apartado, merece la pena destacar un fragmento del evangelio de Juan —al que he aludido antes de pasada— sobre lo que sucedió mientras los militares romanos se cercioraban de que Cristo estaba realmente muerto: «Uno de los soldados le traspasó el costado con una lanza, y al punto salió sangre y agua» (Jn. 19, 34). Dejando aparte la causa biológica del fenómeno, muy estudiada y bien explicada, el hecho está cargado de una profunda simbología. Ésta es tan grande que la Iglesia la ha hecho suya en el sacrificio eucarístico y por eso el sacerdote consagra vino mezclado con un poco de agua, recordando así lo que salió del costado de Cristo. Pero, además, esa mezcla significa que Cristo quiso asociar a su labor redentora el sufrimiento humano. También nosotros, pues, podemos y debemos ser «corredentores» con Cristo. Nuestros sufrimientos, nuestros problemas, aceptados y ofrecidos al Señor, unidos a los suyos, sirven para la salvación del mundo y en especial de los nuestros. No somos meros sujetos pasivos que sólo pueden recibir. También podemos y debemos dar. Podemos hacer algo por los nuestros, por todos. Podemos, por supuesto, darles buenos consejos y magníficos ejemplos; pero, además, podemos sacrificarnos por ellos como Cristo se sacrificó por nosotros. ¿Y no será esto, quizá, lo que más valga? ¿No será lo que hemos ido olvidando en estos años de profunda secularización? ¿No estará aquí una parte de la respuesta del para qué sufrimos: para ofrecer nuestro dolor, unido al de Cristo, para ayudar a los nuestros? Cristo nos dejó los mejores testimonios durante su vida, pero al final, lo que termina de conquistar nuestro corazón, lo que nos redime, es su sangre derramada. Si nosotros tuviéramos esta perspectiva del sufrimiento —que es la de la Iglesia— veríamos de otra manera nuestras cruces. No las consideraríamos como tiempo perdido, como materia inútil, sino como lo más eficaz que podemos hacer por nuestros familiares, nuestros amigos y por el mundo. Iríamos a misa con la mayor frecuencia posible, no sólo para estar con Cristo sino para asociarnos al sacrificio incruento de la cruz que tiene lugar en cada consagración, y a poner en el cáliz, junto al vino y el agua, nuestros dolores aceptados y ofrecidos. Éstos serían llevados con mayor facilidad, pues seríamos conscientes de que son muy útiles y sirven para mucho, y aquellos por los que los ofrecemos seguramente se beneficiarían de ellos. Démosle gracias al Señor por permitirnos hacer algo por Él y por aquellos a los que amamos, por permitirnos transformar en fuente de vida lo que no vale, lo que nos destruye: el dolor. Démosle gracias y no desperdiciemos la oportunidad que se nos brinda.

La resurrección

Recuerdo una canción que hace años compuso un grupo cristiano, el Gen Rosso, del movimiento de los Focolares. Era sobre la resurrección de Cristo y repetía una y otra vez: «¡El Amor vive!» Eso es para mí la resurrección del Señor, el motivo por el que le doy gracias y me lleno de alegría. Él, el Hijo de Dios y el hijo de María, el que había muerto colgado del madero, está vivo. Esto es tan grande, tan importante, que casi no quiero meditar sobre otras consecuencias de su resurrección. Cristo, el amor de mi vida, el que me ha amado hasta dar la vida por mí, está vivo, ha resucitado. ¡El Amor vive!

Pero, a la vez, está también viva la causa por la que él vivió, luchó y murió: el amor. La resurrección significa que con la victoria del Amor —la persona de Cristo— ha triunfado también el amor —la causa, el mensaje de Cristo—. Cristo, que es Dios y que, por lo tanto, es el Amor pues Dios es amor, está vivo: ha vencido a la muerte. Cristo, el que nos enseña a amar, el que representa con su vida y su mensaje la plenitud del amor, ha vencido al pecado y, al hacerlo, nos ha enseñado que el amor es más fuerte no sólo que la muerte, sino también más fuerte que el odio, más que la violencia, más que las insidias del enemigo. El amor, con ayuda del Amor (Cristo), a imitación de Él, es el que triunfa siempre en las luchas de la vida, el que construye un mundo verdaderamente humano, aunque a veces parezca que pierde no sólo una, sino muchas batallas.

Pero veamos, con algo de calma, los textos evangélicos que nos dan cuenta de la resurrección de Jesús.

En primer lugar, están aquellos que nos describen los sucesos de las primeras horas, la sorpresa de las mujeres al ver el sepulcro vacío y las primeras carreras de los apóstoles para comprobarlo. Luego vienen los otros, los que nos dan cuenta de las sucesivas y reiteradas apariciones de Cristo resucitado, que tienen como objeto no dejar lugar a ninguna duda y convencer a los discípulos de que lo que él había prometido se ha cumplido, que de verdad ha resucitado.

Mateo (28, 1-7) nos cuenta que Magdalena y «la otra María» (la madre de Santiago, el «hermano» del Señor y de José) fueron al sepulcro el domingo al rayar el alba. Vieron a un ángel y vieron también a los guardias, asustados. El ángel dijo a las mujeres: «No temáis; sé que buscáis a Jesús, el crucificado. No está aquí. Ha resucitado como dijo. Venid, ved el sitio donde estaba. Id en seguida a decir a sus discípulos: Ha resucitado de entre los muertos y va delante de vosotros a Galilea. Allí le veréis» (Mt. 28, 5-7).

Marcos (16, 1-18) coincide con lo narrado por Mateo, pero añade al grupo de mujeres a Salomé y dice también que, tras ver al ángel, «salieron huyendo del sepulcro, porque se había apoderado de ellas el temor y el espanto, y no dijeron nada a nadie porque tenían miedo» (Mc. 16, 8). Es muy significativa esta presentación de lo ocurrido, pues sirve, por sí misma, para desmentir las acusaciones de que el cuerpo muerto de Cristo había sido hecho desaparecer por los propios discípulos. Si así hubiera sido, habrían avisado a las mujeres para que no fueran a un sepulcro que ya estaba vacío y éstas, desde luego, no se habrían asustado ante lo que consideraban inexplicable.

Lucas (24, 1-8) añade otro nombre, el de Juana, al grupo de mujeres que van al sepulcro, pero en lugar de hablar de la aparición de un ángel cuenta que fueron dos varones con vestiduras deslumbrantes los que les dijeron a las mujeres lo que había sucedido, una vez que éstas se percataron de que el sepulcro estaba vacío. «¿Por qué buscáis entre los muertos al que vive? —dijeron los dos varones—. No está aquí, ha resucitado. Recordad lo que os dijo estando aún en Galilea, que el hijo del hombre debía ser entregado en manos de pecadores, ser crucificado y resucitar al tercer día» (Lc. 24, 5-7). Añade este evangelista que fueron a contárselo a los apóstoles, pero que éstos no las creyeron («Aquellas palabras les parecieron un delirio, y no les creían». Lc. 24, 11), a pesar de lo cual Pedro fue a ver qué había pasado y encontró el sepulcro vacío, con el lienzo. Esta versión incide en lo que señalaba antes: que ninguno de los discípulos estaba detrás de la desaparición del cuerpo de Cristo y que su primera reacción fue la del miedo y la incredulidad, pensando más que en un milagro en alguna fechoría de los judíos para hacer aún más daño a Cristo, destruyendo su cuerpo muerto. Pero el mensaje de los ángeles es claro desde el principio: no sólo ha resucitado, sino que lo ha hecho cumpliendo lo que había advertido que ocurriría; por lo tanto, si los discípulos habían huido el Viernes Santo y ahora se encontraban confundidos, era simplemente porque no habían dado crédito a lo que Jesús les había anunciado; si lo hubieran hecho, ni le habrían dejado solo en aquel difícil momento —poniendo de manifiesto su falta de fe y su falta de amor— ni estarían ahora tan escépticos y sorprendidos.

Juan (20, 1-9), que como en otras ocasiones escribe para completar lo que ya han contado los otros evangelistas, pues es el más tardío en componer su evangelio, resalta el protagonismo de Magdalena y dice que fue ella la que les contó a Pedro y a él mismo lo que había sucedido: «Se han llevado del sepulcro al Señor y no sabemos dónde lo han puesto» (Jn. 20, 2). Este plural —«no sabemos»— indica que no había ido sola al sepulcro, lo que coincide con el relato de los otros evangelistas; pero indica, también, que estaba desconcertada y que acudía a Pedro para ver si él sabía algo. La reacción de los dos —no hay que olvidar que quien está contando lo que pasó es uno de los implicados, Juan— fue inmediata: echar a correr para ver por sí mismos lo que había sucedido. Juan, más joven que Pedro, llegó antes, se asomó y vio el sepulcro vacío y los lienzos en el suelo, pero por respeto a Pedro, que era el jefe del grupo en ausencia de Cristo, no quiso entrar. Cuando éste llegó sí pasó al interior del sepulcro y comprobó algo que no se percibía desde fuera; que el sudario con que habían cubierto la cabeza del

Maestro —el que se conserva en la catedral de Oviedo—, estaba doblado (tratado, por lo tanto, con esmero) y colocado «en un lugar aparte». Entonces entró Juan, que «vio y creyó, pues no había entendido aún la Escritura, según la cual Jesús tenía que resucitar de entre los muertos» (Jn. 20, 8-9). Por lo tanto, el testigo directo de los acontecimientos, Juan, no sólo corrobora lo que contaron los otros evangelistas, sino que deja constancia de que los apóstoles se sintieron culpables por haber dudado de la palabra del Señor y no haber dado crédito a la profecía que Cristo había hecho, la cual, por otro lado, estaba en consonancia con lo que ya había sido profetizado en las Escrituras.

Para terminar esta parte, y antes de entrar en la presentación pormenorizada de las apariciones de Cristo a los apóstoles, es preciso citar la historia de los guardias (Mt. 28, 11-15), como intento, desde el principio, por parte de los judíos de anular el efecto que la resurrección de Cristo iba a tener. Si el crucificado había resucitado era claro, para empezar, que Dios estaba con él, que su mensaje (el del amor) era auténtico y que lo eran también sus pretensiones de divinidad. Si había una tragedia en la historia judía era precisamente ésa: había venido el Mesías y el pueblo elegido lo había asesinado porque no había querido creer en él ni aceptar la conversión del corazón que les proponía. Toda la vida esperando al Mesías y preparando su llegada y, cuando ésta tiene lugar, no saben reconocerlo y además lo matan. Eso sí que es una tragedia, demasiado fuerte para que la asumieran con humildad aquellos que habían conducido a la muerte a Cristo sabiendo que era inocente. Había que echar tierra a la realidad de la resurrección, había que desmentirla, antes de que fuera demasiado tarde y acabara con los que habían sido responsables de lo ocurrido. Y eso fue lo que intentaron hacer desde el principio, pero el hecho de la resurrección, corroborada por las reiteradas apariciones del Señor, ya no podía ni ocultarse ni tergiversarse.

En cuanto a las apariciones de Cristo resucitado, aparecen en Mt. 28, 8-10; 16-20; Mc. 16, 9-18; Lc. 24, 11-49; Jn. 20, 11-21, 23. Veamos algunas de las más características:

Mateo dice, al narrar la aparición a las dos Marías, que ellas «le adoraron» (Mt. 28, 9) —lo cual indica con toda claridad que las mujeres, como luego harán los apóstoles, aceptan ya sin ninguna duda la divinidad de Cristo al verlo resucitado— y que el Señor les dijo, como antes había hecho el ángel: «No tengáis miedo» (Mt. 28, 10). Este mismo evangelista cuenta que los once apóstoles —Judas, recordémoslo, se había suicidado— lo vieron en Galilea y que allí ellos también «le adoraron» (Mt. 28, 17), insistiendo en que «algunos habían dudado hasta entonces» (Mt. 28, 17). Jesús les da el encargo de evangelizar y bautizar en nombre de la Trinidad y enseñar «a guardar todo lo que yo os he mandado» (Mt. 28, 20) —misión que no había dado a las mujeres a quienes se había aparecido antes—, en clara alusión a la tarea que después será propia de los obispos de conservar íntegro el depósito de la fe y de la moral. También les asegura que él estaría con ellos «todos los días hasta el fin del mundo» (Mt. 28, 20), para que no tuvieran ninguna duda de que, aunque estallaran persecuciones, su comunidad, la Iglesia, no desaparecería y nunca les faltaría el auxilio de Dios.

Marcos dice que los apóstoles no creyeron a Magdalena, que fue la primera a quien se le apareció Jesús. Nos cuenta la aparición a los dos discípulos —no hay que confundir «discípulo» con «apóstol», pues el primer término designa a un número amplio de seguidores habitualmente próximos a Jesús, mientras que el segundo se emplea para referirse sólo a los doce elegidos por él como sus principales colaboradores— que iban de camino, pero «en una figura distinta» (Mc. 16, 12) y que tampoco fueron creídos cuando lo contaron. Por fin se apareció a los once apóstoles y los criticó por su «incredulidad y dureza de corazón» (Mc. 16, 14). Les dio el encargo de evangelizar y bautizar y el poder de curar (cfr. Mc. 16, 18).

Lucas es el que nos narra la aparición de Jesús a dos discípulos que huían camino de Emaús (Lc. 24, 11-35). Este texto es tan significativo que merece la pena detenerse en él. En primer lugar, el Señor se aparece a dos discípulos acobardados, incrédulos, que incluso han sabido ya —como ellos mismos cuentan— que se ha aparecido a las mujeres, pero que han decidido que era imposible que hubiera resucitado y por eso han optado por huir. ¿Qué tienen ellos, cobardes e incrédulos, que merezca que el Señor se tome la molestia de ir a buscarlos en el camino de su huida? Sólo podemos contestar a esta pregunta si recordamos las palabras del Señor que nos cuenta Mateo en 18, 20: «Donde dos o más están unidos en mi nombre, allí estoy yo en medio de ellos.» Aquella pareja de discípulos —aun siendo pecadora debido a su falta de fe—, estaba unida y lo estaba en el nombre de Jesús, y por eso el Señor cumplió la promesa de hacerse presente en medio de ellos y se apareció, resucitado. En esa ocasión lo hizo de una manera extraordinaria, puesto que lo normal es que se haga presente entre los discípulos reunidos en su nombre pero sin ser visto por ellos, lo que no quiere decir que no sea notado, experimentado, por aquellos entre los que se aparece el Señor; una de las «manifestaciones» de esa presencia de Cristo en medio de los discípulos es la alegría que se siente cuando se está con él, la paz que se experimenta, el deseo de darse por entero al Señor, tal y como notaron entonces los que iban camino de Emaús y como han experimentado y experimentan continuamente tantos y tantos cristianos en todo el mundo cada día.

En segundo lugar, los discípulos le reconocen al partir el pan, es decir, durante la Eucaristía; no le habían identificado al verlo —como le había pasado a Magdalena, pues su cuerpo resucitado era diferente de alguna manera a su cuerpo anterior—, pero en la fracción del pan se dan cuenta de que es él. Esto habla claramente de otra presencia del Señor: la de la eucaristía. Como sabemos todos los que tenemos la dicha de comulgar, Cristo está en la sagrada forma consagrada de una manera real y nosotros lo hemos experimentado así infinidad de veces en nuestra vida; sin embargo, su presencia, aunque auténtica, no es la misma que cuando vivía en medio de los hombres hace dos mil años: no masticas carne cuando comulgas, ni bebes sangre cuando tomas el vino consagrado. Es Él, es su Cuerpo y su Sangre, sin ninguna duda, y sin embargo es distinto a cómo le vieron los apóstoles durante su vida en la Tierra o a cómo le tuvo María en sus brazos en el portal de Belén.

Otra lección de esta importantísima aparición del resucitado, es la experiencia que los dos discípulos hacen al contacto con el resucitado, incluso sin saber que se trataba de él: «Y se dijeron uno a otro: "¿No ardía nuestro corazón mientras nos hablaba en el camino y nos explicaba las Escrituras?"» La presencia del Señor resucitado en medio de sus discípulos lleva como distintivo la alegría, el entusiasmo, el fortalecimiento de aquellos que están en contacto con Él; así fue en aquel momento y así ha seguido siendo siempre.

Por último, este relato nos muestra uno de los motivos —quizá el principal— por el cual se produjo la crisis de fe de los discípulos cuando vieron cómo apresaban y crucificaban a Jesús: «Nosotros esperábamos que él sería el libertador de Israel.» Es decir, ellos como la mayoría habían seguido a Jesús por una mezcla de sentimientos religiosos y políticos, espirituales y sociales; claro que les atraía su mensaje de amor y de perdón, pero creían que eso era sólo una parte de algo mayor: Cristo era el Mesías que debía independizar a Israel del yugo romano y también del yugo que los judíos poderosos imponían al pueblo. La lección es clara: cuando se mezcla la religión con la política, quien sale perdiendo es, más pronto o más tarde, la religión. En el momento en que la religión deja de ser útil a la política, ésta la deja de lado o incluso la persigue, sin importar que hasta poco antes la hubiera estado ayudando.

Lucas también nos habla de otra aparición, a Pedro (Lc. 24, 34) y una más a los apóstoles, en la que usa la fórmula de Mt. 18, 20: «en medio de ellos» (Lc. 24, 36). En esta aparición les saluda diciendo: «La paz esté con vosotros» (Lc. 24, 36) —indicando, una vez más, que la paz del corazón es un don que otorga Cristo cuando se hace presente entre sus discípulos—. A pesar de eso, los apóstoles estaban «aterrados y llenos de miedo», porque «creían ver un espíritu» (Lc. 24, 37). Jesús les tranquiliza y les invita a tocarle para que se convenzan de que no es un fantasma y, por el mismo motivo, come un trozo de pez asado. Entonces les encarga «predicar en su nombre el arrepentimiento y el perdón de los pecados a todas las naciones» (Lc. 24, 47). Les promete el Espíritu Santo y les pide que se queden en Jerusalén hasta que lo reciban.

Juan también coincide en que la primera aparición fue a Magdalena, pero da un detalle hasta ahora desconocido: Cristo se le aparece cuando ella, tras marcharse Pedro y Juan, está junto al sepulcro donde se había quedado, llorando. El amor es presentado aquí como la causa por la que el resucitado concede a una persona el don de su presencia. El amor, hay que recordarlo, es el motivo por el que el Señor perdona los pecados («Mucho se le ha perdonado, porque mucho ha amado») y ahora vemos que también el amor ejerce de imán que atrae a Jesús resucitado hacia quien le ama. Pero antes de la aparición de Jesús, Magdalena ve a dos ángeles, con los que sostiene una breve e interesante conversación; ellos le preguntan por el motivo de sus lágrimas y ella contesta: «Porque se han llevado a mi Señor y no sé dónde lo han puesto» (Jn. 20, 13); esta respuesta la dan hoy también muchos católicos fieles que están sufriendo ante el oscurecimiento del verdadero rostro de Cristo por parte de algunos sacerdotes; el Cristo del que se habla en tantas homilías, catequesis, cursos de Biblia y clases de Religión, no tiene mucho que ver con el Cristo vivo y resucitado de la Iglesia y eso hace que muchos cristianos estén desconcertados, buscando a Jesús sin encontrarle en su Iglesia, y terminen yendo a buscarle fuera.

Volviendo a esta primera aparición del resucitado, Magdalena tampoco le reconoce, hasta que él la llama por su nombre: «María.» Entonces ella cae a sus pies rendida de amor y de agradecimiento. La presencia del resucitado es, pues, real, física, pero a la vez distinta a la anterior presencia de Cristo, la previa a su muerte. Si unos, como los de Emaús, le han reconocido en la eucaristía; otros, como Magdalena, le reconocen por esos detalles personales que han caracterizado la relación con él, representados en el llamar al otro por su nombre con un tono de voz que hace única e irrepetible esa llamada; Jesús te conoce como nadie y ha tejido contigo una historia de amor durante toda tu vida, y tú también le conoces a él («mis ovejas oyen mi voz») y sabes distinguir su voz, que resuena en el interior de tu conciencia, de cualquier otra, para seguir a quien debes seguir, a Cristo resucitado. Démosle gracias, una y mil veces, por esto, por esta historia personal de amor que cada uno de nosotros tiene con el Cristo vivo, con el Cristo resucitado, y que más fuerte que cualquier argumento nos dice, nos asegura, que Dios existe, que Dios es amor, que realmente está presente en la eucaristía y que cumple siempre su promesa de aliviar a los que están cansados y agobiados.

La segunda aparición que cuenta Juan fue la que tuvo lugar

ante los apóstoles, que estaban llenos de miedo y «con las puertas cerradas». También aquí, como antes hemos visto en Lucas, el evangelista utiliza la fórmula de Mt. 18, 20: «se puso en medio de ellos» y les dio la paz (Jn. 20, 20). Les enseño las heridas para que no dudaran y les envió a evangelizar. Entonces les dio el Espíritu Santo y el encargo de perdonar o retener los pecados, según lo estimaran oportuno (Jn. 20, 22-23). Esta aparición, sin embargo, tiene un detalle que la hace unirse a otra, que tendrá lugar poco después y es su complemento; en ella faltaba un apóstol, Tomás, que se niega a creer en la resurrección y pone condiciones para aceptar lo que sus compañeros le cuentan: tocar con sus manos la carne del resucitado y comprobar que, efectivamente, allí están impresas las huellas de la cruz.

Entonces Jesús se aparece de nuevo, esta vez con Tomás presente entre los apóstoles. Su saludo es de nuevo el de la paz. Se dirige al incrédulo Tomás y le invita a que introduzca sus dedos en las heridas de los clavos y de la lanza. Ante esta prueba irrefutable, por fin Tomás cree y no sólo hace un acto de reconocimiento de la resurrección, sino de la misma divinidad de Jesucristo: «¡Señor mío y Dios mío!» (Jn. 20, 28), exclama, poniéndose de rodillas ante el resucitado. La resurrección de Cristo se convierte así en el argumento definitivo para dar crédito a las pretensiones de divinidad que Jesús había reiteradamente mostrado durante su vida en la Tierra; esas pretensiones —como el resto de su mensaje— habían quedado en entredicho por su muerte en la cruz —pues, ¿cómo podía consentir Dios que los hombres mataran a su Hijo?—, pero ahora quedaban confirmadas con la resurrección; si Dios estaba con Cristo y le respaldaba —y eso significaba, entre otras cosas, la resurrección—, todo lo que Jesús había enseñado, incluida su divinidad, era verdadero. Por eso Tomás, representando a la comunidad pospascual, cae de rodillas y confiesa.

Sin embargo, Jesús tiene algo más que decir; el Señor no calla el reproche que merece la actitud dubitativa de Tomás y del resto de los apóstoles: «Has creído porque has visto. Dichosos los que crean sin haber visto» (Jn. 20, 29). Está aludiendo a los que vendrán después de ellos, a los cristianos desde entonces hasta ahora, que, por el testimonio de ellos y por la propia experiencia personal, creerán en la resurrección del Señor sin necesidad de meter los dedos en el agujero de los clavos.

Pero Juan sigue contando más apariciones. Una de ellas tiene lugar junto al lago de Galilea y en esta ocasión el resucitado hace un milagro, una nueva pesca extraordinaria; además, vuelve a comer pan y pescado para que los apóstoles se convenzan de que no es un fantasma (Jn. 21, 1-14). Pero, por si fuera poco, Jesús aprovecha para saldar una «deuda» que el apóstol que debía guiar a la comunidad en su nombre tenía con él. Por tres veces interroga a Pedro acerca de su amor, recordando la triple negación de él que Pedro había hecho en la noche del Viernes Santo (Jn. 21, 15-17). Este interrogatorio no es una mera liquidación de viejas cuentas pendientes, sino que es, sobre todo, la constatación de que Cristo sólo va a encargar la labor evangelizadora —y en particular la tarea de gobernar la Iglesia en su nombre— a quien le ama. Sólo cuando Pedro, por tres veces, le asegura que le ama, Jesús le dice: «Apacienta mis ovejas» (Jn. 21, 16). El Señor podía haber hecho otra pregunta, más ideológica, más del gusto de los teólogos contemporáneos; algo así como: «Pedro, ¿estás dispuesto a sacrificarte por el Reino?» o «Pedro, ¿estás decidido a dar la vida por la causa de la justicia?». Sin embargo, lo que pregunta es mucho más personal; Jesús está interesado en saber si Pedro le ama a Él en cuanto persona, puesto que el amor verdadero no es posible entre una persona y entre una idea o una ideología, sino entre dos personas; por eso Cristo quiere saber si Pedro —y en él estamos todos representados— le ama a Él o si ama a una idea, a una causa. Sólo cuando hay amor personal hay llamada al seguimiento y hay encargo evangelizador. Por eso, pensar en la vocación sacerdotal o en la vocación religiosa sin que exista una intensa relación amorosa y personal entre Cristo y el candidato, es una ilusión, una fantasía, un imposible. En cambio, cuando ese amor personal existe, cuando el hombre ama a Jesús —aunque sea poco y desde luego mucho menos de lo que Jesús se merece— entonces sí es posible confiarle a esa persona el encargo de la evangelización y del gobierno de la grey, del rebaño. De nuevo resuenan, aunque con un significado complementario, las palabras de Cristo a Simón el fariseo cuando éste le criticaba porque se dejaba besar los pies por la pecadora: «A quien mucho ama, mucho se le perdona.» Ahora esas palabras vendrían a ser algo así: «A quien mucho ama, mucho se le encomienda, mucho se le encarga, mucho se le pide, porque sólo él tendrá la fuerza para llevar adelante la pesada tarea que se pone sobre sus hombros.» Y, sabiendo esto, ¿no habría que insistir mucho más en la necesidad de que los seminaristas, novicios, sacerdotes y religiosos, tuvieran una intensa vida de unión con el Señor para que pudieran llevar adelante con éxito la tarea que Cristo les encomienda? ¿No será la causa de la crisis, al menos en parte, la poca vida espiritual que llevan muchos sacerdotes y religiosos, sumergidos y devorados por la intensa actividad?

Cristo, como hemos visto, ha resucitado de verdad. La resurrección del Señor fue un acontecimiento real, histórico —en el sentido de que tuvo lugar en la historia de los hombres y mujeres que lo pudieron constatar porque le vieron, oyeron y tocaron resucitado— y a la vez «metahistórico», pues nos sitúa ya en la escatología, en esa vida eterna y perdurable, que tendrá lugar para cada uno de nosotros cuando nos llegue la hora de la muerte, y para el mundo en su conjunto cuando venga el Señor triunfante a juzgar a vivos y muertos. Pero si la resurrección es un hecho real e histórico, eso significa que también nosotros resucitaremos, que la vida no termina con la llegada de la hermana muerte, que es verdad que existe una patria celeste en la que vamos a vivir por toda la eternidad y donde nuestras lágrimas serán enjugadas y nuestros anhelos de paz, de justicia, de santidad, se verán satisfechos. Si Cristo ha resucitado, el amor ha resucitado con Él, ha vencido con Él y, por lo tanto, merece la pena creer en el amor y no dejarse seducir por la aparente fortaleza del odio, de la venganza, del poder del dinero. Aunque el mal logre muchas victorias, la victoria definitiva será del bien, será del amor, será de Cristo.

Gracias, gracias de corazón, Señor, por todo esto. Gracias porque tú vives para siempre. Gracias porque contigo vive el amor y eso significa que el amor es la fuerza más poderosa que existe en el mundo y que es la única que puede construir un mundo auténticamente humano. Gracias, Señor, por la certeza de la vida eterna, donde están ya esperándonos los nuestros y donde también nosotros, confiando en tu divina misericordia, aspiramos a morar algún día. Gracias, Señor, y ayúdanos a ser testigos en medio de un mundo que se sumerge en la locura del pecado, de la belleza y del triunfo de la luz sobre la oscuridad, del esplendor de tu resurrección y de tu gloria.

La Ascensión del Señor y la misión evangelizadora

Son Marcos (16, 19) y Lucas (24, 50-52) los que nos hablan de la Ascensión del Señor como punto final a su presencia corporal en la Tierra, aunque también como pausa hasta que vuelva de nuevo en el final de los tiempos. Lucas precisa el sitio donde tuvo lugar: entre Jerusalén y Betania. También aporta detalles, como que Jesús bendijo a los apóstoles mientras ascendía al Cielo y que ellos «lo adoraron y se volvieron a Jerusalén llenos de alegría» (Lc. 24, 52), lo cual muestra, una vez más, que a los seguidores de Cristo ya no les quedaban dudas de su divinidad y que esta certeza les llenaba de decisión y entusiasmo para afrontar los difíciles momentos que habrían de venir.

La Ascensión del Señor representa, de alguna manera, la hora de la mayoría de edad para los discípulos en general y para los apóstoles en particular. Mientras él estaba en la tierra, ellos le seguían y esperaban atentos sus órdenes para secundarlas. Pero ahora que él se había ido, les tocaba a ellos tomar las riendas de la comunidad de los seguidores del Maestro y conducir a la Iglesia hacia los objetivos que Cristo les había marcado. Era una tarea imposible de cumplir, la de suceder a alguien como Cristo en el liderazgo. A la fuerza se tenían que sentir desbordados por ella. Sin embargo, no estaban solos para llevarla a cabo. Cristo les había prometido la asistencia del Espíritu Santo, el Consolador, el Defensor, el que les daría la luz y la fuerza necesaria para que pudieran hacer lo que se esperaba de ellos. Por eso, como indica Lucas en el texto citado, estaban confiados y «llenos de alegría». Sin la asistencia del Espíritu Santo, sin su auxilio —como veremos en el próximo capítulo— la Iglesia no habría podido sobrevivir, ni en aquel momento inicial ni en las mil peripecias que le aguardaban a lo largo de los siglos, pero contaban con que esa ayuda llegaría, según había prometido el Señor. Sin embargo, tampoco bastaba la acción del Espíritu Santo, pues Dios ha querido necesitar siempre de la colaboración humana. Por eso, repito, la Ascensión es la hora de la mayoría de edad de los apóstoles. No una mayoría de edad que les hace vivir de espaldas a Dios, sino que les hace dejarse guiar por el Espíritu a la vez que ponen todo de su parte para conseguir los resultados que se esperaban de ellos.

La Ascensión del Señor representa, también, el inicio de una etapa nueva para la humanidad. El que entra en el Cielo no es el mismo que treinta y tres años antes bajó del Cielo a encarnarse en el seno de la Virgen. Entonces era la Segunda Persona de la Santísima Trinidad. Ahora es también eso, pero es algo más; es el Hijo de Dios, como entonces, pero es además el hijo de María; es el Dios verdadero que vuelve a casa, pero a la vez es un hombre verdadero quien entra en el Cielo. Con el Cristo resucitado —no olvidemos que esa resurrección lo fue también de la carne— y ascendido al Cielo, hay allí uno de los nuestros, uno que ya ha llegado a la patria definitiva, que nos abre el camino, que nos prepara la casa. El Cristo resucitado que entra en el Cielo es el primero de una larga cadena que va a seguir sus pasos: los santos, presididos por María, la Inmaculada. Él no se fue para desentenderse del mundo, sino para precedernos en la que será nuestra morada definitiva y prepararnos el camino hacia ella. Y si contemplamos la Ascensión del Señor desde la perspectiva del Cuerpo Místico de Cristo, entonces resulta que quien está allí es la cabeza —Jesús— y una parte importante del cuerpo —la Virgen y los santos—, pero que el resto del cuerpo —la Iglesia militante que está en la Tierra y la Iglesia purgante que está en el purgatorio— no está separado de ellos, por más que aún no haya llegado para él la hora del descanso definitivo; se ha producido, de este modo, una especie de puente —el Cuerpo Místico de Cristo— que une firmemente y hasta el final de los tiempos el Cielo con la Tierra. Para los que aún estamos aquí, esta situación representa una «vocación», una llamada, una invitación a tener siempre la mirada puesta en el Cielo aunque no debamos dejar de tener los pies bien puestos en la Tierra.

Las dos cosas, pues, son motivo de agradecimiento. La primera, porque poniendo en nuestras manos —bajo la guía del Espíritu— el futuro de la Iglesia demuestra que tiene confianza en nosotros y, de ese modo, nos ayuda a crecer, a asumir responsabilidades, a madurar. La segunda, porque al saber que él está en el Cielo se acrecienta nuestra esperanza de que también nosotros podremos alcanzar algún día la vida eterna y gozar de la compañía de Dios, de los santos, de nuestros familiares que han muerto unidos al Señor y en su gracia. Esforcémonos para que ambas cosas sean posibles: para no defraudar a Cristo en las expectativas que ha puesto en nosotros y para poder gozar algún día de la presencia de Dios en el Cielo.

Capítulo 5

DIOS ESPÍRITU SANTO

¿Quién es?

El Espíritu Santo es la tercera persona de la Santísima Trinidad. Es Dios, como el Padre y el Hijo, pues participa de la única naturaleza divina. La revelación sobre Él comenzó ya en el Antiguo Testamento, donde era descrito como fuerza, poder, sabiduría y santidad (Gén. 1, 2; Núm. 11, 29; Jue. 3, 10; 1 Sam. 10, 6; Is. 11,2. 41, 1. 61, 1; Ez. 3, 12.24; Jl. 3, 1-2; Zac. 12, 10; Sal. 51, 12-13). Jesús culmina esta revelación dejando claro que se trata de una persona divina, dentro del misterio de la Santísima Trinidad, a la que se denomina «Espíritu Santo». Entre otros, el concepto aparece en Mt. 1, 18.20; 3, 11; Lc. 1, 15.35.41; 2, 25; 4, 14; 11, 13; Jn. 1, 33; 20, 22. En otras ocasiones es presentado como el «Espíritu de Cristo» (Flp. 1, 19; Rom. 8, 9.11) o, simplemente, como el «Espíritu» (Mt. 4, 1; Jn. 1, 32-33; 3, 5-8; 7, 39). No faltan las citas en que se describen los dones de este Espíritu santificador (Jn. 14, 26; 16, 13-15; 20, 22-23). Sin embargo, uno de los textos más interesantes es aquel en el que Jesús nos revela la existencia del Espíritu Santo en el marco de una polémica desatada tras una curación; le habían acusado de actuar con el poder de Belcebú y él contestó que quien ofendiera al Espíritu Santo no sería perdonado: Mt. 12, 31-32. Mc. 3, 29. La actitud de Cristo, defendiendo con firmeza el honor de una de las personas de la Santísima Trinidad, es muy diferente de la que él mismo adoptaba cuando era su propio honor el mancillado. Lo que está dispuesto a consentir para sí mismo, no está dispuesto a tolerarlo cuando se trata del Padre o del Espíritu. Sólo puede entenderse esta actitud desde la perspectiva del profundo amor que une a las tres personas de la Santísima Trinidad y es, quizá mejor que ningún otro pasaje, una instantánea de las relaciones internas de la «familia» divina. El Hijo que defiende al Espíritu, nos está indicando cómo debemos comportarnos nosotros cuando los ofendidos son Cristo, el Padre o ese mismo Espíritu en cuya defensa actuó enérgicamente el propio Cristo. Por desgracia, es muy frecuente encontrar a cristianos que se mantienen indiferentes ante las blasfemias dirigidas a Dios o los ataques a la Iglesia; es como si no fuera con ellos, como si estuvieran agrediendo a alguien que no conocieran o que no les importara. ¿Nos portamos así cuando los atacados son familiares o amigos nuestros?

¿Qué hace?

Dios, el único Dios, es quien hace todo. Esto ya lo hemos visto al hablar de la Santísima Trinidad. Él es quien crea, quien redime y quien santifica. Pero, dado que además de uno es trino, podemos decir que hace cada una de esas cosas a través de una de las personas divinas. Así, afirmamos que Dios Padre es el que crea, Dios Hijo es el que redime y Dios Espíritu es quien santifica. Ésta, pues, sería la principal misión del Espíritu Santo que, debido a ello, quizá debería ser llamado con más propiedad «Espíritu Santificador», pues así quedaría más clara cuál es su función dentro de la actividad trinitaria. De hecho, al Padre le llamamos «Creador», al Hijo «Redentor» y en cambio al Espíritu le llamamos sólo «santo», como si con ello quisiéramos indicar que lo que él tiene no lo comunica, no lo transmite. En la práctica, posiblemente por esto, el Espíritu es un «Dios en paro», en el sentido de que son pocos los cristianos que se relacionan con él, pues no saben cuál es su misión; posiblemente por eso se produce esa situación que a Juan Pablo II le llevó a calificar al Espíritu Santo como al «Dios desconocido». La misión del Espíritu es, pues, la de santificar. Pero no es ésta su única tarea, aunque sea la principal.

El Espíritu Santificador es también el Espíritu que une, que fortalece, que consuela, que perdona —Cristo une el don del Espíritu con la misión de perdonar—, que ilumina y que renueva permanentemente a la Iglesia. Estas siete tareas —las seis citadas y la de santificar— están perfectamente documentadas tanto en las Escrituras como en la tradición viva de la Iglesia. La experiencia del Espíritu Santo que han vivido y viven muchísimos católicos confirma que, efectivamente, la tercera persona de la Santísima Trinidad es quien da la fuerza en las dificultades y al que hay que acudir en los momentos de lucha. Es quien consuela cuando se sufre —Jesús le llama el «Espíritu consolador»—. Es, como ya he dicho, quien nos ayuda a perdonar y a pedir perdón. Es el que hace de la multiplicidad de integrantes de la Iglesia un solo cuerpo, una sola familia —el famoso «don de lenguas» significaba y significa que podemos ser distintos y a la vez entendernos porque participamos de la misma experiencia espiritual, de la misma fe—. Es el que nos ilumina, aclarándonos tantas cosas que sin Él, lo mismo que les pasó a los apóstoles, no entenderíamos. Es, por último, quien renueva permanentemente a la Iglesia mediante la irrupción en su seno de nuevos dones, de nuevos carismas, de nuevas formas y caminos de santificación.

¿Cómo lo hace?

El Espíritu Santificador lleva a cabo su misión y actúa —siempre desde la unidad de la Santísima Trinidad— de tres maneras: enviando sus «siete dones», a través de los sacramentos y mediante los carismas con que enriquece a la comunidad eclesial.

Los dones del Espíritu Santo

Los dones del Espíritu Santo son disposiciones permanentes o capacidades que Dios concede y que hacen a la persona dócil y dispuesta a seguir los impulsos del mismo Espíritu. A veces están ligados a una misión, a una tarea específica, pues sin ellos es difícil cumplir esa tarea. En otras ocasiones van unidos a un sacramento. En otras, simplemente, son un regalo de Dios dado a la comunidad eclesial a través de uno de sus integrantes. San Pablo, en Gal. 5, 22-23, señala que el Espíritu Santo produce en nosotros los frutos de la caridad, la alegría, la paz, la paciencia, la comprensión, la bondad, la mansedumbre y el dominio de uno mismo. Tradicionalmente se ha considerado que estos dones son siete: El don o espíritu de inteligencia, el de fortaleza, el de piedad, el de sabiduría, el de consejo, el de ciencia y el de temor de Dios.

El don de inteligencia nos permite conocer y comprender las cosas de Dios, la manera como actúa Jesucristo, que escribe derecho aunque a veces utilice los renglones torcidos que hacen los hombres. El don de fortaleza nos da la fuerza necesaria para superar los momentos duros de la vida y con frecuencia —en nuestra experiencia personal o en la de otros— hemos comprobado que hemos podido superar pruebas que nos parecían imposibles gracias a la ayuda extraordinaria de Dios. Por el don de piedad, el Espíritu nos hace capaces de acercarnos confiadamente al Señor y llamarle «Padre», nos hace unirnos al Hijo en la eucaristía y en la adoración, nos liga al propio Espíritu mediante la paz y el consuelo que se experimenta cuando se le reza. El don de sabiduría es considerado como el «buen gusto» espiritual y por él hasta el más sencillo de los católicos puede detectar cuándo una doctrina no es acorde con las enseñanzas de la Iglesia, con las enseñanzas del Evangelio; a la vez, nos ayuda a exponer los misterios divinos de forma que los demás puedan entender lo que nuestras palabras no consiguen explicar. El don del consejo es el que nos ayuda a discernir en las variadas circunstancias de la vida y a poder ayudar a los demás para orientarles, en medio de las turbulencias, por el camino del bien, de la verdadera felicidad. Por el don de la ciencia podemos descubrir la huella de Dios en el mundo, en la naturaleza, en los avances científicos y técnicos, siendo capaces de ver la mano del Señor detrás de todo lo bueno que hace el hombre, pues sin Él no podemos hacer nada; a la vez, nos ayuda a tener siempre presente nuestro fin sobrenatural, a fin de no caer en la tentación de pensar que la felicidad nos la van a dar las cosas materiales o los avances científicos. Por último, el don del temor de Dios nos enseña a tratar al Señor con una actitud de respeto para hacer frente a la tentación de abuso que va ligada al concepto de Dios como Padre y como Amor; este don nos hace temer el pecado, pues nos recuerda que, si bien Dios nos ama infinitamente, también es el juez que juzga para defender de ese modo a los débiles, a las víctimas.

Los sacramentos

Junto a los dones, el Espíritu Santificador lleva a cabo su misión de santificar a través de los sacramentos. Son, como es sabido, siete y en todos ellos actúa la Santísima Trinidad, el único Dios verdadero, otorgando la gracia divina para llevar a cabo, en cada sacramento, un objetivo concreto.

Así, el bautismo es el que nos hace hijos adoptivos de Dios, nos perdona los pecados —en el caso de los niños, como no tienen pecados personales, les perdona sólo el pecado original— y nos introduce dentro de la Iglesia dándonos la fuerza que necesitamos para comportarnos como cristianos. La confirmación se considera, de forma especial, el sacramento del Espíritu Santo, pues recuerda y renueva los efectos que tuvieron lugar en Pentecostés sobre los apóstoles; por él, el bautizado recibe la fuerza que va a necesitar para ser testigo de Cristo en medio del mundo, apóstol y evangelizador en un contexto cada vez más difícil, cada vez más hostil. La penitencia nos regala el perdón de los pecados y nos da la fuerza para no volver a pecar, para luchar contra la tentación, contra la concupiscencia —que es la inclinación al mal que está dentro de nosotros como consecuencia del pecado original—. El orden sacerdotal es un regalo del Señor para el individuo que lo recibe y, como sacramento, es la fuerza que da Dios para poder llevar a cabo la misión de colaborador de los sucesores de los apóstoles, los obispos; también es un regalo que el Señor da a la comunidad de los creyentes, pues gracias a ese sacramento, conferido a un ser humano débil y pecador, esa comunidad cuenta con un pastor que representa a Cristo y actúa en su nombre. El matrimonio, en cuanto sacramento, es la bendición divina, la fuerza de Dios, para llevar adelante la unión del hombre y de la mujer y para cumplir los tres bienes que los esposos cristianos se prometen: fidelidad, unión para toda la vida, apertura a los hijos y educación cristiana de los mismos. La unción de enfermos es el sacramento por el cual el Señor nos acompaña, consuela, alivia e incluso en algún caso sana, cuando estamos padeciendo una enfermedad y, por ello, estamos sufriendo; puede ser que esa enfermedad sea de muerte y en ese caso la gracia de Dios recibida por este sacramento acompaña al moribundo en uno de los momentos más decisivos de su vida: el paso de ésta a la vida eterna; no pocas veces sucede, sin embargo, que el enfermo, incluso el moribundo, recupera la salud al recibir este sacramento, pues a través de él el Espíritu ha actuado como medicina no sólo del alma sino también del cuerpo.

He dejado aparte, deliberadamente, el sacramento de la eucaristía, porque en una reflexión como ésta, dedicada al agradecimiento, merece un tratamiento más amplio. Aunque ya se ha hablado de ella al describir lo ocurrido en la última cena, conviene volver de nuevo al tema para tratarlo con el detenimiento que merece.

La palabra «eucaristía» es de origen griego y significa «acción de gracias». Por lo tanto estaríamos ante el sacramento por el cual Dios nos da las fuerzas para agradecer y, además, nos da motivos especiales para dar gracias. En cuanto rito litúrgico, la celebración eucarística es en sí misma una acción de gracias, una celebración —actualización— del sacrificio de Cristo en la Cruz y una comunión con el Cristo que se hace presente mediante la transubstanciación en las materias del pan y del vino. Por lo tanto, el cristiano acude a la eucaristía para dar gracias —también para pedir ayuda y consuelo, pero la gratitud debería ser el motivo principal—; para colaborar en la obra redentora de Cristo —ofreciendo sus propios sacrificios, que quedan unidos a los del Señor tal y como manifiesta el símbolo de la gota de agua que se añade al vino en el ofertorio—; recibe en ella motivos de agradecimiento —el memorial del sacrificio de Cristo en la cruz y la comunión del cuerpo y la sangre de Cristo—; se encuentra tan unido al Señor Jesús que éste entra a formar parte de él mismo al comulgar y, al hacerlo, le transforma de alguna manera en sí mismo («Quien come mi carne y bebe mi sangre permanece en mí y yo en él»). Por esta comunión con Cristo, el cristiano se une a los hermanos que también han comulgado el cuerpo y la sangre del Señor, pues por las venas de todos ellos circula ahora la misma sangre, la de Cristo. Por eso la comunión con Cristo empuja a la comunión con el prójimo y sin esta comunión, como consecuencia de aquélla, la participación en el Cuerpo del Señor no produce los frutos deseados. Por todo ello, la eucaristía se convierte en el sacramento central de la vida cristiana y, de alguna manera, todos los demás están orientados a ella, proceden de ella, se alimentan de ella, viven de ella. Esto es así, en el fondo, porque si en todos los sacramentos hay una efusión de la gracia de Dios para llevar a cabo una misión concreta, en la Eucaristía está el propio Cristo presente, se comulga a Cristo, se recibe el consuelo de Cristo y se parte de ella para amar en el nombre de Cristo y como Cristo nos enseñó a amar. Ahora bien, como «eucaristía» significa «acción de gracias» y es el sacramento central del cristianismo, la parte fundamental de su culto, eso significa que agradecer es lo más importante que debe hacer un cristiano, lo que no debe faltarle nunca; un agradecimiento que nazca del corazón y que se manifieste a través de unas obras coherentes con la ética cristiana.

Pero, dicho lo anterior, falta todavía algo por decir de la eucaristía. Esa presencia real del Señor no se limita a la circunstancia temporal de la celebración, de la misa. Una vez consagrados el pan y el vino, Cristo sigue allí presente. La Iglesia, conocedora de este misterio, lo adora mientras lo custodia con respeto en el Sagrario. El cristiano, que ha ido a la celebración eucarística a dar gracias y a recibir la comunión con el Cuerpo de Cristo —nuevo motivo de agradecimiento—, al saber que el Señor está presente en las formas consagradas y que está esperándole en el Sagrario, acude para acompañar, para consolar, para adorar, para alabar, en definitiva, para agradecer. Si a Misa se va para agradecer, a orar ante el Santísimo se va por el mismo motivo. De ahí que la oración del cristiano —que debe tener siempre como elemento fundamental la gratitud— se vuelve de una manera especial oración eucarística —oración de agradecimiento— cuando se hace ante el

Señor, presente realmente en el pan consagrado. Y, como no podía ser de otra manera, con mucha frecuencia ese agradecimiento que se da a quien lo merece —Cristo— redunda en beneficio de quien lo da —el orante— y el cristiano sale de la oración eucarística totalmente renovado, consolado, rejuvenecido. El Espíritu Santificador ha aprovechado el tiempo que el creyente ha estado ante el Sagrario para infundir en él todos los dones de que es portador, para darle el consuelo, la luz, la esperanza, la fuerza que necesita. El que había acudido a dar, recibe. El que había ido a orar pensando en consolar, sale consolado. El que tenía como objetivo acompañar, es acompañado. Quizá pensaba en esto san Francisco cuando decía —según se le atribuye—: «Señor, que no me empeñe tanto en ser consolado como en consolar, en ser amado como en amar, porque dando se recibe.» Efectivamente, uno de los milagros eucarísticos más frecuentemente repetido y del que participan millones de cristianos todos los días, consiste en que la adoración del Santísimo —hecha con ese espíritu eucarístico, de agradecimiento— se convierte en un auténtico hospital del alma y que el que había acudido a ofrecer al Señor su compañía y su consuelo recibe mil veces más de lo que jamás hubiera podido soñar. La eucaristía es el centro y el corazón de la vida cristiana, porque es el mismo Cristo. Es el regalo más hermoso que el Señor Jesús ha hecho a sus discípulos y a través suyo el Espíritu Santo hace siempre nuevas a todas las personas que se ponen en contacto con ella.

Los carismas

San Pablo, ya en los albores de la Iglesia, habla de los carismas, refiriéndose a los dones que el Espíritu Santo —al cual cita explícitamente— da a algunos miembros de la comunidad en beneficio del conjunto de la misma. Dice el apóstol en 1 Cor. 12, 4-7: «Hay diversidad de carismas, pero un mismo Espíritu; diversidad de ministerios, pero un mismo Señor; diversidad de actuaciones, pero un mismo Dios que obra todo en todos. A cada cual se le otorga la manifestación del Espíritu para provecho común». Aquellos dones empezaron más tarde a institucionalizarse y, a lo largo de los siglos, han cuajado en una multitud de asociaciones, congregaciones, órdenes religiosas y movimientos, que embellecen a la Iglesia, que la actualizan, que le dan vitalidad, que la ayudan a llevar a cabo los distintos aspectos de su misión: la evangelización, la caridad, la oración, la liturgia... No se puede entender la Iglesia, ni la historia de la Iglesia, sin los carismas. ¿Sería la misma si no hubieran existido y aún existieran los benedictinos, los franciscanos, los carmelitas, los jesuitas, los salesianos, los maristas? ¿Habría podido la Iglesia evangelizar África del mismo modo que lo ha hecho sin los Padres Blancos o los Combonianos? ¿Habría educado a la juventud de igual modo sin los Hermanos de la Salle o sin los Escolapios, por citar sólo dos de las muchísimas instituciones educativas? ¿Habría continuado la labor de Cristo, cuando éste curaba a los enfermos, sin los Hermanos de San Juan de Dios o los Camilos? ¿Habría profundizado en la comunión más íntima con Dios sin santa Teresa y su familia espiritual? ¿Habría dado de comer al hambriento, vestido al desnudo, visitado al enfermo o consolado al triste —como Cristo le encargó— sin las hermanitas de los Ancianos Desamparados, las hijas de la Caridad de Santa Ana o las misioneras de la Caridad de la Madre Teresa?

Pero si esto ha sido así siempre, más recientemente también vemos al Espíritu Santo actuando para seguir dando vida a la Iglesia, para mantenerla siempre joven. A veces su actuación ha ido dirigida a rejuvenecer alguna vieja rama de la Iglesia —como lo llevado a cabo por santa Maravillas de Jesús en el Carmelo Descalzo femenino—. En otras ocasiones ha mostrado con rostros nuevos viejos carismas, sin relación institucional con sus predecesores, como la gran labor llevada a cabo por los Legionarios de Cristo. Pero, sobre todo, ha mostrado su gran capacidad para afrontar los nuevos retos con nuevas soluciones. Así, la Iglesia del siglo XX se ha visto bendecida —de manera sorprendente e imprevista, según Benedicto XVI— por obras maravillosas, fundadas algunas por santos ya canonizados —como el Opus Dei de san Josemaría Escrivá— y otras por grandes personajes que posiblemente serán algún día llevados a los altares —Chiara Lubich de los Focolarinos, Don

Giussani de Comunión y Liberación, Kiko Argüello de los Neocatecúmenos, Jean Vanier de El Arca, Andrea Riccardi de San Egidio— Juan Pablo II se refirió a este florecer de obras suscitadas por el Espíritu Santo en el discurso pronunciado ante cientos de miles de sus miembros, convocados en la plaza de San Pedro en la vigilia de Pentecostés de 1998. El papa Wojtyla dijo entonces: «Los movimientos representan uno de los frutos más significativos de aquella primavera de la Iglesia ya preanunciada en el Concilio Vaticano II, pero desgraciadamente no pocas veces obstaculizada por el difundido proceso de secularización. Su presencia es alentadora porque muestra que esta primavera avanza, manifestando la frescura de la experiencia cristiana fundada en el encuentro personal con Cristo.» Años después, en 2006, su sucesor, Benedicto XVI, volvía a convocar a los miembros de los movimientos para otro gran encuentro, a fin de lanzarles a la misión evangelizadora y mostrar a toda la Iglesia el apoyo pleno con que contaban por parte del papa. Antes de este evento —celebrado también en la vigilia de Pentecostés—, el papa envió una carta a los responsables de los movimientos, reunidos en un congreso previo en Rocca di Papa, en la que les decía: «Los movimientos eclesiales y las nuevas comunidades son hoy signo luminoso de la belleza de Cristo y de la Iglesia, su Esposa. Vosotros pertenecéis a la estructura viva de la Iglesia. Ésta os agradece vuestro compromiso misionero, la acción formativa que desarrolláis de modo creciente entre las familias cristianas, la promoción de las vocaciones al sacerdocio y a la vida consagrada que se desarrollan en vuestro seno. Os da las gracias también por la disponibilidad que demostráis para acoger las indicaciones operativas no sólo del sucesor de Pedro, sino también de los obispos de las diversas Iglesias locales, que son, junto al papa, custodios de la verdad y de la caridad en la unidad. Confío en vuestra rápida obediencia.»

Por lo tanto, y como se ha visto, la Iglesia —que habla a través de sus pastores y sobre todo del vicario de Cristo— identifica la acción del Espíritu Santo con la aparición de los nuevos movimientos, lo mismo que antaño lo hizo —y aún lo sigue haciendo— con las órdenes y congregaciones religiosas. Todos ellos son un don para la Iglesia y para la humanidad, aunque hay que esperar para afirmarlo a que la Iglesia haya ejercido su misión de discernimiento y haya reconocido la existencia de un carisma —de un don— en cada movimiento en concreto. La existencia de estos dones tan diversos no significa por sí misma que todos los católicos deban integrarse en uno o en otro. Sin embargo, ante las dificultades crecientes que experimenta la vida cristiana en todos sus aspectos —tanto a escala individual como familiar o social— cabría preguntarse si sigue teniendo la misma validez hoy una opción que consista en vivir el cristianismo sin más apoyo que el que aporta la participación en la eucaristía dominical. O si, por el contrario, hacer eso y renunciar a beneficiarse de los dones que el Espíritu Santo ha derramado en tantos y tantos movimientos no será, de algún modo, el ejercicio de un cierto suicidio espiritual, en la medida en que se corre el riesgo de que el individualismo debilite las fuerzas que se necesitan para hacer frente a la secularización. Seguramente que muchos cristianos practicantes siguen pensando que ellos no necesitan participar en ninguna estructura eclesial para vivir su fe en plenitud; derecho tienen a pensar y a actuar así, pero si en el largo camino de la vida caen, si comprueban que carecen de argumentos para defender su fe de los ataques casi cotidianos o si se encuentran con el fracaso a la hora de transmitir el don de la fe en su familia, deberían preguntarse qué parte de culpa han tenido en ello por haberse negado a dejarse ayudar por las obras que el Espíritu Santo había suscitado. «Ir por libre», por decirlo con un concepto muy utilizado, puede resultar atractivo para algunos, para muchos, porque reafirma el sentimiento individualista que llevamos dentro; pero de lo que se trata es de si eso es lo mejor, en el contexto actual, para recibir formación, para estar espiritualmente vivos y para contribuir a la labor social y evangelizadora que la Iglesia tiene el deber de hacer en el mundo. Si en 1998 Juan Pablo II vino a decir que se podía participar en los movimientos, en 2006 el papa Benedicto quizá haya querido dar un paso más y haya querido añadir que no sólo se puede, sino que, tal y como están las cosas, se debe. En cualquier caso, démosle gracias al Espíritu Santo por la existencia de estos nuevos caminos de santificación, que están sirviendo para demostrar que la Iglesia no es, como pretenden sus enemigos, una anciana moribunda que sólo aguarda la muerte.

Quiero terminar este apartado con una referencia a uno de estos movimientos, aquel que promueve vivir y difundir una relación con el Señor basada en la gratitud, a imitación de María. Me refiero a los Franciscanos de María, Misioneros del Agradecimiento. A ellos en particular va dedicado este libro, que pretende ser un acopio de los materiales más básicos para que, en su corazón primero y ante los demás después, puedan dar razón de su fe en el amor de Dios y de su agradecimiento hacia Él. Aprobados ya por la Iglesia, se encuentran en 75 diócesis de más de veinte países (más información en www.frmaria.org), y su vida y su actuación quieren ser un himno de gratitud hacia Dios por su amor infinito, así como una misión para conseguir que todos le amen como él se merece. Partiendo de aquel grito lanzado por san Francisco y con el que el santo de Asís expresaba su inmenso dolor al ver que la mayoría de los católicos se acercaba al Señor para ver qué podía sacar de Él: «El Amor no es amado», y siendo conscientes de que nadie amó más a Cristo que su Madre, la Inmaculada Virgen María, se proponen vivir una relación con el Señor que deje en un segundo lugar los otros motivos, tales como el interés y el miedo, para amar a Dios con aquel amor que él tiene derecho a encontrar en el corazón de todos los que han sido salvados por su sangre redentora. A este fin han creado las «escuelas de agradecimiento», en cuyas reuniones, teniendo a Jesús y a María como maestros, aprenden a agradecer, a ser conscientes de lo que va bien en su vida para superar la tentación instintiva de fijarse sólo en lo que va mal. De esta forma no sólo se le da a Dios el trato debido, sino que se superan no pocas enfermedades del alma que conducen al hombre al agujero negro de la depresión y la desesperación. Démosle gracias a Dios, al Espíritu Santo, por este «nuevo movimiento» que, a pesar de ser un recién nacido, ya está presente en tantos sitios para invitar a todos a amar al Amor, como María.

Capítulo 6

LA VIRGEN MARÍA

Resulta casi superfluo y hasta cierto punto ofensivo tener que justificar por qué la Virgen María es un don para los católicos y para la entera humanidad. Es tan evidente que casi da pereza afrontar el tema. Sin embargo, lo que sería verdaderamente ofensivo es que en una obra como ésta, donde se busca dar respuestas a la gran pregunta que se hace el cristiano —¿por qué debo creer en el amor de Dios, incluso cuando las cosas me van mal?—, no se hablara de la Virgen como uno de los mayores regalos que Dios nos ha hecho, como uno de los principales motivos de agradecimiento que tenemos para con Él. Es imprescindible, pues, hacerlo. Pero ¿desde qué perspectiva? ¿Qué decir de María que sirva para comprender por qué ella es un don para nosotros? ¿Bastará con destacar su labor intercesora, o con fijarnos en su papel en la obra de la Redención, o con resaltar el espléndido modelo de vida cristiana que nos ofrece? Creo que hay que empezar por hablar de ella, de su propia naturaleza, pues ella misma es el mejor regalo. Y para eso, lo más práctico es acudir a las enseñanzas de la Iglesia tal y como han sido recogidas en los cuatro dogmas de fe que hacen referencia a la Virgen María. Después nos fijaremos en otros aspectos, también importantes, más relacionados con su actividad a favor nuestro.

María a la luz de los dogmas

La Iglesia ha iluminado la Vida de María —para que sepamos con total certeza algo sobre ella— con cuatro dogmas que, como tales, son de fe obligada para los católicos. Éstos no agotan, ni mucho menos, todo lo que se puede decir de la Virgen. Como el resto de los dogmas, surgen en un contexto de polémica y son proclamados como tales con el fin de acabar con las discusiones y dejar clara y evidente cuál es la fe de la Iglesia sobre el punto discutido. Hacen referencia, pues, a algunos aspectos de la vida y naturaleza de María que fueron puestos en duda por algunos y que fueron firmemente defendidos por otros. Son, pues, el mejor punto de partida para acercarnos a la realidad de la Virgen María. Lo haremos siguiendo el orden en el cual fueron promulgados por la Iglesia.

María, Madre de Dios

El debate sobre este dogma es temprano, apenas despejados los temores de la persecución romana. Sin embargo, la polémica no giró en su origen en torno a la Virgen, sino en torno a Cristo y le afectó a ella en tanto que Madre de Cristo. Un sector de la Iglesia, seducido por Arrio y apoyado por el emperador romano, negaban la divinidad de Jesús. Le veían como una especie de «súper hombre», pero en modo alguno como el Hijo de Dios hecho hombre. Como consecuencia, María sólo sería madre de ese hombre grande y santo, pero no «Madre de Dios», pues su Hijo no era Dios. Repugnaba este título de una manera especial a los arrianos, pues consideraban blasfemo afirmar que una criatura mortal pudiera ser «Madre de Dios». Reunido el Concilio en Éfeso (año 431), cuentan que, en medio de las discusiones, el pueblo entró en la iglesia donde se estaba debatiendo el dogma y trató con violencia a los que rechazaban la divinidad de Jesús. Pero cuentan también que el grito de guerra de ese pueblo airado era precisamente el de *Theotokós* («Madre de Dios»), como si lo que de verdad le importara y le moviera a actuar fuera el hecho de que a su querida Virgen María la estuvieran rebajando de categoría aquellos quisquillosos e incomprensibles teólogos. Cristo es Dios, dejó claro el Concilio de Éfeso, y su madre es, por lo tanto, Madre de Dios, aunque eso no significa que ella poseyera la naturaleza divina. María era una mujer, miembro insigne de la especie humana, pero recibió el don de dar carne al Hijo de Dios, de llevarlo en su vientre virginal, de ser su Madre. La única persona de Jesús —persona divina— asumió la naturaleza humana sin perder la divina, en el seno de María; de ese modo se convirtió en un verdadero hombre a la par que seguía siendo lo que ya era antes de la encarnación, verdadero Dios. Por eso María merece ser llamada con total propiedad *Theotokós*, «Madre de Dios». Pero ¿qué significa ese dogma, además de lo ya dicho? Significa que Dios tuvo necesidad para hacerse hombre, para llevar adelante la obra de la redención, de una mujer, de un ser humano. Es decir, significa que Dios nos necesita. Dios necesita a su Madre, nos necesita a nosotros, necesita encontrar en nosotros el corazón de su Madre, el calor de su Madre, el amor de su Madre. Significa también que el hombre, que todo lo recibe de Dios sin el cual no puede hacer nada bueno, puede y debe hacer algo por el propio Dios; no está limitado sólo a un papel pasivo, de receptor, sino que también tiene un papel activo, de colaborador en la obra de la salvación. Y de ahí es de donde debe nacer, además de lo ya dicho sobre la naturaleza divina de Cristo, nuestra acción de gracias: la maternidad divina de María nos muestra un camino por el cual podemos ser útiles a Dios, podemos hacer algo por Él. Gracias, Señor, por necesitarnos, por pedirnos ayuda, por engrandecernos al rebajarte tú para pedir la limosna —que es un deber para nosotros— de nuestro amor. Gracias, porque cada vez que le decimos a tu Madre «Madre de Dios» nos acordamos de que tú esperas de nosotros el amor que hallaste en ella y poder hacer algo por ti es el mejor regalo que nos has podido hacer.

María, siempre Virgen

También este dogma surge en medio de la polémica. Desde muy antiguo circuló una versión —parece que de origen judío— que buscaba denigrar a Jesús y lo hacía insultando a su

Madre. Otra versión, que circulaba con el mismo objetivo, interpretaba el título «hermanos de Jesús», utilizado en los Evangelios, en el sentido literal del mismo; si bien en Oriente la tradición entendía ese texto en el sentido de que José habría estado casado con anterioridad y habría llevado a su matrimonio con María los hijos de su primer desposorio, en Occidente no faltaron los que quisieron sacar de él la idea de que María, como mucho, fue virgen hasta el parto, pero que llevó una vida marital normal con José después del mismo y que tuvo hijos con él. Aunque son muy conocidos los textos bíblicos en los que se utiliza el término «hermano» para designar a parientes muy próximos —primos hermanos—, debido a que ni en arameo ni en hebreo existe la palabra «primo», los denigradores de María insistían, sin prueba alguna, en negar la virginidad de Nuestra Señora. La Iglesia zanjó la cuestión proclamando este dogma (II Concilio de Constantinopla, año 553; IV Concilio de Letrán, año 1215), aunque hoy todavía hay muchos que parece que no se han enterado. La causa por la que se le ataca tanto nos indica precisamente la importancia que tiene la castidad. Ésta es una virtud que es cada vez menos tolerada, no sólo porque muchos no la practiquen, sino porque les molesta que la vivan los demás, como si el hecho de hacerlo fuera una acusación para su libertinaje. Que alguien viva la castidad y que lo haga en grado sumo —como la Virgen, como tantos y tantos consagrados— es algo que les provoca, les irrita, les ofende. Para justificar sus propias manchas necesitan ensuciar a los que están limpios, quizá con el objeto de sentirse iguales a los demás, de sentirse justificados ante su propia conciencia. Por eso no pueden tolerar la idea de que alguien decida vivir la castidad plena durante toda su vida. No sólo les parece imposible, sino inhumano. De ahí los ataques contra la virginidad de María —y contra el celibato de los sacerdotes—. Quizá porque «piensa el ladrón que todos son de su condición». Precisamente por eso debemos dar gracias a Dios por esa virginidad mantenida gozosamente por María y porque la Iglesia haya defendido valientemente la existencia de la misma. La virginidad perpetua de María —antes del parto, en el parto (milagrosamente) y después del parto— significa que la castidad es valiosa y que la castidad —con la ayuda de Dios—

es posible. Si María lo ha hecho, también nosotros podemos conseguirlo. No se tratará, por supuesto, de que todos vivan el mismo tipo de castidad, pues existe una castidad matrimonial, otra para los solteros y otra para los consagrados. Pero, en cualquiera de los casos, es bueno hacerlo, es una virtud, y es posible hacerlo. Saber esto hoy es una suerte, es de agradecer. Luchar por conseguirlo es una suerte aún mayor. Y esto, en buena medida, se lo debemos a María.

La concepción inmaculada de María

La proclamación del dogma de la Inmaculada (8 de diciembre de 1854) puso fin a una larguísima lucha en el seno de la Iglesia y a un intenso debate teológico. Por un lado estaban aquellos que, amando a la Virgen, consideraban que ésta debió nacer con el pecado original, puesto que Cristo, su Hijo, era el redentor de todos. Por otro, estaban los que, amando aún más a María, sostenían que ni siquiera ese pecado podía atribuírsele a nuestra Madre, sobre todo porque de ella habría de tomar carne el Hijo de Dios. La solución la apuntaron ya los teólogos franciscanos, singularmente Duns Scoto, cuando recordaron —y aún faltaban muchos años para llegar a descubrir las vacunas— que a una persona se le podía curar de dos maneras: una quitándole la enfermedad y otra evitando que la contrajera. Por lo tanto, Cristo es el redentor de todos, también de su Madre, pero a ésta, de cara a su futura maternidad, se le concedió el privilegio de ser concebida sin pecado original. Pero si ésta es la génesis y el contenido del dogma, las consecuencias del mismo son muchas; me gustaría destacar una de ellas, para dar gracias a Dios por lo que implica: la posibilidad de vencer al pecado, con la gracia de Dios. No hay que olvidar que hubo otra mujer que tampoco conoció el pecado original: Eva. Y, sin embargo, pecó. Por lo tanto, el hecho de nacer sin esa mancha no implica, por sí mismo, que después, a lo largo de la vida, no se puede pecar. De hecho, las tentaciones que conocieron Adán y Eva, aunque fueran de otro tipo, también las padeció Jesús, como nos cuentan los Evangelios, y podemos suponer que lo mismo le sucedió a María. Sin embargo, la Inmaculada no pecó, se mantuvo limpia, rechazando al enemigo cuando éste pretendió separarla de la entrega de sí misma que había hecho a Dios. La nueva Eva pisó la cabeza de la serpiente todas las veces que ésta intentó seducirla y lo intentó de múltiples maneras. Esto lo entendió el pueblo de Dios cuando, durante tantos siglos, al defender la concepción inmaculada de María añadía otro concepto: que ella no sólo no tuvo el pecado original sino que no conoció nunca el pecado y por eso la llamaba «Purísima». En España, de hecho, con frecuencia se usan de manera indistinta estos dos nombres para referirse a la Virgen: la Inmaculada y la Purísima. Pero si bien el primero de ellos se refiere sólo a su concepción, el segundo abarca el conjunto de su vida incluido el primero. Como consecuencia, y siguiendo el sentir popular, que fue el que logró la aprobación de este dogma, podemos afirmar que la pureza de nuestra Madre significa que es posible vencer al pecado, que no estamos condenados a pecar de manera irremediable, que si una mujer —una de nuestra estirpe— lo logró, también —con la gracia de Dios— podemos lograrlo nosotros. Con la nueva Eva, con María, con la Inmaculada, comenzó la nueva creación. De ella nació Cristo, el Hijo de Dios e hijo de María, también él inmaculado y puro —ni conoció el pecado original ni el personal—. Los seguidores del Verbo encarnado, los cristianos, estamos llamados a imitarle, a rechazar el pecado, y el ejemplo de María —que, a diferencia de su Hijo, verdadero Dios, era sólo una mujer— nos alienta a luchar por conseguirlo, porque sabemos que es posible. Démosle gracias a Dios por ello, por la esperanza que nos da al contemplar a María Inmaculada y Purísima, vencedora con la gracia de Dios de todo pecado. Démosle gracias porque sabemos que también nosotros podemos hacerlo y eso nos mantiene en la lucha.

La Asunción de María

El último de los dogmas marianos aprobados fue el de la Asunción de nuestra Madre en cuerpo y alma a los cielos. Es un dogma relacionado con dos de los anteriores: el de su maternidad divina y el de su carácter inmaculado. Cualquier madre establece, al serlo, una relación única con su hijo, una relación no sólo afectiva sino ante todo corporal; un cuerpo se ha formado a partir del suyo, aunque haya sido necesaria la aportación del varón y aunque ese nuevo cuerpo, dotado de un nuevo espíritu, no sea el cuerpo de la madre ni un apéndice o continuación del mismo. La relación corporal madre-hijo, enriquecida con la relación afectiva, es la más fuerte de la naturaleza, la verdadera columna vertebral del mundo —de ahí la enorme gravedad del aborto— y lo es precisamente por ese tipo específico de vinculación establecido por el hecho de que una carne nace de la otra. Por eso María no podía morir, su carne no podía conocer la corrupción del sepulcro, pues ella debía seguir ejerciendo su misión maternal, hacia Jesús y no sólo hacia nosotros los hombres. Si Jesús, como hemos visto en el primer dogma mariano, tiene necesidad de su Madre, del amor de su Madre, ésta tenía que seguir siendo cuerpo y alma a la vez, para poder mantener en plenitud el vínculo materno que la unía con su Hijo. Además, y aquí entra el tercer dogma, el de la concepción inmaculada, la que no conoció la corrupción del pecado no podía ni debía conocer la corrupción del sepulcro. Y por si esos argumentos fueran pocos: si cualquier hijo pudiera evitar la muerte de su madre, ¿cómo se puede pensar que Jesús, que sí podía hacerlo por ser Dios, se comportaría de otra manera? ¿Cómo creer que él no hizo por su Madre lo que haría el más pecador de los hombres por la suya? Él pudo. Ella se lo merecía. Él, por lo tanto, lo hizo. Pero ¿qué consecuencias se desprenden para nosotros del hecho de que, como enseña este dogma, la Virgen esté en cuerpo y alma en el Cielo? ¿Por qué tenemos que darle gracias a Dios por ello? Porque, gracias a eso, como he dicho, María puede seguir ejerciendo su maternidad de una manera plena. En primer lugar, también como se ha dicho, para con su Hijo. Pero a la vez para con todos y cada uno de nosotros. Tenemos una Madre en el Cielo que no cesa de trabajar por nuestro bien, por nuestra santificación. Tenemos una abogada, una intercesora. Ella está viva y eso es para nosotros uno de los más grandes regalos que nos haya hecho Dios. Démosle gracias, todos los días y a todas horas, por ello.

María en la tradición viva de la Iglesia

Una de las oraciones más hermosas que conozco y de las que rezo con más deleite, es la letanía dedicada a la Virgen con que se concluye el Rosario. Es una oración hecha por el pueblo, rezada por el pueblo y que, como pocas, muestra el inmenso amor del pueblo por su Madre, la Virgen. Se puede decir que en ella se expresa la tradición viva de la Iglesia en lo que respecta a Nuestra Señora. No todo está ahí, por supuesto, pero está lo principal, incluidos los dogmas antes señalados. Bastará con fijarnos en algunas de las oraciones que contiene para saber por qué, además de lo ya dicho, debemos dar gracias a Dios por María.

Madre amable

El concepto «amable» significa, etimológicamente, «digno o merecedor de ser amado». No cabe duda de que María lo es. Y lo es, entre otras cosas, porque también se le puede aplicar la otra acepción de ese concepto: «persona simpática, afable, acogedora, educada, de buenas maneras y fácil trato». María es amable porque en su relación con nosotros nos ofrece siempre un rostro acogedor, lleno de ternura. No tenemos la impresión, cuando acudimos a ella, de encontrarnos con una mirada llena de ira, por más que con frecuencia sea eso lo que merecemos. Ella es la amabilidad, la mano extendida que se acerca a nosotros cuando aún estamos derribados por el peso de nuestros pecados para levantarnos hacia la gracia. María es, sin duda, «la sonrisa de Dios», «la caricia de Dios», no en el sentido ontológico, pues ella no es Dios, sino en el sentido de representación, de enviada por Dios para, siendo nuestra madre como lo es suya, hacernos presente la ternura divina, la dimensión maternal de Dios. Démosle gracias al Señor por eso y démosle gracias también porque, al rezar esta letanía, nos hacemos conscientes —o deberíamos hacerlo así— de que también nosotros, como María, como Dios, tenemos que ser amables: dignos de ser amados y portadores ante los demás de la sonrisa y la ternura divina.

Madre admirable

Es otra de las letanías que rezamos y, no cabe duda, de que el pueblo ha expresado con ella la profunda admiración que la Virgen despertaba en él. Una admiración basada en todo su ser y en todo su hacer. ¿Cómo no admirar a la jovencita que dice «sí» al ángel, corriendo tantos riesgos, muy en especial el de ser repudiada por un esposo con el que todavía no había convivido cuando éste se enteró de que estaba embarazada? ¿Cómo no admirar a la joven a punto de dar a luz que, tras un largo y fatigoso viaje, no encuentra un lugar digno para que nazca su hijo y, a pesar de eso, no se rebela contra Dios sino que acepta con humildad el misterio? ¿Cómo no admirar a la esposa enamorada de su marido que, no obstante, vive una castidad de consagración? ¿Cómo no admirar a la madre que sabe educar nada menos que al mismísimo Hijo de Dios? ¿Cómo no admirar y sentirse identificado con ella cuando la vemos, ya en su madurez, aceptando que el hijo vuele de casa para recorrer los caminos de la vida pública porque ya le había llegado la hora? ¿Cómo no contemplar con asombro a esa mujer que, en la soledad del hogar de Nazaret, confía en que Dios no abandonará al fruto de sus entrañas mientras a ella le llegan noticias contradictorias sobre sus andanzas, entre ellas las de los mil peligros que le acechan? ¿Cómo no admirarla, y caer de rodillas ante ella mudos de asombro, al verla de pie ante la cruz, sosteniendo a su divino Hijo con su fidelidad, su fe y su esperanza, mientras Él, Dios verdadero pero también verdadero hombre, apuraba la copa de la amargura y experimentaba el abandono del Padre? ¿Cómo no sorprenderse de su entereza cuando se le contempla sosteniendo entre sus brazos al Hijo muerto sin que una queja ni una protesta contra Dios, el Padre del Hijo común, salga de su boca? Su fe, su esperanza, su amor, su humildad, su entereza, su pureza; en fin: todo en ella es admirable. Y es, también, imitable. O debería serlo. Por eso debemos darle gracias a Dios por este ejemplo perfecto de modelo humano que nos ha regalado al crear a una criatura como María.

Madre del Buen Consejo

María es, efectivamente, la Madre del Buen Consejo, la que siempre nos orienta hacia Dios, hacia la paz, hacia la reconciliación, hacia el amor. Si hacemos de ella nuestra consejera y, sobre todo, si procuramos que nuestros pasos sigan los suyos, no nos extraviaremos en el camino de la vida. Además, y éste es siempre su principal consejo, oiremos continuamente de sus labios una invitación a seguir a su Hijo, a amar a su Hijo, a adorar sólo a su Hijo. ¿Cómo pueden rechazarla a ella los que dicen amar a Jesús si ella no ha buscado nada para sí misma y todo su deseo es que su divino Hijo sea conocido y amado? Hacer de María nuestra consejera es lo más inteligente que podemos hacer y es un gran regalo de Dios tener a nuestro alcance esta magnífica y experimentada «directora espiritual», que sabe tanto de la vida por lo mucho que ha amado y ha sufrido, y que no busca más que nuestro bien y el de su Hijo. Por desgracia, con frecuencia vemos a los amigos dar malos consejos —como cuando invitan a no cumplir las obligaciones profesionales o familiares— e incluso a algunos padres hacer lo mismo. En cambio, la Virgen supo estar al lado de su Hijo, sosteniéndolo en los momentos de dificultad —como en la cruz—, pero sin decirle nunca que tenía que dejar de cumplir su misión. El buen consejo de María fue el de invitar a Jesús a hacer la voluntad del Padre siempre, incluso cuando eso suponía subir al calvario. Le invitaba a ello y le acompañaba en ello. Hagamos así nosotros con los nuestros, con los que más queremos. No caigamos en la trampa de convertirnos en los mensajeros inconscientes del demonio, diciendo a los nuestros —por un amor mal entendido— que huyan de la cruz. Si así fuera, recibiríamos el reproche que Cristo dirigió a Pedro: «Apártate de mí, Satanás, que me haces tropezar.»

Madre de la Iglesia

María es la Madre de la Iglesia, de toda la Iglesia, tanto de la parte santa como de la parte pecadora. Es, además, miembro de la misma, miembro insigne, miembro fiel. Es una Madre que cumple un encargo especial, pues quien se lo ha dado ha sido, a la vez, su Hijo y su Dios. Además, el momento en que lo recibió —cuando estaba al pie de la cruz— no podía ser más solemne, hasta el punto de poderse considerar casi su última voluntad y, desde luego, fueron las últimas palabras que le dirigió a ella antes de morir. María, pues, no duda en cumplir esta petición de Cristo y lo hace con gusto, aunque también con dificultad, pues cuidar de la Iglesia, de los que la componen, no es tarea fácil. La maternidad eclesial de María tiene la triple dimensión de la gestación, la alimentación y la educación. María engendra a la Iglesia al engendrar a su Hijo, cabeza y fundador de la misma; colabora con él en los dolores del «parto», de la creación de esta nueva criatura. Pero también María es la Madre que nutre y educa a la Iglesia con sus enseñanzas, con su ejemplo, con sus desvelos por todos y cada uno de sus miembros. Por último, la preocupación por la Iglesia, la intercesión permanente ante Dios, culmina la labor maternal de María, pues ésta no consiste sólo en poner a un hijo en el mundo sino en seguir preocupándose por él por toda la eternidad. Démosle gracias a Dios por esta especial maternidad con que ha querido proteger a la obra por Él fundada, la santa Iglesia. Una maternidad que experimentamos y que, si tuviéramos más fe, debería llenarnos el corazón de esperanza, de paz, incluso en los momentos más oscuros de la historia.

Virgen clemente

María se nos muestra, en su relación con nosotros, como la Virgen clemente. También la llamamos, con el mismo significado, con otros apelativos: Salud de los Enfermos, Refugio de los Pecadores, Consoladora de los Afligidos, Auxilio de los Cristianos. La piedad popular ha querido reflejar en estos títulos la experiencia de protección que siempre ha tenido al relacionarse con María. Una protección singular, pues siempre la ha sentido como no merecida, lo cual es precisamente lo que la vuelve más valiosa. Amar al amable, amar al bueno, incluso cuidar y defender al inocente, entra dentro de la lógica humana. En cambio, el cristiano sabe que puede acudir a María sin que importen sus méritos, sus pecados, sus miserias. Ella no te atiende en función de tu grado de santidad, sino en función de su amor maternal y del encargo recibido de su Hijo. ¿Cómo agradecer tanto amor, a Dios y a la propia Virgen María? ¿Quizá siendo buenos, siendo los mejores hijos que se pueda uno imaginar? Ella se lo merece todo, precisamente por ese amor incondicional, por la seguridad que nos brinda de que, seamos lo que seamos, siempre habrá alguien que nos seguirá queriendo.

Virgen humilde

¿Qué es la humildad? Santa Teresa la definía como «andar en verdad» o, lo que es lo mismo, reconocer a Dios como el principal protagonista del bien que hacemos. En ese sentido, nadie es, realmente, más humilde que María. En el Magníficat, al que volveremos más adelante, ella no oculta la grandeza de lo que está sucediendo gracias a su intervención en la historia, pero le atribuye a Dios todo el mérito. Su «proclama mi alma la grandeza del Señor», seguido del «porque el Poderoso ha hecho obras grandes por mí» es la mejor manifestación posible de humildad, al estilo que, siglos después, definirá santa Teresa. María hace obras grandes —ser la Madre de Dios y la corredentora, entre otras cosas—, pero ella no oculta a nadie ni se oculta a sí misma quién es el verdadero artífice de las mismas: Dios, el Poderoso. Eso no significa que se conciba a sí misma como una marioneta sin responsabilidad y sin libertad. «Es el Señor quien lo ha hecho», dice un salmo, y María hace suya esa expresión, porque cree en ella, aunque también sabe que su parte ha sido imprescindible a la hora de llevar a cabo las obras grandes de que habla. Ahora bien, la humildad de María va más allá y adquiere otros matices; por ejemplo, el del riesgo.

Ser humilde no significa sólo atribuirle a Dios el principal mérito en el bien que se ha hecho, sino también correr el riesgo de que lo que se emprende no salga del todo bien y los demás se burlen del emprendedor. Claro que María siempre hizo la voluntad de Dios y sus aventuras fueron en pos de los mandatos divinos, pero no dejaba de correr un gran riesgo con ello. Así, para nosotros, la humildad de la Virgen se convierte, por un lado, en recordar que sin Dios no podemos hacer nada bueno y que casi todo es gracia, pero también en saber complicarnos la vida haciendo aquello que nos parece que Dios nos pide, aunque con la debida sensatez y prudencia. De ambas cosas es modelo María y estoy seguro de que la santa abulense pensó en ello tanto cuando hablaba de «andar en verdad» como cuando recorría los caminos de España para fundar monasterios y corría el riesgo de fracasar en su intento de fundar una nueva orden religiosa. Personalmente, no dejo de dar gracias por este ejemplo. Por último, otra faceta de la humildad de María, imprescindible e impresionante, consistió en aceptar sencillamente que ella no era Dios o, lo que es lo mismo, en aceptar que siendo ella una criatura humana no podía entender del todo los designios divinos e incluso que no tenía derecho a pedirle cuentas a su Creador. Conviene recordarlo especialmente en aquellos momentos en que las cosas no están yendo como quisiéramos; es entonces cuando nos vienen las dudas acerca del amor de Dios y de su divina Providencia; es entonces cuando no podemos evitar dirigirle a Dios la pregunta que el mismo Cristo lanzó al Padre desde la cruz —«¿Dios mío, por qué me has abandonado?»—, lo cual significa, por otro lado, que no está mal preguntar; el mal surge al contestarnos nosotros mismos a la pregunta con la respuesta de que Dios no existe o no es amor. María es la sierva de Dios que asume su papel y que, como el soldado en la batalla, obedece sin pedir al general explicaciones del porqué de esta o de aquella orden. ¿O es que no fue ése el título que ella misma se dio: la «esclava del Señor»? Imitemos, pues, a María en esa forma maravillosa y perfecta de vivir la humildad: atribuyéndole a Dios la parte principal del bien que hacemos, aceptando el riesgo del fracaso y del ridículo por hacer su voluntad y reafirmando nuestra fe en su amor mientras la noche se vuelve oscura a nuestro alrededor.

Virgen fiel

Es curioso que la piedad popular haya unido estos dos conceptos, el de virginidad y el de fidelidad. María es fiel manteniendo su virginidad. Es virgen porque la mantiene. Pero no sólo es fiel por eso. Su fidelidad tiene todos los matices del que persevera en medio de las mayores dificultades. Es una fidelidad puesta a prueba en la concepción virginal, en el difícil momento de tener que comunicar su embarazo a sus padres y a su futuro marido —José—, en la llegada a una Belén atestada de gente para encontrar un mísero refugio en el que dar a luz; es fiel durante los años de separación de Jesús que marcaron su vida pública y es fiel, también y sobre todo, a la hora de la muerte de su querido Hijo. La fidelidad de María es la del místico que, en plena noche oscura, no duda que Dios sigue existiendo y sigue derramando sobre él su amor, por más que en ese momento él no lo vea ni lo sienta. María fue fiel al Padre, creyendo en Él siempre. Fue fiel a su Hijo, creyendo también en él, en su promesa de que había de resucitar al tercer día, y cuidando de él, dándole siempre el apoyo que necesitó. Fue fiel al Espíritu al mantener la virginidad que un día había prometido y al mantenerse sin pecado y, por lo tanto, en la plenitud de la santidad. Su fidelidad es un monumento puesto ante nuestros ojos para que, en cualquier circunstancia, lo veamos y sepamos cómo comportarnos. Gracias, Señor, por este modelo humano perfecto, el más perfecto después de tu Hijo.

Espejo de justicia

No podemos meditar sobre María sin tener en cuenta el Magníficat. Y, dentro de él, frases como «derriba del trono a los poderosos y enaltece a los humildes, a los hambrientos colma de bienes y a los ricos despide vacíos». María es el verdadero modelo de justicia, el espejo en el que mirarnos para intentar parecernos a ella y repetir cada uno de sus rasgos. Su justicia fue, en primer lugar, para con el propio Dios, ya que sin hacerle justicia a Dios —al que debemos tanto— es imposible la justicia humana. La justicia para con Dios la llevó a asumir el concepto de deber; el deber de honrar, obedecer y amar a quien era su Creador, su Señor, su Salvador. El «fíat» de María, el «he aquí la esclava del Señor, hágase en mí según tu palabra», no eran, en el fondo, más que expresiones que manifestaban la profunda actitud de respeto y obediencia de una mujer que tenía bien claro quién era Dios y qué deberes tenía ella para con Él. Fruto de esa justicia vino la justicia para con los hombres, que la llevó, mientras vivió en la tierra, a ser la voz de los necesitados —recordemos las bodas de Caná— y que la ha hecho desde entonces la mejor defensora de todos los que sufren. Pero la justicia de la que María es modelo, es espejo, es una justicia perfecta, es decir, es una justicia pacífica. Ella no es la terrorista que asalta a un grupo de romanos a su paso por Galilea, ni la que llena de improperios a los colaboracionistas publicanos. Ella sabe que sólo con el amor se puede conseguir construir un mundo nuevo, un mundo justo, y que la vía del odio, de la violencia, lo más que puede aspirar es a sustituir una tiranía por otra. También por este modelo, por este espejo, debemos darle gracias a Dios, quizá más que por muchas otras cosas.

Trono de sabiduría

¿Por qué el pueblo de Dios aplicó a María este título? ¿Acaso fue ella una de esas mujeres —pocas— de la Antigüedad versadas en ciencias profanas o en ritos mágicos y misteriosos? Que sepamos, sus conocimientos no pasaban de los más elementales, los mismos que tenían las mujeres judías de su época. Se puede decir de ella que poseía la sabiduría que dan los años, como sin duda ocurrió. Pero incluso en este caso, ¿es ésa la sabiduría que se recuerda al pronunciar esta letanía? Creo que no. Hay otro tipo de saber y otro tipo de sabiduría, que no se aprende en las universidades y que ni siquiera se recibe en la gran escuela de la vida. Me refiero a la verdadera sabiduría, la que tienen los santos, la que poseen aquellos que aman. Porque sólo el amor nos permite conocer lo profundo de las cosas y de las personas. Sólo el que ama es capaz de acercarse al prójimo y a las situaciones más dispares de la vida con la mirada limpia, sin pretender nada. Es esa pureza la que le permite captar la realidad tal y como es, sin la distorsión que produce el egoísmo. Sólo el que ama sabe y sólo el que sabe ama. Por eso Dios tiene la plenitud de la sabiduría, porque Dios es amor. Por eso Cristo dijo que Él era la verdad, porque era la plenitud del amor. Por eso a María sus hijos la han considerado siempre un «trono de sabiduría», una fuente no de conocimientos que pasan, sino de esos otros que no caducan nunca. Aprendamos de ella a dar valor a las cosas que de verdad importan: Dios, la familia, la amistad, la paz interior, la belleza, la naturaleza, una vida sana y equilibrada. Saber que ahí está la felicidad es saber lo más importante. Y, sabiéndolo, lo que tenemos que hacer es poner todo el empeño en conseguirlo, en imitar a María.

Causa de nuestra alegría

No cabe duda de que con esta letanía los fieles se dirigen a María pensando en que gracias a ella fue posible la encarnación del Hijo de Dios y, por lo tanto, la redención. Nuestra alegría más profunda proviene de saber que hay vida después de la muerte y que en esa otra vida podemos disfrutar de la compañía de Dios y de la de aquellos que nos han precedido. Procede también de estar seguros de que Dios, el juez de todos, es a la vez la misericordia infinita, que nos ha amado tanto que ha derramado su sangre para salvarnos. Pero si la causa última de nuestra alegría es la redención que Cristo nos ofrece, eso ha sido posible porque una mujer, la Virgen María, le dijo su «sí» confiado al Todopoderoso cuando éste, por intermedio del ángel, solicitó de ella convertirse en la Madre del Salvador. Con un título parecido a éste se le llama también «Puerta del Cielo», pues en verdad ella fue la puerta por la que entró el Cielo en la Tierra y ella es la que nos abre, con su intercesión, la puerta del Cielo. Nuestra alegría es, de este modo, completa y la intermediara es siempre María. Lo fue en el inicio —permitiendo el nacimiento de Cristo— y lo será en el final, cuando abogue por nosotros ante el trono de Dios. Por otro lado, estas dos letanías nos invitan a imitar a nuestra Madre siendo nosotros para los demás lo que ella es para nosotros: causa de alegría —porque evangelizamos, porque contribuimos a que Dios llegue al otro— y puerta del cielo —porque con nuestras oraciones intercedemos por ellos y porque con nuestras obras les ayudamos a estar en el camino de la santidad—. Que así sea.

Modelo de unidad

Es una letanía poco utilizada, pero que convendría no olvidarla, sobre todo en una época como la nuestra. María es modelo de unidad en tanto que ella la vive con respecto a Dios, a su divino Hijo. Ella está unida al Uno, a la Trinidad. Su unión personal con Dios es la raíz de su fuerza, de su capacidad asombrosa para no derrumbarse en los terribles avatares que le tocó pasar. Pero ella es también creadora de unidad en tanto que, como Madre, procura que ése sea el sentimiento que reine entre sus hijos. Cualquier madre, cualquier buena madre, está siempre sembrando semillas de unidad y no de cizaña; no se dedica a criticar a nadie a sus espaldas, a malmeter a unos contra otros. Por el contrario, lleva a cabo siempre aquello tan hermoso que san Pablo dejó escrito en la carta a los Corintios: «La caridad todo lo cree, todo lo espera, todo lo excusa, todo lo tolera, no lleva en cuenta el mal, es paciente, es benigna...» Lo hace no a base de decir que el mal es bien, sino a base de destacar el bien que existe, de ayudar a cada uno a que se dé cuenta de lo bueno que tiene el contrario, de hacer ver los atenuantes que existen siempre. María es la Madre que goza al ver que sus hijos se llevan bien entre ellos y que lucha por conseguir esa unidad en la familia, en la Iglesia. Es, seguramente, la que mejor entendió y practicó aquella petición hecha por Cristo al Padre poco antes de salir hacia el huerto de los Olivos: «Padre, que todos sean uno, como tú y yo, a fin de que todos crean.» María es la que construye la unidad en la Iglesia a base de llevarnos a todos hacia el Uno, hacia Dios, y hacia su vicario en la tierra, el papa, porque sólo en torno a ellos —Cristo y el papa— se puede conseguir esa unidad, que es ya una prenda en la Tierra de la vida que disfrutaremos en el Cielo.

Modelo de agradecimiento

He hablado de la pureza de María, ligada a la interpretación popular del dogma de la Inmaculada Concepción, como la ausencia en ella de todo pecado y no sólo el original. Su pureza incluía, por supuesto, la castidad, pero iba más allá de ella, pues se puede ser casto y soberbio, por ejemplo. La pureza de María no consistió sólo en no hacer el mal, sino que, además, pasó —como su Hijo— haciendo el bien. Pero esta pureza, del alma y del cuerpo, residió también en la forma en que ella se relacionó con Dios. En María no se percibe una espiritualidad basada en el temor —«tengo que hacer esto porque si no me van a castigar»—, ni tampoco en el interés —«voy a hacer esto para que Dios me recompense»—. Ella era sólo amor y por eso sólo cabía en ella la gratitud. No hay otro motivo más que ése en su «sí» a Dios, desde Nazaret al Gólgota. Por eso, con razón, se le ha llamado la «Mujer de la Eucaristía», pues no sólo adoró a su Hijo en el sacramento eucarístico, sino que vivió con Dios una relación, una espiritualidad, plenamente eucarística, de acción de gracias. Incluso en los peores momentos de su vida, cuando desde un punto de vista humano podía tener motivos para quejarse de Dios —en la enorme pobreza de Belén o en la tortura del calvario—, ella fue también «acción de gracias» y supo sacar fuerzas para esos malos momentos de la evocación, de tantos otros buenos que ella, mujer sabia y prudente, había atesorado «meditándolos en su corazón». Démosle gracias a Dios por el ejemplo eucarístico de María. Démosle gracias porque viéndola a ella podemos aprender cómo tenemos que vivir la pureza, cómo tenemos que ser sólo y siempre una acción de gracias, una eucaristía viva. Incluso en los peores momentos.

Madre de los pobres

Hemos visto ya a María como «espejo de justicia» y, al hacerlo, nos hemos parado a meditar sobre las palabras recogidas en el Magníficat, aquellas en las que habla de la justicia de

Dios que «a los hambrientos los colma de bienes y a los ricos despide vacíos». Pero ella no sólo enseña esto, sino que, ante todo, lo hace. Ella, en primer lugar, es pobre —hoy habría que traducir esa palabra por austero— y lo es porque nace en un ambiente sin lujos y porque elige vivir así, renunciando a todo aquello que fuera superfluo, innecesario. María, como ama de casa, como esposa de un profesional que tiene que trabajar para vivir y madre de otro —Jesús fue durante la mayor parte de su vida un obrero manual, como José—, conoce lo que es la austeridad y la vive con alegría. Si algo sobraba en el hogar de Nazaret era dado enseguida para socorrer a los que estaban peor, bien fueran de la propia familia o se tratara de extraños. La pobreza de María —la elección de una austeridad que rechazaba gastar más de lo necesario— es lo que la convirtió en Madre de los pobres. Claro que esta maternidad no lo era en primer lugar por las limosnas materiales que la Virgen daba, sino por el gran regalo que nos ha dado a todos, pobres espirituales, y que fue el don de su propio Hijo. Por eso ella es, sin duda, la Madre de los pobres, la que, amando a todos, tiene en su corazón de una manera preferente —no excluyente— a todos los que no conocen a Dios —los más pobres de los pobres—, a todos los que sufren, y en particular a los que carecen de lo más básico para vivir. Conviene insistir en la precisión del concepto de pobreza, debido a la manipulación que acerca de este término se ha producido en los últimos años. Ante todo y en primer lugar, pobres son los que no tienen lo mínimo para vivir con dignidad, que están sin trabajo, que carecen de una vivienda digna. Pero no sólo ellos merecen ese apelativo —y, por lo tanto, la protección especial de María—. ¿No son pobres, acaso, los niños que no van a poder nacer porque sus padres han decidido matarlos mediante el aborto? ¿No son pobres los ancianos abandonados que llenan las ciudades del mundo occidental? ¿No lo son todos aquellos que sufren las consecuencias de las rupturas familiares? ¿O aquellos otros que viven en países carentes de libertad, de seguridad, de justicia? Hay millones de pobres, porque la pobreza tiene muchos rostros. De todos ellos, María es la Madre a la que acudir en busca de ayuda. Y a la que imitar, pues no hay que olvidar que ella fue «uno de los nuestros»: pobre entre los pobres, rica en unión con Dios, de la cual sacó siempre la fuerza para que su pobreza no le hiriera el alma, para que fuera sólo externa y no interna. Démosle gracias a Dios por la protección de María y por su ejemplo.

Rosa mística

Me gusta mucho esta letanía, por lo que significa. La rosa mística es una planta del desierto que se deshace en gajos, cada uno de los cuales es capaz de generar una nueva planta. María es esta flor del desierto en tanto que, en cada uno de los que la amamos, ella vuelve a la Tierra no de una forma real sino espiritual, mística. Cada uno de nosotros, los «hijos de María», los miembros de su «ejército» pacífico, estamos llamados a ser como ella, a imitarla, a prestarle nuestro tiempo, nuestra vida, todo lo que tenemos y somos para que ella esté de nuevo espiritualmente presente en el mundo. Cristo —que está en la eucaristía, en los pobres, en la jerarquía de la Iglesia— necesita siempre a su Madre. Es un «niño perdido» que la busca. Es el ajusticiado del calvario que recorre con la mirada las filas de espectadores para encontrar en alguien como ella el apoyo que necesita. Nosotros somos los gajos, los pétalos de la rosa mística cuando, al imitar a María, socorremos a Jesús, consolamos a Jesús, amamos a Jesús. ¡Qué honor, qué responsabilidad, qué gran regalo haber sido convocados a esta vocación de ser «otras María», de permitir que ella actúe a través de nosotros para seguir ejerciendo en la Tierra su sagrada misión de Madre del Hijo de Dios! Gracias por ello, Señor.

Casa de oro

Esta letanía, junto a la de Templo del Espíritu Santo, nos habla de una vocación que los primeros cristianos tenían muy clara y que estamos olvidando: nuestro cuerpo es un sagrario en el que habita Dios, o en el que debería habitar siempre Dios, cosa que hace cuando estamos en gracia. A Dios no le importa demasiado la materia del sagrario —podemos ser viejos o jóvenes, guapos o feos, sanos o enfermos—, pero sí le importa el espíritu. Éste tiene que ser de oro, como merece el que va a morar en él. Seguramente que esta misión —que María, la Inmaculada, llevó a cabo de una manera perfecta— nos parece tarea imposible, pues nosotros somos, por desgracia, pecadores. Pero no lo resulta tanto si tenemos en cuenta un gran don que el mismo Dios nos ha concedido: el del perdón de nuestros pecados en el sacramento de la confesión. Por él, nuestro barro espiritual se convierte en el más fino oro y Dios vuelve a habitar gozoso en nuestra casa. El amor de Dios, en cada confesión, nos inmacula, nos limpia, nos vuelve dignos de recibirlo a Él. Así, ya que confesamos que María es la casa de oro en la que, gozoso, habita Dios y que es el templo en el que mora la Santísima Trinidad, imitémosla. Y si alguna vez nuestro oro se ha convertido en lodo, que el perdón recibido en el sacramento sea la piedra filosofal que buscaban los antiguos y que transforma en oro todo lo que toca.

Reina de los apóstoles

María, Reina. Es un título que le damos con gusto porque se lo merece. Reina coronada por la Santísima Trinidad. Reina en la Tierra y en el Cielo. Reina de todos aquellos que la amamos y que tanto le debemos. Reina, como dicen las letanías, de los apóstoles y evangelizadores, de los mártires y confesores, de las vírgenes y de todos los santos. Reina de la familia. Reina de la paz. Reina de todo lo creado. Reina de ese mundo perfecto —el Reino— que algún día veremos y en el que ella brillará como la mejor joya de la corona de Dios. Pero ¿es imitable ese título, atribuido con razón a nuestra Madre, o se trata de algo destinado sólo a ser contemplado? Es, efectivamente, imitable porque cada uno de los apelativos implica que ella es eso, que ella es apóstol, mártir —del alma—, virgen, confesora —de la fe— evangelizadora, santa, trabajadora infatigable por la paz y defensora de la familia. Por lo tanto, al proclamarla Reina de todo ello, y siendo como somos sus imitadores, estamos diciendo que debemos ser evangelizadores, mártires —si hiciera falta—, castos, testigos del amor de Dios, pacíficos y pacificadores, santos y defensores de la familia y de la naturaleza. Ella, como modelo perfecto de cada uno de esos títulos, nos puede ayudar con su ejemplo y su mediación a conseguirlo. *Deo gratias*.

Las apariciones de María

Las apariciones marianas suelen ser objeto de controversia, aunque, como hemos visto al estudiar los dogmas, por desgracia buena parte de lo que hace referencia a la Virgen siempre lo ha sido. Por más que muchos de los que integran la «inteligencia» de la Iglesia miren con recelo e incluso con burla estas apariciones, la realidad es que los lugares donde se han producido son focos de espiritualidad y de evangelización. Hay centenares de santuarios famosos en todo el mundo adonde acuden millones de personas con una fe que, quizá, pueda o deba ser purificada, pero que en todo caso es sincera. Se podrán reír de Lourdes, de Fátima, de Guadalupe, del Pilar o de Covadonga, pero el bien que la presencia de María en esos y en otros lugares ha hecho a millones y millones de personas durante años, e incluso durante siglos, es muchísimo mayor que el que puedan hacer con todos sus sesudos y discutibles libros y sermones los que los critican. En realidad, aunque no se den cuenta, no se están burlando de la Virgen sino del pueblo de Dios que acude con una fe sincera y genuina a venerar a su amada Madre; cuando les miran por encima del hombro con desprecio mal disimulado, cometen el pecado de Satanás, el de la soberbia. Quizá sea porque están bajo ese pecado por lo que les molesta tanto María y hacen todo lo posible por ir contra ella.

Las apariciones de María, por lo tanto, son un don de Dios. Él la envía para que ejerza de Madre nuestra dándonos consuelo, esperanza, paz y también, a veces, mensajes que son útiles para los cristianos e incluso para toda la humanidad. Ésa será la perspectiva desde la que nos acercaremos a algunos de esos santuarios —dejando al margen toda polémica sobre su historicidad—, para aprender la enseñanza que en ellos quiso dejar la Virgen y darle gracias a Dios por ello. Me referiré sólo a algunos de ellos, ligados a mensajes concretos de María y que han sido aprobados por la Iglesia. Otros, también muy importantes, como Medjugorje, por ejemplo, por estar aún en estudio por parte de la jerarquía eclesiástica, no los incluiré en este capítulo.

Aparición del Pilar

Zaragoza contiene en su seno el lugar donde la Madre de Dios se apareció al apóstol Santiago, el Zebedeo. Sería, pues, la primera aparición mariana, pues debió tener lugar antes del 25 de marzo del año 41 (curiosamente, el día de la encarnación del Señor), fecha en que Santiago fue decapitado por orden de Herodes Agripa. La Leyenda Áurea de Jacobus de Voragine nos cuenta que las enseñanzas del Apóstol no fueron aceptadas en la importante ciudad romana de Cesar Augusta (la antigua Zaragoza) y que sólo siete personas se convirtieron al cristianismo. Santiago, desanimado, se disponía a embarcar en el Ebro, hacia el mar, de regreso a su patria, cuando se le apareció Nuestra Señora sobre una columna y le pidió que no se rindiera y que siguiera predicando porque aquélla había de ser su tierra propia, de la que surgirían tantos santos. El apóstol la obedeció y, efectivamente, de la mano de María lo que hasta el momento había resultado un fracaso se convirtió en un gran éxito, propagándose el cristianismo en España rápida y profundamente. El nombre de la advocación mariana procede de la forma en que se aparece la Virgen: sobre una columna, sobre un pilar. Este hecho, junto al mensaje que María transmite a Santiago, dotan de significado a la aparición. La Madre de Dios se presenta aquí como el punto de apoyo del apóstol cansado y nos invita a descansar en ella, a apoyarnos en ella para volver a empezar, para continuar en la lucha, para no rendirnos. María es la columna de la Iglesia, su pilar, su apoyo. Así ha sido desde los orígenes y así lo testimonian todos los que han encontrado en ella, durante todos estos siglos, la fuerza para seguir el camino de Cristo, hasta dar la vida si hace falta, como le pasó a Santiago.

Aparición de Walsingham

Las apariciones de la Virgen en Inglaterra comenzaron en 1061. Por tres veces Nuestra Señora se hizo presente a lady Richeldis de Faverches, una viuda que vivía en una mansión en Walsingham. En estas visiones, María le mostraba a lady de Farverches la casa en Nazaret y le pedía que construyera una réplica de esa casa dedicada a la Anunciación y la Encarnación. La Virgen prometió que todos los necesitados que acudieran allí recibirían socorro. La iglesia de Walsingham fue, desde entonces, un famoso santuario mariano al que acudían peregrinos de toda Europa. El propio Enrique VIII lo visitó tres veces, pero cuando rompió con la Iglesia ordenó la destrucción de los santuarios católicos, incluido éste. La propia imagen de la Virgen fue quemada. Sin embargo, un pequeño oratorio situado cerca se salvó y allí se mantuvo viva la devoción a María, hasta que en 1920 pudo ser reconstruida la iglesia. La enseñanza de Walsingham es doble; por un lado, la que María transmitió a lady Richeldis: que junto a ella encontrarían consuelo todos los afligidos; por otro, que la fe verdadera no puede ser extirpada nunca y termina por resurgir de las cenizas provocadas por el pecado y el odio.

Aparición de Prouille

En 1208, el español santo Domingo de Guzmán se encontraba rezando en el pueblo francés de Prouille, adonde le había llevado su lucha contra los herejes albigenses. María se le apareció y le dio el Rosario, pidiéndole que difundiera esa forma de oración en todo el mundo, que sería muy útil para acercar las almas a su divino Hijo y para vencer a la herejía. Los dominicos, fundados por santo Domingo, fueron desde entonces los grandes difusores del rezo del Rosario, un tipo de oración que ha producido los abundantes frutos que prometiera la Virgen. Está claro que el rezo de esta oración no es la única manera de relacionarse con María, de orar a María, pero la verdad es que no se ha encontrado un método mejor y que los que no lo rezan terminan por no tener una relación frecuente y habitual con la Virgen, a no ser la de dirigirse a ella sólo para pedirle cosas. Tenemos que dar gracias a Dios, y a María, por esta aparición que nos dejó un tesoro tan grande. Recientemente, a partir de 1983, tuvieron lugar nuevas apariciones de María bajo la advocación de Nuestra Señora del Rosario. Ocurrieron en la ciudad argentina de San Nicolás y la vidente fue Gladis Quiroga. La Iglesia no se ha pronunciado sobre su veracidad, pero permite el culto en un gran santuario construido a propósito. En estas apariciones, entre otras cosas, Nuestra Señora insta a rezar el Rosario como un medio para hacer frente a los sufrimientos que está pasando la Iglesia y la familia. Todos los 25, pero en especial el 25 de septiembre, grandes multitudes se reúnen en la ciudad argentina para venerar a María.

Aparición de Aylesford

La Orden del Carmen había sido fundada por un grupo de cruzados que decidieron llevar vida eremítica y a la vez conventual en el monte Carmelo, en Palestina. Algunos años después, el 16 de julio de 1251, el que sería su sexto superior general, san Simón Stock se encontraba en Aylesford, cerca de Londres, rezando y pidiéndole ayuda a la Virgen ante las dificultades que atravesaba la Orden. Ella se le apareció, ofreciéndole el escapulario y prometiendo su protección a quien lo llevase durante su vida y en la hora de su muerte. Muy poco después, el 13 de enero de 1252, el papa Inocencio IV emite la bula *Ex parte dilectorum* donde defiende a los carmelitas en este tema. No sólo son numerosísimos e importantes los santos de la orden carmelitana, sino que la devoción a la Virgen del Carmen ha hecho un bien inmenso al pueblo de Dios. María se nos muestra como la abogada defensora ante el Padre, la que luchará por nosotros para lograr nuestra salvación, lo cual es un motivo más de agradecimiento. ¿Cabe siquiera pensar que Nuestra Señora dejará de ayudar a quien se ha dirigido a ella todos los días de su vida diciéndole «(...) ruega por nosotros, pecadores, ahora y en la hora de nuestra muerte» o a quien la ha llevado en su cuello toda la vida como una expresión de su amor por ella?

Aparición de Czestochowa

Si la aparición de María en Zaragoza está íntimamente ligada con la historia de un pueblo, España, la de Nuestra Señora de Czestochowa lo está con la de otro, Polonia. Según la tradición, la tabla que contiene esta imagen de María fue pintada por el propio san Lucas y, después de muchas vicisitudes, llegó a Rutenia, parte de la actual Polonia, cuando su príncipe, Leo, la recibió de Carlomagno al convertirse al cristianismo. Se convirtió en uno de los mayores tesoros del reino. En 1382 los tártaros invadieron y atacaron el país y el santuario donde se custodiaba la imagen. En este ataque, una de las flechas de los tártaros cayó sobre la pintura y se alojó en la garganta de la Virgen. El príncipe Ladislao se aterró pensando que él y la famosa pintura podrían caer en manos de los tártaros; huyó en medio de la noche deteniéndose en el vecino pueblo de Czestochowa, donde instaló la pintura en una pequeña iglesia. Allí se construyó después un monasterio para custodiarla, Jasna Gora, «la montaña de la luz». En 1430, los invasores cayeron sobre el monasterio e intentaron llevarse el retrato. Uno de los saqueadores dañó la pintura con su espada por dos veces pero antes de que pudiera hacerlo nuevamente cayó al suelo retorciéndose en agonía y murió. Ambos, los cortes de la pintura y la herida de flecha continúan visibles. En 1655, los suecos habían conquistado toda Polonia, a excepción de la zona alrededor del monasterio; allí resistieron los patriotas polacos y su valor provocó la retirada del ejército invasor que poco a poco fue expulsado del país; después de este sorprendente cambio de rumbo en los acontecimientos, la Señora de Czestochowa se convirtió en el símbolo de la unidad nacional polaca y fue coronada Reina de Polonia. Czestochow, pues, representa el valor de las raíces de un pueblo, su memoria histórica, aquello que ha dado sentido al pasado y que debe seguir dándolo al futuro. Ella aparece no sólo como la protectora de un pueblo, sino como la que guía a todas las naciones para que cada una cumpla con el designio que su Hijo ha previsto para el bien de toda la humanidad. Cada pueblo, lo mismo que cada persona, tiene una misión que cumplir y sólo cuando la lleva a cabo encuentra el sentido de su existencia y, si no lo hace, se descompone y desaparece. María es la que nos ayuda a conseguirlo y a ser fieles a esa misión.

Aparición de Guadalupe

Hacía poco que los españoles habían conquistado México. La evangelización avanzaba muy lentamente, en parte porque los aztecas eran reacios a adoptar la religión del pueblo que les había conquistado. Pocos eran los que habían comenzado a instruirse en la fe cristiana. Entre ellos estaba un nativo, Cuauhtlatóhuac, tejedor de petates que se había bautizado en 1526, a los cincuenta y dos años, y había recibido el nombre de Juan Diego. Apenas cinco años después de su bautismo, el 9 de diciembre de 1531, al cruzar el cerro del Tepeyac, paso obligado entre su casa y la iglesia de Santiago de Tlatelolco adonde solía acudir, oyó en la parte alta del cerrillo un canto que le pareció de pájaros. Alzando la vista vio una nube blanca, resplandeciente y en su contorno un arco iris que se formaba de los rayos de una gran luz que emergía del fondo de la nube. Cesó el canto de los pájaros. Se acercó y oyó una voz dulce y delicada que lo llamaba por su nombre. Subió la pequena cuesta y vio a una hermosísima joven que le decía que se acercase. Le habló en el idioma mexicano y tras presentarse como «la siempre Virgen María, Madre del verdadero Dios, autor de la vida, creador de todo, Señor del Cielo y de la Tierra», le encargó que fuese a ver al obispo y le pidiese que se edificase allí un templo en su honor, donde «como Madre piadosa tuya y de tus semejantes, mostraré mi clemencia amorosa y la compasión que tengo de los naturales, de aquellos que me buscan y aman y de todos los que soliciten mi protección o me invoquen en sus trabajos o aflicciones. Y donde enjugaré las lágrimas y oiré sus ruegos para darles consuelo y alivio». Ante la desconfianza del obispo, que pide una prueba, la Virgen le encarga que recoja en su *tilma* (túnica a modo de poncho que llevaban los indígenas) unas rosas que crecían en lo alto del cerro a pesar de no ser temporada. Pero antes, estando preocupado el indio por la salud de un familiar, María le tranquiliza y le dice: «No te aflijas por ninguna cosa, ni temas enfermedad alguna. ¿No estoy yo aquí que soy tu Madre? ¿No estás bajo mi sombra y resguardo? ¿No soy yo la fuente de tu alegría? ¿tienes necesidad de otra cosa?». Juan Diego cumplió el encargo de la Virgen y llevó al obispo la tilma con las rosas. Al descubrirlas ante él, quedó de manifiesto la pintura que había quedado impresa en el tejido. El obispo, maravillado, la llevó a su oratorio y rezó ante ella toda la noche. Al día siguiente ordenó edificar una ermita en el lugar de las apariciones, adonde se trasladó a vivir Juan Diego como sacristán hasta el final de su vida. La suerte del cristianismo cambió en México desde ese momento y las conversiones fueron numerosísimas, hasta el punto de que en poco tiempo casi todo el país era ya cristiano. Los indios de las diferentes tribus ya no veían la nueva religión como propia de los extranjeros, sino como algo de ellos, pues María, hablando en su idioma, se le había aparecido a uno de los suyos. Ésa es una de las lecciones de Guadalupe: la de que el cristianismo mantiene lo esencial en todos los sitios y se adapta, en el resto de las cosas, a las diferentes culturas. Pero la gran lección está en la solicitud maternal de la Virgen, en esa frase que le dirige al indio —hoy ya canonizado— y que es tan parecida a la que le había dirigido a Santiago Apóstol siglos antes en la España de donde procedían los conquistadores: «No tengas miedo, aquí estoy yo que soy tu Madre.» La Virgen de Guadalupe —una imagen embarazada, curiosamente— es la Virgen de la esperanza para todos los que sufren, es el consuelo de los afligidos y el auxilio de los cristianos. Por eso el pueblo la ama tanto. Es una de ellos, de su raza, de su estirpe. Es, como ellos, alguien que sabe lo que es sufrir y llorar y, precisamente por eso, es alguien que se dedica a consolar a los que sufren y lloran.

Aparición de París

En agosto de 1830, en la parisina Rue du Bac, una novicia de las Hijas de la Caridad, Catherine Laboure, de veinticuatro años, fue despertada durante la noche por un niño que le pedía que fuera a la capilla porque allí le aguardaba la Virgen.

Catherine obedeció y al poco de llegar al templo apareció María, que, tras anunciarle las dificultades que le esperaban, advirtió de las calamidades que se desatarían sobre Francia y otros países y que llevarían a la desaparición de la monarquía —esta parte de la profecía se cumplió en 1848, tras un gobierno extraordinariamente corrupto del rey Luis Felipe, quien había asumido al poder tan solo un mes antes de la aparición de la Virgen, en julio de 1830—. Cinco meses después tuvo lugar una segunda aparición, en la cual la Virgen le dio el encargo de acuñar una medalla que llevara la visión que la religiosa tenía, con la promesa de que todo el que llevara la medalla sería protegido por Nuestra Señora. De ahí el nombre de «medalla milagrosa» y también el que adopta la Virgen, quien, a pesar de que se presenta como la Inmaculada, es conocida como «la Milagrosa». Con esta aparición comienza una serie de apariciones marianas que tienen un mensaje de alguna manera profético, con el que la Virgen quiere advertir de una desgracia que está por suceder, para que, si se produce la conversión, no suceda la desgracia anunciada —la monarquía francesa podría haber sobrevivido si el gobierno del rey no hubiera sido tan corrupto— o para que, si sucede, el pueblo no se desaliente sintiéndose abandonado de Dios. Es un mensaje, pues, de esperanza en medio de las calamidades que azotaron el mundo y, en particular Europa, en los siglos XIX y XX. De hecho, dos años antes de que cayera la monarquía francesa y se instaurara definitivamente la república, la Virgen volvió a aparecerse en ese país (La Salette, 1846) y se lamentó de la escasa práctica religiosa de los católicos —concretamente de que se trabajara los domingos y de las burlas que sufría la religión—, y advirtió que el pecado acarrea la desgracia a quien lo practica.

Aparición de Lourdes

En 1858 Nuestra Señora vuelve a aparecerse en Francia. Esta vez es a una jovencita de catorce años, Bernadette Soubirous. Era el 11 de febrero de 1858. Dieciséis veces se repitió la aparición en los siguientes seis meses y sólo al final Bernadette le preguntó quién era, a instancias del párroco de la localidad que no creía en sus relatos. La Virgen se presentó como la Inmaculada Concepción, lo cual era muy difícil de saber por Bernadette, pues sólo hacía cuatro años que se había aprobado el dogma. Junto a esto, lo más significativo fue la aparición de un manantial por indicación de Nuestra Señora, del cual mana un agua que, desde el principio, ha sido instrumento para infinidad de curaciones, muchas de ellas reconocidas como milagros por la Iglesia. María, en Lourdes, se nos manifiesta como la Inmaculada Concepción y como salud de los enfermos. De los enfermos del cuerpo y del alma, pues no sólo salen curados los que van con heridas físicas sino también los que llevan la huella del pecado, en parte gracias al testimonio de caridad que dan los cientos de voluntarios que asisten allí a los enfermos. El ambiente sobrenatural envuelve todo el santuario, sin que logren contaminarlo los inevitables comercios que lo rodean. Ese ambiente religioso, fruto de la presencia de María, es un gran regalo para todos aquellos que acuden a ese lugar tan especial, tan de Dios, tan de la Virgen.

Aparición en Fátima

La Virgen se apareció en Fátima entre el 13 de mayo y el 13 de octubre de 1917. De los tres niños que recibieron el don de ver a María, dos de ellos han sido ya beatificados (Francisco y Jacinta) y la tercera (Lucía) está en proceso de beatificación, debido a lo reciente de su muerte (2005). La Virgen quiso dar, en Fátima, un claro mensaje a la Iglesia y al mundo: el futuro va a ser desastroso, pero es posible modificarlo mediante la oración, la penitencia y la conversión. Es, pues, un mensaje de esperanza y no de temor. Por eso, María insiste en que deben cumplirse determinadas condiciones para que los desastres que el propio hombre provoca se vean paliados. Una de esas condiciones, reiterada por María y recordada con tesón por sor Lucía, es la consagración del mundo al Inmaculado Corazón de María y la comunión reparadora de los primeros sábados. Los videntes recibieron tres «secretos»: el fin de la primera guerra mundial que estaba en curso en ese momento y el estallido de una aún peor, como de hecho ocurrió; la necesidad de la oración y la consagración del mundo para la conversión de Rusia —la Unión Soviética desapareció en 1990, precisamente tras la consagración del mundo hecha por Juan Pablo II siguiendo las indicaciones de la Virgen—; el atentado mortal contra un papa, que se cumplió precisamente el día de la Virgen de Fátima, en 1981, en la persona de Juan Pablo II y que fue evitado, como el propio pontífice reconoció, por intercesión de María. Las apariciones de Fátima son, de una manera muy especial, apariciones de esperanza. Ante el sufrimiento que padece la humanidad, provocado por los propios hombres, Nuestra Señora advierte a los fieles católicos que no deben desesperar ni dejar de confiar en la misericordia divina. Dios no abandona a su pueblo y éste debe mantenerse unido a él en medio de las pruebas, precisamente para que esas pruebas no les destruyan. Además, la oración y la unión con el Señor en la eucaristía, sirven para modificar el curso de la historia, pues los cristianos nunca hemos creído en el destino y sabemos que lo que nos ocurre está relacionado con nuestras propias obras.

Aparición en Amsterdam

Las apariciones de la Virgen en Amsterdam son muy especiales y están relacionadas, como las de Fátima, con la advertencia de grandes calamidades, pero también con la necesidad de la aprobación de un nuevo dogma mariano. Han sido aprobadas por la Iglesia como verdaderas y por eso las recojo aquí. Tuvieron lugar durante un lapso muy prolongado, entre 1945 y 1959, y la receptora fue Ida Peerdeman, que falleció en 1996, poco después de ver cómo la Iglesia daba el visto bueno a sus relatos. En esas apariciones, la Virgen se presenta como «Nuestra Señora de Todos los Pueblos» y enseña una oración pidiendo el don del Espíritu Santo para que las naciones sean preservadas «de la corrupción, de las calamidades y de la guerra». El dogma que pide que se apruebe —y que según anunció será aprobado un 31 de mayo— es el último y definitivo que a ella le afecta. Si los cuatro ya aprobados hacen referencia a su propia persona, éste se centra en su misión. María habla a la vidente de sí misma como «corredentora, mediadora y abogada». No son títulos nuevos y la teología católica no tiene dificultad alguna en aceptar esa tarea de María, como ha reconocido durante siglos la piedad popular y tantos teólogos y santos. María es corredentora porque, con su sufrimiento, colaboró en la redención llevada a cabo por su divino Hijo con el derramamiento de su sangre; pero esa labor corredentora no es exclusiva de ella, pues todos estamos llamados a serlo, uniendo nuestras cruces a la de Cristo en el sacrificio eucarístico. María es mediadora porque interviene ante el Señor para conseguirnos la fuerza de la gracia que nos ayude a vencer las tentaciones y el don de la misericordia para el perdón de nuestros pecados. Es abogada nuestra por el mismo motivo y porque así se lo encomendó particularmente Jesús, como, por otro lado, ya llevó a cabo en vida, tal y como se puso de manifiesto en las bodas de Caná. Las apariciones de Amsterdam son, pues, de un carácter extraordinario por su contenido teológico. Por desgracia, Holanda —en general— no sólo no las acogió sino que se convirtió en el centro de la crisis posconciliar, que después sería transmitida a otras naciones. Por eso allí se había aparecido la Virgen —y porque fue la ciudad del milagro eucarístico de 1345—, para fortalecer la fe en el sitio donde se iba a librar la primera batalla del secularismo.

Capítulo 7

LOS SANTOS

Si María ha sido la gran mediadora —en colaboración y supeditada siempre a Jesús— entre Dios y los hombres —en el sentido de presentar a Dios las súplicas humanas pero también en el de acercar los hombres a Dios—, junto a ella, haciendo esta misma tarea, han estado los santos. También como ella, aunque de otro modo, han sufrido los vaivenes de las modas y en este momento de la historia es frecuente oír a católicos, incluso practicantes, decir que ellos no se dirigen a los santos porque prefieren comunicarse directamente con Jesucristo. Quizá esto sucede como reacción a una piedad popular que ha sobrevalorado la religiosidad basada en la petición, el elemento sentimental de la misma y la búsqueda de milagros, hasta un punto que se ha aproximado, cuando no ha caído, en la superstición. Pero si esa actitud fue exagerada, también lo es la que hoy, de sentido contrario, prima en tantos ambientes católicos, muy en especial en los del estudio teológico. Los santos siguen ahí y su culto no sólo no ha sido prohibido por la Iglesia, sino que ha sido estimulado, como prueba la gran cantidad de beatificaciones y canonizaciones llevadas a cabo por Juan Pablo II.

La devoción a los santos, la relación que debemos tener con ellos, tiene dos aspectos: la intercesión y la imitación. El primero de ellos ha sido al que, tradicionalmente y en la piedad popular, más importancia se le ha dado y ésa ha sido la causa de los excesos antes mencionados. Un santo era grande si hacía milagros y cuantos más sensacionales fueran éstos, más devoción inspiraba y más fieles atraía a sus santuarios, con todas las consecuencias, incluso económicas, que eso implicaba. Al final, muchos se acercaban a los santos movidos por la necesidad de encontrar una solución a sus problemas, más que por el deseo de unirse a Dios. Algo parecido, por otro lado, le ocurrió al Señor con los milagros que hacía y ya hemos visto el dolor que ese egoísmo le causaba —el ejemplo más evidente fue el de la curación de los diez leprosos—. Pero, hay que insistir, estas exageraciones y abusos no pueden conducirnos al extremo contrario y hacernos olvidar que los santos son intercesores ante Dios. A través de ellos podemos obtener todo tipo de gracias, incluso de milagros, sin olvidar que los milagros los hace Dios y que los santos son meros intermediarios. Por otro lado, el milagro más importante que debemos pedirle al Señor a través de los santos es el de nuestra conversión, el de nuestra santificación. Si, junto a las peticiones de favores materiales, suplicamos al Señor que, por mediación de los santos, nos llene del amor a Él que esos mismos santos tuvieron, entonces nuestras súplicas serán más fácilmente escuchadas por el Todopoderoso.

La otra dimensión que hay que tener en cuenta en los santos es la de la imitación. Cada uno de ellos, aunque todos son distintos, es un monumento al amor a Dios y al amor al prójimo. Unos, los mártires, nos ofrecen el ejemplo de que nuestro amor debe llegar al extremo de dar la vida por Cristo si fuera necesario. Otros, englobados en el amplio capítulo de los «confesores», han testimoniado el amor a Cristo de muchas maneras: con las obras de caridad a favor de los pobres, como la beata Teresa de Calcuta o san Vicente de Paúl; con la predicación ardiente de la palabra de Dios, como santo Domingo o san Antonio María Claret; con el cuidado de niños, enfermos y ancianos, como santa Teresa de Jesús Jornet o san Juan de Dios; con el servicio misionero, como san Francisco Javier o el beato Junípero Serra; con el testimonio de una vida pobre y humilde, como san Francisco de Asís o san Isidro labrador; con el ejemplo de su fidelidad inquebrantable al papa, como san Ignacio de Loyola o santa Catalina de Siena; con el modelo de unión plena al Señor en una vida entregada a la oración, como santa Teresa de Jesús, santa Clara de Asís, santa Teresa de Lisieux o san Benito; con los sacrificios ligados a la fundación de una obra de Dios y la valoración del trabajo como instrumento de santificación, como san Josemaría Escrivá; con la entrega generosa y alegre a la educación de los niños, como san Juan Bosco, san Juan Bautista de la Salle o san José de Calasanz. En fin, de tantas y tantas maneras, hombres y mujeres de todas las épocas, culturas y condiciones sociales, casados o célibes, de vida activa o de vida contemplativa, han puesto de manifiesto que el amor a Cristo está vivo en su Iglesia y que movidos por ese amor se pueden hacer las obras más grandes tanto desde el punto de vista humano como desde el espiritual. El ejemplo de los santos debe estar siempre ante nuestra mirada, para iluminar nuestro camino, para no desesperar en las dificultades, para dejarnos guiar por las inspiraciones del Señor sin temer las consecuencias, para saber que el arrepentimiento abre la puerta de la más grande santidad como les ha pasado a tantos de ellos, hoy ya canonizados. Ser santo, con la gracia de Dios, es posible hoy, como ayer y como siempre. Basta con que dejemos actuar a la gracia, con que colaboremos con ella.

Démosle gracias, pues, a Dios, por la existencia de los santos, que nos han precedido en la historia y nos aguardan en el Cielo. Algunos de ellos son familiares nuestros y de ellos hemos recibido la fe y el mejor de los ejemplos —los veneramos el día de los santos anónimos, la solemnidad de Todos los Santos, aunque no hayan sido canonizados oficialmente—. Otros han pisado las mismas calles que nosotros pisamos, han hablado nuestro idioma y mirado nuestros paisajes, han dejado escritos que nos entusiasman por su belleza literaria y por su profundidad espiritual. Los hay que han sufrido heroicamente. Todos han amado. Ellos son un don del Señor como intercesores y como modelos. Son un don, en definitiva, porque nos dan la esperanza de que la santidad, incluso para nosotros, pecadores, es posible.

Quiero referirme, a continuación, a algunos de los santos que, desde mi subjetivo punto de vista, más debemos tener ante en cuenta para imitarlos en su camino hacia Dios como modelos de agradecimiento y que, quizá por eso, han sido muy importantes en mi propia vida. Aunque todos los santos sin excepción son modelos consumados de amor a Dios y de amor al prójimo, creo que se puede afirmar que hay algunos en los que, de una manera especial, se pone de manifiesto una relación afectiva, cordial, con Dios. Forman una especie de «cadena del corazón» que, como si fuera un hilo dorado atraviesa ininterrumpidamente la historia de la Iglesia desde sus inicios hasta nuestros días. Se ha solido atribuir este *filing* cordial a san Agustín, que vendría a ser como el creador de una escuela de espiritualidad e incluso de teología en la cual los sentimientos tienen un papel destacado. Yo creo que comenzó antes de que el santo africano escribiera sus famosas *Confesiones*. Hay que remontar esta «cadena del corazón» a los mismos orígenes del cristianismo, a María y a san Juan. De la primera ya he hablado, del segundo lo haré enseguida. No se trata de hacer una biografía de cada uno de los santos que he seleccionado, sino de presentar aquellos aspectos de su vida y de su mensaje que son más importantes para nuestro objetivo de aprender a agradecer al Señor por todo su amor. Soy consciente de que me dejo otros muchos en el tintero, posiblemente más importantes, y pido disculpas por ello. Es doloroso para mí no hablar de ellos, pero si me refiriera a todos los que me han ayudado en la vida, me han servido de inspiración en este camino del agradecimiento y hacia los que me siento agradecido, habría que hacer otro libro mayor aún que éste sólo para ellos.

San Juan Evangelista

Autor del cuarto evangelio, del Apocalipsis y de tres de las cartas del Nuevo Testamento, nació en Galilea y murió en torno al año 100, con 94 años. Es conocido como el «discípulo amado», por el cariño que Jesús sentía hacia él. Jesús le encomendó su principal tesoro: su Madre, y Juan cuidó de ella hasta que llegó el momento de la Asunción de María. Desde la perspectiva del agradecimiento, como fundamento de la relación con Dios, merece la pena destacar que este santo es el primero en expresar el gran dolor que siente el que ama de veras a Cristo al comprobar que el Señor no es amado por los que deberían amarle. «Vino a los suyos y los suyos no le recibieron» (Jn. 1, 11), dice Juan en el prólogo del cuarto evangelio. Quizá no haya una frase más triste que ésta en toda la Biblia, pues expresa el gran dolor que debió experimentar Cristo al comprobar que aquellos a los que había venido a enamorar no se dejaban conquistar por su amor. Pero Juan también es el primero que expresa en qué consiste lo esencial del mensaje evangélico: el amor. Un amor que se nos da gratis —«Dios nos amó primero»— y que debemos devolver por justicia y por agradecimiento. Veamos algunas de sus frases:

— En esto hemos conocido el amor: en que Él dio su vida por nosotros. También nosotros debemos dar nuestra vida por los hermanos (1 Jn. 3, 16).

— Queridos, amémonos unos a otros, ya que el amor es de Dios, y todo el que ama ha nacido de Dios y conoce a Dios. Quien no ama no ha conocido a Dios, porque Dios es amor (1 Jn. 4, 8).

— En esto se manifestó el amor que Dios nos tiene: en que Dios envió al mundo a su Hijo único, para que vivamos por medio de Él. En esto consiste el amor: no en que nosotros hayamos amado a Dios, sino en que Él nos amó y nos envió a su Hijo como víctima de propiciación por nuestros pecados (1 Jn. 4, 10).

— No hay temor en el amor, sino que el amor perfecto expulsa el temor, porque el temor mira el castigo; quien teme no ha llegado a la plenitud en el amor. Nosotros amemos a Dios, porque Él nos amó primero (1 Jn. 4, 19).

— Si alguno dice: «Amo a Dios», y aborrece a su hermano, es un mentiroso; pues quien no ama a su hermano, a quien ve; no puede amar a Dios, a quien no ve. Y hemos recibido de él este mandamiento: Quien ama a Dios, ame también a su hermano (1 Jn. 4, 20-21).

Sólo cuando experimentamos y creemos en ese amor de Dios por nosotros, estamos en condiciones de ofrecerle toda nuestra vida. De este modo, Juan nos muestra, desde los inicios del cristianismo, el camino del corazón, el camino que parte del corazón de Jesús y que llega de nuevo al corazón de Cristo pero pasando por nuestro corazón y llevándoselo con él.

San Pablo

San Pablo (Saulo de Tarso) es, sin duda, uno de los personajes decisivos en la historia de la Iglesia. Aunque se ignora la fecha exacta de su nacimiento, parece probable que fuera más joven que Cristo y la tradición afirma que fue martirizado en Roma al final del reinado de Nerón, en torno al año 65 y enterrado en el lugar donde hoy se alza la basílica a él dedicada. Su conversión tuvo lugar en el camino de Jerusalén a Damasco, ciudad a la que se dirigía lleno de furor contra los cristianos para encarcelarlos. Predicó por todo el Mediterráneo, fundando numerosas comunidades cristianas, primero entre los judíos y luego entre los «gentiles» o paganos. Esta predicación a los no judíos y el hecho de que se resistiera a imponerles las leyes judías —no comer cerdo, circuncisión, etc.— le hicieron chocar con algunos apóstoles, entre ellos Santiago el pariente del Señor. El problema se zanjó en el Concilio de Jerusalén, presidido por san Pedro, donde se le dio la razón, en lo esencial, a Pablo. Es autor de trece cartas, incluidas en el Nuevo Testamento, que expresan de una forma admirable los contenidos que, de otro modo, se encuentran en los cuatro evangelios. Sin él, no sólo no se habría producido tan pronto la apertura del cristianismo a todos los pueblos, sino que la teología cristiana hubiera tardado muchísimo en desarrollarse. De Pablo, desde la perspectiva del agradecimiento, podemos aprender muchísimas cosas, a cual más importante, pero baste con citar algunas de sus frases más conocidas. En ellas se descubre, ante todo, un corazón apasionadamente enamorado de Cristo, alguien para el cual, de verdad, la vida es Cristo y una ganancia morir por Él en el trabajo apostólico diario o en el martirio.

— No debáis nada a nadie; amaos unos a otros, pues el que ama al prójimo ha cumplido la ley... El que ama no hace mal al prójimo; así que la plenitud de la ley es el amor (Rom. 13, 8-10).
— Porque los judíos piden milagros y los griegos buscan la sabiduría; pero nosotros anunciamos a Cristo crucificado, escándalo para los judíos y locura para los paganos,

pero poder y sabiduría de Dios para los llamados, judíos o griegos. Pues la locura de Dios es más sabia que los hombres y la debilidad de Dios, más fuerte que los hombres (1 Cor. 1, 22-25).

— Yo recibí del Señor lo que a mí vez os transmití: que Jesús, el Señor, la noche que fue entregado, tomó pan, dio gracias, lo partió y dijo: «Esto es mi cuerpo, que se entrega por vosotros; haced esto en memoria mía.» Después de cenar, hizo lo mismo con el cáliz, diciendo: «Este cáliz es la nueva alianza sellada con mi sangre; cada vez que la bebáis hacedlo en memoria mía» (1 Cor. 11, 23-25).

— El amor es paciente, es servicial; el amor no tiene envidia, no es presumido ni orgulloso; no es grosero ni egoísta, no se irrita, no toma en cuenta el mal; el amor no se alegra de la injusticia; se alegra de la verdad. Todo lo excusa, todo lo cree, todo lo espera, todo lo tolera (1 Cor. 13, 4-7).

— Ahora bien, si se predica que Cristo ha resucitado de entre los muertos, ¿cómo algunos de vosotros dicen que no hay resurrección de los muertos? Porque si no hay resurrección de los muertos, tampoco Cristo ha resucitado. Y si Cristo no ha resucitado, vana es nuestra predicación y vana nuestra fe... Si lo que esperamos de Cristo es sólo para esta vida, somos los hombres más desgraciados (1 Cor. 15, 12-19).

— Bendito sea Dios y Padre de nuestro Señor Jesucristo, padre de la misericordia y de todo consuelo, que nos consuela en todos nuestros sufrimientos para que nosotros podamos consolar a todos los que sufren con el consuelo que nosotros mismos recibimos de Dios (2 Cor. 1, 3-4).

— Llevamos este tesoro en vasijas de barro, para que aparezca claro que esta pujanza extraordinaria viene de Dios y no de nosotros. Estamos acosados por todas partes, pero no derrotados; perplejos, pero no desesperados; perseguidos, pero no abandonados; desechados, pero no aniquilados; llevamos siempre y por doquier en el cuerpo los sufrimientos de la muerte de Jesús, para que la vida de Jesús se manifieste también en nosotros (2 Cor 4, 7-10).

El que siembra con misericordia, misericordia cosechará; y el que siembra con abundancia, cosechará abundantemente. Que cada uno dé lo que le dicte la conciencia; no de mala gana o por compromiso, pues Dios ama a quien da con alegría (1 Cor. 9, 6-7).

— Para que no sea orgulloso por la sublimidad de las revelaciones, me han clavado una espina en el cuerpo, un ángel de Satanás, que me abofetea para que no me haga un soberbio. Tres veces he pedido al Señor que me saque esa espina, y las tres me ha respondido: «Te basta mi gracia, pues mi poder triunfa en la flaqueza.» Con gusto, pues, presumiré de mis flaquezas para que se muestre en mí el poder de Cristo. Por esto me alegro de mis flaquezas, de los insultos, de las dificultades, de las persecuciones, de todo lo que sufro por Cristo; pues cuando me siento débil, es cuando soy más fuerte (2 Cor. 12, 7-10).

— Hermanos, vosotros habéis sido llamados a ser hombres libres; pero procurad que la libertad no sea un pretexto para dar rienda suelta a las pasiones, antes bien, servíos unos a otros por amor. Porque toda la ley se resume en ese precepto: Amarás a tu prójimo como a ti mismo (Gal. 5, 13-14).

— Él nos ha obtenido con su sangre la redención, el perdón de los pecados, según la riqueza de su gracia, que ha derramado sobre nosotros con una plenitud de sabiduría y de prudencia (Ef. 1, 7-8).

— Pero Dios, rico en misericordia, por el inmenso amor con que nos amó, nos dio vida juntamente con Cristo (pues habéis sido salvados por pura gracia) cuando estábamos muertos por el pecado... Habéis sido salvados gratuitamente por la fe; y esto no es cosa vuestra, es un don de Dios; no se debe a las obras, para que nadie se llene de vanidad (Ef. 2, 4-9).

— Pues para mí la vida es Cristo y una ganancia el morir. Mas si continuar viviendo es útil para el apostolado, no sé qué elegir. Me siento apremiado por ambas partes: por una, deseo la muerte para estar con Cristo, lo que es mejor para mí; por otra, deseo continuar viviendo, lo que juzgo más necesario para vosotros (Flp. 1, 21-22).

— Procurad tener los mismos sentimientos que tuvo Cristo Jesús, el cual, siendo de naturaleza divina, se anonadó a sí mismo tomando la naturaleza de siervo, haciéndose semejante a los hombres y pasando por uno de tantos; y en su condición de hombre, se humilló a sí mismo haciéndose obediente hasta la muerte y muerte de cruz. Por eso Dios le exaltó sobremanera y le otorgó un nombre que está sobre cualquier otro nombre, para que al nombre de Jesús toda rodilla se doble, en el Cielo, en la Tierra y en el abismo, y toda lengua confiese que Jesucristo es el Señor para gloria de Dios Padre (Flp. 2, 5-11).

— Hacedlo todo sin críticas ni discusiones, a fin de que seáis irreprochables y sin malicia, hijos de Dios irreprensibles en medio de esta generación perversa y descarriada, en medio de la cual brilláis como astros en el universo (Flp. 2, 14-15).

— Sé carecer de lo necesario y vivir en la abundancia; estoy enseñado a todas y cada una de estas cosas, a sentirme harto y a tener hambre, a nadar en la abundancia y a experimentar estrecheces. Todo lo puedo en aquel que me conforta (Flp. 4, 12-13).

— Ahora me alegro de sufrir por vosotros y por mi parte completo en mi carne lo que falta a los sufrimientos de Cristo a favor de su Cuerpo, que es la Iglesia» (Col. 1,24).

— Por consiguiente, si habéis resucitado con Cristo, buscad las cosas de arriba, donde Cristo está sentado a la diestra de Dios; pensad en las cosas de arriba, no en las de la Tierra. Vosotros habéis muerto y vuestra vida está escondida con Cristo en Dios. Cuando Cristo se manifieste, Él que es vuestra vida, entonces vosotros también aparecerés con Él en la gloria (Col. 3, 1-4).

— Por tanto, sed compasivos, bondadosos, humildes, pacientes y comprensivos. Soportaos unos a otros y perdonaos si alguno tiene queja contra otro. Del mismo modo que el Señor os perdonó, así también vosotros debéis perdonaros. Pero por encima de todo, tened amor, que es el lazo de la perfección. Que la paz de Cristo reine en vuestros corazones, en la que fuisteis llamados para formar un solo cuerpo. Y sed agradecidos (Col. 3, 12-15).

— Hermanos, no queremos que ignoréis la suerte de los difuntos, para que no os aflijáis como los que no tienen esperanza. Porque si creemos que Jesús ha muerto y ha resucitado, así también reunirá consigo a los que murieron unidos a Jesús (1 Tes. 4, 13-14).

— Cuando todavía estábamos entre vosotros, os dimos esta norma: el que no trabaje, que no coma. No obstante, nos hemos enterado de que algunos de vosotros viven sin trabajar, sin otra ocupación que curiosear. Pues bien, a estos tales exhortamos y amonestamos en nombre de Jesucristo, el Señor, a trabajar en paz y a ganarse el pan que comen. Hermanos, no os canséis de hacer el bien (2 Tes. 3, 10-13).

— Acuérdate de Jesucristo, resucitado de entre los muertos... Y por el que sufro estas cadenas como si fuera un criminal; pero la palabra de Dios no está encadenada... Si morimos con Él, también viviremos con Él; si le negamos, Él nos negará a nosotros; si nosotros no le somos fieles, Él seguirá siendo fiel, pues no puede negarse a sí mismo (2 Tim. 2, 8-13).

— Yo ya estoy a punto de ser ofrecido en sacrificio; el momento de mi partida está muy próximo. He combatido el buen combate, he concluido mi carrera, he conservado la fe; sólo me queda recibir la corona merecida, que en el último día me dará el Señor (2 Tim. 4, 6-8).

San Agustín

Agustín nació en Tagaste (354) y murió en Hipona (28-8-430), ambas, por entonces, ciudades romanas del norte de África. En la actual Argelia la primera y en Túnez la segunda. Una parte decisiva de su vida la pasó en Italia, adonde se trasladó a la búsqueda de una mejor posición social. Roma y Milán fueron las dos ciudades italianas más ligadas a su historia. En esta última, sobre todo, tuvo lugar su conversión, de la mano de las lágrimas y oraciones de su madre, santa Mónica, y de la sabiduría del arzobispo de la ciudad, san Ambrosio. Retornado a África poco después de la muerte de su madre, comenzó una experiencia de vida monástica que, de alguna manera, ya había iniciado en Italia, en la finca de Casicíaco. De este apacible retiro lo sacaron bruscamente para hacerlo obispo de Hipona, ciudad donde residió desde entonces. Cuidó con verdadero celo de su grey, defendiéndola de las muchas amenazas que la rodeaban, desde los ataques de las herejías —el pelagianismo y el donatismo— hasta las amenazas de las invasiones bárbaras —murió mientras su ciudad estaba rodeada por los vándalos, que la arrasaron poco después—. Su obra escrita es ingente —hay que destacar, sobre todo, las *Confesiones* y la *Ciudad de Dios*— y en toda ella se palpa el inmenso amor al Señor, de forma que se ha dicho que la suya es la primera espiritualidad del corazón que surge en la Iglesia y que de ella proceden las demás que llevan esa impronta. En realidad no es así, pues antes de él otros muchos mostraron a los hombres el camino del amor a Dios —he citado a san Juan y a san Pablo y no son los únicos—. Sí es cierto que pocos como él lograron plasmar ese amor ardiente, ese amor al Amor. Veamos, como ejemplo y como alimento para el alma, algunos de sus pensamientos:

— Dios nos hizo para él y nuestro corazón estará inquieto hasta que descanse en él.

— ¡Tarde te amé, Hermosura tan antigua y tan nueva, tarde te amé! Y tú estabas dentro de mí y yo afuera, y así por fuera te buscaba; y, deforme como era, me lanzaba sobre estas cosas hermosas que tú creaste. Tú estabas conmigo, mas yo no estaba contigo. Reteníanme lejos de ti aquellas cosas que, si no estuviesen en ti, no existirían. Me llamaste y clamaste, y quebrantaste mi sordera; brillaste y resplandeciste, y curaste mi ceguera; exhalaste tu perfume y lo aspiré, y ahora te anhelo; gusté de ti, y ahora siento hambre y sed de ti; me tocaste, y deseé con ansia la paz que procede de ti.

— Ama y haz lo que quieras; si te callas, calla por amor; si hablas, habla por amor; si corriges, corrige por amor; si perdonas, perdona por amor; ten la raíz del amor en el fondo de tu corazón: de esta raíz solamente puede salir lo que es bueno.

— ¡Es la Gracia la que salva, que es un don de Dios y no proviene de nosotros! Sobre esta causa han sido enviadas a la Sede Apostólica las decisiones de dos Concilios. De ahí vino también la sentencia definitiva. La causa está terminada. Quiera el Cielo que el error tenga fin.

— Odiar el error, amar siempre al equivocado.

— A menudo se dice de nosotros: «¿Por qué se dirige a esa autoridad? ¿Qué busca el obispo de ese pez gordo?» Y sin embargo, todos lo sabéis, son vuestras necesidades las que nos obligaban a ir donde no querríamos. Espiar el momento bueno, estar de pie a la puerta, esperar mientras somos precedidos por personas conocidas o por gente de poca categoría, hacerse anunciar, y al fin ser recibidos, y soportar las humillaciones, suplicar, alguna vez para obtener pero, más a menudo, para irse de malhumor.

— Nunca olvidéis que hay que amar a Dios y al prójimo: a Dios con todo el corazón, con toda el alma, con todo el ser; y al prójimo como a sí mismo. He aquí lo que hay que pensar y meditar, lo que hay que mantener vivo en el pensamiento y en la acción, lo que hay que llevar hasta el fin. El amor de Dios es el primero en la jerarquía del precepto, pero el amor del prójimo es el primero en el rango de la acción. Pues el que te impuso este amor en dos preceptos no había de proponerte primero el prójimo y luego a Dios, sino al revés, a Dios primero y al prójimo después. Pero tú, que todavía no ves a Dios, amando al prójimo haces méritos para verlo; con el amor al prójimo aclaras tu pupila para mirar a Dios, como sin lugar a dudas dice Juan: «Quien no ama a su hermano, a quien ve, no puede amar a Dios, a quien no ve.»

— ¿El valor de un saco de trigo? Tu plata. ¿El valor de una gema preciosa? Tu oro. ¿El valor de la caridad? ¡Tú mismo! Lo que es más precioso es también lo más caro. Si es más caro lo más precioso, ¿qué puede haber más caro que la caridad? ¿Te preocupas de cómo conseguir un terreno, una joya, un animal? Mete tu mano en el bolsillo. Pero si quieres comprar la caridad, búscate a ti mismo, encuéntrate a ti mismo.

— La medida para amar a Dios es amarlo sin medida.

— Cree, para que la fe ayude al intelecto a razonar; razona, porque el intelecto busca la fe.

— Da lo que mandas y manda lo que quieras (dirigido a Dios).

— En lo necesario, unidad. En la duda, libertad. Y en todo, comprensión.

— La Iglesia debe acordarse de que entre sus adversarios nacen sus futuros conciudadanos. Mientras camina a su lado, no debe considerar infructuoso el soportarlos como adversarios, en la espera de que se manifiesten amigos. Y viceversa: en su peregrinar terreno, la Ciudad de Dios tiene en su seno algunos unidos a ella que no serán asociados a su gloria. De nadie hay que desesperar, si es verdad que incluso entre los adversarios más declarados se esconden, sin saberlo ellos mismos, almas predestinadas a serle amigas.

Mayor merecimiento de María es haber sido discípula de Cristo que Madre de Cristo. Mayor ventura es haber sido discípula de Cristo que madre de Cristo. María es bienaventurada porque antes de parirle llevó en su seno al Maestro. María es bienaventurada porque oyó la palabra de Dios y la puso en práctica; porque más guardó la verdad en la mente que la carne en el vientre. Verdad es Cristo, Carne es Cristo; Verdad en la mente de María, Carne en el vientre de María, y vale más lo que se lleva en la mente que lo que se lleva en el vientre. Santa es María, bienaventurada es María, pero aún es mejor la Iglesia que la Virgen María. Porque María es una porción de la Iglesia, un miembro santo, un miembro supereminentísimo; mas, al fin, un miembro de todo el cuerpo, y es más el cuerpo que un miembro.

— Bienaventurado es, Señor, el que te ama a Ti, al amigo en Ti, y al enemigo por Ti.

— Ante todo debéis guardaros de las sospechas, porque éste es el veneno de la amistad.

— Cada uno es lo que es su amor.

— ¡Ordena tu amor! Mira a tu interior..., no sea que ames lo que no debes, o no ames lo que debes amar.

— Si no quieres sufrir, no ames, pero si no amas ¿para qué quieres vivir?

— Si quieres conocer a una persona, no le preguntes lo que piensa sino lo que ama.

— Vamos hacia Dios, no caminando, sino amando.
— Fe es creer en lo que no se ve y la recompensa es ver lo que uno cree.

San Francisco de Asís y santa Clara de Asís

San Francisco nació en la pequeña ciudad de Asís, en el centro de Italia, en 1182. Murió en esa misma ciudad cuarenta y cuatro años después, en 1226. En ese tiempo dejó escrita una de las páginas de santidad más hermosas y atractivas de la historia de la Iglesia. Sin querer, fundó una familia religiosa que rápidamente dio muestra de una extraordinaria vitalidad y también de un cierto instinto cainita. De hecho, fueron los conflictos internos de la orden por él fundada los que constituyeron la gran cruz de San Francisco, mucho más pesada y difícil de llevar que las variadas enfermedades que le atormentaron durante su vida y que aceleraron su muerte.

De él se sabe mucho y, a la vez, poco. Mucho porque ha sido una figura sumamente estudiada, pues no en vano muy pronto fue considerado el *alter Christus*, el «otro Cristo». Poco porque, a pesar de eso, muchos ignoran cuál fue el alma de este hombre genial, cuáles fueron los verdaderos motivos que le hicieron dejar su casa y recorrer el camino de la pobreza extrema y de la alegría plena. Hoy se le ve como el santo medieval de corte angelical, soñador, idealista, casi un «hippie» del siglo xiii. En realidad fue, efectivamente, un poeta, pero no de los que cantaban a las bellas jóvenes italianas en la corte de Florencia, sino de los que vivían enamorados de Dios y de la Virgen y a ellos dedicaban hasta la última de sus energías. Todo en él era de Dios y por eso uno de sus lemas —que se olvidan— era «Mi Dios y mi todo». También se olvida aquella oración que abrió su cuerpo al don doloroso de los estigmas: «Señor, concédeme amar como tú has amado y sufrir como tú has sufrido.» Y, por desgracia, se olvida que este juglar enamorado era pródigo en visiones celestiales, como aquella en la que vio las iglesias llenas de gente pidiendo ayuda a Dios, pero en las que no había nadie dando gracias, tras lo cual salió del templo llorando y exclamando: «El Amor no es amado.» Amar al

Amor y hacer amar al Amor. Quizá fue éste el deseo más profundo de san Francisco y toda su pobreza no era más que un desapego de todo para que en el corazón no hubiera nada que le impidiera entregarse del todo y con todo al Dios amado. San Francisco es, por ello, el primer ejemplo histórico y documentado de un santo que expresa su dolor al ver que los cristianos no han entendido el cristianismo, que han confundido a Dios con una fuente gratuita de milagros, que se acercan al Señor a ver qué pueden sacar de Él o por miedo a su ira. San Francisco, que ha tenido el don de entrar en el corazón de Jesús —como siglos después lo harían santa Margarita María de Alacocque o santa Faustina Kowalska— sale de él lleno de congoja ante el espectáculo del dolor que ve, provocado por el egoísmo de los hombres. De ahí que, entre todos los grandes gigantes de la espiritualidad cristiana, sea a él a quien han escogido los Franciscanos de María para proponerlo como modelo que nos recuerde siempre el deber de amar y de hacer amar al Amor. También por él, especialmente por él, *Deo gratias*.

Veamos ahora algunos de sus pensamientos y poesías:

— Amemos a Dios y adorémosle con corazón sencillo y espíritu puro, que eso busca Él por encima de todo.

Recuerda que cuando abandones esta Tierra, no podrás llevar contigo nada de lo que has recibido, solamente lo que has dado: un corazón enriquecido por el servicio honesto, el amor, el sacrificio y el valor.

— Dejémonos transformar en Jesús por la fuerza de su amor y su compasión.

— Cuando se te llene la boca proclamando la paz, procura tener aún más lleno el corazón.

— Consideremos todos los hermanos al buen pastor, que por salvar a sus ovejas sufrió la pasión de la cruz. Las ovejas del Señor le siguieron en la tribulación y la persecución, en la vergüenza y el hambre, en la enfermedad y la tentación, y en las demás cosas; y por esto recibieron del Señor la vida sempiterna. De donde es una gran vergüenza para nosotros, siervos de Dios, que los santos hicieron las obras y nosotros, recitándolas, queremos recibir gloria y honor.

— Al siervo de Dios nada debe desagradarle, excepto el pecado. Y de cualquier modo que una persona peque, si por esto el siervo de Dios se turba y se encoleriza, y no por caridad, atesora para sí una culpa. El siervo de Dios que no se encoleriza ni se conturba por cosa alguna, vive rectamente sin propio. Y bienaventurado aquel que no retiene nada para sí, devolviendo al César lo que es del César, y a Dios lo que es de Dios.

— El siervo de Dios no puede conocer cuánta paciencia y humildad tiene mientras todo le suceda a su satisfacción. Pero cuando venga el tiempo en que los que deberían causarle satisfacción, le hagan lo contrario, cuanta paciencia y humildad tenga entonces, tanta tiene y no más.

— Hay muchos que, perseverando en oraciones y oficios, hacen muchas abstinencias y mortificaciones corporales, pero, por una sola palabra que les parezca injuriosa para sus cuerpos o por alguna cosa que se les quite, escandalizados en seguida se perturban. Éstos no son pobres de espíritu, porque quien es de verdad pobre de espíritu, se odia a sí mismo y ama a aquellos que lo golpean en la mejilla.

— Bienaventurado aquel siervo que no se exalta más del bien que el Señor dice y obra por medio de él, que del que dice y obra por medio de otro. Peca el hombre que quiere recibir de su prójimo más de lo que él no quiere dar de sí al Señor Dios.

— Bienaventurado el siervo que no se tiene por mejor cuando es engrandecido y exaltado por los hombres, que cuando es tenido por vil, simple y despreciado, porque cuanto es el hombre delante de Dios, tanto es y no más. ¡Ay de aquel religioso que ha sido puesto en lo alto por los otros, y por su voluntad no quiere descender! Y bienaventurado aquel siervo que no es puesto en lo alto por su voluntad, y siempre desea estar bajo los pies de los otros.

— Bienaventurado el siervo que tiene fe en los clérigos que viven rectamente según la forma de la Iglesia Romana. Y ¡ay de aquellos que los desprecian!; pues, aunque sean pecadores, nadie, sin embargo, debe juzgarlos, porque sólo el Señor en persona se reserva el juzgarlos. Pues cuanto mayor es el ministerio que ellos tienen del santísimo cuerpo y sangre de nuestro Señor Jesucristo, que ellos reciben y ellos solos administran a los demás, tanto más pecado tienen los que pecan contra ellos, que los que pecan contra todos los demás hombres de este mundo.

— Ten paciencia con todas las cosas, pero sobre todo contigo mismo.

Altísimo, omnipotente, buen Señor, / tuyas son las alabanzas, la gloria y el honor y toda bendición, / A ti sólo, Altísimo, corresponden / y ningún hombre es digno de hacer de ti mención. Loado seas, mi Señor, con todas tus criaturas, / especialmente el señor hermano Sol, / el cual es día y por el cual nos alumbras. / Y él es bello y radiante con gran esplendor: / de ti, Altísimo, lleva significación. / Loado seas, mi Señor, por la hermana luna y las estrellas: / en el cielo las has formado luminosas, preciosas y bellas. / Loado seas, mi Señor, por el hermano viento, / y por el aire, y el nublado, y el sereno, y todo tiempo, por el cual a tus criaturas das sustento. / Loado seas, mi Señor, por la hermana agua, / la cual es muy útil, y humilde, y preciosa, y casta. / Loado seas, mi Señor, por el hermano fuego, / por el cual alumbras la noche: / y él es bello, y alegre, y robusto, y fuerte. / Loado seas, mi Señor, por nuestra hermana la madre tierra, / la cual nos sustenta y gobierna / y produce diversos frutos con coloridas flores y hierbas. / Loado seas, mi Señor, por aquellos que perdonan por tu amor y soportan enfermedad y tribulación. / Bienaventurados aquellos que las sufren en paz, / pues por ti, Altísimo, coronados serán. / Loado seas, mi Señor, por nuestra hermana la muerte corporal, / de la cual ningún hombre viviente puede escapar. / ¡Ay de aquellos que mueran en pecado mortal! / Bienaventurados aquellos a quienes encontrará en tu santísima voluntad, / pues la muerte segunda no les hará mal. / Load y bendecid a mi Señor / y dadle gracias y servidle con gran humildad.

Santa Clara (1193-10 agosto 1253) fue la compañera ideal de san Francisco, sin que hubiera entre ellos —para despecho de nuestros contemporáneos, tan amantes de historias morbosas— más que un entendimiento pleno en cuestiones espirituales y una hermosa amistad. De la misma ciudad aunque bastante más joven, esta mujer elegante y templada no sólo entendió a la perfección el mensaje del santo de Asís, sino que lo custodió y aplicó entre las monjas mientras que los frailes se desangraban en luchas intestinas. La identidad con el carisma de Francisco fue puesta a prueba en un sinfín de ocasiones, tanto durante la vida de ambos como después de la muerte del fundador de la orden. Pero quizá hay un momento, en los inicios, que revela bien hasta qué punto santa Clara había entendido de qué iba la naciente «revolución» franciscana. Hija de un noble de la ciudad que se oponía a que siguiera el camino del ya por entonces atractivo y conflictivo Francisco, se escapó de noche para llegar al convento donde moraban los primeros frailes franciscanos. San Francisco, sabedor de la valía de la muchacha y también de los conflictos que se avecinaban si la aceptaba entre sus seguidores, le preguntó francamente: «¿Qué buscas?» Ella, si hubiera leído los tratados escritos desde entonces acá sobre la espiritualidad franciscana, habría contestado, sin duda: «Busco servir a la dama pobreza», o, más escuetamente: «Busco ser pobre, busco la pobreza.» Sin embargo, para desilusión de los teóricos del franciscanismo, no fue eso lo que contestó. A la pregunta de Francisco, la futura santa dejó bien claras cuáles eran sus intenciones y hasta qué punto había entendido de qué se trataba. «Busco a Dios», contestó. Y san Francisco la dejó pasar. Porque Dios era el todo de Francisco y también era el todo de Clara. La pobreza era el medio para llegar a ese todo, pero no era el fin. Cuando se convirtió en un fin, se luchó en su nombre e incluso se mató en su nombre. Pero para Francisco y para Clara, de lo que se trataba era de amar al Amor y si habían elegido ser radicalmente pobres era para que nada les pudiera distraer en ese camino, o separar lo más mínimo del Amado. Por eso pronto santa Clara, con sus compañeras, se recogió en clausura, para dedicarse a hacer aquello que formaba parte esencial de la experiencia franciscana: orar ante Dios para acompañar, consolar y amar al Señor, a la par que se pedía por todos aquellos que iban por los caminos del mundo, como juglares de Dios, ensalzando las cualidades del Amado e invitando a todos a amarle con todo el corazón y con toda el alma.

No dejó muchas cosas escritas, pero se conservan algunos de sus pensamientos:

— En la medida en que se ama algo temporal, se pierde el fruto de la caridad.
— El amor que no puede sufrir no es digno de ese nombre.
— Hay unos que no rezan ni se sacrifican; hay muchos que sólo viven para la idolatría de los sentidos. Ha de haber compensación. Alguien debe rezar y sacrificarse por los que no lo hacen. Si no se estableciera ese equilibrio espiritual la Tierra sería destrozada por el maligno.
— Aquel que multiplica el pan en la eucaristía, el gran misterio de fe, ¿acaso le faltará poder para abastecer de pan a sus esposas pobres?
— Desde que me dediqué a pensar y meditar en la Pasión y Muerte de Nuestro Señor Jesucristo, ya los dolores y sufrimientos no me desaniman sino que me consuelan.

Santa Teresa de Jesús y san Juan de la Cruz

Teresa de Cepeda y Ahumada nació en Ávila en 1515, en el corazón de la recia Castilla, en una época en que esta región era no sólo el alma de España sino también su motor económico y administrativo. Pronto sintió la llamada del Señor a la consagración y entró en el Carmelo, profesando en el monasterio de la Encarnación, a un tiro de flecha de las fuertes murallas de su ciudad. Allí pasó una buena parte de su vida, según ella misma cuenta —quizá con demasiada dureza— sin entregarse del todo a Dios. Pero, cuando lo hizo, se convirtió en un torbellino de paz y de agitación a la vez. Sin dejar de ser una monja de clausura, con una vida espiritual que la convierte en la mística más importante de la historia de la Iglesia, se hizo «andariega» y recorrió los polvorientos caminos de España haciendo fundaciones de sus conventos (32), de sus «palomarcitos», donde ponía a sus monjas como escudo protector entre el Cielo y la Tierra, como pararrayos que atraían y concentraban la luz divina para luego distribuirla entre todos los que acudían a dejarse iluminar por ella. Murió en 1582 en su convento de Alba de Tormes (Salamanca) lugar donde se conserva su cuerpo incorrupto. Fue proclamada por Pablo VI la primera doctora de la Iglesia. Su fiesta se celebra el 15 de octubre.

Decir que ha sido una gigante de espiritualidad es decir poco. No en vano fue nombrada doctora de la Iglesia. Sus obras dan buena cuenta de la profundidad de su mística y baste con citar una de sus poesías para comprender el porqué:

Nada te turbe / nada te espante / todo se pasa. / Dios no se muda; / la paciencia / todo lo alcanza. / Quien a Dios tiene / nada le falta. / Sólo Dios basta.

Efectivamente, sólo Dios basta. Sólo él puede llenar el corazón del hombre porque sólo Él es el camino que conduce a la plenitud de la verdad y a la plenitud de la felicidad. Sus palabras suenan con la misma música e incluso con una letra parecida a las ya citadas de san Francisco: «Mi Dios y mi todo.» Es el «sólo Dios» que viven gozosamente todos los que han bebido del corazón de Jesús y han comprendido que, después de esto, el resto de los manantiales es insípido y no puede saciar la sed.

Veamos otros pensamientos y poesías suyos:

Dadme muerte, dadme vida:
Dad salud o enfermedad,
Honra o deshonra me dad,
Dadme guerra o paz crecida,
Flaqueza o fuerza cumplida,
Que a todo digo que sí.
¿Qué queréis hacer de mí?

Dadme riqueza o pobreza,
Dad consuelo o desconsuelo,
Dadme alegría o tristeza,
Dadme infierno, o dadme cielo,
Vida dulce, sol sin velo,
Pues del todo me rendí.
¿Qué mandáis hacer de mí?

Si queréis, dadme oración,
Si no, dadme sequedad,
Si abundancia y devoción,
Y si no esterilidad.
Soberana Majestad,
Sólo hallo paz aquí,
¿Qué mandáis hacer de mí?

Si queréis que esté holgando,
Quiero por amor holgar
Si me mandáis trabajar,
Morir quiero trabajando.
Decid, ¿dónde, cómo y cuándo?
Decid, dulce Amor, decid.
¿Qué mandáis hacer de mí?

Vivo sin vivir en mí
Y tan alta vida espero
Que muero porque no muero

Vivo ya fuera de mí
Después que muero de amor;
Porque vivo en el Señor,
Que me quiso para sí:
Cuando el corazón le di
Puso en él este letrero,
Que muero porque no muero.

— Amor saca amor.
— El amor jamás está ocioso.
— No es otra cosa oración mental, a mi parecer, sino tratar de amistad, estando muchas veces tratando a solas con quien sabemos nos ama.
— El amor perfecto tiene esta fuerza: que olvidamos nuestro contento para contentar a quien amamos.
— El Señor no mira tanto la grandeza de las obras como el amor con que se hacen.
— Si el Señor imprime su amor en nuestros corazones, todo se nos hará más fácil.

— El cimiento de la oración va fundado en la humildad, y mientras más se baja un alma en la oración, más la sube Dios.
— No son buenos los extremos aunque sea en la virtud.
— La vida es una mala noche en una mala posada.
— Humildad es andar en la verdad.
— Humildad es recibir la alabanza y pasarla a Dios sin tocarla.

Junto a santa Teresa hay un hombre, lo mismo que junto a san Francisco hubo una mujer. Se trata de san Juan de la Cruz (24-6-1542/14-12-1591). Abulense como ella, enamorado de Cristo como ella, compañero en la reforma del Carmelo que ella inició y, según muchos estudiosos de su obra, el sostén espiritual e intelectual de la santa. San Juan, también escritor profundísimo, nos muestra que el camino que conduce a Dios debe recorrerse a través del desapego creciente a las cosas del mundo; no se trata de rechazar los amores legítimos, pues el camino del cristiano no es el del budista y por eso no se recomienda no amar, sino amar de verdad, amar plenamente, amar sin egoísmo. La subida al Monte Carmelo es el itinerario espiritual que muestra este santo para que, desapegándonos de todo lo que nos pueda separar de Dios, lleguemos a la identificación espiritual con él. Pero el camino, repito, es el del amor. Por eso hace suya la pedagogía de Cristo cuando propone como método para evangelizar y convertir: «Donde no hay amor, pon amor y sacarás amor.»

Veamos algunos de sus pensamientos y poesías:

— A la tarde te examinarán en el amor; aprende a amar como Dios quiere ser amado.
— El alma que anda en amor, ni cansa, ni se cansa.
— El amor no consiste en grandes cosas, sino en tener grande desnudez y padecer por el Amado.
— La paga y el jornal del amor es recibir más amor hasta llegar al colmo del amor. El amor sólo con amor se paga.

¡Oh llama de amor viva,
que tiernamente hieres
de mi alma en el más profundo centro!
Pues ya no eres esquiva,
acaba ya si quieres,
rompe la tela deste dulce encuentro.

¡Oh cauterio suave!
¡Oh regalada llaga!
¡Oh mano blanda! ¡Oh toque delicado,
que a vida eterna sabe,
y toda deuda paga!
Matando, muerte en vida la has trocado.

En una noche oscura
con ansias en amores inflamada
¡oh dichosa ventura!
salí sin ser notada
estando ya mi casa sosegada

a oscuras y segura
por la secreta escala disfrazada,
¡oh dichosa ventura!
a oscuras y en celada
estando ya mi casa sosegada.

En la noche dichosa
en secreto que nadie me veía
ni yo miraba cosa
sin otra luz y guía
sino la que en el corazón ardía.

Aquesta me guiaba
más cierto que la luz del mediodía
adonde me esperaba
quien yo bien me sabía
en sitio donde nadie aparecía.

¡Oh noche, que guiaste!
¡Oh noche amable más que la alborada!
¡Oh noche que juntaste
amado con amada,
amada en el amado transformada!

En mi pecho florido,
que entero para él sólo se guardaba
allí quedó dormido
y yo le regalaba
y el ventalle de cedros aire daba.

De la escuela de estos dos gigantes, quizá incluso fruto de la pluma de uno de ellos, o de algún otro místico castellano de esta misma época, es un soneto anónimo que debe ser considerado no sólo como uno de los más hermosos en lengua castellana, sino como una de las expresiones más puras y perfectas de la espiritualidad del corazón, la espiritualidad del agradecimiento. Dice así:

No me mueve mi Dios para quererte
el cielo que me tienes prometido
ni me mueve el infierno tan temido
para dejar por eso de ofenderte.

Tú me mueves Señor, muéveme el verte
clavado en una cruz y escarnecido,
muéveme ver tu cuerpo tan herido,
muévenme tus afrentas y tu muerte.

Muéveme, en fin, tu amor y en tal manera
Que aunque no hubiera cielo, yo te amara,
y aunque no hubiera infierno, te temiera.

No me tienes que dar porque te quiera
pues aunque lo que espero no esperara
lo mismo que te quiero te quisiera.

Santa Teresa de Lisieux

Francesa, de una de las regiones más católicas de Francia, Normandía, nació el 2 de enero de 1873. Novena hija de un matrimonio santo, pierde a su madre a los cuatro años. Sigue a dos de sus hermanas y entra en el carmelo descalzo de Lisieux. Tenía sólo quince años y hubo que conseguir una dispensa papal. A los veinte años la nombraron maestra de novicias. Dos años después, por orden de la superiora, comienza a escribir los recuerdos de su vida y sus experiencias espirituales. Al año siguiente enferma de tuberculosis y un año más tarde muere. Era el 30 de septiembre de 1897.

¿Cómo es posible que una joven de veinticuatro años, que llevaba desde los quince en una clausura, haya influido tanto en el mundo? Para responder a esta pregunta, basta con leer sus escritos, en especial *Historia de una alma*. Digna hija de Teresa de Ávila, por su profundidad espiritual, Teresa de Lisieux es, quizá aún más que la fundadora de su orden, una exponente suprema de la espiritualidad del corazón, de esa espiritualidad que recorre la historia de la Iglesia desde la Virgen y san Juan hasta nuestros días. De hecho, hace suya la frase de san Francisco —«El Amor no es amado»— y afirma que el objetivo de su vida es «hacer amar al Amor». Ella emprendió la vía de la «infancia espiritual», confiando plenamente en la providencia divina, comportándose como «el niño que se duerme sin miedo en los brazos de su padre». El cardenal Moreira Neves, que llevó la causa para que fuera nombrada doctora de la Iglesia, resume así el testamento de Teresa: «Su camino de confianza y de amor es una puerta abierta a una revolución divina que revela esta verdad fundamental: Dios es nuestro padre y nosotros somos sus hijos... Una mujer que habla de pequeñez y de infancia en un mundo borracho de grandeza y de poder; una monja que clama la esperanza, el amor, la gratitud, lo absoluto, en un mundo desengañado e incrédulo.»

Pero escuchémosla a ella misma hablar del Amor y del amor al Amor:

— Cada vez que queremos amar, estamos ya amando. Sé el amor de un corazón enamorado.

— Cuando no encuentres más que vacío en lo más hondo de ti mismo, cuando tengas la sensación de que el amor te ha dejado caer, cuando no tengas ganas de nada... entonces Dios se hace tu corazón, entonces Dios te regala su amor.

— Dios no tiene necesidad de nuestras obras, sino de nuestro amor. Yo he elegido hacer amar al Amor.

— Teniendo un deseo inmenso del martirio, acudí a las cartas de san Pablo para tratar de hallar una respuesta. Mis ojos dieron casualmente con los capítulos doce y trece de la primera carta a los Corintios, y en el primero de ellos, leí: No todos pueden ser al mismo tiempo apóstoles, profetas y doctores, que la Iglesia consta de diversos miembros y que el ojo no puede ser al mismo tiempo mano. Continué leyendo, sin desanimarme y encontré esta consoladora exhortación: Al contemplar el cuerpo místico de la Iglesia, no me había reconocido a mí misma en ninguno de los miembros que san Pablo enumera, sino que lo que yo deseaba era verme en todos. En la caridad descubrí el quicio de mi vocación... Entendí que la Iglesia tiene un corazón y que este corazón está ardiendo de amor. Entendí que sólo el amor es el que impulsa a obrar a los miembros de la Iglesia... Entonces, llena de alegría desbordante, exclamé: «¡Oh Jesús, amor mío, por fin he encontrado mi vocación: mi vocación es el amor... En el corazón de la Iglesia, que es mi madre, yo seré el amor!»

— Dios no inspira deseos imposibles. No tengo que hacerme más de lo que soy, sino aceptarme tal como soy, con todas mis imperfecciones.

— En lugar de desanimarme, me he dicho a mí misma: Dios no puede inspirar deseos irrealizables; por lo tanto, a pesar de mi pequeñez, puedo aspirar a la santidad.

— Comprendí que sin el amor, todas las obras son nada, aun las más brillantes, como resucitar a los muertos y convertir a los pueblos.

— Aquel, cuyo reino no es de este mundo, me evidenció que la única realeza codiciable consiste en querer ser desconocido y estimado en nada, en poner nuestro contento en el propio menosprecio. ¡Ah! Deseaba que mi rostro, como el de Jesús, estuviera escondido a todos los ojos, que nadie me conociera en el mundo; amaba el padecer y el ser olvidada.

— Jesús yo me asemejaré a Ti, y oculta entre los pliegues del velo de la Verónica, atravesaré la vida desapercibida de las criaturas. Deja en mí la divina impresión de tus besos, llenos de dulzura, y pronto llegaré a ser santa y atraeré a Ti todos los corazones. Cuando tus labios adorados impriman en mí el beso eterno, haz que me abrase de amor, y que este amor levante en el campo de la Iglesia una hermosa cosecha de almas santas.

— La oración es una simple mirada al Cielo, un grito de gratitud y de amor, así en medio de la prueba como en el seno del gozo. Es una cosa elevada, sobrenatural, que dilata el alma y la une con Dios... Hago como los niños que no saben leer: digo sencillamente a Dios lo que quiero decirle y siempre me entiende.

— Los grandes santos han trabajado por la gloria de Dios; mas yo que soy una alma «pequeñita», trabajo únicamente por complacerle, y sería feliz en soportar los mayores sufrimientos, aunque esto fuese para hacerle sonreír una sola vez.

— El amor y sólo el amor es el camino para la perfección.

Jesús, sé muy bien que el amor con amor se paga. Por eso busqué y hallé el modo de desahogar mi corazón devolviéndote amor por amor.

Beata Teresa de Calcuta

El siguiente personaje de esta cadena de gigantes que recorren la historia invitando a mirar hacia arriba, con el corazón henchido de gratitud, es otra mujer, también llamada Teresa. Está ya beatificada, pero nadie duda de que no tardará mucho en llegar su canonización. Es Teresa de Calcuta.

Nació en Skopje, actual Albania, en 1910, en una de las escasas familias católicas de la zona. Fue bautizada como Agnes, Inés. Ingresó en una congregación religiosa dedicada a la enseñanza y viajó a Irlanda para su formación. Tenía dieciocho años. Cuando profesó, a los veintiuno, cambió su nombre por el de Teresa, en honor de la santa de Lisieux, que había sido canonizada cuatro años antes. Fue enviada a trabajar al colegio que la congregación tenía en Calcuta y allí dio clases durante varios años, hasta que el 10 de septiembre de 1946 el Señor la llamó a fundar una institución que se dedicara a ayudar a los más pobres de los pobres: las Misioneras de la Caridad. Lo hizo y lo hizo bien, mereció incluso un galardón que suele estar vetado a los católicos fieles a la Iglesia, como el Premio Nobel de la Paz. Murió, en medio del amor y la admiración del mundo, en 1997 y fue beatificada por Juan Pablo II —al que estuvo muy unida— en 2003. Pero Madre Teresa no fue sólo una monja activa, generosa, heroica en el servicio a los pobres. Fue una mística, una mujer llena de una profundísima espiritualidad, en la que resuenan los ecos de Teresa de Lisieux y de Francisco de Asís, con el amor al Amor que no es amado. Por eso en las humildes capillas de sus hogares de acogida —como ya se ha dicho antes— hay sólo una frase en la pared junto al Sagrario y al Crucifijo: «Tengo sed.» Son las palabras que Cristo pronunció en la cruz y que hablan no sólo de una sed física, sino de la sed de nuestro amor, de la necesidad que Él siente de ser amado por aquellos a los que ha amado tanto. Teresa de Calcuta estuvo, además, totalmente convencida de que no podía llevarse a cabo un servicio social serio sin que estuviera animado por una intensa vida de oración. Eso resultó especialmente providencial en una época en la que muchos caían en un activismo que les agotaba y otros, en nombre de la justicia social, recurrían a la violencia. Quizá sea por eso —por su profunda espiritualidad y por su amor al papa— por lo que los progresistas nunca la miraron con buenos ojos e incluso la acusaron de colaborar con los opresores por el mero hecho de ayudar a los oprimidos a sobrellevar su desgracia con la mayor dignidad posible o a salir de ella. Para los comunistas y sus herederos, «cuanto peor, mejor» —porque sólo cuando todo está muy mal la gente se harta y prende la revolución— y, por lo tanto, una institución como la fundada por Madre Teresa que evitaba que las cosas llegaran a ser peores de lo que ya eran, se convertía en un obstáculo para el estallido revolucionario.

Escuchémosla a ella:

— En el momento de la muerte, no se nos juzgará por la cantidad de trabajo que hayamos hecho, sino por el peso de amor que hayamos puesto en nuestro trabajo. Este amor debe resultar del sacrificio de sí mismos y ha de sentirse hasta que haga daño.

— Si en verdad queremos amar, tenemos que aprender a perdonar.

— Amar al prójimo debe ser tan natural como vivir y respirar.

— Creen que la justicia social resuelve todos los problemas y no se dan cuenta de que es insuficiente. Sin amor, no pasa de ser una nueva opresión. No habrá justicia social sin amor.

— El dinero sólo puede comprar cosas materiales, como alimentos, ropas y vivienda. Pero se necesita algo más. Hay males que no se pueden curar sólo con dinero..., sino sólo con amor.

— La santidad no es un privilegio para algunos, sino una obligación para todos, «para usted y para mí».

— Ama hasta que te duela, si te duele es la mejor señal.

— Las personas más desdichadas que he conocido no son las más enfermas, ni las más pobres, ni las más ignorantes, sino las que no sienten amor a Dios, y las que no tienen alegría.

— Ama a Jesús generosamente. Ámale confiadamente y sin mirar hacia atrás, sin temor. Entrégate totalmente a Jesús. Desea amarle mucho y amar el Amor que no es amado.

— Podemos estar ya ahora con Dios en el Cielo; podemos ser felices con él en este preciso instante, si amamos como Él ama, si ayudamos como Él ayuda, si damos como Él da, si servimos como Él sirve.

— El amor auténtico duele. Jesús, por nosotros, murió en la cruz. Nuestra madre, al darnos a luz, también sufrió. En el verdadero amor está presente el sacrificio.

— El amor empieza en el hogar. Si no nos amamos los que convivimos las 24 horas, ¿cómo vamos a amar a los que no vemos más que una sola vez en la vida?

— Sin un corazón lleno de amor y sin unas manos generosas, es imposible curar a un hombre enfermo de su soledad.

— Recibimos todo gratuitamente, damos todo gratuitamente, sólo por amor a Dios. Nuestra vida de pobreza es tan necesaria como nuestro trabajo mismo.

— La misa es el alimento espiritual que me sustenta y sin el cual no podría vivir un solo día o una sola hora de mi vida.

— El amor, para que sea auténtico, debe costarnos.

— Creo que si los países ricos permiten el aborto, son los más pobres y necesitan que recemos por ellos porque han legalizado el homicidio.

— La alegría del Señor es nuestra fuerza. Todos nosotros, si tenemos a Jesús dentro, debemos llevar la alegría como novedad al mundo.

— Líbrame, ¡oh Jesús!, del deseo de ser amado, del deseo de ser ensalzado, del deseo de ser honrado, del deseo de ser elogiado, del deseo de ser preferido, del deseo de ser consultado, del deseo de ser aprobado, del deseo de ser famoso, del miedo de ser humillado, del miedo de ser despreciado, del miedo de sufrir reproches, del miedo de ser calumniado, del miedo de ser olvidado, del miedo de ser agraviado, del miedo de ser ridiculizado, del miedo de ser sospechoso.

Siervo de Dios Juan Pablo II

Karol Wojtyla nació en Wadowice (Polonia) en 1920. Su madre fallece cuando él tenía nueve años y cuatro años después muere su hermano mayor. En 1938 se marcha con su padre a Cracovia, donde se matricula en la Universidad Jagellonica en filología polaca. El 1 de septiembre de 1939, las tropas de Hitler ocupan Polonia y cierran todas las universidades, y Karol, junto a otros jóvenes, organiza una universidad clandestina donde poder estudiar filosofía, idiomas y literatura. Para evitar la deportación a Alemania, busca trabajo como obrero en una cantera. Ayudó a familias judías para que pudiesen escapar de la persecución del régimen nacionalsocialista. Cuando contaba veintiún años fallece su padre, en ese momento emprende el camino de su preparación para el sacerdocio. Durante estos años tuvo que vivir oculto, junto a otros seminaristas, protegidos por el cardenal de Cracovia. El 1 de noviembre de 1946, fiesta de Todos los Santos, con veintiséis años, fue ordenado sacerdote. Fue enviado a Roma donde obtuvo la licenciatura de Teología. En 1948 regresa a Cracovia y es destinado a la pastoral universitaria, que compaginará después con la docencia en la Universidad Católica de Lublín. El 23 de septiembre de 1958 fue consagrado obispo auxiliar de Cracovia. Como tal, intervino en el Concilio Vaticano II. El 13 de enero de 1964 fue nombrado arzobispo de Cracovia y tres años después cardenal. En 1975 asiste al III Simposio de Obispos Europeos, en el que se le confía la ponencia introductoria: «El obispo como servidor de la fe.» Ese mismo año dirige los ejercicios espirituales para Pablo VI y para la Curia vaticana. En 1978, el 15 de octubre, es elegido como el sucesor de san Pedro, rompiendo con la tradición, de más de cuatrocientos años, de papas de origen italiano.

Desde el comienzo de su pontificado realizó 95 viajes pastorales fuera de Italia, y 141 por el interior de ese país. Entre sus documentos principales se incluyen: 13 encíclicas, 13 exhortaciones apostólicas, 11 constituciones apostólicas y 41 cartas apostólicas, así como la promulgación del Código de Derecho Canónico y del Catecismo de la Iglesia Católica. Ha publicado varios libros siendo ya papa: *Cruzando el umbral de la esperanza* (octubre de 1994) y *Don y misterio: en el quincuagésimo aniversario de mi ordenación sacerdotal* (noviembre de 1996). Juan Pablo II ha presidido 131 ceremonias de beatificación —en las que ha proclamado 1.282 beatos— y 43 canonizaciones, con un total de 456 santos. Ningún otro papa se ha encontrado con tantas personas como Juan Pablo II: más de dieciséis millones de peregrinos han participado en las más de mil Audiencias Generales que se celebran los miércoles. Ese número no incluye las otras audiencias especiales y las ceremonias religiosas (más de ocho millones de peregrinos durante el Gran Jubileo del año 2000) y los millones de fieles que el papa ha encontrado durante las visitas pastorales efectuadas en Italia y en el resto del mundo. Hay que recordar también las numerosas personalidades de gobierno con las que se ha entrevistado durante las 38 visitas oficiales y las 650 audiencias o encuentros con jefes de Estado y 212 audiencias y reuniones con Primeros Ministros. Muchos de los líderes mundiales con los que contactó personalmente acudieron al Vaticano para despedirle en su funeral.

El 13 de mayo de 1981, en la plaza de San Pedro, el terrorista turco Alí Agca le disparó, a corta distancia, dos tiros que a punto estuvieron de costarle la vida. Juan Pablo II siempre mantuvo que se salvó por la intervención de la Virgen. Ese día se celebraba la Virgen de Fátima. Según el pontífice una mano disparó —la del turco— y otra, la de la Virgen, desvió el tiro que le rozó partes vitales, sin dañarlas. Fue trasladado al policlínico romano Agostino Gemelli, donde fue intervenido quirúrgicamente y le extirparon 55 centímetros de intestino. El 20 de junio de 1981, 17 días después de haber sido dado de alta, volvió al Gemelli para ser tratado de una infección de cytomegalovirus, derivada de la operación. El 12 de julio de 1992 fue intervenido de un tumor en el colon. Fue hospitalizado en varias ocasiones más, entre ellas en 1994, cuando se fracturó el fémur de la pierna derecha al resbalar cuando salía de la bañera. Juan Pablo II fue sometido a una traqueotomía el 24 de febrero de 2005. Volvió al Vaticano el 13 de marzo, pero su estado de salud se deterioró y aparecía muy fatigado en los actos de Semana Santa, donde apenas pudo pronunciar unas palabras a los fieles. La última aparición pública de Juan Pablo II fue el 30 de marzo de 2005, cuando se asomó a la ventana de sus aposentos para bendecir a los fieles. Intentó hablar, pero no lo consiguió. En la tarde del 31 de marzo de 2005, le fue diagnosticada una infección en las vías urinarias, tras lo cual tuvo lugar un choque séptico con colapso cardiocirculatorio. A pesar de la gravedad de la situación, Juan Pablo II pidió no ser trasladado hasta el hospital Gemelli y permanecer en el Vaticano. Murió a las 21.37, hora local, del 2 de abril de 2005.

Juan Pablo II fue un papa extraordinariamente amado y extraordinariamente vilipendiado. El pueblo católico se identificó con él con un cariño como el que pocas veces ha suscitado un pontífice e incluso abundaron fuera de la Iglesia los que le apreciaban y seguían sus enseñanzas. Pero sus enemigos no le perdonaron que hubiera intervenido activamente en el final del comunismo, en la condena a la Teología de la Liberación, en el rechazo al aborto («no puede haber auténtica paz sin respeto de la vida, especialmente si es inocente e indefensa, como es la de los niños que todavía no han nacido») y a las demás formas de manipulación de la vida humana, en la defensa de la familia («la familia es la única comunidad en la que todo hombre es amado por sí mismo, por lo que es y no por lo que tiene»), en su radical oposición a una moral burguesa que consiste en hacer lo que a cada uno le apetece sin tener problemas de conciencia, en su oposición a las guerras como las de Irak («la violencia jamás resuelve los conflictos, ni siquiera disminuye sus consecuencias dramáticas»), en su defensa de la doctrina social basada en la justicia («que nadie se haga ilusiones de que la simple ausencia de guerra, aun siendo tan deseada, sea sinónimo de una paz verdadera. No hay verdadera paz si no viene acompañada de equidad, verdad, justicia, y solidaridad»).

Ahora bien, no fue sólo su gobierno decidido y valiente lo que le granjeó el amor —y el odio— de tantos. Se percibía en él una extraordinaria santidad. Era un enamorado de Cristo. Profundamente influido por san Juan de la Cruz, llevaba la huella de la espiritualidad del corazón a flor de piel. Una espiritualidad, además, que era profundamente mariana. Resulta imposible —so pena de hacer otro libro aparte— resumir ni siquiera mínimamente las enseñanzas de Juan Pablo II con una selección de sus frases. Por eso, baste con una para sintetizarlo todo. Aquella que él quiso convertir en el lema de su pontificado: *Totus tuus*. «Todo tuyo», María, para ser todo de tu Hijo, al cual quería amar y hacer amar por encima de todo («¡El cristianismo es Cristo! ¡Es una Persona, es el Viviente! Encontrar a Jesús, amarlo y hacerlo amar: he aquí la vocación cristiana»). Pocas veces como con Juan Pablo II la Iglesia y la humanidad han de estar agradecidas a Dios por el regalo de un gigante como él, tan providencial en el servicio que ha prestado a todos los hombres buenos.

Chiara Lubich

Chiara Lubich todavía vive cuando escribo estas páginas y, por lo tanto, pido perdón por la osadía de incluirla en este catálogo de santos. Sin embargo, los que hemos tenido la dicha de conocerla, no tenemos ninguna duda de que, cuando llegue el momento, la Iglesia reconocerá sus virtudes y la incluirá en el catálogo de los que están a ciencia cierta con Dios en el Cielo.

Nació en Trento (Italia) en 1920. A los veintitrés años, en medio de la experiencia de la guerra mundial, funda con algunas amigas —ella era entonces maestra de novicias de los terciarios seglares franciscanos— un movimiento de espiritualidad que andando el tiempo fue conocido como «de los focolares», debido a la calidez de las relaciones que había entre sus miembros (*focolar*, en italiano, designa el hogar donde se enciende el fuego y en torno al cual se reúne la familia). El nombre de su institución —hoy presente en todo el mundo y con millones de miembros— es el de «Obra de María», pues en ella la Santísima Virgen ocupa un lugar muy especial. Sin embargo, el eje de su espiritualidad es la unidad, plasmada en el descubrimiento de la presencia del Señor en medio de los discípulos, tal y como nos ha sido revelada en Mt. 18, 20. No es ése su único vértice espiritual, pues junto a él están, como elementos capitales de la misma, la fe en el amor de Dios, la disposición a hacer siempre la voluntad divina, la identificación con Cristo presente en el dolor, el amor a la Iglesia y a la eucaristía.

No me cabe duda de que Chiara Lubich es una de las manifestaciones de la espiritualidad del corazón. Y no es, desde luego, la menos importante. Sus experiencias místicas, a las que tuvo acceso siendo aún muy joven, hacen de ella una gran maestra para todos aquellos que buscan amar a Dios y, por amor a Él, amar al prójimo. Ha escrito mucho y, de entre ello, podemos destacar algunos hermosos textos:

— ¡Te he encontrado en muchos lugares, Señor! Te he sentido palpitar en el silencio profundo de una ermita alpina, en la penumbra del sagrario de una catedral vacía, en el palpitar unánime de una muchedumbre que te ama y llena las arcadas de tu iglesia de cantos y de amor. Te he encontrado en la alegría. Te he hablado más allá del firmamento estrellado, mientras, de noche y en silencio, volvía del trabajo a casa. Te busco y a menudo te encuentro. Pero donde *siempre* te encuentro es en el dolor. Un dolor, cualquier dolor, es como el sonido de la campanilla que llama a la esposa de Dios a la oración. Cuando aparece la sombra de la cruz, el alma se recoge en el tabernáculo de su intimidad y, olvidando el tintineo de la campana, te «ve» y te habla. Eres tú quien vienes a visitarme. Soy yo que te respondo. «Heme aquí, Señor, te quiero, te he querido.» Y en este encuentro, el alma no siente su dolor, sino que está como embriagada de tu amor, invadida por ti, embriagada por ti; yo en ti, tú en mí, a fin de que seamos uno. Luego abro de nuevo los ojos a la vida, a la vida menos verdadera, divinamente aguerrida para conducir tu guerra.

— Hacer la voluntad de Dios es amar a Dios. Esto no significa «resignación», como a menudo se entiende, sino la aventura divina más grande que le puede tocar a una persona: la de seguir no la propia mezquina voluntad, no sus propios proyectos limitados, sino a Dios. Realizar el plan que él tiene para cada hijo suyo: plan divino, impensable, riquísimo.

— El amor que Dios ha puesto en nuestros corazones no hace acepción de personas, es un amor dirigido a todos. No admite discriminaciones entre el simpático o el antipático, el instruido o el ignorante, el amigo o el enemigo... Hay que amar a todos. Pero este amor tiene una medida: amar al prójimo como a sí mismos. Poner al prójimo a nuestro mismo nivel. Esto hay que tomarlo al pie de la letra. El amor cristiano no es el del mundo, donde a menudo se ama porque se es amado. El amor cristiano es el primero en amar, no espera a ser amado. Como Jesús, que murió en la cruz por nosotros. Fue quien primero dio la vida por nosotros. Éste es el grandioso arte de amar: Amar a todos. Amar como a sí mismos. Ser los primeros en amar. Pero, hay un modo típico y práctico para poner en práctica este amor: es «hacerse uno» con el prójimo. Sufrir con quien sufre, gozar con quien goza, llevar las cargas de los demás.

Hacernos, de alguna manera, el otro: como Jesús que, siendo Dios, se hizo hombre por amor. Hacernos uno con todos, en todo, menos en el pecado. Vivir el otro, vivir los otros.

— Hay un mandamiento que Jesús llama «mío» y «nuevo»: «Éste es mi mandamiento, que os améis los unos a los otros, como Yo os he amado. No hay amor más grande que éste: dar la vida por los amigos» (Jn. 15, 12-13). Quien se pone a vivirlo con radicalidad, advierte un cambio de calidad en la propia vida interior: se ve enriquecido por una fuerza nueva, ardor, coraje. La práctica de este mandamiento produce una verdadera conversión. También tiene efecto sobre el mundo que nos rodea: da testimonio de Cristo. «En esto reconocerán todos que sois mis discípulos, en el amor que os tengáis los unos a los otros» (Jn. 13,35). El amor entre los cristianos es un pequeño reflejo de la vida de Dios-Amor en las relaciones entre los hombres.

— «Donde hay dos o tres reunidos en mi nombre, yo estoy presente en medio de ellos» (Mt. 18-20). «Jesús en medio de nosotros» se hace presente plenamente si estamos unidos en su nombre, es decir, en él, en su voluntad, en el amor recíproco. Da sentido y vida a la fraternidad sobrenatural. Además su presencia nos trae la alegría, alegría nueva, plena, esa alegría que él mismo prometió (cfr. Jn. 17,13). Es él quien crea la unidad, y donde hay unidad, el mundo cree: «Que todos sean una sola cosa, para que el mundo crea» (Jn. 17, 21). Es Cristo quien lo convierte, Cristo entre los suyos, unidos en su nombre.

— María es un monumento de caridad, maestra de todas las virtudes. Es nuestro modelo. ¡Nunca podremos imaginar lo grande que es María! Está toda revestida de la Palabra de Dios. Aquél «conservaba todas las Palabras en su corazón» significa que las vivía. María era totalmente la Palabra, sólo la Palabra. Ser la Palabra viva significa revivir en la Tierra a María. Si, al tratar de amar, el amor se hace recíproco, Cristo reina entre dos o más. De esa manera logramos dar a Jesús al mundo, espiritualmente, como María lo dio físicamente.

José Luis Martín Descalzo

Si ya ha sido una osadía incluir a una persona viva entre los santos, como acabo de hacer con Chiara Lubich, también lo es incluir a alguien que, aunque ha muerto, no ha visto ni siquiera introducida —por expreso deseo suyo— la causa de beatificación. Y, sin embargo, los que hemos convivido con José Luis Martín Descalzo (1930-1991), los que leímos sus libros, sus artículos periodísticos o escuchamos y vimos sus programas de televisión, no tenemos ninguna duda de que Dios le habrá perdonado los pecados que, como cualquier ser humano, pudiera haber cometido y le tendrá ya con Él en el Cielo. Especialmente los últimos seis años de su vida fueron de tal intensidad espiritual —como yo personalmente pude constatar, debido en buena medida a la convivencia con la enfermedad que acortó su estancia en la Tierra—, que traslucía a los ojos de los que estábamos a su lado verdaderos quilates de santidad. Su forma de llevar la enfermedad y en particular su actitud ante el dolor físico fueron, simplemente, ejemplares —nunca olvidaré cómo repetía, a los que se interesaban por su salud y le compadecían: «Soy un señor que tiene un problema. ¿Y quién no tiene un problema?»—. La influencia que, en esa etapa, experimentó de san Juan de la Cruz y que plasmó en el último de sus libros: *El testamento del pájaro solitario*, le hacen merecer un hueco en esta cadena de santos del corazón, de santos «cordiales», que hacen del amor al Amor lo más importante de su vida y de sus enseñanzas.

Resulta también muy difícil seleccionar textos de Martín Descalzo, por lo mucho que escribió. Por eso pido perdón por anticipado por haber seleccionado sólo éstos (uno ya ha sido citado, en páginas anteriores, al referirme a la muerte de Cristo):

> — Por lo demás, este Padre que parece callarse ante la petición de ayuda de Cristo en el huerto de los Olivos, está sosteniendo a su Hijo para que espere contra toda esperanza. La derrota de Cristo habría sido hundirse en el silencio de Dios. Su victoria fue seguir, esperar contra toda esperanza, esperar contra el mismo desamparo del Padre.

— Ante la petición de ayuda que Cristo hace al Padre poco antes de morir, el Padre contestó a su Hijo, pero le contestó —como Dios hace tantas veces— con tres días de retraso, el domingo. No le libró de la muerte, pero le resucitó haciéndole vencer a la muerte... después de morir. La oración de Jesús fue realmente escuchada. Pero en la hora marcada por la voluntad del Padre.

— Los milagros no son remedios contra la incredulidad.

— La causa de la muerte de Jesús fueron los pecados de todos los hombres sin distinción de razas ni siglos, los de ayer y los de hoy, los de los judíos y los de los cristianos. Rigurosamente, el deicidio está en el fondo de cada pecado mortal.

— Jesús, el cordero, molesta a todos precisamente porque es el cordero, porque está desarmado, porque anuncia un reino que no es el de ninguno de ellos, de este montón de mediocres que sueñan todos un reino y no tienen capacidad para entender el verdadero que se les ofrece. Luchan como perros por defender sus carroñas, rechazan la perla única que se les ofrece y asesinan a quien se la trae.

— Más tarde, con el paso de los siglos, hemos ido evitando el escándalo de la cruz con la más hábil de las técnicas: acostumbrándonos a ella o convirtiéndola en signo de triunfo o de sentimentalismo.

— Desde la cruz Jesús no nos dice: mirad cuánto sufro, admiradme, sino mirad lo que yo he hecho por vuestro amor, tomad vuestra cruz, seguidme. Jesús no murió para despertar nuestras emociones, sino para salvarnos, para invitarnos a una nueva y distinta manera de vivir. Una cruz que no conduce al seguimiento es cualquier cosa menos la de Cristo.

— Porque la gran tentación de los cristianos de hoy es ésta: Como el mundo moderno no digiere la cruz, hagámosle un Cristo *ad usum delphinis*, suavicémoslo; ofrezcámosle un Jesús que pueda entender, tal vez acepte un Cristo despojado de sangre y de todo elemento sobrenatural; démosle un Maestro que le sea «útil» para mejorar la superficie de este mundo, aunque con ello tengamos que arrancarle todo lo que le caracteriza; sirvamos una fe digerible; hagamos como el profesor que ofrece como solución a los problemas no la que cree justa, sino la que sus alumnos desean y esperan; adaptémonos a la «mentalidad» de los hombres de hoy, aunque, al hacerlo, dejemos de darles el oxígeno que precisamente ellos necesitan.

— De todos los títulos que en el mundo se conceden el que más me gusta es el de pontífice, que quiere decir literalmente «constructor de puentes», en la Antigüedad cristiana se refería a todos los sacerdotes y en buena lógica, iría muy bien a todas las personas que viven con el corazón abierto. Es un título que me entusiasma porque no hay tarea más hermosa que dedicarse a tender puentes hacia los hombres y hacia las cosas. Sobre todo en un tiempo en el que tanto abundan los constructores de barreras. En un mundo de zanjas ¿qué mejor que entregarse a la tarea de superarlas? Pero hacer puentes —y sobre todo hacer de puente— es tarea muy dura. Y que no se hace sin mucho sacrificio. Un puente por de pronto, es alguien que es fiel a dos orillas pero no pertenece a ninguna de ellas. Y lógicamente, sale caro ser puente. Éste es un oficio por el que se paga mucho más de lo que se cobra. Un puente es fundamentalmente alguien que soporta el peso de todos los que pasan por él. La resistencia, el aguante, la solidez son sus virtudes. Y un puente vive el desagradecimiento: nadie se queda a vivir encima de los puentes, su tarea posterior es el olvido. Incluso un puente es lo primero que se bombardea en las guerras cuando riñen las dos orillas. De ahí que el mundo esté lleno de puentes destruidos. A pesar de ello, amigos míos, qué gran oficio ser «puentes», entre las gentes, entre las cosas, entre las ideas, entre las generaciones. El mundo dejaría de ser habitable el día en que hubiera en él más constructores de zanjas que de puentes. Hay que tender puentes, en primer lugar hacia nosotros mismos, hacia nuestra alma..., y un puente hacia los demás.

— Un ser humano se retrata en la manera de sufrir.

— Soñé, a lo largo de mi vida, muchas cosas. Ahora sé que sólo salvaré mi existencia amando; que los únicos trozos de mi alma que habrán estado verdaderamente vivos serán aquellos que invertí en querer y ayudar a alguien. ¡Y he tardado cincuenta años en descubrirlo!

— Sí, ya sé que sólo Dios puede dar la vida; pero tú puedes ayudarlo a transmitirla. Sólo Dios puede dar la fe, pero tú puedes dar tu testimonio. Sólo Dios es el autor de toda esperanza, pero tú puedes ayudar a tu amigo a encontrarla. Sólo Dios es el camino, pero tú eres el dedo que señala cómo se va a él. Sólo Dios puede dar el amor, pero tú puedes enseñar a otros cómo se ama. Dios es el único que tiene fuerza, la crea, la da; pero nosotros podemos animar al desanimado. Sólo Dios puede hacer que se conserve o se prolongue una vida, pero tú puedes hacer que esté llena o vacía. Sólo Dios puede hacer lo imposible; sólo tú puedes hacer lo posible. Sólo Dios puede hacer un sol que caliente a todos los hombres; sólo tú puedes hacer una silla en la que se siente un viejo cansado. Sólo Dios es capaz de fabricar el milagro de la carne de un niño, pero tú puedes hacerle sonreír. Sólo Dios hace que bajo el sol crezcan los trigales, pero tú puedes triturar ese grano y repartir ese pan. Sólo Dios puede impedir las guerras, pero tú puedes no reñir con tu mujer o tu hermano. Sólo a Dios se le ocurrió el invento del fuego, pero tú puedes prestar una caja de cerillas. Sólo Dios da la completa y verdadera libertad, pero nosotros podríamos, al menos, pintar de azul las rejas y poner unas flores frescas en la ventana de la prisión. Sólo Dios podría devolverle la vida del esposo a la joven viuda; tú puedes sentarte en silencio a su lado para que se sienta menos sola. Sólo Dios puede inventar una pureza como la de la Virgen; pero tú puedes conseguir que alguien, que ya las había olvidado, vuelva a rezar las tres avemarías. Sólo Dios puede salvar al mundo porque sólo Él salva, pero tú puedes hacer un poco más pequeñita la injusticia de la que tiene que salvarnos. Sólo Dios puede hacer que le toque la Primitiva a ese pobre mendigo que tanto la necesita; pero tú le puedes ir conservando esa esperanza con una pequeña sonrisa y un «mañana será». Sólo Dios puede conseguir que reciba esa carta la vecina del quinto, porque Dios sabe que aquel antiguo novio hace muchos años que la olvidó; pero tú podrías suplir hoy un poco esa carta con un piropo y una palabra cariñosa. En realidad, ya ves que Dios se basta a sí mismo, pero parece que prefiere seguir contando contigo, con tus nadas, con tus casi nadas.

Cuando venga mi Hijo,
me callaré.
Si él es la Palabra
yo ¿qué?...

Belén está ya cerca,
casi se ve.
Se acaba la tarea
que comencé.

Porque cuando en mis brazos
nacido esté,
el «hágase» que dije
repetiré.

Y ya no diré nada.
Ya ¿para qué?
Si él es la Palabra
me callaré.

España
Av. Diagonal, 662-664
08034 Barcelona (España)
Tel. (34) 93 492 80 36
Fax (34) 93 496 70 58
Mail: info@planetaint.com
www.planeta.es

P.º Recoletos, 4, 3.ª planta
28001 Madrid (España)
Tel. (34) 91 423 03 00
Fax (34) 91 423 03 25
Mail: info@planetaint.com
www.planeta.es

Argentina
Av. Independencia, 1668
C1100 ABQ Buenos Aires
(Argentina)
Tel. (5411) 4382 40 43/45
Fax (5411) 4383 37 93
Mail: info@eplaneta.com.ar
www.editorialplaneta.com.ar

Brasil
Rua Ministro Rocha Azevedo, 346 - 8.º andar
Bairro Cerqueira César
01410-000 São Paulo (Brasil)
Tel. (5511) 3087 88 88
Fax (5511) 3898 20 39

Chile
Av. 11 de Septiembre, 2353, piso 16
Torre San Ramón, Providencia
Santiago (Chile)
Tel. Gerencia (562) 431 05 20
Fax (562) 431 05 14
Mail: info@planeta.cl
www.editorialplaneta.cl

Colombia
Calle 73, 7-60, pisos 7 al 11
Bogotá, D.C. (Colombia)
Tel. (571) 607 99 97
Fax (571) 607 99 76
Mail: info@planeta.com.co
www.editorialplaneta.com.co

Ecuador
Whymper, N27-166, y A. Orellana,
Quito (Ecuador)
Tel. (5932) 290 89 99
Fax (5932) 250 72 34
Mail: planeta@access.net.ec
www.editorialplaneta.com.ec

Estados Unidos y Centroamérica
2057 NW 87th Avenue
33172 Miami, Florida (USA)
Tel. (1305) 470 0016
Fax (1305) 470 62 67
Mail: infosales@planetapublishing.com
www.planeta.es

México
Av. Insurgentes Sur, 1898, piso 11
Torre Siglum, Colonia Florida, CP-01030
Delegación Álvaro Obregón
México, D.F. (México)
Tel. (52) 55 53 22 36 10
Fax (52) 55 53 22 36 36
Mail: info@planeta.com.mx
www.editorialplaneta.com.mx
www.planeta.com.mx

Perú
Grupo Editor
Jirón Talara, 223
Jesús María, Lima (Perú)
Tel. (511) 424 56 57
Fax (511) 424 51 49
www.editorialplaneta.com.co

Portugal
Publicações Dom Quixote
Rua Ivone Silva, 6, 2.º
1050-124 Lisboa (Portugal)
Tel. (351) 21 120 90 00
Fax (351) 21 120 90 39
Mail: editorial@dquixote.pt
www.dquixote.pt

Uruguay
Cuareim, 1647
11100 Montevideo (Uruguay)
Tel. (5982) 901 40 26
Fax (5982) 902 25 50
Mail: info@planeta.com.uy
www.editorialplaneta.com.uy

Venezuela
Calle Madrid, entre New York y Trinidad
Quinta Toscanella
Las Mercedes, Caracas (Venezuela)
Tel. (58212) 991 33 38
Fax (58212) 991 37 92
Mail: info@planeta.com.ve
www.editorialplaneta.com.ve

Grupo Planeta   Planeta es un sello editorial del Grupo Planeta   www.planeta.es